REDACCIÓN PARA PERIODISTAS:
INFORMAR E INTERPRETAR

Juan Cantavella y José Francisco Serrano (coords.)

REDACCIÓN PARA PERIODISTAS: INFORMAR E INTERPRETAR

Fundamentación por
LUIS NÚÑEZ LADEVÉZE

Ariel

Diseño de cubierta: Eva Olaya

1.ª edición: enero de 2004
2.ª edición: abril de 2008

© 2004: Juan Cantavella, José Francisco Serrano Oceja, Luis Núñez Ladevéze,
José Luis Martínez Albertos, José Rodríguez Vilamor, María Alcalá-Santaella Oria de Rueda,
Bernardino M. Hernando, Fernando López Pan, José Francisco Sánchez,
María José Pou Amérigo, Humberto Martínez-Fresneda Osorio,
Bernardino José Cebrián Enrique, Guillermo Raigón Pérez de la Concha,
José María Sanmartí, Susana Domínguez, Montserrat Quesada

Derechos exclusivos de edición en español
reservados para todo el mundo:
© 2004 y 2008: Editorial Ariel, S. A.
Avda. Diagonal, 662-664 - 08034 Barcelona

ISBN 978-84-344-1298-9

Depósito legal: B. 18.156 - 2008

Impreso en España
Book Print Digital
Botànica, 176-178
08901 L'Hospitalet de Llobregat (Barcelona)

ÍNDICE

PARTE II
INFORMACIÓN

PARTE III

INTERPRETACIÓN

AUTORES

JUAN CANTAVELLA. Universidad San Pablo-CEU (Madrid).

JOSÉ FRANCISCO SERRANO OCEJA. Universidad San Pablo-CEU (Madrid).

LUIS NÚÑEZ LADEVÉZE. Universidad San Pablo-CEU (Madrid).

JOSÉ LUIS MARTÍNEZ ALBERTOS. Universidad Complutense (Madrid).

JOSÉ RODRÍGUEZ VILAMOR. Universidad San Pablo-CEU (Madrid).

MARÍA ALCALÁ-SANTAELLA ORIA DE RUEDA. Universidad San Pablo-CEU (Madrid).

BERNARDINO M. HERNANDO. Universidad Complutense (Madrid).

FERNANDO LÓPEZ PAN. Universidad de Navarra (Pamplona).

JOSÉ FRANCISCO SÁNCHEZ. Universidad de A Coruña (A Coruña).

MARÍA JOSÉ POU AMÉRIGO. Universidad Cardenal Herrera-CEU (Valencia).

HUMBERTO MARTÍNEZ-FRESNEDA OSORIO. Universidad Francisco de Vitoria (Madrid).

BERNARDINO JOSÉ CEBRIÁN ENRIQUE. Universidad Cardenal Herrera-CEU (Valencia).

GUILLERMO RAIGÓN PÉREZ DE LA CONCHA. Universidad de Sevilla (Sevilla).

JOSÉ MARÍA SANMARTÍ. Universidad Europea (Madrid).

SUSANA DOMÍNGUEZ. Universidad de Vigo (Pontevedra).

MONTSERRAT QUESADA. Universitat Pompeu Fabra (Barcelona).

PRESENTACIÓN

Nos ha tocado lidiar, en esta prestigiosa colección de textos docentes de la editorial Ariel, la suerte de la propuesta académica y editorial de la redacción periodística en sus vertientes informativa e interpretativa. Vivimos en un tiempo de cambio de paradigma en la teoría y en la práctica de la comunicación y de sus medios. Un cambio, en un tiempo que lo es más de preguntas que de respuestas. Un cambio no sólo en las propuestas de análisis y desarrollo de las ciencias de la comunicación y de la información, sino en el periodismo como saber social.

Son varios los factores que están contribuyendo decisivamente a este cambio. Uno de ellos, quizá el más evidente, es el proceso de desarrollo de los nuevos medios a partir de la aplicación e implantación de las nuevas tecnologías de la comunicación. Sin pretensiones de ser exhaustivos, nos podemos referir, también, a las nuevas formas de textualidad, al giro lingüístico, al desarrollo del *newsmaking* o a la generalización de las teorías de la calidad en la práctica de la profesión periodística. La redacción se ha constituido en la columna vertebral de la enseñanza del periodismo a lo largo de su historia en sus vertientes teórica y práctica. No se trata de enseñar sólo qué hacer y cómo hacer periodismo, sino por qué y para qué desarrollamos un ejercicio social que configura significativamente la forma de conocer y entender nuestro mundo, y de relacionarnos. La redacción periodística, así entendida, no ha abandonado su pretensión clásica de adentrarse en los mares profundos del estudio del mensaje informativo de actualidad, o mensaje periodístico, en sus fases de producción, mediación, recepción y transformación social.

Habrá quien piense que las bases teóricas en la enseñanza del periodismo se asentaron hace muchos siglos. En realidad, somos herederos de la tradición de la retórica clásica, de las teorías de persuasión social, de las teorías sobre la semantización y sobre la transmisión de conocimientos. No hace ni cien años que apareció el primer manual de redacción periodística en castellano. Las aportaciones posteriores, que han fundamentado la docencia de estas materias en el ámbito universitarios, han sido muy significativas. Como en todo segmento del conocimiento científico, hemos recibido y nos sentimos herederos del ingente esfuerzo de un grupo de maestros que han dignificado nuestra tarea presente con su trabajo pasado. Sin embargo, éste es el momento de recapitular y de acreditar, ante los nuevos tiempos y ante las nuevas generaciones de periodistas —y de ahí nuestro título principal: *Redacción para periodistas*—, el continuo desarrollo de esta ciencia y de esta técnica fundante de los procesos de comunicación masivos, en sus vertientes de la información y de la interpretación, que son analizadas aquí desde muy diversos enfoques y perspectivas. Si algo quiere ser este texto es reflejo de una polifonía de escuelas, de autores y de propuestas en la conformación del ejercicio del periodismo en nuestra sociedad. La selección de los autores así lo demuestra. Una selección en la que hemos pretendido sentar en la plaza común a maestros consagrados junto con discípulos más o menos aventajados.

Y para cumplir este objetivo, ofrecemos a los profesores de estas materias, especialistas, investigadores, profesionales y estudiantes de periodismo, en su diversas manifestaciones, un primer capítulo escrito por el catedrático de la Universidad San Pablo-CEU, el maestro y profesor Luis Núñez Ladevéze, en el que presenta el periodismo desde un enfoque interdisciplinar y que marca, sin duda, un relevante paso más en la fundamentación de esta nuestra ciencia con la propuesta de algunas nuevas categorías. Inmediatamente después, abrimos un capítulo de propedéutica sobre los géneros y el lenguaje periodístico, en el que uno de los «padres fundadores» de nuestra ciencia, el profesor José Luis Martínez Albertos, sintetiza y desarrolla una «Aproximación a la teoría de los géneros periodísticos» en la que recoge lo más granado de su pensamiento y apunta nuevas ideas, siempre creativas. Le siguen las aportaciones, más en la prospectiva que en la perspectiva, de los profesores de la Universidad San Pablo-CEU (Madrid), José R. Vilamor y María Alcalá-Santaella Oria de Rueda, que abordan los siguientes temas: «El periodista multimedia y la transformación de los géneros» y «Nuevos modelos narrativos: los géneros periodísticos en los soportes digitales». Para concluir este apartado, un veterano en la enseñanza y en la práctica profesional del periodismo, Bernardino M. Hernando, profesor en la Universidad Complutense de Madrid, trata la cuestión del «Lenguaje periodístico».

En un segundo momento, nuestra atención se centra en el capítulo de la noticia, que se delinea, primeramente, en boceto por uno de los coordinadores de este texto y profesor en la Universidad San Pablo-CEU, José Francisco Serrano Oceja, para luego dar paso a dos contribuciones del profesor de la Universidad de Navarra, Fernando López Pan, que escribe sobre «Las noticias discursivas» y sobre «El arte de las citas». Cierra este apartado una breve pero deliciosa aportación del profesor de la Universidad de A Coruña, José Francisco Sánchez, sobre «La narración periodística». Completan la constelación de la teoría de la noticia un estudio de la profesora de la Universidad Cardenal Herrera-CEU(Valencia), María José Pou Amérigo, sobre «Los titulares periodísticos»; uno sobre «Las fuentes en el periodismo informativo», del profesor de la Universidad Francisco de Vitoria Humberto Martínez-Fresneda Osorio; otro más sobre «Los lugares y los momentos de la documentación», del profesor de la Universidad Cardenal Herrera-CEU (Valencia) Bernardino José Cebrián Enrique; y, por último, un trabajo amplio del profesor de la Universidad de Sevilla, Guillermo Raigón Pérez de la Concha, sobre «Producción informativa y procedimientos de producción».

El tercer tiempo de nuestro texto está dedicado a la interpretación, en clave y clima de continuidad con los anteriores. El pórtico lo constituye la aportación del profesor de la Universidad Europea, en Madrid, José M. Sanmartí titulado «Más allá de la noticia: el periodismo interpretativo». La profesora de la Universidad de Vigo, Susana Domínguez, nos presenta «El reportaje y las nuevas tendencias de la redacción periodística». Después, Montserrat Quesada realiza un profundo estudio sobre la «Teoría y práctica de la entrevista». Y, por último, el otro coordinador del Manual, el profesor de la Universidad San Pablo-CEU, Juan Cantavella, nos explica «La crónica».

Este panorama podría haberse extendido más allá con otras aportaciones de diversa naturaleza, como pudieran ser las dedicadas a la recepción o, en el conjunto de la redacción periodística, a los géneros argumentativos. Sin embargo, hemos pretendido un equilibrio de profundización que pueda dejar la puerta abierta a futuros textos que aborden éstas y otras muchas cuestiones.

LOS COORDINADORES

Madrid, 21 de junio de 2003

Parte I

FUNDAMENTOS

CAPÍTULO 1

EL PERIODISMO
DESDE UN ENFOQUE INTERDISCIPLINAR

Luis Núñez Ladevéze
Universidad San Pablo-CEU. Madrid

1. La formación en las tareas prácticas

La distinción entre práctica y teoría es fácil de hacer cuando el ejercicio de una actividad depende de la posesión de conocimientos que no se adquieren practicándolos pero que son condición necesaria para realizar esa tarea. La cirugía, por ejemplo, es una práctica que depende de conocimientos previos que no están relacionados con el arte del cirujano, pero que son necesarios para que pueda ejercer su actividad. Para explicarlo más claramente: para que la práctica de la cirugía, la de la ingeniería o la arquitectura, sea eficaz se requiere, como condición indispensable, que el profesional posea un conjunto de conocimientos no directamente prácticos, sino teóricos, sin cuya posesión no es posible realizar esa tarea, conocimientos que no se aprenden ejerciendo la labor sino estudiándola independientemente del ejercicio. Algunos ejemplos pueden servir para indicar que este divorcio entre lo teórico y lo práctico[1] no sólo es posible sino también necesario: la distinción entre venas y arterias, entre tejidos sanos y enfermos, la ubicación de los ór-

---

1. No es este el momento de profundizar en la diferencia conocida en la filosofía griega entre el hacer humano sobre objetos externos o conducta poiética, y la conducta humana inherente al actor o pragmática. En la primera lo producido es un objeto externo, un *factibilium*; en la segunda no hay en rigor algo producido, segregable de quien lo produce, en todo caso podría hablarse de desarrollo de una habilidad o de una autoproducción. Expuesta de esta manera la distinción no corresponde exactamente a la de *factibilium*, *agibilium* romana, ya que el *agibilium* pertenece al mundo de la *praxis* interior, inmanente a la personalidad, no a la conducta inherente externa o hábito de adiestramiento (Maritain, 1965: 38 y 207). En suma, la teoría es una construcción poiética, pero la práctica del oficio es un adiestramiento pragmático, bien entendido que alguien puede adiestrarse como teórico y ser muy diestro en construir teorías. (Cfr. Núñez Ladevéze, 1999: cap X.) Esta diferencia también puede aplicarse a distinguir entre «contexto textual» o «cotexto» y «situación contextual» o «entorno comunicativo». La palabra *contexto* suele aplicarse a ambos.

ganos que hay que extirpar, la aplicación de desinfectantes, el sentido de la circulación de la sangre. La mayoría de esos conocimientos son analíticos o empíricos, no prácticos, en el sentido de que su adquisición no depende de la destreza o de la habilidad que se precisa para la realización de esa labor. En la arquitectura o en la ingeniería, el cálculo de resistencia de materiales, la capacidad de soporte de los cimientos, la amplitud de los vanos, no se aprenden practicando un oficio. Hay que estudiar aspectos independientes de la práctica antes de dedicarse a esa tarea. Estos aspectos suelen corresponder con el componente teórico o empírico necesarios para la ejecución de la labor profesional. En todos estos casos, el oficio profesional depende de un previo grado de conocimiento teórico.[2]

Hay otras muchas actividades sociales que pueden depender en mayor o menor medida de conocimientos teóricos segregados de la práctica sin que para ejercitarse en ellas sea necesario aprender previamente la teoría en la que se basa su aplicación. Son cosas distintas, por ejemplo, la fabricación de aviones o de automóviles y su manejo por el piloto o el automovilista. La fabricación requiere un conocimiento teórico previo, pero el manejo es independiente de ese conocimiento. Por volver a los ejemplos: el piloto de aeronave no sabe de ingeniería aeronáutica y el habitual conductor de automóviles no necesita saber de mecánica. En estos casos la práctica de la profesión es totalmente independiente de la teoría que hace posible el funcionamiento del artefacto que maneja, pero ha sido una teoría llevada a la práctica la que ha hecho posible la existencia del artefacto. En este caso no sólo hay que distinguir entre conocimiento teórico necesario como condición de la destreza profesional, sino entre teoría, aplicación de la teoría a la técnica y uso práctico de la tecnología. A este uso práctico corresponden los oficios relacionados con el manejo de las diversas tecnologías. El aprendizaje de estas prácticas cognoscitivas es de naturaleza artesanal, requiere un adiestramiento, el desarrollo de una habilidad que no se aprende, por lo común, sino a través del propio ejercicio.

Nada de esto quita que para el uso práctico de la tecnología hagan falta, sin duda, conocimientos complementarios externos de algún tipo, acaso técnicos, que tal vez no sean de naturaleza teórica, pero, al menos, han de ser descriptivos; conocimientos que se refieren a diversas materias y aspectos relacionados tanto con el funcionamiento de los artilugios que han de manejarse como con los contextos o situaciones en que han de utilizarse. Es decir, hace falta una *formación complementaria previa* al uso pero relacionada con éste, cuya finalidad es asegurar que la actividad se realizará en las mejores condiciones posibles por complejas que sean las situaciones. Volviendo otra vez al ejemplo, el piloto, aparte de adiestrarse para el manejo del aparato y conocer las diversas funciones parciales de las que depende su funcionamiento uni-

---

2. He tratado este mismo asunto y con similares fines en Núñez Ladevéze, 1991: Lec. 1.

tario, debe saber cartografía y conocer un manual de instrucciones, entender de climatología y será conveniente que tenga algunos conocimientos jurídicos referentes a sus derechos y obligaciones como responsable del manejo de un aparato de cuyo buen uso depende la vida, en el caso más extremo, o los planes a corto o medio plazo, en el supuesto normal, de un grupo de personas.

He distinguido dos tipos de tareas prácticas: aquellas cuya aplicación está vinculada a la posesión, en un grado u otro, de conocimientos analíticos o empíricos, es decir, de una *formación teórica previa*, como las ingenierías, la arquitectura y la medicina (acaso también la abogacía), y aquellas otras para cuya aplicación es conveniente una *formación complementaria previa*, como la de los comandantes de aeronave, guardia urbano y patrón de barco. La importancia de este tipo de formación previa a una tarea de índole práctica es relativa y gradual. Las tareas prácticas si, en general, no están relacionadas con el manejo de tecnologías, no requieren para su propio desarrollo más aprendizaje que el relativo al desarrollo de la propia destreza o habilidad. Un aprendiz de tenista, un pintor o un cocinero no necesitan, para ejercer su oficio, más que el desarrollo de su propia habilidad. Por supuesto, siempre es necesaria, en un grado u otro, alguna formación complementaria de carácter previo. En todo caso, la formación complementaria no típicamente teórica suele responder a exigencias del tipo que suele denominarse *humanístico*. Las *humanidades* contienen el caldo de cultivo imprescindible para la integración del ciudadano en los niveles culturales requeridos para desenvolverse en el ambiente fraccionado de las sociedades tecnológicas avanzadas o contribuir a su desarrollo. Aunque no es este el momento de entretenernos en discutir este aspecto de la cuestión, conviene tenerlo en cuenta cuando se trate de comprender más a fondo el modo como podría cooperar la profesión periodística a cimentar un ambiente común de integración en el desempeño de su función cognoscitiva y socialmente intermediaria.

En general, para las tareas prácticas, artísticas o artesanales del tipo que sean no se requieren conocimientos teóricos ni analíticos previos sino ejercicio y habilidad, pero cuanto más complejas son y más dependientes sean de la tecnología y de las circunstancias sociales, tanto más suelen necesitar una formación complementaria más elaborada, basada en conocimientos de distinto tipo, ya sean científicos, normativos, técnicos o descriptivos, de los que depende la eficacia de su labor. Considerado el periodismo desde este punto de vista, es una profesión especializada en su generalidad, relacionada con las situaciones sociales más complejas y con el uso de una tecnología muy complicada, la tecnología de la comunicación. Pero, a diferencia de lo que ocurre con otros oficios, para el de periodista no se necesita aprender a usar esa tecnología de la que depende su tarea (más que parcialmente, en el caso de que haya de utilizar medios audiovisuales) pues para esa labor se requieren otros profesionales, ni tampoco será imprescindible, aunque sea aconsejable según los casos, que tenga especiales conocimientos complementarios relativos a las situaciones sobre las que tendrá que informar.[3]

El periodista, por tanto, como el piloto o el conductor, ejerce un oficio práctico que depende de tecnologías con cuyo uso, en principio, hasta que no llegó el proceso de informatización que es realmente reciente, no necesitaba estar familiarizado: no necesitaba saber manejar la linotipia, pues para eso existía el oficio de linotipista, ni tampoco la rotativa, ni, en suma, requería conocimientos relacionados con la tecnología del taller. Le bastaba saber escribir y utilizar la máquina de escribir como ahora le basta saber hablar y utilizar la videocámara o saber escribir y usar el ordenador. En cuanto a la formación complementaria, por deseable y aconsejable que sea que disponga de una sólida formación cultural, jurídica, política e histórica, la experiencia enseña que, para determinados tipos de periodismo, no necesita más de lo que pueda aprender por contagio o sobre la marcha, y que puede adquirir la información que necesita por hábito profesional. Hay que tener en cuenta que el periodismo, en el sentido propio de la palabra, nace como efecto del desarrollo de las técnicas comunicativas, en primer lugar la imprenta y después la rotativa y la linotipia. El progresivo aumento de la capacidad de la tecnología de la comunicación para multiplicar el mensaje y difundirlo en un público cada vez más amplio abre el espacio público donde se realiza el debate de ideas, acentúa la necesidad social de obtener información y facilita la transferencia informativa necesaria para comunicar las expectativas comerciales e impulsar el tráfico mercantil. La tipificación de opiniones está ligada a la discusión de ideas y a la obtención de información. La difusión de ideas, opiniones y noticias a través de publicaciones periódicas fue, en los orígenes del periodismo y durante mucho tiempo, una misión de pensadores y escritores, ideólogos y literatos, que encuentran en la actividad periodística no sólo un medio de realización de una tarea sino progresivamente también un modo de especializarse en el ejercicio de una profesión social específica.[4]

Se comprende que, en esas circunstancias, y hasta que el periodismo llega a consolidarse como profesión, no se necesitara ningún tipo de formación complementaria previa. El periodismo era una dedicación a la

---

3.   Obviamente, este comentario necesitaría rectificarse en algunos aspectos si se tiene en cuenta la importancia que comienza a tener el uso de la red para el ejercicio del periodismo. Pero en esta introducción genérica sobre la delimitación de una teoría general que permita vincular la praxis del oficio a un enfoque científico interdisciplinar de la acción humana, no se trata de esta cuestión. Pero, generalizando, el uso de la red no afecta a las posibles adaptaciones de la actividad periodística más que a otros oficios, pongamos por caso, el documentalismo. Cfr. Núñez Ladevéze, 2002, artículo del que este texto es una reelaboración más completa.

4.   Un primer bosquejo sobre la sociología de la profesión periodística con motivo de su incorporación a los estudios universitarios en Vigil Vázquez, 1972. Hasta época muy reciente no se ha emprendido en España una sociología del periodismo. No hay ninguna referencia a esta dedicación en De Miguel y Martín-Moreno, 1982. Recientemente han aparecido referencias interesantes sobre el proceso evolutivo producido en España del periodismo como profesión liberal: Bezunartea-Diezhandino-Coca, 1994.

que recurrían escritores, intelectuales y literatos, por encontrar en ella unas veces una forma instrumental de ejercer influencia o ganar prestigio y otras una alternativa a las frustraciones de la empresa literaria. Era una ocupación sustitutiva y en cierto modo descendente que encontraban como alternativa quienes no alcanzaban el ansiado reconocimiento social. Para ejercerlo bastaba una formación cultural que empapaba el ambiente de las redacciones donde se combinaba la inclinación literaria con la atención a la información. Generalizando, se puede comprender que la mayoría de quienes se dedicaban a esta labor habían adquirido previamente de modo autodidacta su formación movidos por la afición literaria o ensayística, y que quienes se iban entregando a ese oficio pensaran que no necesitaban de más aprendizaje que el derivado del propio ejercicio, cuyas reglas iban diseñando mientras realizaban esa labor. Aunque sean residuales, todavía hay quienes, habiéndose formado en ese ambiente entre romántico y bohemio de las salas de redacción, conciben el periodismo más como un oficio que se aprende espontáneamente en las redacciones o en la calle que como una profesión para cuyo ejercicio se requiere una previa preparación *ad hoc*, para la que no es suficiente la formación humanística del periodista autodidacta, en la práctica cada vez menos frecuente y menos requerida por los propios empresarios.[5] Lo cierto es que la progresiva influencia social del periodismo y de las nuevas profesiones vinculadas al desarrollo de las comunicaciones ha favorecido que sea la propia sociedad la que exija que estos profesionales adquieran una preparación previa complementaria de carácter generalizador y orientada al ejercicio profesional (Vigil Vázquez, 1972: 7 y ss.).

2. El periodismo, actividad paradójica

El periodismo deja progresivamente de ser una tarea artesanal para irse convirtiendo en una profesión de gran influencia social. Si atendemos a su génesis histórica, la actividad periodística procede de la creciente importancia que va adquiriendo la información para la toma de decisiones encaminadas a encauzar las relaciones políticas, mercantiles y coloniales de integración o de rivalidad entre los distintos países o las relaciones comerciales entre las empresas. Pero hay también otros procesos internos de índole no expansiva ni externa, como la necesidad de mantener la interdependencia de las relaciones sociales fragmentadas a consecuencia de los procesos de división del trabajo, de la especialización de funciones y de la progresión del conocimiento cuya unificación es posible, en parte al menos, gracias a la función intermediaria y relacionadora de la información y a su capacidad de transferir horizon-

---

5. Sobre las relaciones entre periodismo y literatura y la coincidencia y paralelismo entre la aparición de la novela como género y el desarrollo del periodismo véase la excelente obra de Albert Chillón, 1999.

tal y verticalmente los datos necesarios para la integración de las partes que componen el entramado social.[6]

Si se tiene en cuenta que la función social del periodismo es principalmente mantener permanentemente fluidas, abiertas y activas las transferencias informativas y los procesos de comunicación requeridos para asegurar la integración de una sociedad que tiende a la progresiva diferenciación cognoscitiva, funcional y laboral, se puede comprender que hay pocos oficios que, como el periodístico, tengan un carácter tan marcadamente transversal sin que por eso deje de reflejar a la vez las relaciones jerárquicas expresadas por la estratificación social, cognoscitiva y cultural, un confuso y complejo entramado de diferencias producido por la distinta distribución de la propiedad y de la capacidad creativa o productiva en las sociedades democráticas regidas por principios igualitarios. El periodismo no sólo comunica las distintas actividades y funciones sociales entre sí, sino también los distintos niveles económicos, culturales y cognoscitivos por singulares que sean, sin por ello dejar de mantener las diferencias entre los diversos estratos.

Naturalmente, la actividad periodística es también ella misma un efecto de esos procesos de especialización cognoscitiva y laboral de los que depende la organización social de las profesiones y la distribución de los distintos saberes. Los procesos de división social del trabajo implican que la especialización del conocimiento condicione la especialización de tareas y funciones. Pero la integración social de una sociedad organizada mediante la división del trabajo y del conocimiento depende de que haya un sistema eficaz que asegure el contacto y facilite la interdependencia entre las distintas especialidades. Parte de esa función está reservada a la actividad periodística, y en este aspecto resulta ser característicamente peculiar, por no decir paradójica. Por un lado, surge, como acabamos de señalar, del proceso de división social cognoscitivo y funcional, y, en ese sentido, es ella misma una manifestación de ese proceso, una tarea especializada y por ello reservada a profesionales que prestan un servicio social a quienes necesitan de ese servicio pero no pueden realizarlo por sí mismos, ya que su especialización o su oficio son otros.

Por otro, como especialización destinada a conectar las diversas especializaciones y aglutinarlas en torno a un centro de referencia unitario, su función es crear un espacio de relaciones comunes, lo que se suele llamar un espacio público de expectativas dependiente de la acción del medio de comunicación. Si se trata de comprender el periodismo a partir de estos procesos de división social de trabajo puede representarse su tarea específica como aquella que tiene por fin seleccionar los aspectos sociales que merecen ser genéricamente compartidos o puestos socialmente en común por diferenciales que sean. Lo cual significa que, como antes he señalado, su horizontalidad resulta a la vez

---

6. De los primeros trabajos sobre el oficio periodístico en España, Sánchez Ortiz, 1903. Sobre el origen de los estudios periodísticos, la obra de Herrera Oria.

ser, paradójicamente, intelectual, cultural, política y económicamente jerárquica (Benunartea, Diezhandino, Coca, 1994: 3.ª p.). Dado que en ella se concilian estos rasgos y exigencias, en cierto modo antitéticos, se entiende que resulten espontáneamente comprendidas como actividades preferenciales de la atención periodística todas aquellas que más relacionadas están con la producción de un espacio público de intereses, dependencias y curiosidades compartibles en común como son las relativas a la influencia social de la acción política, la deportiva, la económica y la de interés humano.

De esta paradójica condición, que hace del periodismo una especialización generalizadora o un trabajo específicamente orientado a poner en común lo que puede ser públicamente compartido, deriva que la tarea periodística, como en general todas las actividades relacionadas con el ofrecimiento de servicios de comunicación social, resulte en la práctica ser un oficio incongruentemente accesible a quienes carezcan de especialización, abierto, pues, a cuantos deseen dedicarse a ello sin necesidad de que tengan que pasar por un aprendizaje específicamente orientado a ese fin. Es decir, periodista puede serlo cualquiera, porque informar, interpretar y opinar son actividades que están tan directamente ligadas al uso del lenguaje y a la normal experiencia de la vida, que su ejercicio forma parte del hábito de cualquier ciudadano interesado en vivir en sociedad y no ofrece dificultad si de lo que se trata es de notificar lo que interesa a la gente común o lo que es de común interés para la gente. Puede decirse, por eso, que de un modo casi espontáneo todo el mundo es, de alguna manera, periodista, por razones similares a que, desde un punto de vista político, todo el mundo puede ser elector por el hecho de ser ciudadano. Sólo como consecuencia de los procesos de división del trabajo en una sociedad cada vez más compleja que requiere, para su propia estabilidad y evolución, de transferencias de información, el periodismo se profesionaliza y se segrega como profesión diferenciada cuya tarea, paradójicamente, es asegurar la comunicación entre las diferencias.

Éste, me parece, es el aspecto principal que hay que retener de la profesión periodística. Surge como consecuencia de dos impulsos que aparecen ligados en la sociedad moderna y que, con seguridad, aparecen siempre entrelazados en todo proceso de cambio social: por un lado, la división social del trabajo y del conocimiento; por otro, la importancia de la transferencia de la información para mantener la complementariedad global de las funciones escindidas. Hay, no obstante, un tercer aspecto que no hemos considerado hasta ahora más que incidentalmente pero que actúa como condición de fondo y que por ello no debemos relegar más. Se trata de la evolución tecnológica que no sólo hace posible esa creciente interdependencia de los intereses y rivalidades, de la coincidencia y de la pugna política, comercial y diplomática entre los países, sino también la interconexión informativa imprescindible para comprender y orientar el sentido de esas relaciones. Sobre los aspectos genéricos del proceso de división del trabajo ya se había reflexionado desde la antigüedad clásica. Platón y Aristóteles hacen referencia a ello en sus obras de modo muy claro.[7] Pero sus ideas sobre los procesos del reparto del trabajo social no tienen en cuenta ese otro impulso que sólo se da plenamente en una época posterior: cómo el desarrollo científico-técnico contribuye a la aceleración de los procesos de especialización cognoscitiva y profesional. Este progreso científico y tecnológico es el que ahora tiene relevancia para la especialización profesional y cognoscitiva en general, y del periodismo en particular.

El periodismo es posible gracias al desarrollo de una tecnología que va perfeccionándose como instrumento que puede aplicarse a la elaboración, multiplicación y difusión del mensaje. Gracias a esa tecnología, primero de la imprenta y de la comunicación, ahora de Internet, la información, de la que dependen —y condiciona— los procesos de cambio de la vida en común, deja de ser un bien privado, utilizado reservadamente en pequeños y privilegiados foros, para convertirse en un bien público expuesto en un espacio compartible en común. Que sea público no quiere decir que el público lo procese y comprenda del mismo modo o lo sepa usar con la misma destreza o habilidad. Porque uno de los rasgos más sugerentes y equívocos de la actividad periodística consiste en poner a disposición del público no tanto lo que el público necesita conocer para situarse con relación a los demás ciudadanos en igualdad de condiciones informativas en el espacio abierto y común, sino lo que cada porción de público requiere para su satisfacción personal, entendida ésta del modo más amplio. Las necesidades de la información son subjetivamente valoradas, y cada ciudadano decide la que necesita, como ocurre con la elección de cualquier otra mercancía ofertada en un mercado abierto a la satisfacción de necesidades subjetivas.

Naturalmente, el oficio periodístico, como cualquier otra profesión reciente, germina como consecuencia de esos procesos de división del trabajo en una sociedad cada vez más interrelacionada, en la que la interdependencia y la integración sociales son posibles gracias, entre otras cosas, a la difusión de la información socialmente aceptada. El intercambio y la relación entre personas de distintos conocimientos y diversas especializaciones en una sociedad cuyos miembros están dispersos y anónimamente interrelacionados se hace posible, por tanto, en parte muy sustantiva a través de los medios de comunicación. Esa transferencia de información comunica entre sí a quienes se hallan en una situación en la que el intercambio de utilidades no puede realizarse persona a persona. La importancia de la información se debe, entonces, a que permite la relación impersonal entre quienes pueden estar interesados en ofrecer o aceptar algún tipo de transferencia informativa. Naturalmente, no todo lo que ocurre o no todo lo que alguien opina interesa a los demás del mismo modo. Lo que importa es selec-

---

7. Ver principalmente *La república*, XI, 369 b-d.

cionar la información que puede interesar a todos o un determinado grupo de personas más o menos amplio, definido por sus aficiones o por ciertos rasgos sociales, psicológicos, profesionales, y hacerla llegar al anónimo destinatario.

Cualquiera, pues, si se trata de una información generalizada o no discriminatoria —o los especialistas en determinadas ramas del conocimiento, según los casos—, podría, en principio, dedicarse a esa tarea periodística, pero quienes ya tienen otras ocupaciones no disponen del tiempo que les permita hacerlo por sí mismos. La información que interesa a todos en común tiene que llegar también a todos, pero alguien tiene que encargarse de seleccionarla, prepararla y difundirla. Es decir, si quien dedica su tiempo a aprender un oficio no tiene tiempo para aprender otro, tampoco tiene tiempo para buscar la información socialmente útil. El que sabe medicina no suele saber a la vez arquitectura, y el agricultor difícilmente puede dedicarse a relojero. Podría, sin embargo, ser periodista porque ese oficio no requiere, en principio, de especialización, pero no tiene tiempo para dedicarse a obtener la que podría interesarle. Por eso, quien lo hace realiza un servicio a la comunidad, satisface intereses dispersos, comunes y anónimos y se profesionaliza como periodista.

3. Periodismo de calidad y comunicación orientada a la audiencia

Así, pues, en el caso del periodismo la especialización no surge porque sea necesario dedicar tiempo a aprender el oficio sino, al contrario, porque quienes cultivan sus oficios no disponen de tiempo para hacer de periodistas. En el origen de la profesión, al menos, hacer de periodista no requería ni un conocimiento especial ni un aprendizaje. Se necesitaba saber leer y escribir y tiempo para ocuparse de obtener las noticias o para comentarlas. Todavía para actuar como informador tras una cámara de televisión no se necesita mucho más que saber utilizar la cámara y, en algunos casos, hacer preguntas, eso sí, con cierto aplomo, incluso sobre temas que, en muchos casos, quien las hace no comprende. La idea de que para ejercer el periodismo se necesitan estudios universitarios cualificados es muy reciente y, observando los tipos de periodismo que prosperan, discutible para según qué especies (Vigil, 1987). Esta observación hay que entenderla a la luz de lo antes expuesto. El periodismo como actividad transversal refleja más que modifica la distribución jerárquica y cultural de los conocimientos. Un periodismo al servicio de necesidades públicas o de las necesidades derivadas de la difusión del conocimiento es completamente distinto y requiere una formación intelectual mucho más exigente que un periodismo orientado a satisfacer las necesidades de entretenimiento o a alimentar la propensión a la pasividad de las grandes audiencias.

Podría ser muy conveniente para el llamado «periodismo de calidad» poseer estudios universitarios, pero entonces lo que se discute es si para informar sobre economía no es preferible un licenciado en Económicas que un licenciado en Periodismo. Y para ser informador en una revista de las llamadas de «prensa del corazón», que forman parte del periodismo socialmente más productivo y divulgado, no hace falta más que saber de esas cosas que no requieren otro aprendizaje que el de la lectura de las propias revistas o la atención a ciertos programas de radio y de televisión.

Se dirá que esta descripción desprende un aroma algo caricaturesco. Y ciertamente hay algo de deliberada exageración que se justifica para exponer más nítidamente los rasgos que se precisa subrayar. Primero, que informar, interpretar y opinar sobre las cosas que interesan en común está, en términos generales, al alcance de cualquiera que tenga una formación media y conozca un poco el mundo en que vive. Sin embargo, que la actividad intermediaria del periodismo esté al alcance de cualquiera no implica que todas las mediaciones valgan lo mismo. Pero este es un asunto complejo al que sólo puedo referirme de pasada. Se trata de la «paradoja de la comunicación», un aspecto relacionado con las dificultades del reconocimiento social de la autoridad cognoscitiva en las sociedades democráticas, donde todas las opiniones valen formalmente lo mismo en el espacio público, pero resultan socialmente reguladas por la propia naturaleza selectiva del conocimiento. La adaptación de las actividades periodísticas a las expectativas reguladas por el mercado de las audiencias tiende a desnaturalizar la función periodística transmutándola en actividad comunicativa.[8] Segundo, que la actividad periodística tiene una considerable influencia social porque otras actividades esenciales, como la vida política y económica, dependen de la difusión de la información. Tercero, que justamente por las anteriores razones, desde el punto de vista cognoscitivo puede ser más interesante investigar cómo influye el periodismo en la sociedad que preocuparse por la formación de los periodistas, ya que pueden aprender ejercitándose en el oficio junto a otros más experimentados, como lo hacían los aprendices de los maestros artesanos o como se aprende a conducir un coche. Cuarto, que la información, la interpretación y la opinión que socialmente se requiere del periodismo admiten grados diferentes de complejidad intelectual y, por tanto, diferentes grados de formación.

8.   Es un asunto complejo relacionado con la estratificación del conocimiento y de las especializaciones y la toma de decisiones en asuntos comunes. Tiendo a compartir los argumentos expuestos por Feyerabend. Simplificadamente, una cosa es el conocimiento específico que habilita para la propia especialización y otra cosa el tipo de conocimiento que se requiere para participar en la toma de decisiones comunes en el espacio público (Feyerabend, 1992). También me parece útil distinguir entre «criterios sobre la acción» y «conducta realizada». En general, no hay una correspondencia necesaria entre el criterio y la conducta ni tampoco los criterios sobre el gusto son siempre correspondientes con el gusto efectivo. Sobre este tema en relación con los gustos de la televisión, véanse Núñez Ladevéze, L. y Pérez Ornia, J. R., 2002.

Esta acentuación del aspecto jerárquico de los conocimientos periodísticos, al que antes me he referido cuando hablé de la paradoja en que se desarrolla esta actividad a la vez transversal y estratificada, es un rasgo característico (Bezunartea, Diezhandino, Coca, 1994: cap. 11). Si no se comprende bien, es difícil entonces entender el sentido más propio de esta actividad cuya libre regulación refleja la de la misma democracia, una actividad que tan claramente traduce y expresa la grandeza, las paradojas y las limitaciones de la misma sociedad democrática. No se comprendería que a un ingeniero, un médico o un arquitecto no se les exigiera un nivel mínimo homogéneo de conocimientos previos. Ni se comprende ni se podría admitir. El conocimiento es siempre algo difícil de adquirir, selectivo, que requiere esfuerzo y aprendizaje. No puede haber confianza social en quien se presta a ejercer una tarea para la que no ha sido previamente formado. La sociedad puede ser tan democrática como se quiera, pero el reparto del conocimiento no puede serlo, y menos todavía lo es la aportación de nuevo conocimiento, porque la aportación de novedades cognoscitivas es siempre producto de una tarea personal y el nuevo conocimiento o el descubrimiento sólo tienen sentido como rasgo diferencial del conocimiento común: se aporta a lo que ya se sabe, y eso es lo nuevo. Lo que todos saben es conocimiento comúnmente compartido que sirve, en el mejor de los casos, para mantener un nivel, pero no para adaptar las técnicas y los oficios a las exigencias cambiantes de la sociedad. El descubrimiento es siempre una aportación personalmente añadida por alguien a la amorfa superficie de lo común. La distribución del conocimiento es inevitablemente selectiva y jerárquica, como también lo son el éxito comercial, el descubrimiento científico o el triunfo deportivo.

A lo que voy a es que el que unos sepan más que otros en las profesiones especializadas no quita que el aprendizaje de cada profesión haya requerido una formación selectiva reservada a que sea compartida en común exclusivamente por quienes ejercen ese oficio. Eso les da un cierto poder corporativo y un grado de influencia social que depende a su vez del grado como la sociedad entienda que necesita de esos servicios profesionales. La jerarquización valorativa orientada a diferenciar grados de mayor o menor excelencia o de uniformidad y deficiencia profesional resultan en cierto modo espontáneos, inequívocos e imprescindibles. Pero eso no ocurre del mismo modo con el periodista, y menos todavía con quienes se dedican a las tareas comunicativas en las que el éxito o el triunfo dependen en gran parte de la aceptación de audiencias generalmente, cuanto más numerosas, mejor. Satisfacer a la audiencia requiere ser diestro en usar técnicas de adaptación a los criterios de mayorías poco exigentes. También el periodismo queda en parte, aunque no tan acusadamente como la industria cultural de la comunicación colectiva, entreverado por la falta de exigencias de los públicos destinatarios. Es por ello inevitable su estratificación cultural y cognoscitiva. Para ser comentarista parlamentario se necesita mayor formación intelectual que para ser comentarista deportivo. Y, a pesar de todo, el periodista de oficio con responsabilidades decisorias entiende todos los grados simultáneamente, los pondera, selecciona y compara por muy incomparables que sean. Tiene que saber de todo sin necesitar saber prácticamente de nada.

En definitiva, el periodismo no surge, como otros oficios, artes y profesiones, por especialización del conocimiento sino por la capacidad de la tecnología para satisfacer las posibilidades de mediación informativa y porque quien se dedica a una ocupación o a una profesión no dispone de tiempo para dedicarse a otra aunque nada le impediría que pudiera hacerlo. Sin tecnología no hay periodismo propiamente dicho. Aunque los historiadores buscan precedentes helénicos y romanos, el periodismo, como labor profesional orientada a difundir información de interés público o de interés general, a través de medios técnicos a un destinatario colectivo y sin relaciones directas entre las personas que lo forman, es tan dependiente del desarrollo científico y, más concretamente, de la tecnología específica de la comunicación que permite distribuir la información de actualidad de un modo inmediato y generalizado, que cualquier precedente se puede considerar meramente analógico.[9]

Esta peculiaridad acentúa esa situación paradójica peculiar del ejercicio del periodismo. Para conseguir llegar a muchos no sólo es preciso seleccionar las noticias y los comentarios que simultáneamente les interesen, hace falta, además, poseer los recursos tecnológicos y materiales capaces de realizar esa operación de reproducir indefinidamente un mensaje y distribuirlo en poco tiempo. Eso supone tres cosas al menos: una importante restricción de los que puedan dedicarse a la tarea, la asunción, en principio, del proceso de producción en serie y la escisión capitalista entre empresario y trabajador. Resulta entonces que, en principio, no hace falta un especial aprendizaje para realizarlo, puesto que no es más que el proceso de adaptación, implícita en el uso del lenguaje, de la actividad natural de informar sobre lo que acontece; pero, a la vez, es una de las especializaciones profesionales más dependiente de y favorecida por los procesos de evolución tecnológica. Y, lo que es más relevante, es tan decisiva en la formación del mundo moderno, su importancia social y política son tan considerables, que éste no podría entenderse sin aquél. De aquí que su estudio tenga especial interés para quienes quieran conocer la complejidad, los cambios de rumbo y de mentalidad de la sociedad actual. Un interés que fue, inicialmente, sociológico. Es decir, disociado de la práctica: un acercamiento analítico, descriptivo y metalingüístico con respecto a la actividad estudiada.

9. Sobre este particular me baso principalmente en la concepción del medio de comunicación de McLuhan. (Cfr. Casasús y Núñez Ladevéze, 1991: 165 y ss.)

4. Estudios *sobre* y estudios *de* periodismo

Los primeros estudios del periodismo nacen de los sociólogos y psicólogos de la opinión pública[10] y después, o simultáneamente, de la sociología de la comunicación de la que procede la llamada «periodística».[11] No se trata de estudios de preparación para realizar una tarea, sino de estudios sobre la influencia social de una actividad que va adquiriendo cada vez más importancia y significación en las sociedades modernas, tanto avanzadas como no industrializadas.

Lo que interesa enfatizar en este esquema inevitablemente simplificador es que los primeros que estudian el periodismo no lo hacen con objeto de aprender un oficio o de adiestrarse o adiestrar a otros en él, sino para entender la influencia política y social de la actividad periodística. Se suele admitir que el origen del enfoque sociológico del estudio de los procesos periodísticos se encuentra en la sociología de Max Weber (Weber, 1982). Por supuesto que ha habido antes de Max Weber interés por esos estudios, pero un tratamiento sistemático y definido como «sociología del periodismo» no se halla de un modo rotundo hasta esa toma de conciencia de la sociología comprensiva:

> En las Primeras Jornadas de sociólogos alemanes, celebradas entre el 19 y el 22 de octubre de 1910 en Francfort, el sociólogo más famoso de su época, Max Weber, propuso a sus colegas convertir el periodismo en objeto de análisis sociológico. El interés de Weber se concentraba en un punto que él mismo describía así: «Hemos de analizar... sobre todo las relaciones de *poder* que crea la publicidad específica del periódico» (Beth, H. y Pross, H., 1987: 14; Pross, 1980).

La *publicística* alemana tiene su origen en esta inquietud de Max Weber por estudiar las relaciones entre los procesos de formación de la opinión pública y la industria privada del periodismo y en las reacciones a que dio lugar, pues rápidamente hubo quienes trataron de desgajar los estudios de comunicación de los sociológicos para acotar una ciencia específica del periodismo. Para comprobar la importancia de esta pugna cabe reparar en que ya en lugar de pensar en términos conductistas que el medio periodístico tenga efectos directos como aglutinante de la opinión pública, Max Weber tal vez fuera el primero en plantearse de modo expreso si es posible determinar un grado de condicionamiento de la oferta informativa por la demanda, tema que él mismo consideró no re-

10. En España, el primer tratamiento sistemático del que tengo noticia es el de Roda Vivas, 1870 (especialmente Tercera parte, capítulo V a X). La revista *Periodística* puso en circulación en España el uso nominal del adjetivo. A su difusión contribuyó notablemente la obra del profesor Casasús (Cfr. Casasús, 1988) quien además sistematizó anticipadamente los métodos de investigación de la sociología del periodismo (Casasús, 1998).

11. Desde que el profesor Casasús (1990) reparó en la obra del alemán Tobias Peucer se ha aceptado esta primera tesis doctoral sobre periodismo defendida en Leipzig, 1690, como valor convenido del origen de-los estudios de la publicística.

soluble y que, en la actualidad, cuando se trata de medir los efectos de la televisión, sigue prácticamente igual de indeciso. La gran corriente publicística alemana arranca de ahí o contra esa supeditación a la sociología; Bücher, Hagemann, Pross y Dovifat, que son los principales nombres, tienen esa procedencia (Casasús, 1988; Moragas, 1985).

Prosiguiendo con esta tarea simplificadora, la otra rama importante fueron los estudios de opinión pública y de lo que los americanos llamaron «comunicación de masas». Prescindiendo de los precedentes ensayísticos que provienen de la reflexión filosófica y de la psicología social cuyo ejemplo más concreto es la *Psychologie des foules* de Gabriel Tarde y cuya culminación podemos concretar en *La rebelión de las masas* de Ortega y Gasset, la sociología norteamericana siguió la orientación de estudiar la capacidad de los medios para configurar actitudes, gustos y corrientes de opinión colectivos. No menos arbitrariamente que antes situamos a Max Weber en el origen, podemos ahora concretar en la obra de Walter Lippmann el de esta tendencia cuyas orientaciones principales se encaminan a estudiar los efectos de la propaganda política, la estratificación cultural promovida por la diversidad de medios de comunicación y la influencia de la publicidad (Lippmann, 1922). Es valor común reconocer a Lasswell el mérito de haber propuesto un modelo riguroso de etapas de estudio y de campos de investigación (Lasswell, H., 1979). Impulsor originario de este modo de afrontar el estudio fue el vienés Paul Lazarsfeld. Extenderse sobre cómo evolucionó el interés descriptivo de la llamada *Mass communication research*, impulsada por comunicólogos como Wilbur Schramm y Klapper o sociólogos como Shils o Merton desde una perspectiva psicológica o sociológica, es perderse en un bosque bibliográfico cuyas ramas se extienden hasta la actualidad.[12]

En una de las fases de este modo de afrontar la metodología del estudio de la actividad y de los productos del periodismo habrá que citar la obra de Gaye Tuchmann (Tuchmann, 1983) interesante porque, sorteando la tendencia conductista prevalente en la *Mass communication research*, se inspiró en la fenomenología de Schutz (1974) a través de la importante obra de Berger y Luckmann (1979), lo que supuso un giro incitante en la corriente bibliográfica norteamericana que impregna ahora muchas de sus publicaciones y que tiene el mérito de que salta por encima del conductismo pragmatista y del funcionalismo descriptivo que casi siempre fueron hasta entonces imperantes en las investigaciones sobre efectos y procesos de la comunicación de masas.

Estos dos componentes han prevalecido durante mucho tiempo como los núcleos de consistencia intelectual de los estudios sobre periodismo. En el proceso que conduce a incluir el periodismo entre las enseñanzas universitarias hay que tener en cuenta un tercer ingrediente que tiene un sentido muy distinto de los anteriores. Se trata del aspecto

---

12. A estos efectos son especialmente importantes las obras de Casasús, 1988, y de Gomis, *El medio media,* y sobre todo la recopilación de Moragas, 1985.

práctico de la didáctica. Con el aumento de la influencia del periodismo en la vida social aumenta también el interés por la formación de los periodistas. Los estudios *de* periodismo surgen por motivos prácticos independientemente del creciente interés de los científicos sociales por estudiar su influencia social.

La primera escuela de periodismo la crea Pulitzer en Estados Unidos en Columbia, con el concreto propósito de formar periodistas en el oficio. La escuela es concebida inicialmente como la antesala de la redacción, pero la propia evolución de la enseñanza va generando un metalenguaje descriptivo a través del cual se expresa el interés por el estudio y el conocimiento de la realidad periodística. Cuando los estudios de periodismo ganan rango universitario comienzan a confluir las distintas motivaciones.

Esta descripción podría seguir ininterrumpidamente sin que nada obligara a llegar a una meta. Pero no sería práctico hacerlo. Ciñéndonos a la perspectiva española, hasta el decenio que se inicia en el 70, los estudios de periodismo se centran en la Escuela Oficial y en la de la Iglesia, donde lo que prevalece es el aspecto más o menos práctico de la formación, es decir, el adiestramiento para ejercer un oficio que, como he dicho, en principio, es accesible a cualquiera, salpimentado de algunas pinceladas de formación previa, culturales o humanísticas, de sociología, relaciones internacionales, historia del periodismo y literatura principalmente. Lo que, en general, puede entenderse como conjunto de condiciones de la formación previa complementaria para la práctica de una actividad periodística en periódicos o medios de comunicación de calidad informativa. En eso no diferían mucho de las escuelas norteamericanas, siguiendo la tradición iniciada en Columbia por Pulitzer, volcadas también a enseñar un oficio con dos siglos de praxis evolutiva y dificultades incontables para la sistematización temática.

Cuando en esos años los estudios de periodismo pasan a ser universitarios en España, hay que pensar en un plan cuya consistencia teórica no se limite a la decoración de los enunciados mediante el auxilio de disciplinas complementarias. Es el momento en que confluyan los estudios *sobre* con los estudios *de* periodismo. Hay que dar algún tipo de contenido al rótulo equívocamente pomposo e inconfesamente artificial de «ciencias de la información».[13] Entonces es cuando se da carta de naturaleza a algunas asignaturas que están pululando entre la psicología social y la sociología, como la teoría de la comunicación, la teoría de la información, la estructura de la información y, como a veces el objeto temático crea la especialidad, se delimitan programas de derecho de la información, una disciplina jurídica desgajada del derecho administrativo; de empresa periodística, también desgajada de la organización de empresas; de redacción periodística, un híbrido de la len-

---

13. Y dudosamente acertado. En Hispanoamérica y varias universidades privadas españolas se denominan «ciencias de la comunicación». Pienso que es más correcto.

gua y la práctica periodística; y de periodismo especializado, en el que lo que importa es el tratamiento periodístico de diversas materias difícilmente sistematizables.

Es en estas disciplinas, en especial en las dos últimas, en las que vale la pena centrarse. Pero antes de hacerlo tratemos de caracterizar el sentido de este planteamiento de los estudios universitarios de periodismo. Las «ciencias de la información» se dejaron invadir por el impulso del teoreticismo cientificista. Hay que tener en cuenta el ambiente intelectual en el que se produjo ese ascenso de los estudios de periodismo al rango universitario. Como consecuencia de las esperanzas que se depositaron en la explotación de nuevos rótulos científicos como la teoría de la comunicación, la semiótica y la semiología, se vive dialécticamente en la Universidad la discusión sobre «la crisis de las ciencias sociales» y su renovación. En ese caldo de cultivo el uso de la expresión «ciencias de la información» —o de la «comunicación», da lo mismo una denominación que otra, y de hecho ambas se usan para designar el mismo currículo académico— sirve por sí solo de aliento a la recepción en los programas de estudios de las abstracciones teoréticas estructuralistas y semióticas, entonces en boga. Puede llamarse así, «abstracciones teóricas», a la pretensión de hacer de la teoría crítica el fin natural de las ciencias sociales y a la actitud pedagógica que lleva a la subordinación de toda práctica a una previa explicación teórica. Teoría de la información, sociología de la comunicación, hermenéutica, semiótica, teoría del lenguaje sirven de marco para salvar la diferencia entre el programa de estudios de una escuela de artes y oficios, o, en todo caso, profesional, y los estudios universitarios de segundo ciclo. La distancia queda salvada pero no sin cierto riesgo de que se deformen o desvirtúen el aspecto didáctico y la orientación práctica del plan.

Si se tiene en cuenta este otro aspecto de la cuestión, del que no se puede prescindir, el problema que se plantea es el de que el teoreticismo ahonda más aún que el funcionalismo y la periodística en la diferencia entre el metalenguaje utilizado para describir el objeto y la práctica de ese objeto, es decir, en este caso, del oficio periodístico o del publicitario o del «comunicador» (expresión que en sí misma indica ya el tipo de desviación a la que aludimos). Este comentario no pretende ser, al menos en este aspecto, cáustico, sino que busca señalar dónde, cómo y por qué se produce una deformación y, si es posible, orientarse para buscar un enfoque que pueda corregirla. La deformidad, evidentemente, se produjo.

5. Entre la teoría y la práctica

El teoreticismo puede ser formativamente interesante y necesario en algunos aspectos porque contribuye a reforzar la capacidad de abstracción y de generalización del alumno, potencia su capacidad reflexiva y le proporciona recursos intelectuales metodológicos para ejercitarse en la tarea investigadora, la cual, no se puede olvidar, forma parte esencial de la formación universitaria. Todo eso es cierto, pero no debe llevarse al extremo de que se convierta en un método de sustitución sistemática del lenguaje objeto por el metalenguaje que lo describe. Esa exageración acaba frustrando las expectativas prácticas del estudiante. Pero, por otro lado, el practicismo no es menos infructuoso. Los estudios universitarios no son talleres de aprendizaje de un oficio. Tienen una función formadora integral que no puede dejar de orientarse a la indagación escrutadora de la que procede la aportación de nuevo conocimiento. Ese fin forma parte de la formación universitaria y no se puede menospreciar convirtiéndolo en una función subalterna. Por tanto, el objetivo sería encontrar la vía de encuentro entre ambas exigencias.

Esta dificultad puede ser común a toda enseñanza que tenga por objeto estudios de carácter práctico. Pero tratándose de tareas vinculadas a los procesos de comunicación, hay que considerar también que éstas tienen la peculiaridad de que, además de su gran influencia en la formación de procesos de opinión publica y, en consecuencia, en la adopción de decisiones colectivas, su propia función es en sí misma de naturaleza intelectiva. Porque una de las posibilidades para resolver la dualidad sería ceder a ella y separar los aspectos prácticos de los metalingüísticos, situar a unos en la zona del aprendizaje de un oficio y a los otros en el ámbito de las ciencias sociales. Esto sería tanto como volver hacia atrás e ignorar todo el camino que se ha recorrido en otros muchos lugares incluido el pragmatismo norteamericano cuyo origen estaría vinculado a la Universidad de Columbia. Tras el esfuerzo realizado, esa regresión sería lamentable.

Corregir los excesos no significa que haya que volver a los defectos ni desandar un camino. Por eso, lo más adecuado es tener en cuenta la complejidad y la importancia de las profesiones comunicativas englobadas bajo los discutibles rótulos de ciencias de la comunicación o de ciencias de la información. Que los periodistas y los comunicadores tengan una formación que les capacite para elevarse por encima de su propia labor puede ser un buen ingrediente para contribuir a dignificarla en aquellos aspectos, muchas veces señalados, en los que aparece tan supeditada a los deseos de las audiencias más amplias que suelen ser a la vez, las menos exigentes; o en aquellos otros aspectos no menos inquietantes en que la actividad profesional se limite a cumplir con los deseos de empresas de poca monta, carentes de criterio periodístico e interesadas únicamente en la explotación de un negocio con relación al cual el contenido informativo es sólo un instrumento. Es decir, una forma de elevar los fundamentos de la profesión por encima de los requerimientos de un mercado formado por audiencias sin interés por informarse o culturalmente despreocupadas. El enfoque docente del periodismo puede adaptarse a la complejidad de su función, y no tener en cuenta las adaptaciones de que puede ser objeto por su conversión en industria cultural o en industria comunicativa.

Pero el periodismo es una actividad mediadora. Se trata, en principio, de suministrar información sobre cualquier tipo de experiencia, acontecimiento o texto socialmente útil o interesante en relación con cualquier tipo de tema sobre cuya utilidad o interés social es posible que alguien procure formarse una opinión. El ejercicio profesional está, por tanto, tan relacionado con diversidad de materias que es fácil comprender que hay muchos tipos de conocimientos complementarios cuya adquisición es imprescindible para desarrollar la actividad periodística. A satisfacer esa formación teniendo en cuenta, en primer lugar, las condiciones en que se desarrolla el ejercicio profesional se encaminó, pues, una importante faceta de la elaboración de los programas. Es decir, hace falta una *formación* complementaria, previa al uso, cuya finalidad es asegurar que la actividad se realizará en las mejores condiciones posibles por complejas que sean las situaciones en que se ejerza. Pero, además de esos aspectos contextuales, la actividad periodística se concreta, aunque no se puede decir que se especialice, según el tipo de tema que sea objeto del tratamiento informativo. Hasta dónde se ha de llegar por ese camino es algo que tiene que ver con las relaciones entre información especializada y especialización del conocimiento o división del trabajo o de las distintas actividades sociales sobre las que haya demanda informativa.

Pero, independientemente de esos dos ingredientes de la formación complementaria previa relativos, el primero, a los aspectos normativos y organizativos que regulan o condicionan la actividad periodística, y, el segundo, a la diversidad de materias sobre las que recae su actividad mediadora, hay aspectos que son propios, inherentes a la actividad informativa en sí misma, al modo de realizarse para obtener la información y a las técnicas de elaboración para que respondan al interés del público. Estos modos y técnicas, que se refieren a la presentación, selección, redacción y valoración de la información, son el producto de un largo proceso de adaptación del ejercicio del periodismo a su función o, mejor dicho, a la diversidad de expectativas sociales sobre cómo ha de informarse y sobre la importante y comprometida distinción entre información y opinión. Este es el asunto que merecerá desde ahora nuestra atención. Se trata de saber qué hacen los periodistas cuando ejercen su oficio, qué tipo de reglas aplican aunque no sean conscientes de aplicarlas, porque al desvelar esas reglas se pueden poner también en evidencia cómo las vulneran al aplicarlas, se puede, pues, examinar, analizar, describir los productos periodísticos a partir de sus propias reglas y también mostrarlas o enseñarlas a quienes traten de aprender ese oficio.

Es en este ámbito donde se suscita el problema principal al que hemos estado aludiendo de la distinción entre teoría y práctica. ¿Cómo relacionar estas dos facetas y de qué instrumentos metodológicos podemos servirnos para hacerlo? Ésta es la cuestión a la que realmente interesa responder. Empecemos por la descripción de los productos periodísticos y enlacemos, a través de ellos, su actividad. Observemos, mediante el análisis, sus distintos componentes. Una vez descompuestos o analizados mostremos las reglas que se han aplicado para realizarlos. Los productos periodísticos son tipos de textos. Los textos no tienen un valor por sí mismo, son productos realizados con vistas a atender expectativas y necesidades sociales. ¿Cómo satisfacen esas demandas, cómo se adaptan a ellas, cómo influyen en la sociedad, cómo son a su vez condicionados los textos por los cambios de perspectiva de los públicos?

Ejemplificaré algo más el sentido de estas preguntas con objeto de definir el asunto de fondo que las subyace y que me parece principal para encontrar el punto de unión entre los estudios *sobre* y los estudios *de* periodismo: se trata de reglas muy diversas que responden a preguntas como las que siguen: ¿qué criterios aplica el periodista cuando selecciona o da preferencia a una información sobre otra, cuando titula, cuando elabora una noticia, cuando la valora en el espacio impreso o en el tiempo informativo, qué normas ha utilizado para elaborar los textos? ¿Qué tipo de nexo relaciona las decisiones de los periodistas con sus textos? En definitiva, ¿qué hace el periodista al informar, al titular, al seleccionar, al evaluar la información, al marcar una línea que diferencie la información de la opinión, qué tipo de señales distingue la opinión de la información, qué rasgos caracterizan a los géneros periodísticos, géneros que no han sido inventados por los estudiosos sino delimitados por la propia praxis, tales como información de actualidad, reportaje, crónica, columna, editorial, artículo, etc.? ¿Cómo se manifiestan estilística, estructural y textualmente las diferencias entre unos y otros?[14]

Estas son preguntas directas, prácticas diríamos, pero, tras ellas pueden hacerse otro tipo de preguntas que se pueden formular en términos más analíticos. Por ejemplo: ¿existen reglas uniformes para la selección y evaluación de la información? Si existen pueden estudiarse, indagarse y exponerse. Y tienen que existir, pues de otro modo sería imposible que los periódicos y los noticieros de radio y televisión coincidieran en la selección, incluso sería difícil explicar los motivos por los que se distingue el tratamiento informativo en unos y otros. ¿Responden los títulos informativos a alguna estructura pragmática o textual definible? Tienen que responder, de otra manera no sería posible distinguir un título informativo del que no lo es, por ejemplo, los de los editoriales y los artículos. ¿Qué relaciones hay entre la sintaxis y la estructura textual de los títulos y los textos? Tiene que haber algún tipo de relación, pues si no la hubiera, sería aleatorio titular una información de un modo o de otro. ¿Existen reglas que permitan distinguir entre información y opinión? Han de existir, de otra manera sería imposible captar la diferencia entre una y otra cosa, pero hay que explicitarlas para poder analizar con rigor los procedimientos que los propios periodistas utilizan para mezclarlas o para disfrazar la opinión presentándola con los rasgos aparentes de la información.[15]

14. Esta línea de investigación está incoada en Van Dijk (1983*a*).
15. A responder este tipo de cuestiones se orientó mi *Manual* de 1991, y específicamente mi estudio «La retórica objetivadora en el lenguaje informativo» en Casasús y Núñez Ladevéze, 1991.

6. Sistemas y modelos de reglas

La intención que anima a estas dos series de preguntas es encontrar esa relación entre el análisis, la descripción y la práctica de un oficio. Para ello hay que comprender que las decisiones propias de la actividad periodística se realizan en varios niveles simultáneamente. En primer lugar, hay que tener en cuenta que se trata de una actividad mediadora y productora. Pero veamos qué se quiere decir con ambas expresiones. «Mediadora» entre qué y qué, y «productora» de qué. Lo que produce el periodista es un relato mediador, una descripción de lo ocurrido. Pero ¿de cualquier cosa que ocurra? El periodista es un narrador que se pone en lugar de otro, pero no es eso lo principal, se pone en lugar de otro para decidir entre lo que interesa y lo que no interesa, para seleccionar qué vale la pena contar de lo que a él le cuentan o de lo que observa que hacen los demás. Una faceta importante de la actividad periodística es, pues, la narrativa. El periodista relata a otros lo que ha visto o le han contado. Para hacerlo construye relatos. Así, pues, una teoría de la narración puede, aparentemente, servir de fuente metodológica para mostrar lo que se busca. Pero como no se trata de una narración cualquiera ni un modo cualquiera de narrar, hay que centrarse en las reglas sociales que condicionan ese peculiar producto narrativo.

Este es el plano que podemos llamar contextual de comprensión de la actividad periodística.[16] Todo lo relacionado con la teoría de la «agenda», a partir de los primeros textos de McCombs y Shaw (1972), sobre el modo como los medios influyen o interactúan con la formación de opiniones, y viceversa, está relacionado con este planteamiento. Pero, a la vez, no se trata solamente de eso, sino de comprender que el periodista no es dueño de las reglas a que obedece su selección informativa aunque parezca ser el dueño de la agenda. No lo es, porque está en competencia con otros profesionales y en relación con un público que tiene capacidad de elegir. Así que el periodista puede acertar o no acertar en la selección, en la valoración, en la elaboración de la información. Cierto que ese «acertar» es limitado, pues el lector o la audiencia no son reflexivos. Pero no se puede menospreciar esa contingencia. Justamente, como el periodista no es dueño absoluto de las reglas, ya que está en interacción y en un proceso continuo de adaptación a expectativas inconcretas, se puede hablar de la condición idealmente objetiva de la noticia. «Idealmente», es decir, como una tendencia que no puede realizarse plenamente, como una aspiración hacia la que se puede tender, como una pretensión en continuo trance de modificación.

Es importante esta distinción entre la producción de «reglas» a través de la interacción de todos los mediadores que contribuyen a la pro-

---

16.   Utilizo la expresión «comprensión» en el sentido de la sociología comprensiva de Max Weber especificado en «Sobre algunas categorías de la sociología comprensiva» (Weber, M., 1982).

ducción del «sistema», y el «modelo»[17] proyectado por la aplicación «ideal» de ese conjunto de reglas. Trataré de fundar algo más esta diferencia que normalmente ha sido desatendida por la proclividad de las ciencias sociales a contraponer «hechos» y «valores», «regularidades estadísticas» y «normas». A mi modo de ver, los *sistemas* sociales (entendiendo esta palabra en un sentido muy amplio correlativo a cualquier tipo de relación asociativa, independientemente de que sea o no consensuada) son producidos por la regularidad de las relaciones en los procesos de interacción; los *modelos normativos* son producidos por el valor que alcanzan las pautas en el sistema para asegurar la participación equitativa de los individuos relacionados por esas mismas regularidades.[18] Las regularidades expresan conductas que tienden a ser pautadas, pues la tendencia a la regularidad la produce la misma necesidad de acoplamiento colectivo requerida a su vez por la necesidad de repartir funciones de las que depende la complementariedad de la cooperación social.

El principio de cooperación surge, por tanto, de la propia limitación de cada individuo para satisfacer sus necesidades, pero lo que importa comprender es que también tiene un valor normativo: surge de la necesidad pero es un imperativo. Si cada individuo fuera autosuficiente no sería necesario ningún reparto de funciones. El principio de cooperación procede, pues, de esa necesidad surgida de la incapacidad de cada individuo para procurarse la satisfacción siquiera parcial de las propias necesidades. La raíz social del principio es de naturaleza biológica y probablemente instintiva: de la incapacidad para sobrevivir de cualquier individuo humano abandonado a sí mismo durante un prolongado transcurso temporal.[19]

Teniendo, pues, en cuenta la necesidad de la cooperación para asegurar la subsistencia de cada uno y del conjunto, las reglas derivadas de un sistema de relaciones tienen un valor imperativo (y por eso normativo) respecto de la posibilidad de alcanzar un máximo de satisfacción para los concernidos en el conjunto definido por esas relaciones, pero su

---

17. No se trata, pues, de un modelo «cognoscitivo» sino «normativo». Un modelo normativo para un texto, teniendo en cuenta que el texto es individual, es un modelo individual y sólo sirve de modelo a ese texto u obra. Si las normas aplicadas al texto lo son de un modo correcto, el texto tiende a identificarse con su modelo. Esto tiene interés para el análisis de la obra literaria y, en general, en el sentido de la categoría de «particularidad».

18. Creo que desarrollo un tema sugerido ya por Searle (1996): si los animales tienen conducta colectiva y ese es el dato que Searle exige para hablar de «sociedad» (allí donde otros hablarían solamente de «conducta de grupo»), entonces la línea de separación entre sociedad animal y humana no pasa por ahí. Si los deseos son «intenciones de la conciencia», tampoco la intencionalidad o la «conciencia» marcan la diferencia. Pero la línea de separación está en otro lugar, y Searle es inequívoco en este punto: lo que no está al alcance de los animales es hacer representaciones «sobre el *status deóntico* de los fenómenos institucionales» (85). Esto puede sonar pedantescamente complejo, pero es muy parecido, si no idéntico, a lo que dice Aristóteles en el libro I de la *Política*. Lo que me interesa puntualizar con este comentario es que Searle pone en tela de juicio la distinción de Hume y del positivismo posterior entre «hecho» y «valor». Sobre este particular es explícito Searle (2000: 43).

19. Sobre «el principio de cooperación» puede verse Núñez Ladevéze, L., 2000. En la perspectiva pragmática, Grice ha convertido también el principio de cooperación como primer supuesto explicativo del funcionamiento práctico del lenguaje. (Cfr. Núñez Ladevéze, 1994.)

realización como reglas efectivamente vividas dentro del sistema es principalmente estadística, pues su uniformidad nunca es plena. Como conductas regularmente realizadas su valor es, por tanto, estadístico. Como imperativos urgidos por las expectativas de cumplimiento de los individuos relacionados en el sistema, su valor es, sin embargo, normativo. La razón de que no todas las conductas relacionadas se acomoden a la pauta procede principalmente de que la pauta refleja la satisfacción del conjunto pero, desde el punto de vista individual, exige el esfuerzo de acomodar la conducta a la pauta, y ese esfuerzo suele ser medido por las limitaciones del propio grupo, por sus posibilidades de alcanzar un grado de satisfacción cumpliendo pautas que puede ser inferior al de otros grupos, y, en suma, por el beneficio relativo que para el grupo entraña el esfuerzo aplicado a cumplir pautas cuya utilidad es ampliable.[20] Lo mismo se podría decir de la adscripción del individuo en la sociedad compleja, ya que su esfuerzo puede ser inferior a la utilidad que recibe.

Prescindimos de una consideración moral de estas relaciones. No nos referimos tampoco a sistemas expresos de reglas, como las jurídicas, sino a sistemas de relaciones surgidos de conductas no sujetas a reglamentaciones consensuadas o definidas. Los problemas derivados de las diferentes apreciaciones subjetivas sobre cuándo y hasta qué punto está justificada la reclamación de que se está recibiendo menos cooperación de la que se aporta no son apenas aplicables a estas regulaciones, las cuales proceden de la interacción de prácticas consideradas lícitas, libres o útiles, como son las que regulan internamente la vida familiar o las prácticas artesanales o profesionales y, entre ellas, el periodismo. Nos referimos, pues, a la articulación reglada de un tipo de actividades en un marco permisivo interno libre de condiciones coactivas para su ejercicio.

En todo caso, lo que nos interesa puntualizar es que los sistemas de relaciones sociales son unidades relativas y variables definidas con relación a la identidad de los individuos y a la de un metasistema global.[21] Desde ese punto de vista global, la infracción de pautas de obligación general se explica principalmente porque el infractor obtiene los beneficios derivados del cumplimiento, por los demás, de reglas cooperativas, mientras se ahorra su esfuerzo cooperador. No estoy diciendo que cada individuo actúe de acuerdo con algún tipo de cálculo acerca de lo que recibe y lo que presta. Por un lado, socialmente consideradas, las reglas son necesarias y se comprende que la cooperación interna en los sistemas de relaciones se base en procesos coactivos tanto como cooperativos. Pero, en principio, habría que interpretar que un cierto grado de coacción social es un medio de asegurar un cierto grado de cooperación. De aquí que, en principio, ciertos conjuntos de reglas se proyecten idealmente como normas ideales de conducta cooperativa.

20. La distinción de Bourdieu (1997) entre «capital económico» y «capital cultural» es aplicable a estos efectos. El nivel de «capital cultural» queda definido por el conjunto de habilidades de comprensión.

21. La referencia más actualizada a este sistema de referencia global es la apelación de Habermas (2002) a una «ética de la especie».

El resultado es, pues, un *modelo ideal objetivo y normativo*. ¿Por qué «objetivo»? Porque las reglas son objetivas, al menos en un sentido no vulnerable de la palabra. No son objetivas porque sean reglas consensuadas, sino porque no dependen de la arbitrariedad subjetiva. En principio, son intersubjetivas, ya que proceden de la interacción de todos cuantos contribuyen a definirlas como reglas. Podría decirse que su articulación produce un «sistema» de reglas, siempre que quede bien matizado que, en el sentido en que estoy utilizando la palabra, un «sistema de relaciones» no es un mecanismo. Es el producto de una constante y fluida corriente de actos humanos intencionales que tratan de realizar fines o ajustarse a planes, y como eso ocurre con todos los participantes activos del sistema de relaciones, el propio proceso de interacción implica que, al ajustarse, las conductas queden a su vez socialmente reguladas.

Un «sistema de relaciones intencionales» es, pues, ideal, como lo es también el «modelo de relaciones» que tiende a expresar. La diferencia entre «modelo» y «sistema» está en que el «modelo» es una proyección de todas las reglas seleccionadas independientemente de sus realizaciones concretas, mientras que el «sistema» está definido por los fenómenos —es decir, las acciones humanas— concretos que lo constituyen como una combinación de acciones y planes, de pretensiones y fines, de intenciones diversas autorreguladas por la mera necesidad humana de acoplamiento de unas conductas a otras.

La idealidad del sistema de relaciones es inseparable de su realidad concreta. La idealidad del modelo es el resultado de una consideración de las reglas que hacen abstracción de sus concreciones. Como ejemplo de «modelo» puede servir una gramática normativa: nadie cumple una gramática por coacción impuesta, sino por un tipo de necesidad que se manifiesta como necesidad de requerir la cooperación ajena. El cumplimiento de las reglas de la gramática asegura la comunicación con los demás, y la comunicación es condición necesaria para obtener la cooperación. No hay, pues, coacción externa alguna, sin que tampoco se pueda decir que no hay, como decía Saussure, una «imposición». Sólo si se cumplen las reglas se obtiene el beneficio de ser comprendido.

Pero no hay garantía, ni siquiera posibilidad, de que alguien cumpla todas las reglas gramaticales dispersas en los innumerables actos de uso lingüístico individuales que la constituyen, porque unos se ajustan a reglas y otros las infringen y, como toda la naturaleza lingüística está regulada por la interacción, un solo acto lingüístico está compuesto por infinidad de reglas que se cumplen en un grado u otro. Las reglas de la gramática están seleccionadas a partir de la variable conducta lingüística particular de cada uno de los hablantes[22] y cada uno realiza en cada acto

---

22. Por supuesto, el uso de la gramática es más o menos útil y beneficioso dependiendo de quién y cómo la usa. La idea es que el cumplimiento del modelo siempre beneficia idealmente más que su incumplimiento, aunque en lo concreto pueda no beneficiar al usuario particular. Quien pretenda ser poeta tendrá que satisfacer cuanto sea posible las exigencias del modelo, aunque la sociedad puede que no le reconozca su esfuerzo poético.

un grado u otro de ajuste al modelo que trata de realizar en la práctica.[23] Pero justamente porque podemos aislar cada una de las reglas y reunirlas en una gramática podemos también indicar cuáles en concreto son infringidas y en qué grado por cada hablante o cada escritor en sus realizaciones concretas. Una «gramática normativa» es un modelo de gramática que no refleja la conducta real de los hablantes sino las reglas seleccionadas que producen los hablantes aunque las infrinjan. Como ejemplo de «sistema» puede aducirse una gramática descriptiva. Ambos, el modelo y el sistema, son producidos por la misma necesidad de autorregulación de la conducta humana. Yo diría que, casi por definición, toda conducta social es autorregulada.

Desde este punto de vista, la acción humana intencional siempre está gobernada por reglas que ella misma produce. Da igual cuál sea la posición del individuo, su ubicación siempre se mide con relación a varios sistemas de relaciones en los que se integra. Con relación a ellos, su conducta siempre refleja algún tipo de ajuste o de desajuste a las reglas implícitas al sistema. Me parece que eso está muy relacionado con la noción de *hábitus* propuesta por Bourdieu (1991): principios generadores de prácticas distintas y distintivas. Hay, no obstante, una diferencia importante cuya consignación creo útil para que puedan considerarse como categorías complementarias en la teoría de la acción. Las reglas expresan contenidos con relación a fines y su cumplimiento está relacionado con expectativas de otros cuya conducta depende de que se cumplan o no. Son, pues, productos de la necesidad de regular el intercambio, la conflictividad, la complementariedad y la armonía de planes y de experiencias. Por ello son deontológicas y normativas (Searle, 2000). Los hábitos son descriptivos y diferenciadores de las distintas situaciones sociales en que.puede considerarse un individuo en tanto perteneciente o identificable con uno o varios grupos sociales. Mientras los hábitos expresan posiciones y actitudes que permiten diferenciar sistemas pasivos de relaciones y de situaciones, las reglas expresan obligaciones relativas a sistemas de relaciones activas (Bourdieu, 1991).

Aunque las intenciones subjetivas no expresas difieran de la intencionalidad socialmente exigida como válida, las reglas expresas definen

---

23. La noción de «modelo» es aplicable al texto. Como productor poético el autor del texto trata de expresar un «modelo» no realizado del texto que produce. Con relación a ese modelo, rectifica, cambia y modifica los párrafos y las secuencias textuales. Se usa la expresión «modelo» también para hacer referencia al proceso de elaboración del texto o del discurso, pero en este caso pierde su carácter normativo y tiende a confundirse con la noción de «esquema: «En el curso del proceso de comprensión, los usuarios del lenguaje construyen gradualmente no sólo una representación del texto y del contexto, sino también representaciones —dentro de los denominados *modelos* mentales— de los eventos o acciones que *trata* el discurso. Lo que recordamos habitualmente de los textos o de la conversación, por consiguiente, no son tanto las palabras exactas, sino este modelo mental que es una representación esquemática de nuestras creencias... Los usuarios del lenguaje activan o construyen y actualizan permanentemente un modelo del contexto... Dar sentido a un texto o conversación implica, entonces, la construcción de tales modelos» (Van Dijk, I, 2000: 44). A mi entender, hay que distinguir entre el «esquema» *desde el que se proyecta* el proceso de construcción y el «modelo» *al que tiende* esa elaboración.

el sentido que ha de darse a las intenciones no expresas. Por eso hay infracciones enmascaradas bajo la apariencia del cumplimiento de las normas. El sistema de relaciones no se impone, pues, como un corsé a quienes participan en su funcionamiento, sino que se va modificando a medida que surgen nuevas necesidades y los agentes tratan de satisfacerlas o de adaptarse a ellas aplicando o modificando las reglas que ellos mismos producen.

Generadas por la interacción colectiva y anónima, las reglas tienen un valor independiente de las subjetividades que cooperan a su generación. En este sentido, pues, son objetivas. Expondré un ejemplo típico de regla aplicable como norma a la actividad periodística: la de la distinción entre información y opinión, exigible a las noticias pero no a los editoriales. Se puede advertir que, como en las reglas de la gramática, la regla de la distinción entre información y opinión, que, como todas las reglas, tiene una función normativa ideal —tiene un valor deontológico—, resulta en la práctica cumplida de manera gradual por los informadores. Es posible incluso aparentar que se cumple mientras sutilmente se infringe. Puede satisfacerse o incumplirse de un modo u otro. Pero la regla existe, y funciona como un pacto social implícito de lo que los destinatarios pueden esperar como conducta adecuada a normas de los profesionales de la información. Su versión como conjunto de reglas que definen un «modelo» ideal es distinta de su concreción como conjunto de conductas que pertenecen a un sistema de interacción entre informadores y receptores.

7. Información e interpretación

Con esta referencia a «sistemas de relaciones» y «modelos» pretendo dar algún tipo de respuesta, desde la perspectiva central de una teoría intencional y relacional de la acción humana, a las preguntas acerca del sentido que puede tener que en la enseñanza de oficios prácticos la indagación teórica pueda abstraer modelos de conducta a partir de observaciones de la conducta práctica, de los hábitos adquiridos para ejercer el oficio y de las regularidades estadísticas, pero distinguiendo entre lo que son las normas, lo que son las reglas, los hábitos profesionales, las rutinas y las infracciones. Es un modo de utilizar la teoría para saltar por encima del positivismo implícito en las enseñanzas basadas únicamente en la ejercitación de rutinas profesionales. «Modelos ideales» y «sistemas de relaciones», regularidades y normas, se pueden encontrar en todos los niveles concernidos por la práctica profesional. Justamente porque es o puede ser o no resulta tan raro que sea así, se puede hablar de deontología profesional. Ahora haremos alguna referencia, aunque sea somera, a los distintos niveles en que puede ser analizada la actividad periodística desde la perspectiva global de la acción humana intencional.

Ciñéndonos al plano contextual, los instrumentos metodológicos que permiten establecer el nexo entre principios y oficio proceden de la sociología comprensiva y llegan al marco de la teoría intencional de la acción humana y de la pragmática tal y como han sido desarrollados en la obra de sus principales representantes, partiendo de Max Weber, por un lado, y la publicística y la sociología de la comunicación, por otro. Pisamos ahí un terreno abonado. Pero esa indagación puede explicar los aspectos sociológicos de la conducta profesional, no la relación entre la conducta y sus productos. Lo producido es de otra naturaleza, se trata de textos que pertenecen a un contexto en el que se insertan y que responde a una actividad que se realiza a través del instrumento del lenguaje. De aquí que una teoría del texto y una concepción pragmática del lenguaje merezcan ser sometidas a trámite para considerar estos aspectos, seguramente los más interesantes, los más complejos y no precisamente los más estudiados hasta ahora.

La relación entre pragmática, texto y sintaxis tiene su origen en los estudios de la semántica lingüística y de la teoría textual. El periodista vierte al lenguaje una actividad práctica y, como resultado, compone textos. Desde el punto de vista empírico el observador accede a conductas, a textos y a la interrelación entre ambos. Ése es el aspecto observable. Por supuesto que pueden añadirse otros más, como la teoría de la narración a la que hemos aludido y los estudios de estilística periodística. Ese tipo de trabajos cuenta con una interesante tradición. Pero son adyacentes, no penetran en la peculiaridad de lo propiamente periodístico y tienen un valor principalmente normativo. Pero la integración de una pragmática y una teoría del texto sí permite establecer los nexos entre las reglas subyacentes que relacionan la ideación con la producción.

Enfocada la enseñanza de esta manera, se pueden encontrar otro tipo de relaciones que, desde otras perspectivas, aparecen disgregadas, desvinculadas de la orientación práctica. Por ejemplo, el estudio de los métodos que conducen a la selección de la agenda informativa puede considerarse como un aspecto que relaciona directamente el análisis de la conducta de los periodistas con la actividad profesional. Aunque esta actividad es variable, también se pueden describir en ella regularidades pautadas en relación con fines, situaciones y pretensiones. El análisis de contenido, en sus diversas variaciones, tiene aquí un buen campo de aplicación. Pero como tales regularidades reflejan cómo responden las conductas específicas a pautas de muy diverso tipo, algunas muy genéricas, de naturaleza deontológica, no siempre expresas, pero que pueden expresarse, y otras de carácter profesional, las aplicaciones no sólo se atienen a los inventarios de carácter temático. Así se puede vincular el contenido a la conducta profesional basándonos en que los distintos supuestos varían o se amoldan al contexto según el principio general de naturaleza comprensiva de que toda tarea socialmente útil es regulada en algún grado por un proceso de adaptación a la función social que trata de cumplir al menos en la medida en que, según satisfaga mejor o peor las expectativas o necesidades ajenas, es seleccionada o relegada por aquellos que procuran aprovechar su utilidad. Por supuesto que este principio sólo tiene validez abstracta y es susceptible de diversas correcciones. Pero, en todo caso, se trata de un supuesto general mediante el que es posible conectar los productos a las conductas y el lenguaje usado a la situación de comunicación.

Este principio general, que es una aplicación de teoría intencional de la acción y de la sociología comprensiva, tiene validez para todos los planos en que se estudie ese proceso de adaptación de la acción social humana[24] y es el que permite asegurar la conexión entre una perspectiva teórica, basada en la teoría general de la acción, la descripción práctica de un oficio y las reglas a las que obedece la elaboración de sus productos textuales. Así podemos descender a un plano inferior e interesarnos por responder a otro tipo de preguntas más precisas: ¿qué relación textual y semántica hay entre la selección y la valoración de la noticia y el texto que elabora el periodista? Al plantearnos cuestiones como esa ponemos en contacto los principios generales con los de estudios particulares como la semántica, la estilística y la teoría del texto, los cuales reflejan el supuesto interdisciplinario que permite comunicar a distintas ramas del conocimiento bajo el enfoque general de la pragmática y de la teoría del texto, en tanto dependientes de una teoría de la acción humana a partir de la cual se entiende el lenguaje, no como un producto abstracto o aislado de la vida, sino como una forma de conducta, como una forma de actuar en el mundo, como un modo de religación entre la necesidad de influir en los demás y comunicarse y los productos lingüísticos, es decir, comunicativos o textuales, a través de los cuales se satisface esa y otras necesidades sociales (Weber, 1982).[25]

Los principios básicos de esa relación fueron expuestos hace tiempo en la obra pionera y anticipadora del filósofo británico Austin (1971). Su análisis del lenguaje le llevó a poner en duda el análisis lingüístico imperante en la filosofía analítica de tendencia conductista de la época. Austin descubre algo que los pragmatistas ya habían anticipado, que la función del lenguaje no es describir sino actuar, que el lenguaje es un modo intencional de actuar sobre el mundo y no su mera representación,[26] un modo activo de conducta que admite infinidad de modalidades, entre las que pueden enumerarse la de describir, referirse a algo o informar. De esta manera resulta que un modo de acción lingüística es también un proceso socialmente productivo, y no mera-

---

24. «La acción que específicamente reviste importancia para la sociología comprensiva es, en particular, una conducta que 1) está referida, de acuerdo con el sentido subjetivamente mentado del actor, a la conducta de otros; 2) está co-determinada en su decurso por su referencia plena de sentido, y 3) es explicable por vía de comprensión a partir de ese sentido» (p. 177).

25. Sobre el particular, véase la obra introductoria de Van Dijk, 1988 y Schiffrin, 1993.

26. Se trata de lo que Austin denominó «falacia descriptiva» según la cual se adjudica al lenguaje una función principalmente representativa (Austin, 1975: 107 y Austin, 1971). Basado en estos supuestos, puede verse Núñez Ladevéze, 1990.

mente descriptivo o representativo de una realidad preexistente. En lugar de considerar el lenguaje como una entidad abstracta independientemente de su uso, se estudia en la situación de comunicación en la que adquiere sentido contextual. Esto significa que hay que distinguir dos conceptos que demasiadas veces tienden a confundirse. Por un lado, la «comprensión» lingüística del lenguaje, del enunciado, del párrafo entendido como unidad aislada de significación (Núñez Ladevéze, 1991). De otro, esa misma producción en tanto acción humana estratégica, en tanto producto que pertenece a una situación de la que forma parte o a un contexto respecto del cual adquiere un sentido intencional, no necesariamente expreso o no coincidente con el expresado. *Comprender* e *interpretar* son términos correlativos pero disociables. Se comprende un signo o un conjunto significativo a partir de sus constituyentes, pero se interpreta con relación al contexto o a los contextos a que pertenece o con los que se relaciona.[27]

Esto, naturalmente, es un problema que se plantea al análisis del discurso y, específicamente, al estudio de los productos informativos, los cuales, por definición, son relativos a un texto intencionalmente relativo a un contexto del que forma parte pero que no puede ser descrito, ya que la relación entre el producto y su entorno es intencional, estratégica y no declarativa. Lo que se dice se dice por una intención que no expresa quien habla (la coherencia global del texto) o que no tiene por qué coincidir con la expresa. ¿Tiene la función informativa que desvelar esa relación entre el producto y su entorno? Esta es una pregunta que tiene también su correlato: ¿no guarda el producto informativo una

---

27. *Id.* pp. 229 y ss. Véase también Núñez Ladevéze, L., 1991. La orientación sobre esta diferencia entre «comprender» e «interpretar» a la que doy especial relieve, es sugerida ya en un artículo de Van Dijk: «Un discurso no debe examinarse sólo como un objeto sino también como un fragmento de una acción social... Un discurso tomado como un acto de significado y como un proceso cognoscitivo es una parte intrínseca de un marco de interacción y de un contexto social más amplio. Es decir, los discursos funcionan dentro de un contexto... la interpretación "final" del discurso se lleva a cabo en este marco... nos falta un modelo sistemático para este análisis "sociocultural" del discurso dentro del contexto» (Van Dijk 1983a: 83-95). Sin embargo, en otras ocasiones Van Dijk utiliza ambas expresiones como sinónimos (Cfr. Van Dijk, 2000, I: 31).

También me baso en sugerencias recogidas de la psicolingüística y de la teoría del acto de habla. En especial Searle (cfr. Searle 1997: 143). Mi tesis es que la única cosa que estorba a esas interpretaciones no es el contenido semántico sino el simple hecho de que ustedes tienen cierto tipo de conocimiento sobre el modo de funcionamiento del mundo, un conjunto de capacidades para embragar con el mundo, y esas capacidades no están ni pueden estar incluidas en el significado literal... Nos limitamos a ver un objeto o entender una sentencia sin que medie *acto* alguno de interpretación. Esa es la conducta espontánea, pero *a sensu contrario*, en la medida en que no nos limitamos «a ver un objeto o entender una sentencia» sino que tratemos de analizarlo siempre tendremos que hacer un acto de interpretación. Una cosa es la acción pasiva y espontánea de comprender y otra la estratégica de producir un texto *para* «informar». La producción del texto es interpretativa en muchos sentidos: selección de palabras respecto de las posibles elecciones en el sistema de la lengua, interpretación de los sentidos intencionales del que habla.

No es este el momento de desarrollar temáticamente los importantes problemas relativos a la diferencia entre «comprender» e «interpretar».

relación con su contexto?[28] Es decir, no sólo se trata del problema que se plantea al periodista con relación a las informaciones sobre actos de habla o de discurso, sino también del lector con relación a los productos textuales del periodista.

El análisis de textos periodísticos hace algún tiempo que comenzó a aplicar técnicas basadas en el sentido que adquieren los productos lingüísticos dentro de componentes más amplios. Una teoría del texto y del contexto, es decir, un encuentro entre lingüística, sociología comprensiva, entre teoría del texto y teoría de la acción, se hace aquí indispensable no sólo para la interpretación de los enmascaramientos y actitudes ideológicas encubiertos por la actividad informativa, sino también para entender cómo el periodista interpreta el objeto de su información.[29] Porque el periodista elabora textos, lo que equivale a decir que construye productos sociales, que contribuye a la modificación y renovación de la realidad social. La vieja idea positivista que tendía a separar hechos de valoraciones, o el axioma práctico, tan repetido como norma del ejercicio profesional, de que los hechos son sagrados y las opiniones son libres, no sólo quedan puestos en entredicho sino que se plantean, en sí mismos, como una cuestión epistemológica (Searle, 1997 y Searle, 2000) o como un problema relativo a una previa sociología del conocimiento. El estudio, la reflexión y la indagación de los productos periodísticos pueden ser enfocados a este respecto como una aportación al conocimiento de cómo la actividad periodística contribuye a producir —no meramente a reproducir— la realidad social en la que se integra (Van Dijk, 1995: 243-289).

Las relaciones entre texto y contexto en las informaciones y comentarios no sólo forman parte de la actividad humana sino que constituyen esa parte de la producción que realizan los periodistas en sus distintas asunciones profesionales. Me referiré a la cuestión que ahora nos ocupa, El problema que se plantea es el de delimitar en qué medida el acto de informar, considerado como un acto de habla, es decir, como una intención comunicativa en una situación, es en sí mismo de naturaleza interpretativa, ya que se refiere a una intención global no expresa, es decir, estratégica, por parte de quien la produce, y el informador ha de reflejarla no sólo en sus constituyentes literales sino también en los comunicativos que forman parte de la intencionalidad no expresa. Esto supone el problema de analizar en qué grado son de naturaleza referencial y objetivable. Por un lado, que ambos componentes son indisociables no debe llevar a la escéptica idea de que su combinación sea caprichosa e indiscernible. Informar es una pretensión de sentido caracterizada por un objeto específico, la actitud de informar y no de interpretar. Las palabras tienen su objeto y su forma de usarse y si distinguimos sus significados

28. En Armentia y Caminos puede verse un buen trabajo de distribución de los distintos planos de la actividad periodística y un correcto tratamiento de la valoración de las noticias. (Cfr. Armentia y Caminos, 2003: 132 y ss.)

29. Cfr. Van Dijk, T., 1988 y Núñez Ladevéze, *op. cit.*

y sus formas de aplicación no cabe duda de que se refieren a regularidades típicas que pueden ser diferenciadas. Por tanto, cabe decir que informar tiene un sentido que podemos calificar de informativo. Por otro,
el acto informativo recae sobre una acción intencional cuyo sentido no
queda expreso y no puede ser meramente reproducido en el acto de informar. El ser social actúa conforme a reglas de muy diverso tipo, sean
o no sean manifiestas, y no tiene sentido renunciar a buscar sentido a
aquel tipo de acciones humanas que se definen, precisamente, por su
pretensión de producir sentido.

8. Interdisciplinariedad

Obviamente esto significa también que la actividad pragmática puede englobar la actividad poiética. Es decir, si entendemos por «pragmático» aquel tipo de acción inmanente que recae sobre el propio sujeto y
que no se manifiesta como actividad febril, por ejemplo, mentir, aconsejar, actuar con prudencia, decidir... y por actividad poiética, aquella que
procede del sujeto y se exterioriza como objeto, por ejemplo dibujar, escribir, fumar, cortar papeles o construir barcos, entonces resulta que, a
partir de una teoría global, el lenguaje aparece como nexo entre ambos
tipos de actividades, de modo que hablar es equivalente a actuar tanto
pragmática como poiéticamente, y que, según los casos, prevalece uno u
otro tipo de composición en el acto discursivo, textual o comunicativo.[30]
Pero lo que tiene interés, a los efectos de nuestra exposición, es que el
periodista tiene que informar sobre ambos aspectos y que, en consecuencia, su acto de informar es tanto referencial como interpretativo. Y
la pregunta a la que hay que responder tanto analítica como descripti-
vamente es a la de cómo relaciona ambos aspectos. Este es el nexo entre
la teoría y la práctica, porque al analizarlo, exhibimos también la regla
que aplica para producirlo.
    Puesto que un enunciado se hace, es fruto de una actividad produc-
tiva, febril, generativa. Pero puesto que es una acción en el mundo es
también un tipo de acontecimiento social. El enfoque pragmatista puede
conectarse, pues, con el enfoque fenomenológico de tradición constructi-
vista y fenomenológica y puede completarse interdisciplinariamente con
la teoría de la acción y del texto (Van Dijk, 2000). Ya que el lenguaje forma parte de la realidad social no sólo como producto sino también como
acontecimiento, como es en sí mismo producción y actuación, produce
realidad social o contribuye a modificarla. Los supuestos fenomenológi-
cos en los que se basa la sociología de la producción de la realidad entran así en contacto con los pragmáticos de la teoría de la acción. Y no

---

30.   Sobre la diferencia entre lo «poiético» y lo «pragmático» cfr. Núñez Ladevéze, 1999:
225 y ss. Véase la nota 1. La diferencia y la relación entre las nociones de poiético y pragmático pueden servir de nexo entre una teoría de la producción del texto (y del periodístico, en particular) y una teoría de la acción social (y de la comunicación colectiva en particular).

creo que sea casualidad que la obra de Berger y Luckmann en la que se basan los estudios de Gaye Tuchmann (Tuchman, 1983) se denomine «la construcción social de la realidad» y la obra de uno de los más influyentes pragmatistas y herederos de Austin, John Searle, se denomine «la construcción de la realidad social».[31]

Interesaba encontrar el punto de conexión de los distintos enfoques de modo que no sólo fuera un intercambio interdisciplinar sino también centrado en principios básicos de interpretación comunes. Aun suponiendo que esa tarea sólo tiene valor como hipótesis heurística, al menos permite conectar el estudio de los productos con el de las conductas. Al fin y al cabo ése es el problema principal relativo a la producción humana a través del lenguaje. Si el lenguaje es significativo, también la acción humana es significativa. Como adelantó Schutz, siguiendo la estela de Rickert y anticipándose a Searle, «la significatividad no es inherente a la naturaleza como tal, sino que constituye el resultado de la actividad selectiva e interpretativa que el hombre realiza dentro de la naturaleza o en la observación de ésta» (Schutz, 1974).

Desde un punto de vista metodológico la tarea principal es encontrar el nexo entre producción poiética y actuación pragmática. No es una relación que aparezca de un modo inmediato por el hecho de que se trate de estudiar los productos lingüísticos en la situación de comunicación en que se producen. Aunque esta idea puede ser útil para el análisis austiniano del acto de habla. Sabemos que toda expresión en una circunstancia tiene un sentido específicamente interpretable. Todo este aspecto es lo que he llamado en algún lugar «plano contextual»[32] con relación al cual se determinan los procedimientos narrativos periodísticos. Y el asunto que se plantea es que ese modo de contar, sometido a reglas que han de servir a los intereses ajenos, no puede quedar pues supeditado a la arbitrariedad de la creatividad personal. Hay que comprender los condicionamientos sociales que actúan sobre la actividad periodística para que se desarrolle del modo como se presenta.

En conclusión, el objeto de lo periodístico es inseparable del estudio comprensivo del sentido de la acción humana. Esas facetas de la acción humana son realizadas en sociedad, teniendo en cuenta los demás actores sociales y con un propósito que, en líneas generales y sin entrar en más precisiones, se puede denominar comunicativo. Teoría de la acción humana, sociología y teoría de la comunicación son las ciencias directamente implicadas por el objeto periodístico. En este sentido cabe de-

---

31. Aunque los fundamentos remontan a la obra de Husserl, el desarrollo concreto remite principalmente a los trabajos de Alfred Schutz y a la conocida obra de Berger, P. y Luckmann, T. (1979). Searle confiesa expresamente que escribió su libro sin conocimiento del de Berger y Luckmann y que, después de leer esta obra, no necesitó rectificar la suya ni consideró útil incluir comentario alguno (Searle, 1997).

32. Sobre los planos en que puede articularse el estudio del producto periodístico véanse Armentia, Caminos, Elexgaray y Merchán, 2001. Véanse también aspectos muy similares en Gomis, 1991.

cir que no hay una teoría del periodismo. El periodismo, como tal, es una práctica social y profesional, un tema de estudio, que puede ser comprendido mediante el análisis. Éste es, al menos, el punto de partida inicial como estudioso de un campo de la actividad. Pero a la vez la actividad periodística puede ser tratada y enseñada desde diversas perspectivas porque como actividad compleja que es afecta a muchos aspectos de la acción humana. En general puede decirse que es una acción de tipo poiético, consistente en producir objetos, cuyas específicas reglas productivas pueden estudiarse a través de una teoría del texto, pero en la que los aspectos pragmáticos son muchas veces inseparables de los poiéticos, por lo que es necesario entenderlos desde una teoría de la intencionalidad y de los actos de habla. En cuanto al tipo de objeto que se realiza suele ser texto y discurso. Pero su enfoque ha de ser social, como ocurre en toda acción productiva. El enfoque interdisciplinar y el encuentro de las disciplinas es, pues, indispensable tanto para describir el objeto y sus productos como para mostrar las reglas productivas del texto y de su inserción social.

Bibliografía

ARMENTIA, J. I. y CAMINOS, J. M. (2003): *Fundamentos de periodismo impreso*, Ariel, Barcelona.
ARMENTIA, CAMINOS, ELEXGARAY y MERCHÁN (2001): «Los géneros y la prensa digital», en *Estudios de periodística IX*, Universidad Carlos III de Madrid.
— (1971): *Palabras y acciones*, Paidós, Buenos Aires (V. O. Clarendon, Oxford, 1962).
AUSTIN, J. (1975): *Ensayos filosóficos*, Rev. de Occidente, Madrid (V. O. Oxford univ. P., Londres, 1961).
BERGER, P. y LUCKMANN, T. (1979): *La construcción social de la realidad*, Buenos Aires, Amorrortu, (V. O. Doubleday, Nueva York, 1966).
BETH, H. y PROSS, H. (1987): *Introducción a la ciencia de la comunicación*, Barcelona, Anthropos (Verlag W. K. G., Stuttgart, 1976).
BEZUNARTEA, O., DIEZHANDINO, P. y COCA, C. (1994): *La elite de los periodistas*, Bilbao, UPV.
BOURDIEU, P. (1991): *La distinción*, Taurus, Madrid (Minuit, París, 1979).
— (1997): *Razones prácticas. Sobre la teoría de la acción*, Anagrama, Barcelona, (Seuil, París, 1994).
CASASÚS, J. M. (1988): *Iniciación a la periodística*, Teide, Barcelona.
— (1998): *Ideología y análisis de medios de comunicación*, 4.ª ed., CIMS, Barcelona:
CASASÚS, J. M. y NÚÑEZ LADEVÉZE, L. (1991): *Estilo y géneros periodísticos*, Ariel, Barcelona.
CHILLÓN, A. (1999): *Literatura y periodismo. Una tradición de relaciones promiscuas*, Univ. de Valencia.
FEYERABEND, P. K. (1982): *La ciencia en una sociedad libre*, Siglo XXI, Madrid (Francfort, 1980).

— (1992): *Adiós a la razón*, Tecnos, Madrid.

GADAMER, Hans-George (1977-1992): *Verdad y método*, Madrid, Sígueme (V. Or. Paul Siebeck, Tubingen, 1975). Tomo II. Ediciones Sígueme, Salamanca, 1992. (Paul Siebeck, Tübingen, 1986.)

GARCÍA ESCUDERO, J. M. (1983): *El pensamiento de «El Debate»*, BAC, Madrid.

GOMIS, L. (1987): *El medio media*, Mitre, Barcelona.

— (1991): *Teoría del periodismo. Cómo se forma el presente*, Paidós, Barcelona.

HABERMAS, Jürgen (2002): *El futuro de la naturaleza humana ¿hacia una eugenesia liberal?*, Paidós, Barcelona. (V. O. Surhkamp Verlag, Francfort, 2001.)

LASSWELL, H. (1979): «Estructura y funciones de la comunicación de masas», en MORAGAS, M. *Sociología de la comunicación de masas*, G. Gili, Barcelona, 1979.

LIPPMANN, W. (1997, V. O. 1922): *Public opinion*, Free Press Papaerbacks, Nueva York.

MARITAIN, J. (1965): *El orden de los conceptos*, Club de Lectores, Buenos Aires.

McCOMBS, M. y SHAW (1972): «The agenda-Setting Function of Mass Media», *Public Opinion Quarterly*.

MIGUEL, A. de y MARTÍN-MORENO, J. (1982): *Sociología de las profesiones*, Madrid, CIS.

MORAGAS, M. (ed.) (1985): *Sociología de la comunicación de masas*, I-V. G. Gili, Barcelona, 1979.

NÚÑEZ LADEVÉZE, L. (1990): *La construcción del texto*, Eudema, Madrid.

— (1991): *Manual para periodismo*, Ariel, Barcelona.

— (1993): *Métodos de redacción y fundamentos del estilo*, Síntesis, Madrid.

— (1994): *Teoría y práctica de la construcción del texto*, Ariel, Barcelona.

— (1995): *Introducción al periodismo*, Ariel, Barcelona.

— (1999): *Moral y mercado en una sociedad global*, Institució Alfons el Magnànim, Valencia.

— (2000): *La ficción del pacto social*, Tecnos, Madrid.

— (2002): «Encuentro entre teoría y práctica del periodismo desde un enfoque interdisciplinar», en *Anàlisi*, n.º 1, pp. 79-97.

NÚÑEZ LADEVÉZE, L. y PÉREZ ORNIA, J. R. (2002) : «Los gustos de la audiencia infantil y la programación televisiva», en *REIS*, n.º 99: 112-145; jul-sep.

PEUZER, Tobías (1990): «Sobre els relts periodístics. Estudi introductori, notes de Josep Maria Casasús, en *Periodística, 3*. Societat Catalana de Comunicació.

PROSS, H. (1980): *Estructura simbólica del poder. Teoría y práctica de la comunicación pública*, Barcelona (V. O. VerlagKohlhammer, Maguncia, 1974).

RICKERT, H. (1965): *Ciencia natural y ciencia cultural*, Espasa, Madrid, 4.ª ed. (V. O. Heidelberg, 1920).

RODA VIVAS, A. (1870): *Ensayo sobre la opinión pública*, Minuesa, Madrid.

SÁNCHEZ ORTIZ, M. (1903): *El periodismo*, edición facsímil de *La Vanguardia*. Introducción y notas de J. M. Casasús.

SCHIFFRIN, D. (1993): *Approaches to Discourse*, Blackwell, Oxford.

SCHUTZ, A (1974): *El problema de la realidad social*, Amorrortu, Buenos Aires (V. O. Martinus Nijhoff, La Haya, 1962).

SEARLE, J. R. (1979): *Expresión and meaning. Studies in the Theory of Speech Acts*, Cambridge Univ. Press, Cambridge.

— (1980): *Actos de habla*, Cátedra, Madrid (V. O. Cambridge, 1969).

— (1997): *La construcción de la realidad social*, Paidós, Buenos Aires (V. O. Simon y Schuster, Nueva York, 1959).

— (2000): *Razones para actuar*, Nobel, Oviedo.

TUCHMANN, G. (1979): «Making news by doing works: routnizing the unespected», en *American Journal of Sociology*, 1979.

— (1983): *La producción de la noticia*, Gili Gaya, Barcelona (V. O. The Free Press, New York, 1978).

VAN DIJK, T. (1983*a*): «Estructuras textuales de las noticias de prensa», en *Anàlisi* 7/8.

— (1983*b*): *La ciencia del texto*, Paidós, Barcelona, 1983 (Spectrum, 1978).

— (1988): *News análisis. Case studies of international and national news in the press*, Erlbaum, Hissdale.

— (1995): «Discourse semantics and ideology», en *Discours&Society*, Sage, London.

— (Comp.) (2000): *El discurso como interacción social I y II*, Barcelona, Gedisa.

VIGIL VÁZQUEZ (1972): *El oficio de periodista*. Dopesa, Barcelona.

— (1987): *El periodismo enseñado. De la escuela de El Debate a Ciencias de la Información*, Mitre, Barcelona.

WEBER, Max (1982, 2.ª reimpr.): *Ensayos sobre metodología sociológica*, Amorrortu, Buenos Aires (V. O. Tubinga, 1868).

CAPÍTULO 2

APROXIMACIÓN A LA TEORÍA
DE LOS GÉNEROS PERIODÍSTICOS

José Luis Martínez Albertos
Universidad Complutense. Madrid

1. Planteamiento general

A título provisional, podemos adelantar la siguiente definición para los géneros periodísticos. *Géneros periodísticos* son las diferentes modalidades estilísticas de un lenguaje específico propio de ciertos profesionales especializados en comunicaciones de masas; estas modalidades formales son adoptadas por los mensajes informativos de actualidad con el fin de alcanzar los objetivos propios del periodismo. Por consiguiente, antes de iniciar esta exposición aproximativa acerca de una teoría de los géneros periodísticos, es aconsejable precisar los tres enunciados teóricos fundamentales anteriormente reseñados y que están íntimamente relacionados entre sí, a saber: *periodismo, mensajes* propios de la información de actualidad y *lenguaje* periodístico.

El concepto de qué debe entenderse por *periodismo* es la piedra clave para la construcción de una teoría correcta sobre los géneros periodísticos. Así pues, debemos entender que periodismo es aquella modalidad de la comunicación de masas que tiene como fin específico la difusión no-intencional de hechos documentables y la propuesta de comentarios limpiamente subjetivos —es decir, opiniones— acerca de acontecimientos socialmente relevantes. Dentro de las diferentes acepciones que admite el término *información*, el periodismo se corresponde con la modalidad específica denominada *información de actualidad*. Es decir: periodismo e información de actualidad son dos denominaciones sinónimas que corresponden a una misma realidad.

Dentro de esta definición hay dos pivotes de sustentación marcadamente señalados: *a*) Este fenómeno de comunicación de masas tiene siempre como objetivo la elaboración de un determinado tipo de mensajes, unos mensajes muy particulares y específicos llamados genéricamente, y de forma un tanto impropia, noticias; estos mensajes, a su vez, se presentan en una doble dimensión: el *relato* de hechos (o *noticia* propiamente dicha) y el *comentario* que refleja opiniones subjetivas. *b*) El periodismo supone igualmente una determinada disposición psicológica de *honestidad intelectual* en el comunicador. En resumen, y como síntesis adelantada de conceptos que luego se verán más detenidamente, concluiremos que el periodismo es un fenómeno de comunicación de masas caracterizado por estar al servicio de unos mensajes propios muy peculiares: *relatos no-intencionales* acerca de hechos que pueden ser documentados y *comentarios limpios* (el *fair comment* de los anglosajones), es decir, juicios subjetivos de opinión correctamente desarrollados desde el punto de vista argumentativo. En consecuencia, podemos afirmar que el mundo de la comunicación periodística trata solamente de dos asuntos: de *hechos* y de *opiniones*.

El *mensaje periodístico*, como hemos señalado anteriormente, es la materia prima, básica y fundamental, de todo este fenómeno de comunicación de masas llamado periodismo. Pero este enunciado —mensaje periodístico— nos obliga previamente a precisar el concepto de mensaje. Francis Balle, experto francés en el campo de las actividades y de los medios de comunicación de masas, formula una definición sencilla y de gran utilidad para delimitar el significado de este vocablo. «*Mensaje* es una secuencia de signos transmitidos entre un emisor y un receptor por medio de un canal que constituye el soporte físico indispensable para la transmisión.» Si acudimos a otro autor clásico de la Teoría de la Comunicación, el norteamericano David K. Berlo, nos encontramos con una perspectiva conceptual ligeramente distinta, pero gráficamente descriptiva, de esa materia prima que está presente en el concepto de mensaje. «*Mensaje* es el producto físico verdadero del emisor-encodificador. Cuando hablamos, nuestro discurso es el mensaje, cuando escribimos, lo escrito, cuando pintamos, el cuadro; finalmente, si gesticulamos, los movimientos de nuestros brazos, las expresiones de nuestro rostro constituyen el mensaje.»

Sin embargo, este producto físico, esta materia prima presente en todos los fenómenos propios de la comunicación humana, para que pueda realmente ser considerado un verdadero mensaje tiene que suministrar algún tipo de significado entre el emisor y el receptor, incluso en el caso de un mensaje absolutamente erróneo por parte del emisor o mal descodificado por parte del receptor. Tiene que darse algún tipo de significado —correcto o incorrecto— en la relación emisor-receptor para que podamos hablar de un mensaje propiamente dicho. David K. Berlo desarrolla esta idea clásica acerca del mensaje dentro del proceso de la comunicación. A tenor de esta teoría, debemos entender que todo mensaje es el resultado de un conjunto armónicamente estructurado en el que intervienen tres elementos: un *contenido*, de pensamiento o de conciencia, que adquiere determinada *forma*, de acuerdo con las normas convencionales de un determinado *código* (o conjunto de signos). Código, contenido y forma (o *tratamiento*) son los tres factores esenciales para que se produzca el mensaje en su plenitud, sea cual sea el medio utilizado para su transmisión. No basta, por tanto, con que haya un simple soporte físico, una simple secuencia de signos entre un emisor y un receptor por medio de un canal, sino que es necesario también que esta cadena de signos sea capaz de transmitir algún tipo de significado. Y para que esto sea posible, la cadena física debe ser sometida a cierto tratamiento formal.

El tercer concepto apuntado anteriormente es el de *lenguaje periodístico*. Previamente, es preciso aclarar que, desde un enfoque genérico y universal, entendemos por lenguaje cualquier sistema de signos distintivos que sirvan como instrumento para una determinada modalidad de comunicación humana. Y, de modo particular, el lenguaje periodístico es, en esencia, la *forma* concreta, el tratamiento lingüístico adecuado que reciben los signos de la comunicación verbal —palabras escritas o dichas de viva voz— para que pueda producirse un mensaje: el lenguaje periodístico es el tercer elemento del mensaje, la forma elegida por el comunicador para que los signos puedan tener un significado. Puestas así las cosas, debemos entender por *lenguaje periodístico* el lenguaje profesional usado por determinados expertos de la comunicación masiva para la producción de mensajes periodísticos, sea cual sea el medio o canal utilizado para su difusión: periódicos, radio o televisión.

Hay, por tanto, un lenguaje periodístico en prensa escrita, un lenguaje periodístico en radio y un lenguaje periodístico en TV. Los tres son, en lo esencial, plenamente identificables entre sí, de modo que puede hablarse de un solo lenguaje periodístico con ciertos rasgos diferenciales entre ellos por causa del canal que utilicen en cada caso. Pero lo que aquí conviene dejar bien establecido es que el lenguaje periodístico es un fenómeno de comunicación lingüística que tiene sus propias señas de identidad. Unas señas de identidad que aparecen no por razón del canal o medio de difusión, sino por razón de los objetivos sociales que los periodistas están obligados a alcanzar. Y de este modo, gracias al trabajo de estos profesionales, los ciudadanos pueden hacer efectivo su derecho a recibir una información de actualidad técnicamente correcta, es decir, una información veraz, de acuerdo con la terminología recogida en el texto constitucional español.

Antes de abandonar estas líneas destinadas a delimitar el significado de lenguaje periodístico es útil precisar qué tipo de lenguaje es éste. Desde un punto de vista coloquial, diríamos que el lenguaje periodístico es un lenguaje del que los periodistas son los propietarios, el lenguaje del que echan mano estos profesionales para elaborar sus textos escritos o sus exposiciones orales. Desde un punto de vista técnico propio de la Filología, debemos decir propiamente que el lenguaje periodístico es un *lenguaje sectorial*, es decir, un lenguaje que aparece históricamente dominado por un determinado grupo social, en este caso el grupo profesional de los periodistas. Este ingrediente está ya recogido en la definición de lenguaje periodístico expuesta más arriba: «Lenguaje profesional usado por determinados expertos de la comunicación masiva.» Efectivamente, los periodistas, continuamente acuciados por sus objetivos sociales, se han visto en la necesidad histórica de elaborar unos textos que sean al mismo tiempo comunicativamente eficaces y lingüísticamente económicos. Como resultado de esta tensión secular, los profesionales de la información de actualidad han sido capaces de configurar una modalidad lingüística propia y particular. Los filólogos denominan lenguas o lenguajes sectoriales a este tipo de realidades comunicativas. Y señalan en estos lenguajes sectoriales tres rasgos que se dan plenamente en el caso del lenguaje periodístico: 1) son hablas sometidas a un grado considerable de creación lingüística, 2) no existe en ellas, a diferencia de lo que ocurre con los argots y jergas, una función críptica destacable y 3) finalmente, son hablas en las que se produce una notable presencia de fenómenos lingüísticos propios del lenguaje coloquial, como la polisemia, la sinonimia, la connotación..., lo que las hace diferentes de los lenguajes científico-técnicos, marcados por un alto nivel de univocidad.

Como resumen y colofón de todo lo dicho, podríamos señalar cuatro rasgos diferenciales o notas ideales que destacan especialmente en el lenguaje periodístico:

Corrección: el lenguaje periodístico es un lenguaje próximo a la lengua coloquial culta.

Concisión: en el lenguaje periodístico es normal el predominio de sintagmas nominales para conseguir frases cortas.

Claridad: la eficacia comunicativa de este lenguaje se consigue por el uso de verbos adecuados, en forma activa y en los tiempos del modo indicativo.

Captación del receptor: los relatos periodísticos informativos se configuran de acuerdo con una peculiar estructura interna dirigida a cautivar la atención del lector desde las primeras líneas del texto.

2. Antecedentes, utilidad y criterios de valoración

Los géneros periodísticos, tal como aparecen hoy a nuestros ojos, son el resultado de una lenta elaboración histórica que se encuentra íntimamente ligada a la evolución del mismo concepto de lo que se entiende por periodismo. En última instancia, como veremos más adelante, la clasificación de los géneros por razón de su objetivo se puede reducir a dos modalidades: los relatos de hechos *(stories)* y los comentarios que sirven para exponer ideas *(comments)*. Pero a lo largo de la historia del periodismo, estos géneros base no han tenido la misma importancia que tienen hoy para nosotros. Es más: en determinadas épocas, y en virtud de los conceptos doctrinales que inspiraban la actividad periodística, se produce un predominio aplastante de un género sobre otro. Por estos motivos suele decirse que la aparición histórica de los géneros está estrechamente relacionada con las diferentes etapas del periodismo en cuanto hecho cultural que va cristalizando progresivamente con el tiempo. Efectivamente, entre los expertos de la comunicación de masas existe hoy un acuerdo acerca de las tres etapas del periodismo moderno: *periodismo ideológico* (1850-1920), *periodismo informativo* (1920-1960) y *periodismo de explicación* (1960 hasta nuestros días). En la primera etapa, periodismo ideológico, el género predominante es el comentario. En la etapa del periodismo informativo, el género estrella es el relato objetivo. En la etapa actual, el género más significativo y destacado es el relato interpretativo.

Desde una perspectiva histórica, debemos recordar que la teoría de los géneros periodísticos es una construcción teórica que surge por extrapolación de la teoría clásica de los géneros literarios. Los teóricos de los géneros periodísticos reconocen gustosamente el vasallaje que deben a los estudios de Poética sobre los estilos y los géneros literarios, y se consideran a sí mismos obligados a reconocer su deuda por el uso analógico de estos conceptos. Pero, al mismo tiempo, los teóricos de la comunicación periodística se sirven de esta distribución de los fenómenos comunicativos en estilos y géneros para conseguir resultados análogos a los que los expertos de la Teoría de la Literatura buscan con sus clasificaciones: la introducción de un principio de orden que facilite tanto la investigación como la docencia de estas materias. «La teoría de los géneros literarios —dicen Wellek y Warren— es un principio de orden: no clasifica la literatura y la historia literaria por el tiempo o el lugar, sino por tipos de organización o estructura específicamente literarias. Todo estudio crítico y valorativo implica de algún modo la referencia a tales estructuras.»

Si nos centramos ya exclusivamente en el campo de la Ciencia del Periodismo, vale la pena recordar que el primer estudioso con proyección internacional que utilizó el concepto de géneros periodísticos fue Jacques Kayser, a mediados del siglo XX. En 1961 recogió, en una modesta edición en ciclostil, su trabajo *El Periódico. Estudios de morfología, de metodología y de prensa comparada*, editado en Quito por la CIESPAL, un centro internacional promovido por la UNESCO para la enseñanza de alto nivel del periodismo en América Latina. Su método de análisis de los periódicos tuvo en aquellos años una amplia difusión por todo el mundo occidental (Europa y América), como consecuencia de gran número de cursos y seminarios desarrollados en Quito (Perú) y en Estrasburgo (Francia). Jacques Kayser utilizó el concepto de género periodístico como uno de los criterios para la clasificación de los textos de los periódicos, de acuerdo con una técnica de disección valorativa del material impreso que él venía explicando por todo el mundo desde cinco o seis años antes, es decir, desde 1955 aproximadamente. Pero es conveniente precisar aquí que la teoría clasificatoria de los géneros no se hizo inicialmente con una preocupación filológica o literaria, sino descaradamente sociológica. El criterio clasificatorio de los géneros periodísticos es uno de los procedimientos descriptivos que utiliza Kayser para hacer una valoración cuantitativa de los mensajes que aparecen en los diarios. Y para encontrar en España el origen del enfoque filológico de los géneros periodísticos es preciso acudir a la Universidad de Navarra. A partir del curso 1959-60, en el Instituto de Periodismo de esta universidad se ha estado explicando la asignatura *Redacción Periodística* con el enunciado añadido de «Los géneros periodísticos». Está comprobado que fue este centro español uno de los primeros puntos de investigación en el mundo occidental —y puede que, tal vez, el primero— donde se empezó a trabajar sistemáticamente con la teoría de los géneros periodísticos a partir de un enfoque filológico y literario por inspiración directa del director de dicho Instituto, el profesor Antonio Fontán, catedrático de Filología Latina.

Al igual que ocurre con los géneros literarios, los géneros periodísticos son un principio de orientación para el lector, además de un principio de clasificación para el crítico y el historiador. Lo que quiere decir, en otras palabras, que los géneros periodísticos deben ser para el periodista los fundamentos básicos para el conocimiento científico del mensaje informativo, es decir, la piedra de toque indispensable para que el trabajo profesional del periodista pueda ser considerado una actividad intelectual apoyada en una base científica. El profesor Lorenzo Gomis ha explicado con gran claridad los aspectos científicos y académicos que aparecen vinculados a una teoría de los géneros periodísticos: «Los géneros periodísticos no sólo son útiles para los periodistas que escriben en los diarios y para los lectores que los leen, sino que son útiles también para los profesores que enseñan a escribir y para los estudiantes que aprenden a hacerlo. La manera más sencilla que hay de enseñar periodismo es enseñar los géneros periodísticos. [...] Ahora bien, es propio de su nivel académico que las Facultades enseñen los géneros no sólo como lo haría una escuela profesional, sino como corresponde hacerlo a una Universidad. Lo que distingue una escuela profesional de una Facultad es la teoría. Y la teoría de los géneros no es ninguna excepción. Una iniciación práctica a las distinciones entre los géneros se puede hacer en unas semanas. Una contemplación de los géneros exige años. El nivel que alcance la enseñanza de la teoría de los géneros puede ser, por tanto, un buen indicador del nivel científico que ha alcanzado una Facultad.»

La materia concreta de un periódico sobre la que debe operar cualquier intento clasificatorio es la siguiente: 1) espacios publicitarios, 2) grabados, 3) titulares y 4) textos. Los géneros periodísticos, de acuerdo con la definición preliminar adelantada en el apartado primero, deben trabajar exclusivamente con los textos y con los titulares, es decir, con concretas manifestaciones literarias o lingüísticas («modalidades estilísticas de un lenguaje específico»). Las fotografías admiten cierta remota extrapolación de la teoría por la posible analogía de sus objetivos con las funciones comunicativas que detectamos en los textos. En cuanto a los espacios publicitarios, o anuncios, es obvio que estos elementos no tienen nada que ver con el periodismo, sino que pertenecen a otro campo temático de las Ciencias de las Comunicaciones sociales: la Teoría de la Publicidad. Y para ser muy estrictos, podríamos afirmar que la materia específica para los estudios sobre los géneros periodísticos son, fundamentalmente y en primer lugar, los textos impresos en las páginas de los periódicos. En segundo lugar, y a una considerable distancia, también los titulares sirven para aplicar sobre ellos los resultados de una teoría de los géneros, una vez que haya sido correctamente elaborada a partir de la consideración inicial de unos determinados espacios redaccionales llamados textos periodísticos.

En cuanto a los criterios de clasificación, tres han sido las tendencias predominantes: 1) Clasificación de los géneros por *razón del lugar* en que el texto es elaborado: textos propios del periodismo de *calle*, textos que corresponden al periodismo hecho desde *la redacción* y textos producidos *fuera del lugar de la redacción.* 2) Clasificación por razón de las funciones encomendadas a los periodistas dentro de la *organización funcional* del periódico: textos propios de los *reporteros*, textos reservados a los *redactores* y textos específicos de los *editorialistas.* 3) Clasificación que atiende a las *características objetivas de los textos* en función de los fines propios de cada mensaje: textos que sirven para dar a conocer hechos (el relato o *story*) y textos que sirven para dar a conocer ideas, juicios subjetivos y tomas de posición personales acerca de los acontecimientos de interés general (el comentario o *comment*).

Pero además de los tres criterios anteriormente señalados, es evidente que los textos periodísticos pueden ser clasificados de muy diversas maneras, según cuáles sean en cada caso los enfoques diferenciadores utilizados para la clasificación. El profesor José Francisco Sánchez recoge hasta ocho tipologías diferentes: *a*) según la autoría (anónimos, firmados, personales, colectivos), *b*) según el tipo de hecho del que tratan (hechos predecibles o impredecibles, de gran alcance o de alcance limitado, hechos de mayor o menor comprensibilidad), *c*) según el lector al que van dirigidos (para niños, para adultos, para mujeres, para ancianos, etc.), *d*) según el tema genérico (política, deporte, sociedad, religión, sucesos...), *e*) según el medio en el que se difunden (periódicos diarios, revista, radio, televisión, teletexto...), *f*) según el método de elaboración seguido (texto especializado, de investigación, literario, de precisión), *g*) según el lugar de presentación (de primera página, de última, de entrada, de cierre...), *h*), según la presentación formal del texto (a una columna o a más, con ilustración o sin ella, recuadrado, con acompañamiento fotográfico o no, elaborado tan sólo con recursos lingüísticos o presentado por medio de tablas, cuadros infográficos, etc.). Este mismo profesor hace al final de su trabajo una interesante propuesta para clasificar los textos periodísticos de acuerdo con su finalidad, es decir, en atención a las necesidades informativas que satisfacen (*textos periodísticos de divertimiento, textos periodísticos prácticos inmediatos* y *textos periodísticos retórico-políticos*). «Nada impediría seguir —concluye este autor— con una enumeración de criterios hasta el infinito. Mostramos algunos con la intención de hacer ver que, aunque todos son pertinentes y válidos, no todos son igualmente relevantes ni universales ni capaces de constituir por sí solos una tipología homogénea y exhaustiva de textos periodísticos.» Y dentro de los criterios utilizables, hay uno que aúna al mismo tiempo los rasgos propios de un criterio teórico de gran utilidad con el dato práctico de ser un criterio clasificador ampliamente difundido en los ambientes profesionales del periodismo: me refiero al señalado anteriormente como el que atiende a las *características objetivas de los textos* en función de los fines propios de cada mensaje. A la tipología surgida por la aplicación de este criterio vamos a dedicar las páginas siguientes.

3. Clasificación de los géneros

Esta tipología que voy a desarrollar ha sido calificada por algunos autores como una tipología de inspiración o influencia latina, en contraposición con el modelo del periodismo anglosajón. Es evidente que esta clasificación de textos está inspirada en una teoría descriptiva de los géneros y no en una teoría de carácter normativo. Esta teoría de los géneros estudia y explica cómo escriben sus textos los periodistas, no cómo deberían hacerlo a partir de unas pautas académicas de obligado cumplimiento. También debo aclarar que estamos ante una tipología cuyas primeras manifestaciones impresas se remontan al año 1961 y aparecieron recogidas por primera vez en unos *Guiones de clase de Redacción Periodística (Los géneros periodísticos)* editados muy modestamente por el sistema ciclostil y cuyos destinatarios fueron los alumnos del entonces denominado Instituto de Periodismo de la Universidad de Navarra. Estamos, por consiguiente, ante una trayectoria investigadora que cuenta ya con más de cuarenta años de presencia pública en libros, artículos, cursos, seminarios y toda clase de trabajos de divulgación universitaria. El citado profesor J. Francisco Sánchez se refiere al conjunto de todas estas publicaciones con estas palabras: «En el mundo periodístico latino, el intento más destacado de construir una tipología exhaustiva de textos periodísticos, quizá sea el del profesor José Luis Martínez Albertos, de la Universidad Complutense de Madrid, que recoge en parte la tradición europea y, en muy buena medida, también la anglosajona. A lo largo de su obra, ya extensa, son pocas las variaciones que ha sufrido el pensamiento del profesor madrileño —quizá la más significativa consistió en la inclusión de los "géneros periodísticos interpretativos" entre sus categorías—, que ha cuajado en la tipología de textos periodísticos más difundida.»

Este autor, J. F. Sánchez, propone seguidamente un cuadro esquemático donde resume exhaustivamente la clasificación de los géneros periodísticos que él denomina «tipología de Martínez Albertos», iniciada, como se ha dicho, en la Universidad de Navarra en 1961. Para su elaboración se apoya básicamente en la última versión de mi *Curso General de Redacción Periodística. Edición revisada* (1992). Este cuadro resumen aparece formulado en los siguientes términos:

1. Estilo informativo (primer nivel)
   1.2. Actitud informativa
      1.2.1. *Información*
      1.2.2. *Reportaje objetivo*
         1.2.2.1. *Reportaje de acontecimientos*
         1.2.2.2. *Reportaje de acción*
         1.2.2.3. *Reportaje de citas (entrevista)*
         1.2.2.4. *Reportaje de seguimiento (reportaje corto)*
2. Estilo informativo (segundo nivel)
   2.1. Actitud interpretativa
      2.1.1. *Reportaje interpretativo*
      2.1.2. *Crónica*
3. Estilo editorializante
   3.1. Actitud de opinión
      3.1.1. *Artículo o comentario*
         3.1.1.1. *Editorial*
         3.1.1.2. *Suelto*
         3.1.1.3. *Columna*
         3.1.1.4. *Críticas*
         3.1.1.5. *Tribuna libre*
4. Estilo ameno-literario
   4.1. Actitud de entretener, divulgar o de creación literaria
      4.1.1. *Artículos literarios (ensayo, humor, divulgación, costumbrismo, etc.)*
      4.1.2. *Narraciones de ficción (novelas, cuentos)*
      4.1.3. *Tiras cómicas*
      4.1.4. *Poemas*
      4.1.5. *Columnas personales*
      4.1.6. *Otros*

Sobre este cuadro esquemático hay que hacer algunas observaciones: *a*) aparecen mezclados, sin la debida separación, géneros y subgéneros; esta distinción quedará aclarada en párrafos posteriores; *b*) en el diseño original, dentro del estilo editorializante, no figura el subgénero *suelto* a continuación del *editorial*; yo he subsanado por mi cuenta esta omisión para facilitar una visión global y completa de la tipología tal como vengo desarrollando en los últimos años; *c*) por el contrario, este cuadro sí recoge con el debido énfasis los dos criterios fundamentales utilizados en la elaboración de la tipología aquí propuesta, a saber: el estilo literario y la actitud psicológica del informador.

Finalmente, y a modo de recapitulación provisional de lo expuesto hasta aquí, es conveniente recordar algunas cuestiones. Los géneros periodísticos son las modalidades estilísticas particulares que adoptan los mensajes de información de actualidad y que deben ser estudiadas en el marco de los fenómenos de la comunicación de masas. Y llamamos precisamente lenguaje periodístico al lenguaje profesional que utilizan los expertos para dar forma a estos mensajes, unos mensajes dirigidos a diseminar relatos y comentarios mediante instrumentos técnicos de difusión colectiva. Los tres primeros conceptos teóricos con los que se abrió el planteamiento general de este capítulo —a saber: *periodismo*, *mensajes de información de actualidad* y *lenguaje periodístico*— aparecen aquí perfectamente ubicados en su relación directa con estas modalidades lingüísticas dentro de una amplia teoría de los géneros periodísticos.

A partir del completo catálogo anteriormente expuesto, estamos en condiciones de precisar más detalladamente cuáles son, con toda propiedad, los géneros periodísticos tal como pueden ser formulados hoy, en los comienzos del siglo XXI, para los periódicos diarios y los demás medios de comunicación de masas. Esta tipología es de carácter universal, pero resulta más fácilmente aplicable a los modelos periodísticos de sensibilidad latino-europea y latino-americana que a los periódicos que responden al modelo anglosajón. Pero también conviene recordar que estas diferencias entre unos y otros tienden a desaparecer después de la conmoción mundial producida por el Nuevo Periodismo en la década de los años 70. Desde el criterio clasificatorio por razón de las *características objetivas de los textos* hay que admitir que, a escala mundial, no hay más que dos grandes géneros periodísticos: el relato *(story)* y el comentario *(comment)*. Esta distribución binaria es válida para todo el mundo contemporáneo, y de modo muy especial para los países que integran lo que entendemos como civilización occidental. Y es lógico que sea así, puesto que los géneros periodísticos son los instrumentos lingüísticos perfeccionados por toda una tradición cultural que tiene más de siglo y medio de existencia —desde 1850 aproximadamente—. Gracias a los géneros, los profesionales del periodismo han logrado históricamente (y siguen haciéndolo todavía) la consecución de los dos grandes objetivos de la información de actualidad: mediante el relato difunden un conocimiento aceptable de los acontecimientos de interés general para los individuos de una comunidad, y mediante el comentario orientan el juicio de esos mismos ciudadanos acerca de la importancia que llevan consigo los citados acontecimientos. Sin embargo, en el mundo latino tanto europeo como americano, en general, y en España, de modo particular, esta distinción binaria entre *relatos* (noticias) y *comentarios* (opiniones) resulta insuficiente para contener toda la realidad literaria del quehacer periodístico. Y como resultado de esta mayor riqueza propia de los países herederos de la cultura latina frente a los países anglosajones, la propuesta de los géneros rigurosamente periodísticos ofrece un abanico más amplio, a saber: *información, reportaje, crónica y artículo o comentario.* Dentro de este marco, algunos de estos géneros —como es el caso del reportaje y del artículo— engloban modalidades de menor entidad estilística diferencial, modalidades que llamaremos *subgéneros*, sin que esta denominación tenga ninguna carga despectiva.

4. Características diferenciales.
Primera fase: conceptos previos

Antes de iniciar la descripción de las características diferenciales de cada uno de estos cuatro géneros, será conveniente precisar unos conceptos previos a partir de los cuales estas características podrán ser entendidas adecuadamente. Los términos a los que vamos a referirnos en esta primera fase son los siguientes: noticia, estilo y actitud psicológica del periodista.

4.1. NOTICIA

No podemos entender qué es el periodismo ni las funciones encomendadas a los géneros periodísticos si previamente no estamos de acuerdo acerca de qué entendemos por noticia. Existe una extensa bibliografía sobre el tema de la definición o conceptuación científica de la noticia, materia sobre la que se trabaja desde diferentes perspectivas —Teoría General de la Información, Sociología de la Comunicación, Redacción Periodística, Estructura de la Información, etc.— dentro de la temática global propia de la Ciencia del Periodismo. Sin embargo, y para los objetivos concretos relacionados con la descripción y tipificación de los géneros, proponemos la siguiente definición:

Noticia es un hecho verdadero, inédito o actual, de interés general, que se comunica a un público que pueda considerarse masivo, una vez que ha sido recogido, interpretado y valorado por los sujetos promotores que controlan el medio utilizado para la difusión del mensaje.

Hay que fijarse que este concepto de noticia se refiere exclusivamente al aspecto sociológico de esta cuestión. El vocablo noticia, tal como aquí es presentado este concepto, hace referencia a un hecho social. Pero también se puede utilizar el término noticia para referirnos al texto que da forma a un mensaje. En este caso tendríamos que haber definido la noticia como el relato de un hecho. Sin embargo, para nosotros y en el campo en que nos estamos moviendo, noticia es sólo el hecho social que va a ser comunicado, y no el relato (o forma lingüística concreta) que sirve para proporcionar la forma a un mensaje.

4.2. ESTILO

El concepto de estilo también nos adentra en un campo peligroso, donde pueden localizarse una gran variedad de enfoques. Estamos, obviamente, en el terreno de la Teoría literaria o Análisis del texto literario, y es aquí donde debemos buscar apoyo intelectual para precisar el término. Lo que sucede es que los expertos en estas materias tampoco se ponen fácilmente de acuerdo entre sí a la hora de concretar el concepto.

No obstante las dificultades señaladas, vamos a proponer aquí una definición de alto valor práctico con vistas a nuestros propósitos, y de la cual es autor el semiólogo Luis J. Prieto: «*Estilo* es la manera en que una operación lingüística es efectivamente realizada, en la medida en que esta manera no es la única posible y ha sido por consiguiente objeto de una opción por parte de un operador [...]. Estilo es, en efecto, la manera en que se presenta un hecho.»

En esta definición de estilo lo que llama más poderosamente la atención es la idea de posibilidad de opción que tiene el comunicador en el momento en que ejecuta la operación lingüística concreta. El reconocimiento de que el operador tiene ante sí un determinado margen de libertad para elegir es la piedra angular del concepto de estilo y es también el punto de partida clave para proceder a una catalogación de los textos periodísticos. Esta idea está presente en la mayor parte de los autores, tanto expertos en periodismo como especialistas en crítica literaria. Citaremos uno de cada bando: Emil Dovifat y Fernando Lázaro Carreter.

«El estilo, según el maestro Dovifat, es la suma de los medios de expresión regulados de modo unitario y adecuado por las facultades personales.» Según el profesor F. Lázaro Carreter, «estilo es el conjunto de rasgos de ideación y de expresión propios de una época, un género o una persona. Cuando hablamos de estilo periodístico (o lírico o novelístico, etc.) queremos aludir a caracteres de ideación y expresión de un género, frente a los demás géneros». En todas estas formulaciones está presente la noción de que el estilo es algo que tiene que ver con la libertad de opción de una persona o de un grupo de personas perteneciente a una escuela o dentro de una época. Es decir: estamos ante manifestaciones lingüísticas libremente decididas por el autor o los autores, en la medida en que la opción elegida no es la única posible.

4.3.   ACTITUD PSICOLÓGICA DEL PERIODISTA

Los géneros periodísticos están indisolublemente unidos a la actitud psicológica del periodista. Desde hace más de siglo y medio, gracias a los géneros los periodistas consiguen la consecución de los grandes objetivos del periodismo: la difusión de hechos y la propagación de juicios de opinión. La actitud psicológica del comunicador es el primer paso dentro de todo el proceso de elaboración de un escrito periodístico: ¿qué objetivo persigo con la elaboración de este texto? Tradicionalmente, más o menos hasta la década de los 60, las actitudes psicológicas tolerables en un periodista eran únicamente dos: la *información* y la *opinión*. De acuerdo con una gran cantidad de autores prestigiosos, por ejemplo Emil Dovifat, también existía la actitud de proporcionar a los lectores cierto grado de entretenimiento evasivo, pero este objetivo no se consideraba como un fin rigurosamente periodístico en sí mismo, sino más bien añadido desde fuera y desarrollado mediante unas formas expresivas más literarias que periodísticas. De acuerdo con esta visión surge la teoría básica de los dos grandes géneros con validez universal: el *story* y el *comment*. Y precisamente a partir de estos dos géneros el maestro Dovifat construye la teoría de los tres estilos que se dan cita en los periódicos: dos rigurosamente periodísticos —el *estilo informativo* y el *estilo de solicitación de opinión* (o *estilo editorializante*)— y un tercero de carácter híbrido entre el periodismo y la literatura: el *estilo ameno*.

El panorama, sin embargo, ha cambiado en los últimos 40 años, entre otras razones por el impacto mundial del llamado *Nuevo Periodismo*. A las dos actitudes básicas y vigentes durante siglo y medio se ha añadido posteriormente una tercera: la *interpretación*. Uno de los grandes teóricos y defensores del periodismo interpretativo fue Lester Markel, director de la edición dominical del *New York Times* y presidente del IPI *(International Press Institute)*. Según él, hay tres modos de tratar periodísticamente la noticia: la *información*, la *interpretación* y la *opinión* (o *comentario*). Las tres actitudes son correctas para un profesional del periodismo. Y explicaba en aquellas fechas (1953) las diferencias entre ellas con el siguiente ejemplo extraído de la política de la guerra fría: «Relatar que el Kremlin lanza una ofensiva de paz es una *información* (o noticia directa). Explicar por qué el Kremlin se comporta así en este momento es una *interpretación*. Decir que toda oferta de paz del Kremlin debe ser categóricamente rechazada, es expresión de una *opinión*.»

5. Características diferenciales.
Segunda fase: rasgos distintivos de cada género

Hechas las anteriores aclaraciones, podemos ya enumerar los rasgos diferenciales de cada uno de los géneros periodísticos tomando como referencia obligada los tres parámetros anteriormente indicados: mayor o menor vinculación de cada modalidad con la *noticia*, entendida ésta como hecho o acontecimiento objetivo de interés general, el *estilo* periodístico al que pertenece y, finalmente, la *actitud psicológica* del periodista en el momento de proceder a la elocución del texto. Para lograr una delimitación más completa añadiremos un cuarto dato de referencia: qué profesionales —reporteros, redactores o editorialistas— son los encargados de la producción del texto dentro del esquema de la *organización funcional* de los medios. Como hilo conductor de este proceso descriptivo utilizaremos el cuadro elaborado por el profesor J. Francisco Sánchez y que ha sido recogido en la página 59 de este capítulo.

5.1. La información o despacho informativo

El género periodístico denominado *información* es la forma literaria más escueta para presentar una noticia. Pero, por otra parte, la experiencia profesional nos indica que estamos habitualmente ante una notable indeterminación a la hora de aplicar la terminología adecuada. En ocasiones este género se denomina noticia (produciendo así una evidente confusión entre lo que es el hecho, acontecimiento real y objetivo, y el relato, es decir, la forma literaria utilizada por el periodista para describir o narrar dicho hecho). También se le designa *despacho informativo, nota* o *gacetilla*. Pero por encima de las discrepancias entre léxicos, la información, en cuanto género periodístico, se refiere al texto básico y elemental utilizado en periodismo para transmitir una noticia (es decir, un hecho) con una explicación superficial y esquemática de las circunstancias y detalles que la acompañan, expuestos en orden inverso a su importancia. Y de todas las denominaciones que pueden ser empleadas, nuestra propuesta está claramente a favor de *información* o bien, alternativamente, *despacho informativo*.

Atendiendo a los parámetros anteriormente indicados, los rasgos diferenciales y específicos del género periodístico llamado información son los siguientes:

a) Su vinculación con la noticia es máxima. Se trata, como se ha visto, de la noticia misma en sus elementos básicos —el *lead*—, acompañada también, pero muy someramente, de sus circunstancias explicativas más relevantes.

b) Responde literariamente al estilo informativo, es decir, un estilo literario sobrio y escueto, rigurosamente objetivo, en el que no hay lugar para el *yo* del periodista.

c) La actitud psicológica del periodista es la propia del reportero, es decir, una actitud rigurosamente informativa y tan deliberadamente objetiva como le sea posible al comunicador. Su objetivo fundamental es relatar los hechos a partir de un recomendable distanciamiento subjetivo respecto a lo que está contando: esta actitud dirigida a conseguir la máxima no-intencionalidad posible es lo que recibe el nombre de tratamiento objetivista del texto informativo.

d) Desde el punto de vista de la organización del trabajo en la redacción, este género está encomendado en su elaboración a los reporteros, aunque en ocasiones el texto puede ser el resultado de una reelaboración hecha por alguno de los redactores del medio. En el periodismo actual, los grandes productores de esta modalidad periodística son las agencias de prensa que proporcionan noticias a los diferentes *mass-media* (periódicos, radio, televisión) utilizando los llamados despachos informativos.

5.2. EL REPORTAJE

Martín Vivaldi describe así este género: «Relato periodístico informativo, libre en cuanto al tema, objetivo en cuanto al modelo y redactado preferentemente en *estilo directo*. El reportaje es el género periodístico por excelencia, ya que todo lo que no sea *comentario, crónica o artículo*, es reportaje, que en sentido lato equivale a *información*.» Este autor, al referirse a esta equivalencia, está pensando en el modelo del periodismo norteamericano, donde de hecho, como hemos indicado, no existen nada más que dos géneros: *story* y *comment*. Desde este enfoque americano, todo lo que no sea texto para la opinión (comentario) es texto para la información (relato). Y esta información se difunde a los lectores codificada en unos mensajes que reciben indistintamente el nombre de *story* o de *reporting* (reportaje objetivo o reportaje interpretativo, según cada caso).

Volviendo otra vez a los puntos de referencia indicados más arriba, los rasgos distintivos del género reportaje son los siguientes:

a) Es la explicación de hechos actuales que en algunas ocasiones ya han dejado de ser noticia en un sentido estricto. Pero en todos los casos, el reportaje debe trabajar con hechos recientes o desconocidos hasta el momento, aunque no sean rigurosamente actuales. Este género sirve para exponer y desarrollar más ampliamente los hechos noticiosos con sus circunstancias explicativas.

b) El estilo literario es también informativo, de primero o de segundo nivel según el tipo de reportaje: *objetivo* o *interpretativo*. En el caso del reportaje objetivo, el estilo periodístico es muy parecido al de la información: ambos géneros tienen en común la preocupación del reportero por objetivar su pensamiento absteniéndose de emitir juicios propios sobre los hechos que narra o describe.

c) La actitud psicológica del periodista es informativa o interpretativa, según el modelo de reportaje que se proponga escribir.

d) En la distribución del trabajo en las redacciones de los medios, estos géneros son encargados también a los reporteros. Y en el campo del reportaje, la iniciativa y la presencia de las agencias de prensa en los *mass-media* es mucho menor que en el campo de los despachos informativos.

5.3. LA CRÓNICA

Podemos definir la crónica como la narración directa e inmediata de un hecho noticioso con la incorporación de ciertos elementos valorativos, que siempre deben ser secundarios respecto al desarrollo objetivista del acontecimiento principal. La crónica intenta reflejar lo acaecido entre dos fechas: de ahí le viene su origen etimológico en la Historia de la Literatura (del vocablo griego *khrónos*, tiempo).

Si tenemos en cuenta los cuatro parámetros que hemos elegido, los rasgos específicos del género crónica son los siguientes:

a) Tiene una menor vinculación con la noticia que la información y el reportaje. En muchas ocasiones el cronista opera con el valor entendido de que los datos esenciales del hecho son ya conocidos por los receptores del texto que va a redactar.

b) El estilo de la crónica pertenece también al modelo informativo, pero claramente situado en el segundo nivel de la información. La consecuencia estilística más inmediata de esta ubicación es la casi desaparición del tratamiento objetivista que caracteriza a los dos géneros anteriores. El estilo de la crónica refleja muy acusadamente la personalidad literaria del autor, por lo que este género suele gozar de gran aceptación en los países de cultura latina. Es evidente que existe una notable diferencia de enfoque entre los textos de los corresponsales anglosajones y las crónicas de los corresponsales latino europeos y latino americanos: estos últimos arrastran una notable carga de creatividad literaria que no se da en el caso del periodismo anglosajón.

c) La actitud psicológica del periodista que escribe crónicas es claramente interpretativa. Su objetivo es analizar y explicar los hechos, habida cuenta de que habitualmente parte de la premisa de que los datos esenciales del acontecimiento han sido ya objeto de un relato previo o complementario.

d) El periodista encargado de escribir crónicas es siempre un reportero. Algunos cronistas trabajan en la sede de la redacción —crónica local, crónica judicial, crónica política, crónica de sucesos, etc.—. Pero los cronistas más prestigiosos suelen ser los que lo hacen fuera del lugar donde está emplazada la redacción y reciben el nombre de corresponsales: corresponsal fijo, corresponsal enviado especial, corresponsal de guerra, cronista viajero, etcétera.

5.4. EL ARTÍCULO O COMENTARIO

Una escueta definición del artículo o comentario puede ser la siguiente: exposición o argumentación hecha por un periodista acerca de las ideas y juicios de opinión suscitados a propósito de los hechos relevantes que están siendo tratados informativamente por los medios de comunicación. Martín Vivaldi propone una definición más amplia y más enumerativa: «Escrito de muy variado y amplio contenido, de varia y muy diversa forma, en el que se interpreta, valora o explica un hecho o una idea actuales, de especial trascendencia, según la convicción del articulista.» Esta definición, a tenor de sus palabras, es aplicable no sólo a textos de opinión sino también a textos interpretativos («se interpreta, valora o explica un hecho»). Por este motivo, si se prescinde de los verbos *interpretar* y *explicar* (que podrían sustituirse fácilmente por *enjuiciar:* «se enjuicia y valora» quedaría así más preciso) puede muy bien aceptarse esta definición por su alto valor descriptivo. Finalmente, hay que precisar que aunque el término *artículo* es excesivamente amplio y polivalente —artículo es hoy en día cualquier pieza periodística independientemente del estilo o finalidad del texto— este vocablo sigue siendo la baza más segura para traducir al español la voz inglesa *comment*. De todas formas, y para evitar ambigüedades, nuestra propuesta engloba habitualmente las dos palabras: *artículo o comentario.*

A la vista de los cuatro elementos de referencia, los rasgos distintivos de este género son los siguientes:

a) La vinculación de este género con la noticia es más bien lejana o distante. No intenta contar los hechos de la noticia, sino enjuiciarlos y argumentar a propósito de ellos. Sin embargo, la práctica profesional de nuestros días obliga a que los comentarios se refieran normalmente a acontecimientos de actualidad reciente, aunque no estén en el primer plano de las últimas horas. En épocas anteriores existía el llamado artículo doctrinario, cuya finalidad era la de aleccionar ideológicamente al lector, viniera o no a cuento el tema con un acontecimiento más o menos actual.

b) Este género responde al llamado estilo de solicitación de opinión o estilo editorializante, cuyos objetivos psicológicos son el enjuiciamiento de las noticias y la persuasión de los lectores u oyentes. Desde el punto de vista literario, el estilo es muy libre y creador, aunque algunas modalidades de artículos —especialmente los editoriales y los sueltos— deben ceñirse a las normas de estilo de cada medio. Esta dimensión literariamente creativa está presente de modo especial en los artículos de ensayo, artículos costumbristas o artículos de humor y también en las llamadas columnas personales: casi todos estos ejemplos son modalidades de textos más literarios que periodísticos.

c) La actitud psicológica del comentarista es la de emitir juicios de opinión sobre los hechos noticiosos y también la de persuadir y solicitar la adhesión de los lectores a la tesis o conclusión que el articulista deduce de los hechos noticiosos. Evidentemente, esta conclusión final se propone como la más razonable y válida de todas las tesis posibles.

d) Este género, en sus múltiples modalidades y subgéneros, está encomendado a los editorialistas, en sentido estricto: es decir, a todos los escritores que trabajan para el medio enjuiciando los aspectos ideológicos de la actualidad a través de todas las manifestaciones políticas, sociales, artísticas, culturales, etc. Así las cosas, editorialistas son, además de los escritores de editoriales, los comentaristas políticos, los críticos de las diversas manifestaciones culturales y artísticas (cine, teatro, música, libros, etc.), los autores de las columnas de opinión y todos los publicistas ideológicos. Para esta consideración de editorialista no es preciso que las personas trabajen a tiempo completo en el periódico o cualquier otro medio; con frecuencia suelen ser simples colaboradores más o menos habituales.

5.5. Subgéneros del estilo informativo (primer y segundo nivel)

Como se ha indicado anteriormente, llamamos *subgéneros periodísticos* a determinados tipos de textos que ofrecen unas modalidades expresivas de menor entidad estilística diferencial que los géneros. Dentro de los cuatro grandes géneros periodísticos indicados cabe una constelación mayor o menor de formas literarias circundantes, que participan todas ellas de los rasgos distintivos de la forma matriz. A su vez, los contrastes diferenciales entre los subgéneros pertenecientes a un mismo modelo son menores que los que pueden detectarse entre género y género. Finalmente, también ha quedado indicado que la denominación de subgénero no tiene aquí ninguna carga peyorativa: cada rama o subgénero puede tener la misma o mayor dignidad literaria que el tronco inicial genérico del que se desgaja.

El género *información* o *despacho informativo* no registra ninguna modalidad menor derivada de él que valga la pena tener en cuenta. Recordemos que se trata de un tipo de texto muy simple y escueto, sin apenas matices, que empieza y termina rápidamente, y no ofrece posibilidades de desarrollar estilísticamente el modelo inicial.

El género *reportaje*, sin embargo, da pie a gran número de variedades textuales dependientes todas de él pero con propia personalidad. Tenemos, en primer lugar, una notable distinción entre *reportaje objetivo y reportaje en profundidad (depth reporting)*. El primero pertenece al primer nivel del estilo informativo y se puede subdividir a su vez en cuatro principales modalidades: *reportaje de acontecimiento, reportaje de acción, reportaje de citas (entrevista)* y *reportaje de seguimiento* (o *reportaje corto*). El segundo, el reportaje en profundidad, pertenece al segundo nivel del estilo informativo, actitud interpretativa, y se desglosa en tres subgéneros especialmente significativos en el periodismo actual: *reportaje interpretativo, reportaje investigativo* y *reportaje de precisión*. En este punto hay que hacer dos precisiones: *a*) El *reportaje interpretativo* es la modalidad con mayor presencia estadística en los medios de comunicación periodística en el momento actual y su fuerza e importancia son tan grandes que suele desplazar y sustituir terminológicamente a la denominación *reportaje en profundidad*, hasta el extremo de que en muchos tratados y manuales cuando se habla del *periodismo* o *reportaje interpretativo* se está incluyendo en él también las otras dos variantes del *depth reporting*, el reportaje de investigación y el de precisión. Esto ocurre, por ejemplo, en la tabla de la página 84, que nos está sirviendo de hilo conductor para la catalogación de géneros y subgéneros. *b*) Evidentemente, no es lo mismo periodismo que reportaje; no obstante, en ocasiones se utilizan ambos vocablos con un significado análogo en expresiones como *reportaje o periodismo interpretativo, reportaje o periodismo de investigación*, y *reportaje o periodismo de precisión*. Aquí utilizamos preferentemente el enunciado con la palabra *reportaje*, puesto que el reportaje es un género —asunto del que estamos tratando—, mientras que el periodismo se refiere a una realidad más amplia: la de las diferentes modalidades de los fenómenos de comunicación de masas.

Dentro del estilo informativo del segundo nivel y actitud interpretativa, la *crónica* ofrece una gama muy variada de subgéneros. Citaremos aquí algunos de los más interesantes: *crónica de sucesos, crónica judicial, crónica deportiva, crónica local o municipal, crónica del corresponsal fijo en el extranjero, crónicas de los corresponsales de provincias, crónica de enviado especial, crónica taurina, crónica viajera, crónica de sociedad*, etcétera. Hay que advertir, sin embargo, que todos estos tipos de crónicas se diferencian entre sí fundamentalmente por el contenido o tema sobre el que está centrada la narración. La crónica ofrece enormes posibilidades para la creación literaria personal del periodista y, por consiguiente, su estructura como relato no responde a unas pautas previas más o menos establecidas, como es el caso de las diferentes modalidades del reportaje objetivo y también, aunque en menor grado, del reportaje interpretativo. Las crónicas son textos estilísticamente muy libres y abiertos y la referencia literaria definitiva para cada uno de ellos es la personalidad creadora del autor, más que su remota vinculación al tronco común de un determinado género periodístico.

5.6. SUBGÉNEROS DEL ESTILO EDITORIALIZANTE

Dentro del estilo editorializante, actitud de solicitación de opinión, tenemos un género único y omnipresente: el *artículo o comentario*. Ahora bien, dentro de este género amplio y generoso cabe un repertorio de modalidades menores o subgéneros. Estos subgéneros tienen todos como rasgo común el de ser instrumentos expresivos para que los escritores puedan emitir juicios de opinión acerca de los hechos que están ocurriendo, al mismo tiempo que solicitan la adhesión de los lectores a las conclusiones que ellos proponen, en un ejercicio persuasivo realizado con una manifiesta honestidad intelectual. En el artículo o comentario el llamado juego limpio —el *fair comment* anglosajón— es una pieza básica para que la función editorializante de los periodistas no suponga una manipulación deshonesta de la inteligencia de los ciudadanos que reciben los mensajes, es decir, los receptores de la audiencia de cada medio. Pero no es éste el sitio para tratar de los aspectos deontológicos de la profesión periodística. Dentro de este epígrafe reseñaremos sin más los subgéneros más destacables dentro del tronco común del género artículo o comentario: *artículo editorial, suelto, columna* (o *artículo firmado*), *críticas* y *tribuna libre*. Vale la pena consignar aquí el extraordinario juego que en todos los medios, pero singularmente en los periódicos, están dando actualmente tres modalidades particulares de la columna: la *columna de análisis*, la *columna de opinión* y la *columna personal*. Pero, para ser rigurosos y consecuentes con la tipología aquí propuesta, cada uno de estos tres subgéneros pertenece a estilos y actitudes diferentes, a saber: la *columna de análisis* es una modalidad del estilo informativo del segundo nivel (actitud interpretativa), mientras que la *columna de opinión* debe incluirse dentro del periodismo de estilo editorializante (actitud de opinión) y la *columna personal*, como veremos seguidamente, es el subgénero estrella en el campo del periodismo de estilo ameno-literario (actitud de creación literaria).

5.7. Géneros y subgéneros del estilo ameno-literario

Emil Dovifat, tal como quedó avanzado en el epígrafe 4.3, desarrolló una tipología de los estilos en los textos periodísticos distribuyéndolos en tres bloques. «Hay aspectos en la presentación de los temas periodísticos que prácticamente tienen una expresión propia, determinada siempre por la obligación de hacer la lectura interesante y cautivadora. Los clasificaremos así: el estilo informativo, el estilo de solicitación de opinión y el estilo ameno». En España, el estilo de solicitación de opinión es designado por muchos autores —y aquí también lo venimos haciendo— como estilo editorializante. Igualmente, aquí preferimos precisar mejor la idea que está presente en la expresión «estilo ameno» denominándola preferiblemente *estilo ameno-literario*. Según este autor, el estilo ameno coincide con el concepto de lo que él llama *folletinismo* y lo describe como «una actitud periodística que ve y describe las particularidades y contingencias de todos los días de una manera personal y humana, tan acertada que tanto lo general como lo esencial despiertan buena acogida y obran de manera efectiva según determinadas ideas». Y la actitud que preside la elaboración de una variada gama de productos lingüísticos es la de proporcionar a los lectores un entretenimiento, una diversión, una divulgación ideológica o un texto marcadamente literario.

Dovifat propone en su manual sobre periodismo una abundante constelación de modalidades expresivas propias del *estilo ameno o folletinista*. Aquí nos vamos a limitar a enumerar las más destacadas procediendo a su clasificación de acuerdo con los criterios de catalogación que hemos venido exponiendo al hilo del esquema reproducido en la página 84. Pero la nota esencial de todas estas variedades estilísticas es que estamos ante manifestaciones más propiamente literarias que verdaderamente periodísticas. En todo caso podríamos hablar de géneros y subgéneros que participan en escasa medida de los rasgos propios de los estilos periodísticos en sentido estricto —el estilo informativo y el estilo editorializante—, puesto que en ellos predomina más acusadamente la actitud psicológica peculiar de la creación literaria. Son productos híbridos entre los géneros periodísticos y los géneros literarios, pero estilísticamente están más cerca de lo literario que de lo periodístico.

Una simple enumeración de estas modalidades literario-periodísticas nos ofrece el siguiente repertorio: *artículos literarios* (de ensayo, de humor, de divulgación científica o doctrinal, costumbristas, etc.), *narraciones de ficción* (novelas, cuentos, relatos literarios...), *poemas, tiras cómicas, columnas personales, features*, etc.

Las columnas personales merecen una consideración aparte. Llamamos *columnas personales* a una clase de textos especiales (*features*, según la terminología anglosajona) que se caracterizan por los siguientes rasgos: *a*) espacios siempre de la misma extensión y de tema absolutamente libre; *b*) encomendados a escritores de indudable prestigio y fecunda trayectoria profesional; *c*) ubicados normalmente en el mismo emplazamiento en las páginas del periódico; *d*) se presentan con periodicidad regular inmutable: cada día, cada semana, cada dos días, etc.; *e*) la firma personal del escritor es una condición obligatoria. Esta modalidad estilística se da casi exclusivamente en el periodismo impreso. Este tipo de columnismo es ejercido actualmente en España por muy destacados escritores: Manuel Alcántara, Francisco Umbral, Jaime Campmany, Eduardo Haro Tecglen, Manuel Vicent, Antonio Burgos y algunos más. El nivel actual de los columnistas españoles es realmente espléndido.

Será bueno recordar aquí lo dicho anteriormente (epígrafe 5.6). Dentro del panorama actual de la producción periodística hay tres clases de columnas que proporcionan mucho juego a los profesionales: la *columna de análisis* (modalidad del estilo informativo, actitud interpretativa), la *columna de opinión* (estilo editorializante, actitud enjuiciadora o persuasiva) y la *columna personal* (estilo ameno o folletinista claramente vinculado a una actitud de creación literaria). La modalidad que mejor se practica en España es la columna personal. En cambio es difícil hallar buenos ejemplos de columna de análisis. Columnistas de opinión hay muchos y algunos buenos, pero la columna de opinión es el subgénero más fácil para cualquier profesional del periodismo medianamente experimentado.

Dentro del estilo ameno-literario hay que situar una gran variedad de *feature-stories* —además de la columna personal— que aparecen en los medios impresos. Se llama *feature-story* a un relato peculiar a mitad de camino entre el periodismo y la literatura, pero siempre claramente diferenciado del *news-story*, es decir, del relato que sirve para transmitir una noticia (*información/despacho, crónica* o *reportaje*). La característica diferencial del *feature* es que se trata de un relato especial para conseguir unos fines —evasión, placer artístico, etc.— que no son los habituales en el trabajo periodístico. A partir de esta premisa se puede entender el *feature* como un relato literario de cierto valor creativo y que está fundamentalmente destinado a proporcionar un entretenimiento (y en ciertos casos también alguna ligera información sobre asuntos de menor relieve), por la vía del cultivo de los elementos que configuran lo que se denomina el «interés humano» de los acontecimientos más o menos actuales. A diferencia de la columna personal, el *feature* no tiene periodicidad establecida ni se confía siempre a un escritor de prestigio ya demostrado: éste suele ser un buen campo para escritores que se abren paso en el mundo de las letras.

5.8. CUADRO-RESUMEN DE ESTILOS, ACTITUDES, GÉNEROS Y MODOS DE ESCRITURA

Con todo el material expuesto, podemos brindar la tabla 1.1 en la que aparece clasificada y ordenada la tipología aquí estudiada acerca de los estilos comunicativos, las actitudes psicológicas y los géneros y subgéneros periodísticos, así como una referencia añadida a los modos de escritura aplicables en cada caso. Estos modos de escritura, extraídos de la Retórica clásica, son la *narración*, la *descripción*, la *exposición* y la *argumentación*.

6. Otro modelo de clasificación más simplificado y universal

Antes de terminar, queremos también proponer un modelo distinto de clasificación con un valor universal que no tiene el que ha sido desglosado a lo largo del epígrafe 5, modelo que responde a lo que el profesor J. Francisco Sánchez califica de «tipología latina». En lo fundamental, este otro modelo está también reflejado, aunque de forma implícita, en el cuadro-resumen anteriormente expuesto. Explicado de modo sucinto, este modelo queda expresado de la siguiente forma.

Los géneros periodísticos básicos, tal como se ha visto repetidamente, son dos: el relato *(story)* y el comentario *(comment)*. Con ellos se han alcanzado históricamente los dos objetivos esenciales del periodismo: la *información* y la *opinión*. Pero una vez que se introdujo en el trabajo de los periodistas una nueva actitud psicológica posible —la *interpretación*—, parecía normal que cada una de las tres disposiciones creadoras de los comunicadores tuviera un reflejo inmediato y claro en un género particular directamente vinculado a su correspondiente actitud. A partir de aquí el nuevo cuadro se configuraría de la siguiente manera: los géneros periodísticos claves son tres: *a)* el *reportaje objetivo o informativo, b)* el *reportaje interpretativo o reportaje en profundidad* y *c)* el *comentario*. Y los géneros de la tipología clásica del área cultural latina quedarían adscritos al otro modelo de inspiración anglosajona de la siguiente manera: el *reportaje objetivo o informativo (objective reporting)* engloba a los géneros rigurosamente informativos: la *información/despacho* y el *reportaje I* (relato objetivo). El *reportaje in-*

TABLA 1.1.

Estilo	Actitud psicológica	Géneros y subgéneros periodísticos	Modos de escritura
Informativo (primer nivel)	Información [Relatar / Referir]	Información Reportaje I (objetivo) • Rep. de acontecimiento • Rep. de acción • Rep. de citas (entrevista) • Rep. de seguimiento (Rep. corto)	• **Narración** • **Descripción** } Hechos
Informativo (segundo nivel)	Interpretación [Analizar / Explicar]	Reportaje II (interpretativo) Crónica	• **Exposición**: hechos y razones
Editorializante	Opinión [Enjuiciar / Persuadir]	Artículo o comentario • Editorial • Suelto • Columna (art. firmado) • Críticas • Tribuna libre	* **Argumentación**: razones e ideas

Estilo	Actitud	Géneros literarios	Modos de escritura
Ameno / Literario (folletinista)	Entretener Divulgar Creación literaria	• Artículos literarios (ensayo, humor, divulgación, costumbrismo, etc.) • Narraciones de ficción (novelas, cuentos) • Tiras cómicas • Poemas • Columnas personales y otros *features* • Etc.	**Exposición y argumentación**: razones e ideas

terpretativo o *reportaje en profundidad* (*interpretative reporting* o *depth reporting*) cobija bajo sus alas al *reportaje II* (relato interpretativo) y a la *crónica*. Mientras que el comentario *(comment)* se corresponde prácticamente con nuestro *artículo* o *comentario*. Lógicamente, cada uno de estos géneros de inspiración latina arrastra consigo su particular constelación de subgéneros para colocarlos en la órbita de cada una de las modalidades estilísticas del esquema anglosajón.

7. Previsiones de futuro: los géneros en el periodismo digital

Al hablar de periodismo digital no estamos pensando en el «periodismo de usuario», es decir, en los textos difundidos por Internet a través de las páginas web personales o las llamadas bitácoras (*web logs*, o también, en abreviatura, *blogs*). En estos espacios no hay norma alguna acerca del comportamiento estilístico de los usuarios: estamos en el país de la más absoluta libertad creativa en cada caso. Nos referimos, más bien, al periodismo digital de empresa, es decir, el que se hace bajo la garantía de una cabecera conocida y registrada por una empresa periodística, interesada, por tanto, en que el producto ofrecido reúna un mínimo de requisitos profesionales. Desde este enfoque, hay que señalar que «el periodismo digital es todavía incipiente, de ahí que sea prematuro hacer un estudio profundo sobre la posible evolución de los géneros periodísticos en los diarios digitales» —tal como ha señalado José Ignacio Armentia, juntamente con otros colaboradores, en un libro colectivo titulado *El Diario Digital*—. La primera dificultad surge de los estrechos límites de la pantalla, que no permite visualizar más de unas 25 líneas simultáneamente, lo que impone desde el primer momento una notable restricción a los periodistas en el momento de escribir el texto. No obstante, y una vez admitido este rígido condicionamiento, «podemos decir —siguen diciendo los citados autores— que no existe ningún obstáculo relevante para que los géneros periodísticos, tal y como los conocemos en la prensa de papel, puedan acomodarse sin grandes dificultades a la prensa digital».

Los géneros *información/despacho* y también el *reportaje I (relato objetivo)* se acomodan fácilmente al periodismo digital, siempre que se presenten con una extensión reducida inferior a las 25 líneas citadas.

Los géneros del periodismo en profundidad —el *reportaje II (relato interpretativo)* y la *crónica*— exigen un tratamiento especial para combatir la limitación de espacio. Este tratamiento consiste básicamente en despiezar el texto matriz y conectarlo con los distintos fragmentos por medio de enlaces *(links)*. En los textos ofrecidos en forma de varios despieces es de gran importancia la utilización de titulares globales (del texto matriz) y parciales (de cada uno de los fragmentos) con un alto valor informativo y que faciliten la conexión intelectual entre las diferentes partes.

Los géneros de opinión, en toda su extensa gama —*editorial, suelto, columna, crítica*, etc.—, se adaptan fácilmente a las exigencias espaciales de la pantalla, puesto que no suelen pedir una extensión mayor.

Finalmente, los citados autores proponen el reconocimiento de un nuevo género periodístico dentro del periodismo digital: el *foro*, o entrevista en la Red (on-line) entre un personaje y el público. A través del foro, los internautas conocen que a una hora determinada y durante cierto tiempo tendrán a su disposición para responder a sus preguntas a una destacada persona en alguna faceta de la vida cultural o política. El foro puede representar un género peculiar muy específico del periodismo digital, ya que en esta fórmula desaparece el periodista como intermediario y las preguntas son responsabilidad exclusiva del público. Una variante del foro es el *debate*, en el que intervienen no una sola, sino varias personas especializadas en temas de interés general. No obstante, tanto el foro como el debate difícilmente pueden ser considerados verdaderos géneros periodísticos en la medida en que no son modalidades estilísticas cuya elaboración haya sido encargada a un periodista. De la definición inicial se entiende que el género periodístico es un texto producido lingüísticamente por un profesional del periodismo. Si el periodista está ausente del proceso creador, el producto final no será, propiamente, un género periodístico.

Bibliografía

ARMENTIA, J. I., CAMINOS, J. M., ELEXGARAY, J. y otros (2000): *El Diario Digital. Análisis de los contenidos textuales, aspectos formales y publicitarios*, Bosch, Barcelona.

ARMAÑANZAS, Emy, y DÍAZ NOCI, Javier (1996): *Periodismo y argumentación. Géneros de opinión*, Universidad del País Vasco, Bilbao.

CASASÚS, J. M. y NÚÑEZ LADEVÉZE, L. (1991): *Estilo y géneros periodísticos*, Ariel, Barcelona.

CHARNLEY, Mitchell V. (1971): *Periodismo informativo*, Troquel, Buenos Aires.

DOVIFAT, Emil (1959 y 1960): *Periodismo* (2 vols.), UTEHA, México.

GOMIS, Lorenzo (1991): *Teoría del periodismo*, Paidós, Barcelona.

GUTIÉRREZ PALACIO, Juan (1984): *Periodismo de opinión* (selección de textos), Paraninfo, Madrid.

KAYSER, Jacques (1974): *El diario francés*, ATE, Barcelona.

MACDOUGALL, Curtis D. (1983): *Reportaje interpretativo*, Diana, México.

MARTÍN VIVALDI, Gonzalo (1973): *Géneros periodísticos*, Paraninfo, Madrid.

MARTÍNEZ ALBERTOS, José Luis (1992): *Curso general de Redacción Periodística. Edición revisada*, Paraninfo, Madrid (a partir de 2002 —quinta edición, segunda reimpresión— la editorial es Thomson).

SANTAMARÍA, Luisa, y CASALS CARRO, María Jesús (2000): *La opinión periodística. Argumentos y géneros para la persuasión*, Fragua, Madrid.

VILARNOVO, Antonio y SÁNCHEZ, José Francisco (1992): *Discurso, tipos de texto y comunicación*, EUNSA, Pamplona.

WARREN, Carl N. (1975): *Géneros periodísticos informativos*, ATE, Barcelona.

CAPÍTULO 3

EL PERIODISTA MULTIMEDIA
Y LA TRANSFORMACIÓN DE LOS GÉNEROS

José Rodríguez Vilamor
Universidad San Pablo-CEU. Madrid

No parece arriesgado decir que la profesión periodística se encuentra ante uno de los mayores retos de su historia. No está ante una técnica que sustituye a otra para hacer más y mejor las mismas cosas, sino que se encuentra ante una nueva tecnología que hace cosas distintas y, por lo tanto, el periodista ha de aprender a ejecutar la diferencia. La revolución de las telecomunicaciones condiciona y cambia los hábitos de vida de los pueblos. En esencia, cada nueva tecnología impone una nueva cultura. La cultura Internet requiere lenguajes distintos a los tradicionales y el periodista debe conocerlos. Existen ya extensos diccionarios con todas aquellas palabras o vocablos que son imprescindibles para poder manejar las redes informáticas. Son precisamente esas redes y el intercambio de mensajes los que están dando forma a un nuevo modelo de ciudadano que se define ya como internauta.

1. Nace un nuevo periodista

Todos estos hechos configuran una manera diferente de pensar que necesita de otros vehículos y de otras formas de expresión. Esto es precisamente lo que pretendemos aquí: mostrar, por una parte, cuál es el perfil del periodista digital y, por otra, cuál es la formación que debe adquirir para que pueda desempeñar con éxito su cometido.

No cabe la menor duda de que las nuevas redes de telecomunicaciones conforman un nuevo espacio cultural y social que está modificando, en parte ya lo ha hecho, nuestra manera de trabajar, de obtener información, de comunicarnos, de divertirnos, de establecer relaciones comerciales; en definitiva está transformando nuestra manera de vivir. Como señala el sociólogo Manuel Castells, profesor de la Universidad de Berkeley, se trata de una «revolución tecnológica, centrada en torno a la información, que ha transformado nuestro modo de pensar, de producir, de consumir, de comerciar, de gestionar, de comunicar, de vivir, de morir, de hacer la guerra y de hacer el amor».

Nos encontramos ante un cambio radical, ante un enfoque distinto de la vida en toda su dimensión y amplitud. Y lo que es más grave, sin tiempo de asimilar los nuevos conceptos, las nuevas potencialidades, que varían por segundos. Aunque sea de modo muy somero, veamos este vértigo al que estamos sometidos: la imprenta, que inventó Gutenberg en 1441, tardó nada menos que cuatro siglos hasta poder ser utilizada de forma masiva en el siglo XIX; el teléfono acortó distancias y entre su invención por Alexander Graham Bell en 1876 y su llegada al gran público tras la II Guerra Mundial, sólo pasaron unos 70 años; para la difusión masiva de la radio transcurrieron 40 años desde el invento de Guglielmo Marconi en 1895; y la televisión vio pasar 25 años entre su invento logrado por John Barid en 1925 y su difusión mundial en los años 50. Internet, desde su explosión en 1993 hasta ahora, supera ya los 400 millones de internautas.

Sebastián Turner, un «gurú» de la publicidad, señala que «como Gutenberg motivó el cambio de la Edad Media a los tiempos modernos, la sociedad de Internet se encuentra en el umbral de la era de la comunicación ilimitada. Con Gutenberg, un autor pudo llegar a muchos lectores, ahora un número infinito de personas llega a otro número infinito de personas». No es arriesgado decir que estamos ante un nuevo periodista.

A estas alturas nadie duda que el periodismo esté sufriendo una transformación radical. La doble versión de casi todos los periódicos, en papel y en Internet, y el camino emprendido por la televisión y la radio son buena prueba de ello. En 1994 no existían estaciones de radio o televisión en la Red; algunos periódicos norteamericanos habían empezado sus primeras tentativas para estar presentes. En 1996 se contabilizaban unas quinientas estaciones de televisión y 1.900 estaciones de radio; a principios de 1998, la cifra aumentó a más de ochocientas televisiones y más de cinco mil radios sólo en Estados Unidos. En enero de 2000 existían 12.248 medios de comunicación de masas con presencia en Internet. De ellos, unos 3.945 eran revistas; 4.322, periódicos; 1.897, emisoras de radios; y 1.264, canales de televisión.

«En definitiva, las nuevas tecnologías de la información están transformando el mundo de los medios de comunicación.» Manuel Castells, en su libro *La era de la información*, también se refiere a este cambio radical cuando señala que «la integración potencial del texto, imágenes y sonido en el mismo sistema, interactuando desde puntos múltiples, en un tiempo elegido a lo largo de una red global, con un acceso abierto y asequible, cambia de forma fundamental el carácter de la comunicación, y ésta determina decisivamente la cultura».

2. Consecuencias para el periodista

Que estamos ante una nueva forma de hacer periodismo, no cabe la menor duda. En todo caso, no significa otra cosa que adaptar los contenidos y su tratamiento a la realidad circundante. ¿En qué tiene que cambiar el periodista actual ante la nueva realidad que se le presenta?

Mauro Wolf, uno de los más importantes teóricos de la comunicación, señala que «los estudios sobre el *newsmaking* han puesto en evidencia la naturaleza compleja del trabajo periodístico y los numerosos condicionamientos a los que está sometido. Entre las evoluciones que esta línea de investigación debe afrontar, un aspecto particularmente importante es el relativo a los cambios habidos en los sistemas informativos en muchos países: los actores más importantes de tales cambios se refieren a las transformaciones de los sistemas televisivos, en particular al declive de las televisiones públicas, la expansión del mercado publicitario, las dinámicas del cambio cultural, la segmentación de los públicos y a otros factores. Aquí querría afrontar uno en particular, el relativo a las innovaciones tecnológicas en las redacciones periodísticas y las consecuencias que éstas traen consigo sobre el oficio de periodista.

»Para el análisis del *newsmaking,* se trata en primer lugar de entender cómo puede ocurrir que instrumentos muy potentes desde el punto de vista de la cantidad de los flujos informativos determinen, a menudo, un empobrecimiento de la calidad de la información, una depreciación de la función periodística. Se puede constatar fácilmente que el proceso de renovación tecnológica ha seguido el camino de una estrategia dirigida más al proceso productivo que al producto informativo. El mayor impulso recibido por las innovaciones tecnológicas ha sido el referido a la confección y al ensamblaje de la información, no a su ideación. El modelo periodístico continúa siendo el viejo, pero el uso de las tecnologías muestra claramente la necesidad de discutir también el propio modelo periodístico, un modelo que ahora se ha venido anquilosando y que se manifiesta inadecuado a las necesidades del conocimiento y de información de las sociedades complejas».

Estamos en la era digital y muchos aspectos en el campo del saber o de los saberes están siendo sometidos a una rigurosa revisión. El periodismo no puede ser una excepción. No se puede seguir haciendo lo mismo que hace tan sólo cinco años. Ante este panorama diferente, lo lógico es preguntarse si los hasta ahora denominados géneros periodísticos tienen vigencia o hay que prescindir de ellos, bien sea en parte o en su conjunto. Otra pregunta más: ¿responden éstos a la nueva situación que han generado las nuevas tecnologías o es necesario añadir nuevos conceptos, crear nuevas divisiones?

Corresponde a los géneros periodísticos cumplir distintas funciones para responder también a diversas necesidades sociales y satisfacerlas. Antes de entrar en el terreno de lo concreto quiero dejar claro desde ahora que los tradicionalmente considerados géneros periodísticos han quedado ya obsoletos. Quisiera igualmente argumentar que existen demasiadas divisiones y subdivisiones en los géneros que no se corresponden con la realidad. A algunos de los que tales taxonomías hacen les resultaría casi imposible probarlas con ejemplos de la prensa diaria sin retorcer los argumentos a su favor o, lo que es lo mismo, sin rizar el rizo. Pero no es menos cierto que la eliminación, sin más, de los géneros llevaría a una auténtica torre de Babel, de modo que no habría manera de entenderse en las redacciones.

3. Difícil separación entre relatos y comentarios

La clásica separación entre los relatos (*stories*) y los comentarios (*comments*) nunca se llevó a la práctica en toda su amplitud, pero ahora más que nunca las exigencias del periodismo en la Red impiden tal separación. Aunque, para ser más exactos, la palabra *comentario* habría que traducirla por «opinión», ya que a los relatos se les puede dar una acepción amplia, que abarcaría, con el diccionario en la mano, la narración y el cuento. Entendemos, por tanto, que el comentario es válido en los relatos siempre que se ajuste al tema sobre el que se informa y sea escrupulosamente razonado, bien sea con argumentos, bien sea con datos. Los lectores, radioyentes, televidentes o usuarios ya saben qué ocurre y cada vez más se preguntan por qué ocurre. La retrospectiva, la prospectiva, el análisis y la documentación deben ser las bases del trabajo diario de un periodista en todos los medios.

David Randall participa de esta idea al afirmar que «la división entre noticias y artículos no es absoluta», para añadir que «no hay que establecer una barrera infranqueable entre noticias y artículos. Lo mejor es considerar que todo ello forma parte de la labor de informar». Furio Colombo escribe que «la separación absoluta y clara entre noticia y comentario, orgullo del periodismo anglosajón y protestante, es probablemente imposible desde la cultura católica basada históricamente en el valor de la interpretación autorizada. Es típico de esta cultura que la voz de la autoridad esté presente en todo momento pese a las continuas demostraciones de escepticismo y de desconfianza».

En resumen, como alguien ha comentado, la comunicación periodística en la sociedad del siglo XXI estará abocada a ser cada vez más dependiente de las reglas de juego propias del espectáculo. O, en otras palabras, para el periodismo futuro, casi inmediato, puede producirse que un atractivo y complaciente Walt Disney gane claramente la partida a un riguroso y adusto Aristóteles.

No es igual la actitud de un periodista que trabaja en los medios tradicionales que la de quien lo hace en una publicación electrónica, en radio o en televisión. Si el destinatario, como vamos a ver, es diferente y tiene intereses distintos, el mensaje que el redactor configure habrá de ser también diferente. El periodista no puede desempeñar un papel secundario en la transmisión del mensaje informativo, cualquiera que sea el canal que emplee para difundirlo, porque si el redactor de noticias se convierte en mero elemento transportador no ejerce su profesión, que es la de seleccionar, informar, interpretar y contextualizar aquello que el lector, el radioyente, el televidente o el usuario le pide o que él, personalmente, entiende que le debe suministrar.

Entre las características específicas de la información hay que señalar las siguientes. En primer lugar, hoy la información deja de ser unidireccional desde el momento en que el lector ya no sólo recibe la información sino que puede sugerir, valorar o participar en el proceso. Cuando hablamos de información nos referimos a todo tipo de programas que se puedan emitir en radio y televisión. En segundo lugar, en este nuevo modelo de periodismo el redactor se convierte en un proveedor de servicios y por ello, la línea divisoria entre publicidad y función redaccional es cada vez menos nítida. Se trata de un periodismo interactivo y las ideas deben estar pensadas en esa dirección de modo que el periodista se debe convertir en un aglutinador de actitudes. Un programa de radio o de televisión que se precie deja espacio para las intervenciones del público. En el periodismo electrónico se pueden mezclar los tres tipos de medios periodísticos tradicionales: la televisión por medio del vídeo, la radio y la prensa.

4. Nuevos géneros periodísticos

Sin que pretendamos una enumeración exhaustiva, relatamos algunos principios que el redactor ha de tener muy en cuenta para trabajar en el medio electrónico: en la radio convencional hay gente que escucha; en la televisión tradicional hay gente que escucha y ve; en la prensa gente que lee; en Internet hay usuarios, que además de escuchar, ver y leer, hacen, interactúan. Por lo tanto, el redactor que provee los contenidos debe prever que la gente de Internet, cualquiera que sea el medio, puede ver, escuchar y además tiene que hacer.

- Internet tiene la inmediatez de la radio, lo audiovisual de la televisión y la lectura de la prensa escrita.
- El redactor, en cualquiera de los medios, al tratar de emitir sus ideas, debe tener siempre presente que deben provocar interactividad, es decir, debe pensar cómo pueden interactuar los contenidos con los intereses de los usuarios.
- Debe jugar el periodista con los contenidos a la carta, de modo que el propio usuario los seleccione cuando le venga en gana.
- Cada vez más se le exige la convergencia con los nuevos medios, como el *wap*, que habrá de producir el periodista.
- No basta con dar una noticia o hacer un programa y pasar a otra cosa. Hay que crear comunidad, es decir, al lado de una noticia

debe haber un foro de discusión, siempre debe haber un acceso a un chat donde se discuta ese tema, siempre tiene que haber una lista de distribución en la que opinar, una serie de servicios que intenten crear comunidades segmentadas, grupos de personas fieles a unos temas que les interesen. Se trata de servicios como valor añadido a la información, o sea, algo que también enriquece a los medios de comunicación en Internet. Precisamente al periodista se le llama proveedor de contenidos porque ese hacer es lo que marca la diferencia, porque no aporta solamente noticias sino que aporta servicios. El periodista, además de tener un criterio informativo, es un organizador de contenidos. El que mejor haga eso, el que mejor satisfaga al usuario del medio que sea, será el que se lo quede.

• Como hemos señalado ya, el redactor no se dirige a una audiencia masiva directamente, sino que puede suceder que se dirija a una sola persona.
• Hay que crear nuevos lenguajes de comunicación.
• No se pueden volcar los contenidos de los medios convencionales en Internet. El redactor debe pensar en un contenido digital autónomo.

Como conclusión podemos decir que los intereses y la fisonomía de los receptores del mensaje electrónico nada tienen que ver, o muy poco, con los intereses de los receptores de los mensajes a través de los medios convencionales. A lectores diferentes corresponde una nueva forma de narrar, de relatar los hechos, de hacer las programaciones, por lo tanto nos encontramos ante un género periodístico distinto a los tradicionales o clásicos. El periodista se mantiene en contacto con sus lectores o visitadores mediante el correo electrónico, el chat y los foros, valores añadidos a la información.

5. La diferencia de trabajar en la Red

Después de todo lo que hemos dicho, cabe preguntarse ahora: ¿qué tiene de diferente, de específico, trabajar en la Red? De la respuesta dependerá, en buena medida, la actitud a tomar ante este tipo de publicación. Veamos cuáles son las características de un medio on-line con el fin de poder reseñar qué exigencias puede tener.

• Tiene la pantalla como marco visual.
• La lectura no es secuencial.
• Es universal, lo que significa que llega a todas partes donde haya una conexión con Internet.
• Es instantáneo: la información se consulta casi en tiempo real.
• Es fácilmente actualizable: la información se va renovando según se va produciendo. En esto compite con las agencias de noticias.

- Es interactivo: el usuario puede intervenir en los contenidos.
- Personalizado: ofrece la posibilidad de que cada usuario escoja aquello que le interese.
- Disponible. El usuario tiene la posibilidad de tenerlo en cualquier momento y prácticamente en cualquier lugar.
- El color, la calidad de las imágenes y del sonido son excelentes.

Como hemos reiterado, el periodista en Internet ha de situarse dentro de unas coordenadas diferentes a las de los medios convencionales. Si el receptor es diferente, los materiales que maneje también habrán de serlo. Las sinergias entre los medios impresos, sonoros y audiovisuales así lo exigen. Las empresas informativas solicitan este tipo de personal polivalente y adaptable a entornos de trabajo diferentes y más dinámicos.

Lo primero que debe averiguar el periodista es a qué tipo de usuario se dirige: quién es, qué quiere, qué necesita, qué busca. En segundo lugar, ha de propiciar aquellos contenidos que respondan a las necesidades, aspiraciones o gustos del receptor del mensaje. Y, por último, ha de conocer el lenguaje adecuado para que esos mensajes lleguen con nitidez a cada usuario.

Al periodista se le abre un campo inmenso porque inmensa es la demanda de los consumidores de estos productos mediáticos; los lectores, radioyentes, telespectadores, navegantes de Internet y usuarios del teléfono móvil son la más abundante clientela, el consumo más abundante de la humanidad, comparable únicamente al de la alimentación. El periodista habrá de identificar a los clientes individualmente, diferenciarlos en función de su valor y de sus necesidades, ver hacia dónde se dirige el mundo para llegar antes que el cliente, de modo que cuando éste llegue tenga ya la noticia que le interesa. Es muy importante la previsión del acontecimiento. Dialogar con los visitantes de la forma más eficiente, adaptar y personalizar los productos y los servicios a sus necesidades y explicar el porqué de las cosas, de los hechos. De lo contrario, la actividad del periodista puede verse gravemente afectada en el sentido de que se puede convertir en un mero empaquetador de productos, sin recursos para situar o enmarcar una información y de ese modo corre el peligro de la macdonalización informativa. O lo que es lo mismo, le da a los lectores inventarios de hechos pero no les ilumina.

El periodista necesita conocer los códigos, las claves, tanto para obtener la información como para emitirla. Se trata de actualizar, de reflexionar, de analizar, de contextualizar la información para el consumidor. Incluso en aquellos casos de periodismo a la carta, en los que el receptor selecciona los temas de la actualidad diaria que son de su interés, sigue siendo el periodista quien elabora la información, la redacción, la inclusión de imágenes o gráficos, de cortes de voz de los protagonistas.

6.   Cada canal exige una forma de hacer

El canal que se va a utilizar para emitir el mensaje condiciona siempre el texto, y no sólo ahora, sino que lo ha condicionado a medida que han ido apareciendo nuevos medios de comunicación. Así, en la televisión lo importante, lo determinante del mensaje, será siempre la imagen, y el texto deberá estar supeditado a la imagen, de modo que en unos casos la explique y en otros la complemente. Si de la radio se trata, la voz es lo esencial y es hacia esa forma de emitir el mensaje hacia donde hay que orientar la escritura.

En la Red estamos hablando de un canal multimedia, es decir, de la suma de tres medios: prensa, radio y televisión. Como hemos señalado, Internet puede reunir la profundidad de la prensa, la simultaneidad de la radio y la imagen de la televisión. Sin lugar a dudas, el medio y el soporte mandan, condicionan.

Nos referimos a la radio y a la televisión en la Red y de manera específica a los géneros informativos, es decir, a la noticia, la crónica, la entrevista y el reportaje. Creo que hay que introducir en este apartado, por su sentido práctico, la biografía, la semblanza, el perfil y el obituario o necrológica. En cuanto a los llamados géneros de opinión, es decir, el editorial, el suelto o glosa, el artículo, menos la columna, por propia definición, no tienen cabida. Sólo el editorial, en casos muy excepcionales, se suele dar. En todo caso, tras todo lo que hemos comentado sobre esta nueva forma de hacer, se puede comprobar que los géneros periodísticos, en su acepción tradicional, quedan muy desdibujados. Lo más importante, lo más significativo, como luego veremos, será la utilización rigurosa del lenguaje para la versión literaria en solitario, bien acompañado de sonido o de sonido e imagen.

Conviene tener presente desde ahora que en Internet, en buena medida, desaparece la diferencia entre medios impresos, sonoros y audiovisuales. Así, en la página web de una emisora de radio se puede encontrar lo sonoro de una información o programa, el texto de las noticias, fotos, gráficos o imágenes estáticas o en movimiento. El periodista, por tanto, deberá conocer todas las facetas productivas de un determinado medio de comunicación y además ha de ser capaz de editar el material en formatos y soportes distintos e intercambiables (desde un vídeo para un telediario hasta un *frame* para una página web).

7.   Nueva fisonomía de la radio

La radio no podía quedar al margen de la revolución tecnológica y se introduce en el tercer milenio con una nueva fisonomía, al igual que la prensa y la televisión. Lo mismo que los otros medios de comunicación social, la radio se convierte en un multimedia que requiere nuevos lenguajes y nuevos servicios. El futuro de la radio viene marcado, está ya marcado, por la digitalización de la señal, por la comunicación sin cables, los dispositivos portátiles y las tecnologías de Internet. Por esta nueva autopista, o por cualquier otra de similares características que se desarrolle en el futuro, va a circular también la radio digital, por lo que se necesita crear contenidos atractivos y aplicaciones interesantes para que los usuarios se conecten. Y aunque en estos momentos las programaciones que se emiten en digital son prácticamente las mismas que se difunden por los canales convencionales, conviene tener presente que en cuanto se abaraten los costes de los receptores habrá que cambiar los contenidos. Ya existen medios de difusión que dan muy buenas prestaciones como el DAB (Digital Audio Broadcasting), que es el estándar adoptado para el desarrollo de la radio digital europea, que permite un multiservicio de gran calidad y se puede escuchar lo mismo en receptores fijos que en los móviles sin tener que cambiar, por ejemplo, en los desplazamientos. Hay otros, como el DRM (Digital Radio Mondial) o el RDS (Radio Data System), encaminados igualmente a ofrecer más y mejor calidad. La implantación de unos y otros sólo dependerá de los costes y de la fiabilidad. Sólo es cuestión del grado de desarrollo tecnológico.

En estos momentos cobra cuerpo la idea de europeización de todos los medios audiovisuales y el periodista debe tener conciencia clara de este nuevo horizonte, de este nuevo ámbito que va a exigir contenidos bien diferentes a los actuales. Como afirma Martínez Costa, «la implantación de la radio digital supone cambiar el concepto y la estructura tradicionales de la radio. Además de los radiodifusores, aparecen operadores de red y los proveedores de programas. A las emisiones de audio se añaden los servicios asociados y los servicios añadidos. Los oyentes dejan de ser oyentes para ser usuarios de una oferta multimedia. A un medio real se suma un medio virtual. La era digital supone, para la radio, no sólo una adaptación tecnológica, sino el desafío de integrarse en otros medios, de verse atravesada por otros servicios y simultáneamente seguir ofreciendo la magia del sonido, ahora digital, que no conoce fronteras». Ya no se puede decir de forma tajante que en la radio en la Red hay que hacerle ver al oyente, mediante el lenguaje adecuado, lo que sus ojos no contemplan.

Adelantemos que el lenguaje de la radio, cualquiera que sea el género o el programa a realizar, ha de estructurarse en oraciones lo más sencillas posible, en párrafos cortos, etc. Escribe María Julia González Conde que «nuestro estilo periodístico, en radio, debe ser ágil, no literario, con atención a la estructura y presentación de nuestro comunicado».

A la vista de todos estos datos, podemos decir que la noticia, la crónica, el reportaje y la entrevista siguen, en cuanto a su estructura, la misma pauta que en el medio convencional, con dos excepciones muy importantes: carecen de sentido las entradillas tradicionales de la prensa escrita y han de tener presente el sonido o el sonido y la imagen si es que los acompañan. Los géneros de opinión, prácticamente no tienen cabida en la radio.

8. Entender la historia televisiva

No perdamos de vista, como hemos reiterado antes, esa línea cada vez más difusa entre los distintos medios en la Red. Lo que hemos dicho para la radio sirve, en buena medida, para la televisión, teniendo en cuenta los elementos predominantes en un medio u otro. Si aplicamos los conceptos clásicos de la finalidad o función de todo medio periodístico, es decir, informar, formar y entretener, es sin duda este último el que mayor relieve tiene en el medido televisivo. Basta con ver la programación de cualquier canal de televisión para concluir que es al entretenimiento a lo que dedica la mayor parte del tiempo: concursos, cine, novelas, prácticas deportivas. En un primer momento, las universidades trataron de aprovechar la función formativa, pero poco a poco quedó reducida a documentales educativos que suelen proyectarse en los tiempos de menor audiencia; también los programas infantiles que podrían tener esa dimensión son cada vez más reducidos, casi un fenómeno a extinguir.

En cambio, la parte informativa ha ido creciendo hasta el punto de pasar a dedicar unos escasos minutos a las noticias en horas consideradas de baja audiencia a emitir varios servicios de gran duración a lo largo del día y en las horas calificadas de mejor audiencia. Nada se diga de grandes cadenas que emiten información durante las veinticuatro horas.

De ahí que el género informativo por excelencia en la televisión sea la noticia y la crónica; el reportaje y la misma entrevista, si bien pueden tener cabida en los informativos de televisión, carecen de la profundidad necesaria por el escaso tiempo que se les puede dedicar. Estos géneros suelen desplazarse a programas especializados que tienen una mayor duración. En cuanto a los géneros de opinión, prácticamente no existen en la televisión.

A la hora de estructurar la información, las principales pautas a seguir son las siguientes: el lenguaje debe ser simple, correcto, riguroso, comprensivo, descriptivo de la imagen que simultáneamente se transmite; el lenguaje de la televisión informativa se sustenta en imágenes y palabras; hay que buscar la conjunción más adecuada entre la palabra y la imagen visual y sonora; imagen o sonido deben formar un todo indisoluble; el lenguaje escrito forma, junto con el verbal y no verbal, una amalgama indivisible y compacta. En cuanto a las fotografías, los cuadros y los gráficos, todos ellos deben estar arropados por los textos correspondientes, de modo que no aparezcan como pegotes desgajados del contexto para el que fueron seleccionados; se deben evitar los conceptos abstractos. Los textos están totalmente condicionados por la imagen y han de sintonizar con ella. El mensaje televisivo está compuesto de tres códigos básicos: imágenes, sonidos musicales o ruidos y emisiones verbales; el lenguaje sólo debe ayudar a abarcarlos mejor, a lo sumo a situarlos. Pero no se puede menospreciar, como algunos pretenden, el efecto, la importancia de la palabra en la televisión. Por eso no tiene mucho sentido hablar de utilizar sólo la palabra en el hecho noticioso cuando falta el sonido ambiente o la imagen. Lo ideal es que existan los tres elementos en la noticia, pero el que no es sustituible es el de la palabra, sobre todo para que el receptor sepa el porqué y el dónde, dos preguntas que las solas imágenes no contestan. Pensar que sólo la sabia disposición de las imágenes puede llevar el mensaje completo al receptor de la noticia es una utopía.

Estamos, al igual que en la radio, ante un lenguaje que debe ser repetitivo, reiterativo tanto en palabras como en conceptos e ideas. El espectador, el televidente o el radioyente no tienen la posibilidad de volver la vista atrás, en este caso la vista y el oído, para recordar lo que deficientemente escucharon.

La información, si es en directo, debe atender a la imagen, situarla y hacerle una valoración al espectador de lo que está viendo; si se trata de algo en diferido es esencial sintonizar texto e imagen. A veces, se ponen de fondo imágenes que son verdaderos pegotes que no están en concordancia con lo que dice el texto. Es muy importante la presencia del periodista en el lugar de los hechos. El periodista debe ser consciente de que sonido e imagen deben estar sabiamente entrelazados para despertar en la audiencia una respuesta afectiva específica. La abstracción no puede ser filmada y además no despierta emociones.

9. Una pantalla para cada cosa

Cómo estructurar los mensajes en la Red es algo que todavía está muy en pañales debido al poco tiempo transcurrido desde que se comenzó a generalizar la utilización del ordenador. Tampoco se puede pretender dar una fórmula mágica y definitiva, ya que la presentación variará, al igual que ha sucedido y sucede en el periodismo convencional, según el tipo de publicación de la que se trate. No es lo mismo configurar un texto para una revista electrónica, un programa de radio o de televisión dirigido a un mundo infantil o juvenil, que hacerlo para personas mayores. Los contenidos habrán de presentarse de forma atractiva y sencilla de modo que al usuario le resulte fácil y agradable de seguir.

Práctico, cómodo y eficaz deben ser los principios a tener en cuenta a la hora de presentar un texto, una fotografía, una infografía, una imagen estática o en movimiento. Teniendo en cuenta que el espacio visual de la pantalla se circunscribe a un máximo de 25 líneas de texto, más o menos, y que los lectores de prensa digital prefieren la utilización de enlaces a las barras de desplazamiento, se recomienda la utilización de textos más breves que los que se usan en los medios convencionales.

El texto, por tanto, debe ser pensado para configurarlo en el número de líneas que se pueden ver en el marco de una pantalla: aproximadamente unas 25. Esto no quiere decir que un texto no deba sobrepasar ese número de líneas, sino que cada idea, cada pensamiento, debe encerrarse en ese formato. Al pasar de pantalla, pasar de idea. Puede suceder que en cada pantalla haya dos o más ideas, pero no deben tener continuidad en la siguiente, pues el lector, en esas décimas de segundo, pierde la razón de continuidad y tiene que volver atrás para no perder el sentido de lo que está leyendo y eso supone, además de un engorro, una predisposición al abandono. También en la primera pantalla debe quedar reflejada la longitud del texto, ya que el usuario de la red la desconoce, cosa que no le sucede en el soporte de papel que puede ver y comprobar con mucha facilidad.

Hay algunos géneros que, en principio, se pueden adaptar perfectamente a este modelo de líneas, ya que su extensión media habitual no sobrepasa estos límites. Nos referimos a la noticia, en general, e incluso a los géneros de opinión (editorial, artículo, columna, suelto o glosa), que se pueden reducir perfectamente a estas dimensiones. En cambio, todo resulta mucho más complicado para el reportaje, la entrevista y la crónica. ¿Hay que prescindir de estos géneros en el canal electrónico? La respuesta es no. La solución estriba en adaptarlos a la pantalla.

Si examinamos los periódicos de los últimos cuarenta años, por ejemplo, veremos cómo han sufrido una profunda transformación en el diseño y el preparado de un determinado texto. Un reportaje, una entrevista o una crónica formaban, hace tan sólo unos años, un todo desde la primera línea a la última. No había lo que más tarde se denominó ventana o despiece. Una entrevista, según sea su longitud, puede constar de hasta tres o cuatro despieces con un doble objetivo: por una parte, al trocearlo, el texto se hace más visual para el lector y, por otra, gracias a los titulares, cada uno de esos trozos consigue atraer la atención del receptor hacia distintos apartados de un mismo tema, hecho que no sucedía cuando la entrevista o el reportaje sólo iban acompañados de titulares y, en el mejor de los casos, de sumarios. Es necesario que las líneas que ocupan una pantalla tengan una cierta entidad propia, de modo que al pasar a la siguiente se empiece con un punto y aparte y, a ser posible, con una idea distinta dentro del conjunto del texto. Nunca se deben cortar líneas o palabras en el pase de pantalla porque obligaría al lector a volver atrás para recuperar el sentido del párrafo o de la frase.

Pero si se analiza detenidamente lo que acabamos de comentar, veremos que existen graves inconvenientes para ponerlo en práctica. Uno de ellos es la pérdida de la razón de continuidad del reportaje, la crónica o la entrevista. Aquí se requiere una gran habilidad por parte del redactor para que el usuario no pierda el hilo conductor pese a estar el texto estructurado en varias pantallas. Lo mismo pasa en papel. Si no se hacen con rigor y lógica los despieces, que en muchas ocasiones se hacen mal, provocan la pérdida de la visión de conjunto que debe tener el texto. El periodista habrá de buscar aquellas partes que, a la hora de desgajarlas del conjunto, mantengan una cierta entidad propia. Un cintillo al inicio de cada una de las pantallas de las que consta el texto total le indicará al lector que se encuentra dentro del texto seleccionado para leer; ese cintillo, que sirve de guía, de indicador, de recordatorio, es fundamental.

Los cortes deben ser hechos con lógica, de modo que no dé la sensación de dejar un texto descontextualizado, colgando sin ton ni son. Los titulares han de tener un mínimo en común sin que esto suponga repetir palabras o frases. Cada uno de los despieces se deberá ordenar desde el punto de vista de la importancia, del interés, de la atracción, de modo que el usuario pueda incluso prescindir de los últimos párrafos porque, al igual que sucede en una información bien trabada en papel, deben ser siempre los menos importantes.

10. Un lenguaje específico para la Red

Conocidas las exigencias del periodista que trabaja en Internet, cabe preguntarse ahora: ¿qué lenguaje debe emplear para poder llevar adelante su cometido? El lenguaje es la herramienta con la que trabaja el redactor tanto en el periodismo convencional como en el de la Red. ¿Es el mismo para ambos soportes, para ambos canales? Después de las diferencias que hemos establecido entre un cometido y otro, entre unos medios y otros, la respuesta es que el medio condiciona el lenguaje. El sociólogo francés Jean Baudrillard afirma que «Internet y el ordenador dan lugar a otro lenguaje, a otra forma de funcionar, con sus propias normas. El ordenador hace pensar de otra forma».

«La red de redes está difuminando cada vez más las fronteras entre los distintos medios de comunicación al incluir en sus emisiones informaciones de muy diverso carácter. Está facilitando la mutación de lenguajes, la desaparición de la masa como receptor único y está teniendo un impacto importante sobre las audiencias. Podríamos decir que las características más sobresalientes de Internet son la capacidad multimedia de canal que permite circular a cualquier medio de comunicación social; su omnifuncionalidad, es decir, la posibilidad de conectar de uno a uno, de uno a muchos y de muchos a uno; la bidireccionalidad de la comunicación, puesto que favorece la interactividad e incluso, a veces, la exige; y su alcance universal; se trata de un canal de ámbito mundial» (Peñafiel).

Aunque más tarde analizaremos con detalle las características que debe reunir el lenguaje en la Red, podemos adelantar ya que se trata de un lenguaje diferenciado, más corto, más directo, más informal, más conciso, interactivo y multimedia. Veamos las características que consideramos específicas para escribir en Internet.

El novelista Jesús Ferrero señala respecto a los requisitos que debe cumplir el lenguaje que se utilice en Internet que «para hacer una primera lectura en la Red, el texto tiene que tener unas determinadas características. Quiero diferenciar una literatura exclusiva de Internet. Una cosa es literatura para ser leída y degustada desde la red y otra cosa es la difusión de literatura convencional por Internet». Como ya hemos escrito reiteradas veces, estamos ante un canal que puede tener texto, imagen y sonido. Por lo tanto, el lenguaje ha de tener en cuenta este mestizaje.

Entonces, ¿cómo nos expresamos en Internet? ¿Qué lenguaje utilizamos? No cabe duda de que el lenguaje es fundamental a la hora de transmitir los mensajes, cualquiera que sea el canal. ¿Cuáles son las características que debe tener el lenguaje que se emplee en la Red para conseguir que el visitante nos siga y encuentre con toda claridad, con toda nitidez, lo que realmente le interesa y para que confíe y se fíe de lo que le ofrecemos?

Entendemos que ese lenguaje debe reunir las siguientes características:

a) Diferenciado: no podemos aplicar los mismos cánones al periodismo digital que los que utilizamos para los demás medios: el periodismo impreso, la radio y la televisión, porque el canal, como hemos dicho, es diferente y exige un lenguaje distinto.

b) Informal: el periodista ha de huir de un lenguaje vacío, estepario, nada humano, cargado de voces frías, ajenas a la vida del receptor. Hay que evitar el extremo en el que a veces caen los lingüistas que acaban por convertir el lenguaje en un sistema formal más. Ahora bien, en nombre de lo informal no se puede caer en la simplicidad o en la chabacanería. No hay por qué prescindir de la estética, ya que, como veremos, se pueden narrar los hechos con toda brillantez y de la manera más directa.

c) Corto: Ferrero señala que «Internet requiere partir de un sistema secuencial más corto, sintetizar más».

d) Directo: entendemos por lenguaje directo el que narra los acontecimientos, cuenta las historias sin ningún tipo de rodeos. Stephen King, en su libro *Mientras escribo* señala que «poner el vocabulario de tiros largos, buscando palabras complicadas por vergüenza de usar las normales, es de lo peor que se le puede hacer al estilo. La primera regla del vocabulario es usar la primera palabra que se te haya ocurrido, siempre y cuando sea adecuada y dé vida a la frase». El novelista norteamericano es partidario del «lenguaje cotidiano y directo».

e) Breve: los grandes escritores nunca intentaron hacer malabarismos con el lenguaje; al contrario, buscaron la belleza en la sencillez y el objetivo final en la compresión. Hemingway dio sus primeros pasos en el periódico *Kansas City Star*, donde se exigía a sus redactores una prosa escueta y funcional, las frases debían ser cortas, sencillas y claras, y el lenguaje descriptivo. Su director recomendaba «usar verbos, porque hay que dar acción, no adjetivos». Confiesa Hemingway que «éstas fueron las mejores normas sobre el arte de escribir que aprendí en toda mi vida».

f) Conciso: King pone un ejemplo muy ilustrativo: «Escribe el tímido: "la reunión ha sido programada para las siete". Es como si le dijera una vocecita: "dilo así y la gente se creerá que sabes algo". ¡Abajo con la vocecita traidora! ¡Levanta los hombros, yergue la cabeza y toma las riendas de la reunión! "La reunión es a las siete." Y punto. ¡Ya está! ¿A que sienta mejor? La escritura —añade King— es pensamiento depurado.»

g) Interactivo: los internautas, es decir, quienes navegan por Internet, no son sólo receptores de información, sino también emisores y, por consiguiente, generadores de contenidos. El usuario no es pasivo, de hecho tiene un gran abanico de opciones para ser activo y desarrollar su creatividad. Jerry Yang, presidente de Yahoo!, declaraba a *Cinco Días* (17 de junio de 2000) que «la idea original de Internet es que todo el mundo puede ser creador de contenido, y no sólo los medios de comunicación. Que cualquiera puede ser alguien en la Red. Es sólo cuestión de creatividad, tiempo y energía. No es como en los medios tradicionales donde tu propia compañía es dueña de todo».

h) Persuasivo: la persuasión es un arte. Pero es un arte que va unido a una técnica. Hablar y escribir con limpidez, dice Vicente Verdú, «pero también con la capacidad de seducir, es un requerimiento de la era de la información».

Eulalio Ferrer, en su obra *El lenguaje de la publicidad*, cita una descripción de Leibniz de la persuasión según la cual «el fin principal del lenguaje es excitar en el espíritu del que me escucha una idea semejante a la mía». El mismo Ferrer describe en la mencionada obra que «la persuasión es una especie de clima mental fabricado por el hombre en función de sus impulsos, de sus necesidades y de sus deseos. Apoya y promueve actitudes que acaso requieran de un enamoramiento, aunque a veces no sea explícito: basta con que sea tentador». Se trata de mover al receptor a que «piense como el que escribe. No se trata de engañar ni de forzar la realidad, simplemente inducir, mover, inspirar a pensar como el relator.

Como dice el profesor García Noblejas, la «persuasión no es necesariamente una cosmética engañosa. Más bien es el modo ordinario de compartir lo que se sabe o se piensa acerca de las cosas de la vida».

i) Creador de contenidos: el periodista encargado de proveer los contenidos debe prever que la gente de Internet puede ver, escuchar y además tiene que hacer. Ese hacer es lo que marca la diferencia, es lo que se llama interactividad.

En las conclusiones del II Congreso de Periodismo Digital, celebrado en Huesca los días 1 y 2 de febrero del 2001, se señalaba que el periodista «se ha convertido en un todoterreno que podría definirse como gestor estratégico de contenidos, dado que sobre su trabajo se edifican la estrategia global, los socios con los que aliarse y cómo hacerlo, la optimización de los procesos de construcción, etc. La empresa estará presente, más que nunca, en el trabajo diario del periodista, quien habrá de ser plenamente consciente de su pertenencia a un equipo y grupo editorial que compite día a día con otros. Esa implicación tan directa en la gestión cambiará el perfil de la profesión hacia un modelo de periodista más eficiente, más versátil... y más dócil».

Resalta Canga Larequi, en *Estudios sobre el Mensaje Periodístico* n.º 7, 2001, que «se hace evidente el axioma de a nuevos medios nuevos contenidos. No se puede dotar a los nuevos medios de viejos contenidos. La Red ya ha demostrado su poder de transmisión y su capacidad de generar dinero, ahora hay que potenciar la calidad de los contenidos que se envían por ella. Si se crean nuevos productos es evidente que hay que dotarlos de contenidos y que esos contenidos han de responder a unos criterios mínimos de calidad y profesionalidad».

j)   Claro: Azorín decía que «el estilo es claro si lleva al instante al lector a la cosa sin entretenerle en las palabras. Si el estilo explica fielmente y con propiedad lo que siente, es bueno».

k)   Preciso: esta característica está íntimamente relacionada con los hechos, es decir, que cada palabra esté cargada de sentido. Que no falte nada, pero que tampoco sobre. La densidad es contraria a todo florilegio que, en definitiva, pretende agradar con la palabrería.

l)   Original: la originalidad tiene un gran interés en el lenguaje periodístico, cualquiera que sea el canal a través del que se emita el lenguaje, porque no consiste tanto en la novedad del asunto, sino en el modo nuevo, personal y sincero de enfocarlo, de realizarlo.

m)   Variado: adecuar el estilo al tema escrito; evitar la monotonía, la pobreza del lenguaje. En el empleo del lenguaje adecuado a cada asunto es donde se distingue el buen periodista del que tan sólo ha aprendido la técnica fundamental de la redacción. Según se trate de un hecho noticioso o de otro, el lenguaje variará. No es igual escribir una crónica, por ejemplo, de un desfile militar que de un acto fúnebre. En eso consiste la variedad, en emplear el lenguaje adecuado a cada acontecimiento noticioso.

n)   Atractivo: las formas muchas veces en la vida son tan importantes como el fondo. En periodismo es muy importante, yo diría que determinante, cómo se dicen las cosas; no se puede ser torpe, soso, gris. El periodista escribe para los demás, para que le sigan; para que le lean tiene que seducir, atraer y esto se consigue con el lenguaje.

o)   Rítmico: emplear el ritmo adecuado en el relato periodístico es fundamental. Se nota cuándo las ideas salen con fluidez; lo plúmbeo no tiene cabida en los géneros periodísticos, como tampoco lo tiene la pesadez y la torpeza. Cuando se escribe es fundamental aprender a oír el ritmo.

p)   Colorido: Isidoro Fernández Flórez escribe que «la luz y el color son las sirenas de la vista [...]. El lector ama las palabras que chispean; las frases cálidas, las páginas luminosas, el lenguaje batido en el yunque cuando está hecho ascua […]. La luz es aspiración de las almas y pasión de los ojos...».

q) Universal: debe pensar en un lenguaje que, en teoría, va dirigido a todo el planeta, sobre todo a aquellas partes del mundo donde se habla castellano.

11. La regla número 17 de Stephen King

Stephen King considera un gran paso para escribir bien el omitir todas aquellas palabras innecesarias. El autor norteamericano, uno de los de mayor éxito en la actualidad, en su libro *Mientras escribo* (que debiera titularse *Cómo hay que escribir en periodismo y literatura*) da una serie de normas que deberían figurar en todas las redacciones tanto convencionales como electrónicas. Interesa recordar aquí algunas de las que consideramos más prácticas para escribir en la Red. No debemos olvidar que, como hemos dicho, su éxito en Internet fue total.

Recomienda King:

- «Omitir palabras innecesarias»
- «Cuando reescribes, lo principal es contar todo lo que no sea la historia»
- «Quiero fomentar el lenguaje directo y cotidiano»
- «Juntando un nombre cualquiera con un verbo cualquiera siempre se obtiene una frase. No falla»
- «La simplicidad de la construcción nombre-verbo es útil, porque como mínimo suministra una red de seguridad a la escritura»
- «La gramática es un bastón para poner de pie a las ideas y hacer que caminen»
- «El sujeto de una frase con el verbo en voz activa hace algo, mientras que al de una frase con el verbo en voz pasiva le están haciendo algo»
- «Escribe el tímido: la reunión ha sido programada para las siete […]. Coge las riendas y di: ¡la reunión es a las siete! […] ¿A que sienta mejor?»
- «Partida en dos ideas, la idea principal es mucho más fácil de entender. Es una manera de facilitar las cosas al lector, y siempre hay que pensar primero en el lector»
- «Desconfía del adverbio»
- «A menudo, escribir bien significa prescindir del miedo y la afectación»
- «La escritura es pensamiento depurado»
- «Escribir es seducir»
- «Hay que aprender a oír el ritmo»
- «Si no tiene tiempo para leer, no tendrá el tiempo o las herramientas necesarias para escribir»

Bibliografía

ARMAÑAZAS, Emy (1996): *Información y servicios multimedia en la era del ciberespacio*, Ariel, Madrid.

ARRUTI ALBERTO, Miguel y FLORES VIVAR, Jesús (2001): *Ciberperiodismo*, Limusa, México.

CASTELLS, M. (1995): *La ciudad informacional*, Alianza, Madrid.

— (1997-98): *La era de la información: economía, sociedad y cultura*, Alianza, Madrid. 3 vols.

GONZÁLEZ CONDE, María Julia (2001): *Comunicación radiofónica*, Universitas, Madrid.

MARTÍNEZ COSTA, M. P. (1997): *La radio en la era digital*, El País Aguilar, Madrid.

— (coord.) (2002): *Información radiofónica*, Ariel Comunicación, Barcelona.

NEGROPONTE, Nicholas (1995): *El mundo digital*, Ediciones B, Barcelona.

PEÑAFIEL SAIZ, C. (2002): *La información en la radio*, Ariel, Barcelona.

RANDALL, David (1999): *El periodista universal*, Siglo XXI, Madrid.

ROGLAN, M. y EQUIZA, P. (1996): *Televisión y lenguaje*, Ariel, Barcelona.

SARTORI, Giovanni (1997): *Homo videns. La sociedad teledirigida*, Taurus, Madrid.

TASCÓN, Mario (1998): «Nuevas tecnologías y géneros periodísticos», en *Comunicación y Estudios Universitarios*, n.º 8.

TERCEIRO, José B. (1996): *Sociedad digital*, Alianza, Madrid.

VIDAL BENEITO, J. (2002): *La ventana global*, Taurus, Madrid.

VILAMOR, R. José (2000): *Redacción periodística para la generación digital*, Universitas, Madrid.

— (2001): *Cómo escribir en Internet*, Universitas, Madrid.

WEAVER, David (1998/1999): «Periodismo y nuevas tecnologías: perfiles de los periodistas del siglo XXI», en *Cuadernos de Información y Comunicación*, n.º 4.

WOLF, Mauro (1973): *El nuevo periodismo*, Anagrama, Barcelona.

— (1987): *La investigación de la comunicación de masas. Crítica y perspectivas*, Paidós, Barcelona.

— (1994): *Los efectos de los media*, Paidós, Barcelona.

WOLFE, Tom (1985): *Las décadas púrpuras*, Anagrama, Barcelona.

CAPÍTULO 4

NUEVOS MODELOS NARRATIVOS: LOS GÉNEROS PERIODÍSTICOS EN LOS SOPORTES DIGITALES

María Alcalá-Santaella Oria de Rueda
Universidad San Pablo-CEU. Madrid

1. Internet como soporte para la información

La Red que surgió como un sistema de comunicación que nació básicamente para solucionar unas demandas políticas y económicas, se ha integrado profundamente en nuestras vidas. Tanto es así, que según el Estudio General de Medios de marzo de 2003 un 25,5 % de la población española tiene acceso a Internet, lo que significa un aumento de tres puntos con respecto al año anterior. El estudio revela también que los internautas españoles utilizan la Red para buscar información (90,6 %) y que el 80,25 % utiliza también el correo electrónico (1).

El discurso apocalíptico de desconfianza ante el avance imparable de Internet como medio de comunicación es hoy un debate superado y pocos son los que temen la desaparición de la prensa tradicional. Lo esencial de la información no es el soporte, sino el mensaje, la noticia, y los nuevos medios no vienen a eliminar del mapa a los sistemas tradicionales, sino a complementarlos, aunque, ciertamente, están forzando que los medios de comunicación impresos y audiovisuales se replanteen la formulación de contenidos.

1.1. Fases y estrategias de los medios en la Red

El miedo a la competencia de Internet como sustitutivo de los otros medios ha venido propiciado por el hecho de que la Red permite sumar las potencialidades del texto impreso, la imagen y el sonido dentro de un mismo soporte. Como señala João Canavillas, «Internet se puede considerar el medio de los media, pues su contenido no es otro medio sino todos los otros medios» (2).

Este «medio de los media» surge imitando patrones comunicativos anteriores como ha ocurrido invariablemente en la historia de los medios de comunicación cada vez que ha surgido un nuevo sistema de transmisión de comunicación. La radio siguió las pautas de los periódicos y adoptó incluso su jerga comunicativa al utilizar en la presentación de sus informativos expresiones como «diario hablado». Lo mismo ocurrió con los primeros pasos de la televisión a la que se aludía como «la radio con imágenes». Y se da también la circunstancia de que con la aparición de la radio y la televisión apareció también el fantasma del miedo a la desaparición de la prensa. Al final cada medio ha conseguido encontrar sus propias señas de identidad y razón de ser, camino en el que se encuentran hoy los nuevos soportes informativos que han recorrido ya los primeros pasos encaminados a desembocar en la maduración del nuevo medio de comunicación.

En una primera fase, la versión on-line de los periódicos se limitaba a un mero volcado de los contenidos presentados en soporte papel. En esa etapa, las empresas informativas se ven seducidas por el nuevo canal ante la posibilidad de poder transmitir cualquier clase de información de manera barata y rápida y ven su presencia en la Red como una obligación ineludible, aunque sin saber muy bien cómo ni para qué. Algunos medios continúan anclados en esta etapa teniendo, como indican López García y Neira Cruz (3), una presencia testimonial, a través de una página que alberga cabeceras y contenidos informativos mínimos que apenas sobrepasan la dimensión de «escaparate» del medio.

Esa primera etapa se ha superado ampliamente y las empresas informativas han evolucionado introduciendo servicios diferenciados encaminados a complementar la versión impresa del diario, a fidelizar su audiencia y a justificar el cobro de contenidos.

1.2. EL LENGUAJE MÚLTIPLE DE LOS NUEVOS MEDIOS

El sistema de signos utilizado en la codificación de los mensajes en los nuevos soportes informativos aglutina todos los códigos empleados anteriormente en los medios de comunicación de masas clasificados, según la terminología propuesta por Eliseo Verón (4), en tres sistemas de signos: la serie visual lingüística, la paralingüística y la no-lingüística. Estas tres modalidades expresivas se emplen de manera simultánea en los nuevos medios para la comunicación de los mensajes; de ahí que se viera al nuevo medio como un serio competidor capaz de aglutinar las potencialidades comunicativas de los medios de comunicación impresos y audiovisuales. Como indica Concha Edo (5), la utilización de un lenguaje múltiple hace que la distinción entre la prensa escrita y los medios audiovisuales ya no sea tan nítida: «Las cabeceras editadas inicialmente en papel, que trasladaron su propio lenguaje a la Red, muy poco después tuvieron que introducir y manejar los códigos icónicos y sonoros, hasta ahora exclusivos de la radio y la televisión, para comenzar a producir contenidos en ese lenguaje múltiple.»

La posibilidad de reunir las características de todos los medios en uno coloca a los periodistas ante el reto de aprovechar al máximo las ventajas comunicativas de las nuevas herramientas de trabajo que permiten combinar los textos escritos con la magia del sonido y la credibilidad de las imágenes en movimiento. En definitiva, la materialización de un sueño de posibilidades ilimitadas constreñidas, únicamente, por el ritmo de implantación de los avances tecnológicos.

Las empresas periodísticas que ofrecen sus contenidos en Internet se encuentran ante el reto de evolucionar en el diseño de la presentación de los contenidos para aprovechar el atractivo de las nuevas posibilidades visuales, como explica María Ángeles Cabrera (6): «El diseño de la información debe contribuir a todo ello cumpliendo su misión de estar en función de los contenidos: un reto que se traduce en decisiones como las del aprovechamiento de la interactividad, la apuesta por la claridad, la jerarquía en el uso de los elementos visuales, la imagen en movimiento y el sonido, la navegación, búsqueda y personalización de los contenidos.»

El aprovechamiento de estas nuevas posibilidades es, precisamente, lo que permite la aparición de un nuevo tipo de contenidos no reflejados con anterioridad en la clasificación de géneros periodísticos. No se trata únicamente de adaptarse al tamaño de la pantalla del ordenador; la clave está en el aprovechamiento de la capacidad comunicativa de la interactividad y la seducción que despierta en el receptor de la información la posibilidad de sustituir el flujo unidireccional de la comunicación por formas bidireccionales de intercambio de mensajes.

2. Valores añadidos de los nuevos medios

La instantaneidad, la desaparición de la tradicional limitación de tiempo y espacio que ahogaban el trabajo periodístico, la interactividad y el protagonismo de los usuarios en el proceso comunicativo son los valores añadidos que aportan las nuevas tecnologías a los medios de comunicación de masas. Nuevos elementos que, en definitiva, inciden en la forma que adquieren los mensajes y en la evolución de los géneros periodísticos a nuevas expresiones y formulaciones narrativas.

2.1. La instantaneidad

Desde el nacimiento del periodismo, los medios de comunicación han soñado con transmitir la información de la manera más rápida y abarcando el mayor ámbito de influencia posible. Este deseo se está materializando a través de las nuevas tecnologías que permiten eliminar las distancias y ser más rápidos en la transmisión de las noticias, como hacen los medios audiovisuales que transmiten el acontecimiento en el mismo instante en que se produce, como ocurrió con el atentado del 11-S.

La actualización constante de la información es, precisamente, el reto que viven las ediciones on-line. Durante la guerra de Irak los términos relacionados con el conflicto eran los que más se solicitaban en los buscadores Yahoo! y Google. La Red se ha convertido en una importante fuente de información de acontecimientos de última hora, como se pudo constatar cuando, con motivo de la toma de Bagdad, el tráfico en Internet se incrementó en un cuatrocientos por cien (7). El factor temporal es tan decisivo que todas las páginas web de los diarios de información general disponen de una zona específica en la que destacan las noticias de última hora.

Es cierto que los nuevos medios comparten con los audiovisuales características propiamente radiofónicas como la rapidez, la inmediatez, la instantaneidad y la simultaneidad, como señala José María Legorburu (8); la información constante e inmediata es reflejo de esas características y «el hecho de estar pegada a la actualidad demuestra dinamismo y vitalidad y da la impresión de que se está viviendo minuto a minuto la evolución de la sociedad; en definitiva, la historia».

La posibilidad de actualizar constantemente los contenidos no se debe confundir con la simultaneidad porque la sensación de inmediatez de Internet no deja de ser un espejismo creado por el deslumbramiento de las nuevas tecnologías, ya que, por el momento, al depender de las informaciones de las agencias, y ser un medio con un significativo peso del texto, no puede competir con la radio en cuanto a velocidad se refiere; aunque hay que admitir que presenta la interesante posibilidad de acceder directamente a la información sin tener que esperar a que llegue la hora del boletín de noticias.

2.2. HIPERTEXTUALIDAD: LA DISPONIBILIDAD INFINITA DE ESPACIO

La posibilidad de transmitir la información de un modo veloz no es una herramienta exclusiva de los medios on-line. Lo realmente novedoso de los nuevos soportes es la posibilidad de interactividad, que será analizada más adelante, y la disponibilidad de una contextualización de la información prácticamente ilimitada.

En Internet, gracias al hipertexto, los mensajes dejan de tener, como señala Landow (9), un recorrido secuencial y lineal. Fue Theodor H. Nelson quien acuñó este término con el que nos referimos al tipo de narración electrónica actual que otorga al usuario la posibilidad de elegir el recorrido de lectura que prefiera.

Nicholas Negroponte (10) describe las posibilidades del hipertexto de un modo muy gráfico: «El equivalente escrito más parecido que se me ocurre es un calendario de Navidad. Pero con la diferencia de que cuando se abren las puertecitas electrónicas (al contrario que las de papel), se ven diferentes relatos según la situación o, como espejos en una peluquería, una imagen dentro de otra y ésta dentro de una imagen más.»

La narrativa hipertextual permite crear textos principales de una extensión lo suficientemente breves como para ser fácilmente legibles en una única pantalla y poder unirlos con otros bloques informativos a través de enlaces que completen la información. Esta posibilidad no es realmente nueva; se trata de aplicar las nuevas tecnologías a lo que la prensa viene haciendo con las llamadas «noticias complementarias» formuladas por Paul V. Sheehan y recogidas por Mar de Fontcuberta (11).

La novedad que aporta el hipertexto es la oportunidad de contextualización que en las noticias complementarias queda limitada al espacio disponible en el papel. Permite poder ir saltando de manera prácticamente ilimitada de enlace en enlace a la búsqueda de la información entre textos, gráficos, imágenes en movimiento y sonidos. El informe Starr fue uno de los primeros triunfos del hipertexto frente a las posibilidades textuales ofrecidas por la prensa. En la versión digital de los medios impresos se reprodujo íntegramente el informe del fiscal Kenneth Starr sobre las relaciones «impropias» de Bill Clinton con Mónica Lewinsky. Este informe fue una pieza clave en el proceso de *impeachment* contra el presidente norteamericano. En papel hubiera sido imposible incluir íntegramente toda la información, mientras que en Internet el usuario podía acceder a los documentos completos y a las réplicas de los abogados, profundizando hasta el nivel que deseara.

2.3. LA INTERACTIVIDAD

La esencia de los nuevos soportes de la comunicación se caracteriza por la interactividad y su capacidad para seducir a los usuarios, convirtiéndolos en actores de la comunicación y brindándoles la ilusión de participar en la elaboración de los contenidos.

El diccionario de la Real Academia Española de la lengua define la interacción como la acción que se ejerce recíprocamente entre dos o más objetos, agentes, fuerzas, funciones, etc. Muchas veces hemos oído el término interactivo aplicado a situaciones en las que aparece implicado un ordenador. Es decir, el hecho de sentarse ante un ordenador y realizar operaciones a través de un teclado se comprende como algo interactivo. Si entendiéramos así la interactividad, todo sería interactivo; desde el lápiz hasta utilizar una máquina de escribir para redactar una carta.

Para que exista interactividad es imprescindible que los mensajes estén interrelacionados. Una comunicación en la que la difusión de los mensajes se haga de modo unidireccional, sin posibilidad de respuesta no sería realmente interactiva, aunque el mensaje se enviara con la más moderna de las tecnologías. Para que exista interactividad necesariamente tiene que haber posibilidad de respuesta; debe tratarse de una comunicación reactiva y bidireccional en la que los papeles de emisor y receptor se puedan intercambiar en cualquier momento, como ocurre, por ejemplo, en una conversación telefónica.

La consideración y la importancia que conceden los medios de comunicación a los espacios en que se permite la participación de los receptores se adivina simplemente considerando cómo han denominado a estos apartados. Como ejemplo, podemos fijarnos sólo en cuatro diarios de información general: en *El País* y *El Mundo* los contenidos interactivos se encuentran bajo el epígrafe de «participación»; *La Vanguardia* los agrupa en el apartado de Opinión con el nombre de «participación de los lectores», y *ABC* los sitúa dentro del apartado denominado «ocio».

La interactividad, por tanto, tiene muchos escalones distintos hasta llegar a su expresión máxima. Laura Solanilla (12) explica los distintos niveles de la interactividad, desde aquellos en que el usuario puede generar contenidos de forma controlados por los responsables de la página web, hasta el grado máximo de interactividad en que el usuario se convierte en autor principal de la página web y puede generar contenidos de forma gratuita y sin conocimientos de informática.

La respuesta de los receptores llega a través del correo electrónico y según el medio se ofrecen posibilidades distintas: enviar mensajes a una dirección general, a una sección concreta o incluso a un periodista determinado como hace *La Vanguardia* al incluir en algunos de sus artículos la dirección personal del redactor que firma el texto.

Cada vez más las empresas periodísticas abren sus páginas impresas a los contenidos que aparecen en su página web y se hacen eco de las intervenciones de los internautas publicando, por ejemplo, lo expuesto en los foros o el resultado de las encuestas que se han planteado en su versión digital.

Lo indicado hasta el momento se trata sólo de un pequeño esbozo, porque la interactividad, como se verá más adelante, afecta a todos los géneros periodísticos.

2.4. EL PROTAGONISMO DEL RECEPTOR

Uno de los elementos que cautiva a los usuarios es la capacidad que ofrece el nuevo sistema de comunicación para convertirse en editor de sus propios textos, obtener una información a la medida y leer los mensajes como, cuando quiera y con la profundidad que desee.

El receptor indica sus preferencias, selecciona el tipo de información que desea y es el medio de comunicación el que redacta los contenidos, ofrece los sonidos, las imágenes del acontecimiento y su explicación gráfica. Nos encontramos así ante un sistema de comunicación de *gatekeeping* mixto. Aunque, cada vez más los medios de comunicación ofrecen oportunidades a los receptores para que también sean ellos creadores de contenidos. Un ejemplo de esta experiencia se puede ver en la edición digital de *El País* y de *El Mundo*, que incluyen una sección donde se pueden ver fotos que han hecho los usuarios sobre un tema que ha propuesto el medio de comunicación.

El receptor se convierte en protagonista de la información y se establece una relación más estrecha con el medio de comunicación, como indica Martínez Albertos (13): «La relación entre periodistas y receptores de mensajes es una relación de confianza y de delegación de intereses cívicos. En esto estriba precisamente el que el periodismo sea una verdadera profesión.»

Las nuevas tecnologías permiten, además, dibujar un perfil más preciso de los destinatarios de la información. La primera herramienta que posibilita crear un retrato robot de los receptores es el registro que realiza el usuario para acceder a los contenidos, rellenando habitualmente un cuestionario en el que se le pregunta sobre su edad, sexo, el tipo de trabajo que realiza, sus preferencias informativas o en qué localidad vive.

La edición digital de *El Mundo* fue la primera en crear «La portada de los lectores», una página que se actualiza periódicamente a lo largo del día, en la que se muestra una lista con las diez noticias mejor valoradas por los lectores. El mecanismo de elaboración es sencillo: en cada texto, el diario incluye un formulario que permite a los lectores recomendar esa información señalando el campo que desee entre las opciones «mucho, bastante, regular, poco o nada». Este sencillo sistema de votación ayuda también a conocer los gustos e inquietudes de los receptores y puede servir de examen al medio para saber si la jerarquización y el tratamiento de sus contenidos informativos coinciden con el interés general de los receptores.

La posibilidad de calificar y evaluar el interés que despiertan los contenidos se ha incorporado a la versión digital de los diarios de información de diferentes maneras. Los internautas pueden votar, imprimir la información, enviársela a quien deseen y al mismo tiempo pueden ver cuáles son las noticias más leídas, las más impresas, las mejor valoradas o las más enviadas por el resto de los lectores.

3. Los géneros periodísticos

Los géneros periodísticos continúan presentes en los nuevos medios de comunicación. Algunos lo hacen en su configuración tradicional y otros evolucionan adaptando sus formas a las posibilidades de la narrativa hipertextual.

Para llegar a esas nuevas formulaciones partimos de la definición de géneros periodísticos y de dos de sus consideraciones: la teoría de los esquemas del discurso y la teoría normativa de los géneros periodísticos.

José Javier Muñoz formula una definición sencilla pero bastante completa de géneros periodísticos: «son las diversas modalidades de creación lingüística que se caracterizan por acomodar su estructura a la difusión de noticias y opiniones a través de los medios de comunicación social» (14). A los contenidos que presentan los medios de comunicación en Internet se les puede aplicar la misma definición, puesto que lo que hacen es adaptar las distintas modalidades de creación lingüística a las características propias del nuevo canal.

Las formulaciones clásicas de los géneros periodísticos se apoyan en las dos teorías mencionadas anteriormente. La primera de ellas, la teoría de los esquemas del discurso de Teun A. Van Dijk, establece una categorización de los géneros siguiendo la división anglosajona de los contenidos en textos cuyo fin es informar sobre los acontecimientos *(stories)* y textos cuya finalidad es orientar o persuadir *(comments)*.

La segunda formulación es la teoría normativa de los géneros periodísticos ideada por Martínez Albertos (15), quien, al considerar el elemento de la interpretación, introduce un tercer grupo de géneros que se encuentran entre la información y la opinión.

Se configuran así los tres grandes bloques en los que se inscriben los géneros periodísticos: géneros informativos, géneros explicativos o interpretativos y géneros de opinión. Los géneros periodísticos son elementos esenciales con los que se articulan los mensajes periodísticos. Actualmente esta configuración continúa vigente con la lógica evolución propiciada por las nuevas tecnologías. En este capítulo se tratarán sólo aquellos géneros que han sufrido algún cambio en su formulación, así como los nuevos contenidos surgidos en la Red.

La aparición de nuevos soportes de comunicación ha avivado el nunca cerrado debate sobre la clasificación de los géneros periodísticos. La interactividad ofrece la posibilidad de establecer un nuevo tipo de relación entre los receptores y el medio y entre los propios usuarios entre sí, rompiendo el sistema de comunicación básicamente unidireccional de la prensa. La radio y la televisión también se han visto afectadas por esta fiebre de interactividad e incluyen en sus programas la posibilidad de mandar mensajes utilizando los móviles o el correo electrónico.

La interactividad da un paso más en las posibilidades de desarrollo de los géneros para el coloquio y el debate, presentes en los medios audiovisuales. Estos géneros, basados en la conversación y el diálogo, encontraron su sentido en la radio y en la televisión: las tertulias, los debates y los géneros de participación dialógica, como los consultorios radiofónicos, pueden ser trasladados a la prensa a través de las nuevas herramientas multimedia.

Con el desarrollo de Internet aparecen nuevos contenidos que es necesario clasificar. La interactividad invade el fondo y la forma de los mensajes periodísticos creando en los usuarios unas expectativas que satisfacen a través de su participación en la web. Los internautas pueden censurar o alabar los contenidos del medio y pueden, también, colaborar en la creación de nuevos contenidos, en la mayoría de los casos pasando por el control que ejerce el propio medio de comunicación. Hasta en las noticias se solicita la valoración del receptor, se le ofrece la posibilidad de enviar esa información a otra persona y puede ver cuáles son las noticias que han despertado el interés de otros internautas.

3.1. LA NUEVA NARRATIVA DE LOS GÉNEROS PERIODÍSTICOS INFORMATIVOS

Es evidente que las noticias se han convertido en los contenidos predominantes de la Red. De hecho, Internet es una de las fuentes preferentes de los usuarios para obtener información. El tercer informe del Centro de Políticas de Comunicación de la UCLA recoge como conclusión principal que el 70 % de los estadounidenses eligen la Red como principal fuente de información, superando incluso en preferencia a la radio, la televisión y los medios de comunicación impresos (16).

Las noticias encuentran en Internet un canal natural de comunicación y se ajustan perfectamente a la definición formulada por Martínez Albertos (17): «Noticia es un hecho verdadero, inédito o actual, de interés general, que se comunica a un público que pueda considerarse masivo, una vez que ha sido recogido, interpretado y valorado por los sujetos promotores que controlan el medio utilizado para la difusión.»

Los géneros periodísticos informativos se han adaptado perfectamente al nuevo canal de comunicación aprovechando las ventajas técnicas de los nuevos soportes, que permiten mayor libertad estructural y contextualización de datos. Las posibilidades narrativas del hipertexto han propiciado una estructuración diferente en la redacción de las noticias, que permite combinar esquemas narrativos de los medios de comunicación impresos y audiovisuales.

3.1.1. *Elementos de la noticia*

La evolución de la técnica narrativa en los nuevos soportes de comunicación se materializa en cambios en la redacción de los diferentes elementos que componen las noticias. Este género periodístico informativo experimenta variaciones en su formulación narrativa para aprovechar todo el potencial comunicativo del nuevo canal de comunicación. La estructura de la noticia continúa descomponiéndose en tres bloques diferenciados: titular, *lead* y cuerpo de la información.

3.1.1.1. Los titulares

En los medios on-line los titulares continúan siendo el escaparate de la información, como verificó el estudio realizado por el Poynter Institute y la Universidad de Stanford (18). En este estudio, los investigadores instalaron una microcámara en la cabeza de las personas que se prestaron al experimento y registraron cómo se movían los ojos por la pantalla. La conclusión a la que llegaron fue que los usuarios se fijan primero en los titulares y sumarios de las noticias y después en los elementos gráficos, al contrario de lo que ocurre en los medios de comunicación impresos.

Si partimos de la clasificación de titulares establecida por Luis Núñez Ladevéze (19) y analizamos qué tipo de titulares abundan en la Red, nos encontramos con que en la versión digital de los periódicos, los titulares tienden a ser informativos o apelativos.

Analizando los titulares desde el punto de vista gramatical, nos encontramos con que abundan las oraciones simples. Si la brevedad era una necesidad en el texto impreso, la concreción se convierte en un axioma ineludible en la titulación en la Red. La simplicidad llega al extremo de que es habitual que desaparezcan los antetítulos y los subtítulos. Esta práctica presenta algunos problemas en los titulares alegóricos, los informativamente incompletos y los que recogen citas textuales. Como señala Ramón Salaverría (20), la ausencia de apoyos como los subtítulos y otros elementos dificulta que el lector interprete el sentido del titular e identifique rápidamente su fuente.

La función primordial de los titulares y el interés por las noticias. En los nuevos soportes de la comunicación los titulares realizan, más que nunca, esta función. En este campo, esta parte de la noticia cobra un nuevo protagonismo con los servicios de *Mailnews* que envían los titulares a los buzones electrónicos y a los móviles. En estos servicios, como indica M.ª José Pou (21), los titulares son los principales y habitualmente los únicos elementos informativos para el lector. «Así, si la portada y los titulares de prensa se han considerado tradicionalmente los primeros accesos a la información de los medios impresos —a la totalidad de su contenido, en el primer caso, y de cada información, en el segundo—, los elementos de titulación siguen siendo nucleares en los nuevos servicios de información.»

Más que nunca, los titulares en la web tienen que cumplir la doble función de informar y atraer, de tal modo que inviten a leer los contenidos de la web. En Japón, las empresas periodísticas están adaptando sus ofertas a las nuevas pautas de conducta de los consumidores jóvenes que buscan información a través de Internet y el teléfono móvil. Un ejemplo de ello es el diario *Asahi Shimbun* (22) que ha conseguido más de un millón de suscriptores en su versión en Internet al ofrecer servicios a través del móvil como, entre otros, noticias deportivas, información sobre carreteras, alertas meteorológicas y servicios de música.

3.1.1.2. El *lead*

En los postulados clásicos se define el *lead* (23) como el párrafo de entrada que sirve para destacar el aspecto más importante y atractivo de la noticia.

En la redacción de las noticias en la Red el primer párrafo suele responder a la formulación del tradicional *lead* de sumario planteada por Carl N. Warren (24); interesa que los elementos fundamentales de la información queden fijados en la mente del receptor desde los primeros párrafos.

El primer párrafo de la información no presenta cambios significativos respecto a su versión impresa. El principio de las *w's* sigue vigente porque, ahora más que nunca, interesa que los lectores que deseen saltar de una información a otra capten la esencia de la noticia desde las primeras líneas. Las transformaciones más significativas se presentan en el resto del mensaje informativo.

3.1.1.3. El cuerpo de la noticia

Los nuevos medios tienen la ventaja de disponer de un espacio no acotado para desarrollar la información. Se plantea la posibilidad de ofrecer la información como un producto no terminado que puede ser constantemente ampliado; el usuario puede ir saltando de pantalla en pantalla activando los enlaces que desee, desde la información del acontecimiento en sí y la actualización de esos datos, hasta sus antecedentes más remotos.

Como indica José Manuel de Pablos (25), la disponibilidad de un espacio sin limitaciones mínimas ni máximas supone que el periodista queda liberado de la obligación de escribir un determinado número de líneas para ocupar el espacio designado para ellas: «Esto supone que la nota terminará cuando esté todo dicho, sin repeticiones ni necesidad del viejo método tan poco de recibo que era "hinchar el perro", escribir "paja" en el texto para llegar al número de líneas señalado por la maqueta abierta. Con el periódico clásico en papel no sucede tal cosa.»

Esta ventaja hace innecesario aferrarse a una estructura redaccional como la pirámide invertida, formulada por Warren y recogida por Mar de Fontcuberta (26). Esta estructura narrativa justifica la utilidad de un relato narrado siguiendo un orden decreciente de importancia porque de ese modo se consigue informar desde las primeras líneas del núcleo fundamental de la noticia. Si al receptor le interesa su contenido seguirá leyendo el resto del texto, y en el caso de no sea así, habrá retenido los datos indispensables para estar informado.

Aunque no sea necesario ajustarse a esa configuración del cuerpo de la noticia, en los nuevos medios informativos la estructura de tensión decreciente o pirámide invertida presenta unas ventajas nada desdeñables, como indica Armentia (27). Las razones que apoyan que se continúe con esta práctica narrativa son básicamente dos: por un lado, simplifica la lectura de los elementos fundamentales de la noticia y, por otro, facilita el trabajo periodístico en el proceso de elaboración de los textos informativos.

Las informaciones estructuradas con la técnica narrativa de la pirámide invertida continúan presentes en las versiones digitales de los periódicos pero, junto a ellas, para evitar la redacción de textos demasiado largos que obliguen a utilizar excesivamente la barra de desplazamiento, aparece un nuevo modelo narrativo radial. Como si se tratara de una rueda, los elementos fundamentales de la información conforman el centro de la circunferencia y desde ese texto central que constituye el núcleo de la noticia parten unos radios en distintas direcciones que nos llevan a otros contenidos que conectan con la información a la que complementan.

Algunas versiones digitales de los periódicos aprovechan, además, las posibilidades que brindan los sumarios. Así lo hace, por ejemplo, *La Vanguardia*. En las entrevistas y en las noticias que tienen una extensión media, suele situar a la izquierda de la información una serie de sumarios que facilitan la lectura rápida del texto. Además de este elemento, incluye enlaces a otros contenidos sobre el mismo tema publicados en la página web dentro de otra sección o aparecidos en días anteriores.

La presentación de las noticias en las páginas web se completa, en ocasiones, con archivos de audio y vídeo, aunque este recurso no está lo suficientemente aprovechado. La web del diario *Clarín* (28) es una de las redactadas en español que mejor aprovecha estas posibilidades en la redacción de sus informaciones.

Otros medios de comunicación optan por sistemas diferentes para permitir una lectura más ágil de la información. Por ejemplo, el diario *El Mundo* emplea un recurso en la redacción de las noticias que consiste en destacar determinadas palabras clave mediante su colocación en negrita. Si se pasea la vista por el texto leyendo únicamente esas palabras, se obtiene un resumen significativo de la noticia, como se puede apreciar en el siguiente ejemplo de la página web de *El Mundo* del 29 de abril de 2003 (ver figura 4.1).

3.2. La nueva narrativa de los géneros periodísticos explicativos: elementos distintivos

Las posibilidades de actualización, rapidez de transmisión, espacio casi ilimitado e interactividad benefician de manera clara a los géneros interpretativos en los que, además de hacer referencia a los hechos, se explican y analizan acontecimientos de actualidad. En este sentido podemos acudir a la definición que da Hohenberg para quien la interpretación no es más que un juicio honesto acerca del significado de los acontecimientos; una valoración documentada convenientemente con todos los componentes que apoyan la interpretación dada.

Las características y elementos de los géneros periodísticos explicativos han sido ampliamente analizados en el campo de la redacción periodística. Trataremos de señalar cuáles son los elementos que distinguen estos nuevos contenidos de sus homólogos en los medios de comunicación impresos y cómo han evolucionado en la Red.

3.2.1. *La contextualización*

En un mundo digital, como señala Negroponte (29), nos encontramos con una narrativa altamente interconectada con información vinculada; «sin embargo, en el mundo digital, el problema de la relación profundidad/amplitud desaparece, y los lectores y autores se mueven libre-

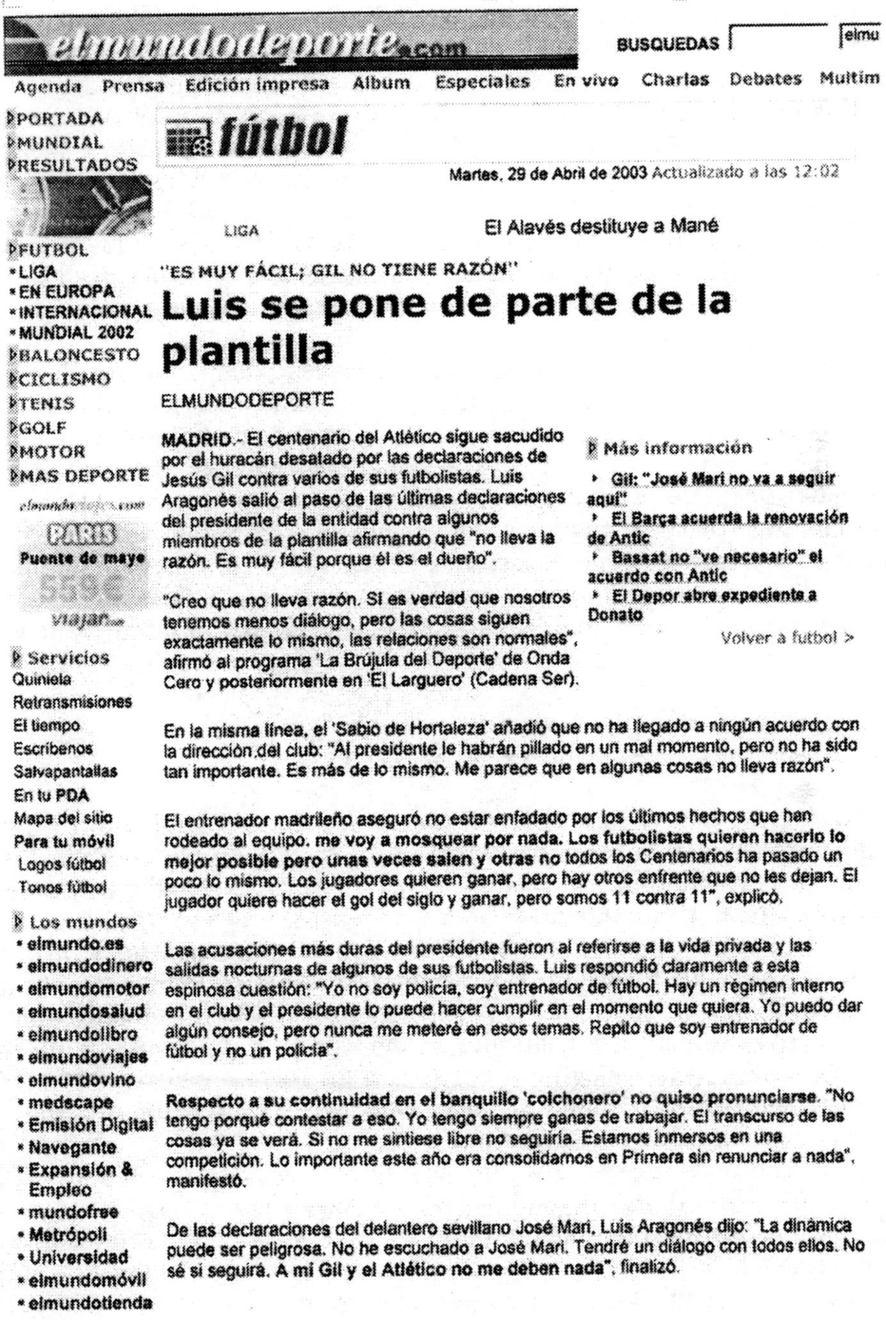

elmundodeporte.com

BUSQUEDAS elmu

Agenda   Prensa   Edición impresa   Album   Especiales   En vivo   Charlas   Debates   Multim

▶PORTADA
▶MUNDIAL
▶RESULTADOS

fútbol

Martes, 29 de Abril de 2003 Actualizado a las 12:02

LIGA   El Alavés destituye a Mané

▶FUTBOL
• LIGA
• EN EUROPA
• INTERNACIONAL
• MUNDIAL 2002
▶BALONCESTO
▶CICLISMO
▶TENIS
▶GOLF
▶MOTOR
▶MAS DEPORTE

"ES MUY FÁCIL; GIL NO TIENE RAZÓN"

Luis se pone de parte de la plantilla

ELMUNDODEPORTE

MADRID.- El centenario del Atlético sigue sacudido por el huracán desatado por las declaraciones de Jesús Gil contra varios de sus futbolistas. Luis Aragonés salió al paso de las últimas declaraciones del presidente de la entidad contra algunos miembros de la plantilla afirmando que "no lleva la razón. Es muy fácil porque él es el dueño".

"Creo que no lleva razón. Si es verdad que nosotros tenemos menos diálogo, pero las cosas siguen exactamente lo mismo, las relaciones son normales", afirmó al programa 'La Brújula del Deporte' de Onda Cero y posteriormente en 'El Larguero' (Cadena Ser).

▶ Más información

‣ Gil: "José Mari no va a seguir aquí"
‣ El Barça acuerda la renovación de Antic
‣ Bassat no "ve necesario" el acuerdo con Antic
‣ El Depor abre expediente a Donato

Volver a futbol >

En la misma línea, el 'Sabio de Hortaleza' añadió que no ha llegado a ningún acuerdo con la dirección del club: "Al presidente le habrán pillado en un mal momento, pero no ha sido tan importante. Es más de lo mismo. Me parece que en algunas cosas no lleva razón".

El entrenador madrileño aseguró no estar enfadado por los últimos hechos que han rodeado al equipo. me voy a mosquear por nada. Los futbolistas quieren hacerlo lo mejor posible pero unas veces salen y otras no todos los Centenarios ha pasado un poco lo mismo. Los jugadores quieren ganar, pero hay otros enfrente que no les dejan. El jugador quiere hacer el gol del siglo y ganar, pero somos 11 contra 11", explicó.

Las acusaciones más duras del presidente fueron al referirse a la vida privada y las salidas nocturnas de algunos de sus futbolistas. Luis respondió claramente a esta espinosa cuestión: "Yo no soy policía, soy entrenador de fútbol. Hay un régimen interno en el club y el presidente lo puede hacer cumplir en el momento que quiera. Yo puedo dar algún consejo, pero nunca me meteré en esos temas. Repito que soy entrenador de fútbol y no un policía".

Respecto a su continuidad en el banquillo 'colchonero' no quiso pronunciarse. "No tengo porqué contestar a eso. Yo tengo siempre ganas de trabajar. El transcurso de las cosas ya se verá. Si no me sintiese libre no seguiría. Estamos inmersos en una competición. Lo importante este año era consolidarnos en Primera sin renunciar a nada", manifestó.

De las declaraciones del delantero sevillano José Mari, Luis Aragonés dijo: "La dinámica puede ser peligrosa. No he escuchado a José Mari. Tendré un diálogo con todos ellos. No sé si seguirá. A mí Gil y el Atlético no me deben nada", finalizó.

elmundo⊙.com

PARIS
Puente de maye
559€
viajar...

▶ Servicios
Quiniela
Retransmisiones
El tiempo
Escríbenos
Salvapantallas
En tu PDA
Mapa del sitio
Para tu móvil
Logos fútbol
Tonos fútbol

▶ Los mundos
• elmundo.es
• elmundodinero
• elmundomotor
• elmundosalud
• elmundolibro
• elmundoviajes
• elmundovino
• medscape
• Emisión Digital
• Navegante
• Expansión & Empleo
• mundofree
• Metrópoli
• Universidad
• elmundomóvil
• elmundotienda

FIG. 4.1.

mente entre lo general y lo específico. De hecho, la noción de "dime más" es parte de los multimedia y raíz de los hipermedia».

Gracias a las nuevas tecnologías, los medios ofrecen una extraordinaria capacidad de contextualización de la información y pueden albergar grandes bases de datos. A través de un sencillísimo sistema de búsquedas mediante palabras clave podemos recuperar la información que deseemos y profundizar en diversos aspectos de la actualidad. El diario *La Vanguardia* es uno de los que permite consultar todos los artículos que se han publicado en el diario desde su fundación en 1881. Ese es uno de los grandes atractivos que ofrecen las versiones digitales de los periódicos, y los medios lo saben; de hecho, la consulta a la hemeroteca no es gratuita, ni siquiera en los periódicos que aún no cobran por visitar su edición en Internet.

La documentación ocupa así el lugar que le corresponde por derecho y cumple con su función completiva, como indica Gabriel Galdón (30), contribuyendo a la presencia de los factores básicos de la información periodística: la verdad y su intelección por el destinatario: «La función informativa del periodismo alcanza su dimensión plena cuando no se limita a suministrar datos de modo escueto e inconexo, sino que procura explicar causas y consecuencias, relaciones de tiempo y espacio, el significado profundo de los acontecimientos cotidianos, para que el receptor de la información pueda tener una visión completa y fidedigna de la realidad.»

3.2.2. *La profundización: reportajes, informes y documentos especiales*

Los géneros interpretativos se benefician de la posibilidad de profundización y adaptan una estructura similar a la de las noticias, dividiendo su contenido en diferentes textos conectados mediante enlaces, pero sin alterar su finalidad.

El reportaje continúa respondiendo en su esencia a la definición aportada por Martín Vivaldi (31): «Relato periodístico esencialmente informativo, libre en cuanto al tema, objetivo en cuanto al modo y redactado preferentemente en estilo directo, en el que se da cuenta de un hecho o suceso de interés actual o humano.» Lo mismo ocurre con la crónica, género periodístico que se caracteriza por la valoración que se realiza del hecho al mismo tiempo que se narra.

Los lectores se encuentran por primera vez con la posibilidad de seleccionar el tipo de documentación que quieren ver (ya sea en soporte textual o audiovisual), y pueden hacerlo cuantas veces quieran y entretenerse en esa lectura todo el tiempo que consideren oportuno. Los enlaces que se presentan en este tipo de textos suelen llevar a informaciones y documentos del mismo medio de comunicación para evitar que el usuario se interese por los contenidos de las páginas de la competencia y comience a navegar por otras direcciones. En el caso de que se hagan enlaces con otros sitios web se suele encaminar al internauta a sitios que no entran en competencia directa con el medio de comunicación, por ejemplo: llamadas a la web de ministerios, ayuntamientos y organismos oficiales.

La posibilidad de profundización es tan amplia que se sobrepasa el concepto de reportaje y aparecen denominaciones como «a fondo», «informes», «especiales» y «dossieres».

3.2.3. *Las entrevistas interactivas*

Junto a la entrevista realizada por el periodista y volcada al entorno digital ha surgido un nuevo tipo en el que el lector ocupa el papel del periodista y formula preguntas al entrevistado.

Es el género de lo coloquial. Como indica Halperín (32): «La entrevista es también el fascinante reino de la pregunta, el ejercicio de la interrogación, el abrir la mente al sentido último de las cosas, la gente vive fascinada por las preguntas y goza intensamente de las entrevistas, que no están ausentes de ningún producto periodístico.»

El hecho de ser el género periodístico que más se acerca a la oralidad hace que los medios de comunicación hayan adaptado la entrevista a una nueva fórmula en la que aprovechar la interactividad para formular preguntas a los entrevistados resulta irresistible.

Los usuarios lanzan sus preguntas al entrevistado a través de la Red y crean un espacio comunicativo aparentemente natural y espontáneo en el que la pantalla del ordenador actúa como sustitutivo de una comunicación auténticamente interpersonal. Nada nuevo si tenemos en cuenta que la participación activa de los receptores viene practicándose con éxito en los medios audiovisuales, especialmente en la radio, con los concursos, consultorios, peticiones musicales de los oyentes, etc. La posibilidad de que los receptores hagan preguntas a un personaje famoso tampoco es un mérito original de Internet, sino que se ha venido practicando en España desde 1981 a través de programas como «Directo, directo», de RNE, en el que la audiencia interrogaba al invitado.

Los medios de comunicación on-line utilizan distintos nombres para este nuevo tipo de entrevistas; desde la denominación tradicional de «entrevista» hasta palabras como «charlas» o «encuentros digitales», como hace *El Mundo* que, además, agrupa las entrevistas por categorías (música, salud, política, etc.). En la página web se anuncian con antelación el día, la hora y el nombre del personaje entrevistado y se abre la posibilidad de enviar preguntas.

La ventaja de este tipo de entrevistas en que el público plantea sus preguntas es la originalidad, pero conlleva la desventaja de que el resultado final en la mayoría de los casos no ofrece una linealidad lógica narrativa, puesto que con cada pregunta de los internautas se salta de un tema a otro, a veces de un modo abrupto. El resultado final es un diálogo entrecortado en el que se sienten los baches del cambio de interlocutor; baches que no se producen en la entrevista redactada por un periodista que resuelve de manera natural el paso de la oralidad a la escritura.

Los medios de comunicación mantienen en la Red este tipo de entrevistas de manera que se pueden consultar, por orden cronológico, durante un tiempo. En el diario *El País*, por ejemplo, se pueden recuperar más de trescientas entrevistas realizadas por los internautas. Las indicaciones que da este diario son que las preguntas que se formulen no superen las 80 palabras y advierte que las preguntas enviadas son seleccionadas previamente por un moderador y que no se aceptan las preguntas ni los comentarios que agravien o insulten al invitado (33). A veces, incluso, la versión digital del medio se convierte en fuente de contenidos y la edición en papel publica parte de las entrevistas interactivas realizadas por los usuarios.

Este tipo de entrevista participativa tiene aún muchas posibilidades que no se han desarrollado completamente, como la utilización de las imágenes y los sonidos. Se suelen acompañar por una fotografía del entrevistado; en algunas ocasiones la foto que se incluye en la versión final de la entrevista muestra al protagonista sentado delante del ordenador dispuesto a responder a las preguntas, pero no se incluyen imágenes en movimiento ni se puede escuchar la voz del entrevistado.

El diario argentino *Clarín* (34) vuelca en su página web entrevistas en las que intenta aprovechar al máximo los recursos audiovisuales. La entrevista se presenta con un titular en el que se coloca entrecomillada la declaración más significativa del entrevistado. Las preguntas aparecen escritas en la pantalla y se escuchan las respuestas del entrevistado mientras se suceden distintas fotografías sobre el desarrollo de la entrevista. Se ofertan también otras posibilidades: acceder al vídeo completo de la entrevista, leer un perfil sobre el entrevistado y participar en un foro sobre él.

La posibilidad de enviar preguntas al medio de comunicación crea y satisface expectativas en el público, aumentando el grado de empatía y la sensación de cercanía con el medio de comunicación. Tanto es así que incluso algunos periódicos fijan un día de la semana para acercar la curiosidad y las opiniones de los usuarios al punto de vista de los redactores. Ejemplo de esto son las entrevistas que hacen los lunes los lectores de *El País* a Santiago Segurola, redactor jefe de Deportes; en ellas, además de enviar preguntas, los internautas opinan y comentan la actualidad deportiva. En el diario *El Mundo*, los jueves es el día en que se puede charlar con Carlos Boyero sobre cine y televisión.

3.2.4. *El lenguaje bimedia: la infografía*

Hay contenidos en los que texto e imágenes se superponen y actúan a la vez. Se trata de mensajes elaborados con un lenguaje bimedia, a caballo entre lo textual y lo audiovisual.

Como indica Mario Tascón (35), la infografía no puede ser considerada sólo como una nueva tecnología, «muchas infografías son espléndidos análisis. La infografía utiliza casi todos los géneros y aprende de todos ellos».

No se trata, por tanto, de una ilustración que acompaña a la información, sino que comparte con ella las características de responder a las preguntas que plantea el acontecimiento de actualidad y lo hace combinando textos con componentes icónicos, siendo completamente independiente de la noticia a la que acompaña, como se puede apreciar en el siguiente ejemplo publicado por *El País* el 3 de febrero de 2003 (ver figura 4.2).

Las infografías realizadas en los distintos medios sobre la catástrofe del transbordador *Columbia* que se desintegró sobre Texas en febrero de 2003 o las realizadas sobre la guerra de Irak hacen pensar que realmente no se trata de un complemento gráfico, sino que nos encontramos ante una nueva modalidad de género explicativo que divulga de manera sencilla, clara y atractiva los mismos acontecimientos que se narran en un reportaje; porque, como señalan Martín Aguado, Piñuela y González (36): «El texto narra, la fotografía muestra y el gráfico representa.»

3.3. LA NUEVA NARRATIVA DE LOS GÉNEROS PERIODÍSTICOS DE OPINIÓN: MODALIDADES PARTICIPATIVAS

Los géneros periodísticos de opinión no han variado su naturaleza en los nuevos canales de comunicación y continúan respondiendo a las características que ofrecen en los tradicionales medios de comunicación impresos: exponer el punto de vista del autor o del medio de comunicación para conseguir convencer a los receptores de esos contenidos. Esas formas de expresión periodísticas se inscriben dentro del estilo de solicitación de opinión, formulado por Dovifat y recogido por Martínez Albertos (37).

Por su extensión relativamente breve en cuanto a espacio, los editoriales, las columnas y los artículos de opinión pueden acomodarse perfectamente al tamaño de la pantalla y no presentan complicaciones para ser trasladados a la web. No ocurre lo mismo con otros géneros de opinión más extensos, como señalan Armentia y cols. (38): «Los textos más largos de este género, como son las colaboraciones, artículos de opinión, etc., sí presentan una mayor dificultad, ya que habitualmente ocupan un espacio superior al de una o dos pantallas y, además, difícilmente se pueden despiezar.»

La aportación más significativa del soporte digital a los géneros periodísticos de opinión es la posibilidad de respuesta que se le ofrece al usuario: se puede votar e incluso añadir comentarios relacionados con el tema expuesto en el editorial.

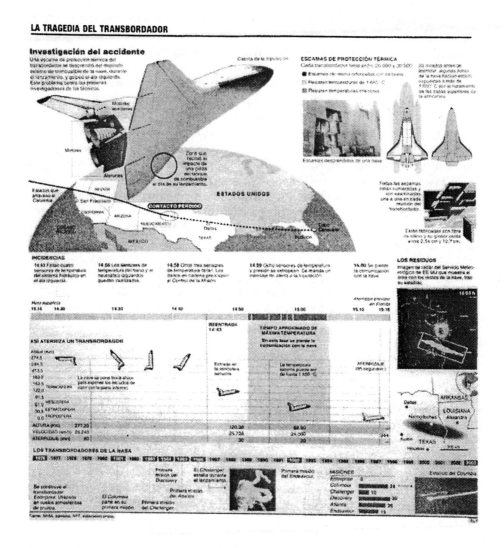

Fig. 4.2.

3.3.1. *Las cartas al director*

Las posibilidades de *feedback* (información de retorno o retroalimentación) que ofrecen los nuevos soportes de comunicación han hecho que las tradicionales cartas al director adopten nuevas fórmulas sin perder su finalidad. Para los lectores del periódico resulta más cómodo y rápido enviar sus mensajes a través del correo electrónico que escribir una carta, meterla en el sobre, ponerle sello y mandarla por correo.

Las cartas que los internautas mandan a la edición electrónica del diario se publican también en la edición impresa. Los medios de comunicación que incluyen en su versión digital la posibilidad de mandar cartas al director exigen los mismos requisitos que se piden para su publicación en la edición impresa: nombre e identificación del remitente a través de su DNI.

El diario *El País* incluye en su web una nueva modalidad estilística de cartas al director llamada «la frase de los lectores». En ella se presenta un formulario para que el internauta escriba su opinión con dos limitaciones: el mensaje no puede sobrepasar los 130 caracteres y tiene que tratar sobre temas de actualidad propuestos por el periódico. Las frases que selecciona el moderador aparecen escritas encima de una pared como si se tratara de una pintada callejera. Se diferencia, también, de las cartas al director en que no solicita el DNI; sólo se pide un nombre y la dirección de correo electrónico.

3.3.2. *Sondeos y encuestas*

Los sondeos y las encuestas son otros elementos que permiten mantener la ilusión de participación. A través de la formulación de distintos temas, la versión digital de los periódicos contribuye a fomentar la magia de que somos escuchados y participamos activamente. Los resultados de las encuestas se pueden ver, aunque los medios de comunicación advierten que no son fiables como contenido científico. El diario *El Mundo* denunciaba en sus páginas de opinión (39) que había detectado irregularidades cometidas por los usuarios en sus encuestas. El diario planteó en una encuesta a sus lectores la pregunta: ¿Deben mostrar los medios la crueldad de la guerra? Junto al resultado final del cuestionario planteado en la Red, *El Mundo* aclaraba en una nota titulada «Votos trucados» que había detectado votos masivos realizados desde un mismo ordenador y que por eso había eliminado del recuento final de la encuesta 2.420 votos del No y 754 votos del Sí.

La temática de las encuestas es sumamente variada; por lo general se ofrecen una media de diez temas diferentes por sección y, junto a ellas, se remite a artículos y noticias relacionados con el tema (contenidos normalmente de pago). La puerta de las encuestas sirve así como anzuelo para que los internautas entren a la versión de pago del diario.

El mecanismo de estos sondeos es simple: el medio de comunicación formula la pregunta correspondiente y solicita el voto. La posibilidad de respuesta es limitada porque la pregunta suele ser cerrada y sólo admite dos respuestas (sí o no), aunque en ocasiones se añade también el (NS/NC). Como ocurre con las entrevistas, la versión digital de los periódicos permite que se consulten los resultados de las encuestas que no permanecen activas.

Las encuestas permiten al medio de comunicación un referente para verificar los intereses, gustos y puntos de vista de los usuarios sobre los temas propuestos y permiten acercar más claramente el tipo de perfil medio del lector, aunque no ofrecen ningún resultado sorprendente porque, lógicamente, su resultado final suele coincidir con la línea editorial marcada por el medio de comunicación.

3.3.3. *Los foros de discusión*

Según la tercera acepción que figura en el DRAE, un foro es «una reunión para discutir asuntos de interés actual ante un auditorio que a veces interviene en la discusión». Este tipo de contenidos son los que se encuentran más alejados del formato tradicional y permiten ampliar el arco de la opinión de los lectores a las respuestas limitadas de sí o no que se dejan en las encuestas. Es la oportunidad más clara que tienen los internautas para dar rienda suelta a sus opiniones y volcar sus puntos de vista sobre distintos aspectos de la actualidad, o incluso proponer nuevos temas de discusión para abrir otros foros.

Se trata de una comunicación asíncrona que no se establece en tiempo real, en la que el internauta escribe su opinión y puede contestar a las que hayan mandado otros usuarios. La duda está en si considerar o no los foros como géneros periodísticos o simplemente como una posibilidad más de ocio y diversión. Para quienes sientan la tentación de lo segundo se puede plantear también la duda de que se podría considerar lo mismo sobre los contenidos que tradicionalmente se han englobado dentro del conocido como «estilo ameno» (cuentos, pasatiempos, relatos literarios, etc.).

La fascinación que ofrecen los foros es innegable, basta comprobar el índice de participación. La explicación puede encontrarse en que actúan como simulación del debate democrático, asumiendo el papel de tribuna popular en la que se aceptan las opiniones más diversas y se integran en el debate público.

3.3.4. *Las charlas (chat)*

Los chats permiten el diálogo en directo entre el emisor y el receptor sobre cualquier tipo de cuestión, pero también la intercomunicación de todos los receptores entre sí y de ellos con el emisor. Se trata de una comunicación síncrónica entre los internautas en la que, nunca mejor dicho, el medio es el intermediario y se limita a ser el soporte en que se desarrollan esas charlas. En los chats se intercambian mensajes sobre temas de actualidad, pero también es el escenario reservado a conversaciones banales como se puede apreciar en algunos de los enunciados que se proponen: «sólo ellas», «amiguitos», «viajes», «diversión», etc.

4. El receptor al asalto del proceso de producción

Los medios de comunicación se encuentran fascinados por los recursos que ofrece la interactividad, porque son conscientes de que dar al receptor posibilidades de *feedback* incrementa su implicación con el producto informativo y fideliza su consumo. Pero a la vez esos mismos medios de comunicación temen perder su papel de fuerza en el proceso comunicativo y se resisten a dar alas al receptor, limitando su capacidad de respuesta. Resulta curioso observar cómo los medios nacidos directamente en la Red utilizan más recursos interactivos y dan mayores posibilidades de respuesta e intervención a los internautas que los medios que tienen también una versión en papel.

La participación de los usuarios llega hasta los límites que imponen los medios de comunicación, pero su avidez por construir contenidos no conoce fronteras. En la página web de *La Vanguardia*, por ejemplo, se pueden ver las recomendaciones cinematográficas de los críticos del periódico y también las de los internautas; incluso se pueden leer artículos de los usuarios que, como los espontáneos, saltan al ruedo del periodismo convertidos en improvisados articulistas.

Cada vez se va incrementando más la participación de los receptores en el proceso de producción de contenidos, con lo que se satisfacen las expectativas del público y aumenta la sensación de cercanía respecto a la empresa informativa. El empuje de esta situación es imparable, y más especialmente desde que vivimos en una cultura en la que proliferan las páginas personales y los *weblogs*.

Notas bibliográficas

1. http://download.aimc.es/aimc/datosegm/resumenegm12.pdf (28/3/03)
2. CANAVILLAS, JOÂO (17/04/03): Webperiodismo: Construyendo Noticias con Texto Inteligente.
   http://www.razonypalabra.org.mx/actual/jcanavil.html
3. LÓPEZ GARCÍA, X. y NEIRA CRUZ, X. A. (2000): «Los medios locales ante los desafíos de la red», *Ámbitos 3-4, Revista Andaluza de Comunicación*, pp. 65 y ss.
4. VERÓN, E. (1969). *Ideología y comunicación de masas: la semantización de la violencia política*, vol. Col. Lenguaje y comunicación social, Buenos Aires.
5. EDO BOLÓS, C. (27/03/2003): El lenguaje periodístico en la red: del texto al hipertexto y del multimedia al hipermedia.
   http://www.ucm.es/info/perioI/Period_I/EMP/Portad_0.htm
6. CABRERA GONZÁLEZ, M. Á.: «Retos en el diseño de periódicos», en *Internet Revista Latina de Comunicación Social*, número 25, de enero de 2000, La Laguna (Tenerife) y en
   http://www.ull.es/publicaciones/latina/aa2000yene/149malaga.html
7. *El Mundo*. (22/04/2003) http://www.elmundo.es /navegante/ 2003/04/22/ esociedad/1051013650.html

8. LEGORBURU HORTELANO, J. M. (2001): *Utilidad y eficacia de la comunicación radiofónica en el proceso educativo*, tesis inédita, Universidad Complutense de Madrid.

9. LANDOW, G. P. (1995): *Hipertexto. La convergencia de la teoría crítica contemporánea y la tecnología*, Paidós, Barcelona.

10. NEGROPONTE, N. (1995): *El mundo digital*, Ediciones B, S. A., p. 92.

11. FONCUBERTA, M. (1993): *La noticia. Pistas para percibir el mundo*, Paidós, Barcelona.

12. SOLANILLA DEMEESTRE, L. ¿Qué queremos decir cuando hablamos de Interactividad? *Revista d' Humanitats*, Universitat Oberta de Catalunya. Abril 2002.
    http://www.uoc.edu/humfil/articles/esp/solanilla0302/solanilla0302.html>.

13. MARTÍNEZ ALBERTOS, J. L. (2001): Sociedad española de periodística. Estudios de periodística IX. Ponencias y comunicaciones, VI Congreso Sociedad Española de Periodística. Periodismo para nuevos medios. El periodismo en la era multimedia. Fundación Cultural Forum Filatélico. Ponencia: Comunicación de masas frente a comunicación individualizada, p. 40.

14. MUÑOZ, J. J. (1992): *Redacción periodística. Teoría y práctica*, Librería Cervantes, Salamanca, p. 121.

15. MARTÍNEZ ALBERTOS, J. L. (1993): *Curso General de Redacción Periodística*, Paraninfo, Madrid, pp. 279-280.

16. *ABC*. Internet supera ampliamente a la radio y la televisión como fuente de información en Estados Unidos. 2/2/2003, p.53.

17. MARTÍNEZ ALBERTOS, J. L. (1993): *Curso General de Redacción Periodística*, Paraninfo, Madrid, p. 288.

18. DOMÍNGUEZ, E. (LVD 05/05/2000): El texto es el primer reclamo de la información on-line.
    (http://www.poynter.org/eyetrack2000/index.htm)

19. NÚÑEZ LADEVÉZE, L. (1991): *Manual para Periodismo*, Barcelona, pp. 219 y ss.

20. SALAVERRÍA, R. «De la pirámide invertida al hipertexto. Hacia nuevos estándares de redacción para la prensa digital», publicado en *Novática (Revista de la Asociación de Técnicos de Informática)*, vol. 142, noviembre-diciembre de 1999, pp. 12-15, http://www.unav.es/fcom/mmlab/mmlab/investig/piram.htm).

21. POU AMERIGO, M. J. Los titulares de prensa y los nuevos servicios de información por correo electrónico y teléfono móvil. Revista. Estudios sobre el mensaje periodístico. Actas del Congreso: Vigencia del periodismo escrito en el entorno digital multimedia. Número 7-2001-9778411341623 72001 http:// www.ucm.es/ info/perioI/ Period_I/ EMP/Portad_0.htm)

22. Mediabriefing. *El Asahi Shimbun, un diario que ha descubierto su propia fuente de la eterna juventud* (14/04/2003).
    http:/ /www. mediabriefing.com/ actualidad.esp?idarticulos=686)

23. SECANELLA, P. M. (1980): *El lid, formulación inicial de la noticia*, A.T.E., Madrid.

24. WARREN, C. N. (1975): *Géneros periodísticos informativos*, ATE, p. 103.

25. DE PABLOS, J. M. (2001): *La red es nuestra*, Paidós, Barcelona, p. 74.

26. FONCUBERTA, M. (1980): *Estructura de la noticia*, A.T.E., Barcelona, p. 38.

27. ARMENTIA, J. I., CAMINOS MARCET, J. M., ELEXGARAY, J., MARTÍN MURILLO, F. y MERCHÁN MOTA, I. (2000): *El diario digital*, BOSCH, Barcelona, p. 187.

28. http://www. clarin.com
29. NEGROPONTE, N. (1995): p. 91.
30. GALDÓN, G. (1986): *El servicio de documentación de prensa: funciones y métodos*, Mitre, Barcelona, p. 25.
31. MARTÍN VIVALDI, G. (1987): *Géneros periodísticos*, p. 65.
32. HALPERÍN, J. (1995): *La entrevista periodística*, Paidós, Barcelona, p. 10.
33. www.elpais.es/participacion.html
34. http://www. clarin.com
35. TASCÓN, M. (1988): *Nuevas tecnologías y géneros periodísticos. Comunicación y Estudios Universitarios*, Univ Cardenal Herrera-CEU, Valencia, p. 63.
36. MARTÍN AGUADO, J. A., PIÑUELA PEREA, A., GONZÁLEZ DÍEZ, L. (1993): *Tecnologías de la información impresa. Desarrollo tecnológico y perspectivas. Información gráfica. Autoedición*, Fragua, Madrid, p. 154.
37. MARTÍNEZ ALBERTOS, J. L. (1993): p. 237.
38. ARMENTIA, J. I., CAMINOS MARCET, J. M., ELEXGARAY, J., MARTÍN MURILLO, F. y MERCHÁN MOTA, I. (2000): p. 184.
39. *El Mundo* (6/04/ 2003): p. 2.

CAPÍTULO 5

LENGUAJE PERIODÍSTICO

BERNARDINO M. HERNANDO
Universidad Complutense. Madrid

1. Introducción

En este capítulo no entraremos en disquisiciones terminológicas que casi nunca aclaran nada y suelen enfoscarlo todo. Damos a las palabras su sentido obvio y generalmente admitido sin caer en la trampa de los endiablados matices de escuela. Sólo cuando se haga imprescindible para el entendimiento del discurso haremos alguna anotación terminológica. Damos por supuesto que el lector de este manual conoce los términos empleados en su directo sentido, lo que debe bastar para que estas páginas puedan ser utilizadas con provecho.

Advertencia necesaria es también la de que el tratamiento del lenguaje periodístico ha de tener constantes referencias a otros asuntos (géneros periodísticos, diversos canales de información-comunicación...) que, como es natural, quedan únicamente apuntados. En los lugares correspondientes de este mismo manual encontrarán su adecuado estudio.

El concepto de lenguaje periodístico arrastra una serie de equívocos que es preciso aclarar antes de entrar en materia. El primero de esos equívocos, y fuente de todos los demás, es la confusión entre lenguaje periodístico y texto periodístico. Éste sólo es parte de aquél y nunca pueden ser confundidos si queremos entendernos en todas las reflexiones que podamos hacer acerca del lenguaje de los medios de comunicación. Decir lenguaje periodístico equivale a hablar del código lingüístico común a todos los medios de información-comunicación, desde el periódico de papel a Internet. Llamamos lenguaje periodístico al que sirve a los periódicos (impresos, radiofónicos, televisuales, electrónicos...) para comunicarse con sus receptores trasladándoles la información apetecida. Es evidente que uno de los elementos de ese lenguaje es el texto y debería ser no menos evidente que el texto solo no agota aquel lenguaje. Además del texto, totalmente aparente en el periódico de papel o en el digital y menos aparente, pero presente, en la radio y la televisión, hay otros elementos que conforman el llamado lenguaje periodístico, que amoldan el texto y lo condicionan: los soportes, los blancos y los silencios, los tipos de letra y sus colocaciones, los sonidos y la fotografía, la infografía... Todo eso es lenguaje periodístico. Por tanto, atribuir al lenguaje periodístico condicionamientos que sólo afectan al texto es quedarse a mitad de camino. Y, a veces, quedarse a mitad de camino es peor que perderse en el camino.

Hablar de lenguaje periodístico refiriéndose únicamente al periódico de papel es otro equívoco que es preciso desmontar. De la misma manera que un grupo de hablantes pueden emplear el mismo idioma de distinta manera, conforme a sus habilidades personales o condiciones culturales, sociales, ambientales... pero el mismo idioma, todos los medios de información-comunicación (periodísticos) tienen el mismo lenguaje (el mismo idioma, el llamado lenguaje periodístico) empleado de distinta manera según las características de cada medio.

Ninguna lengua es un solo sistema lingüístico sino un diasistema, un conjunto de sistemas entre los que hay, a cada paso, coexistencia e interferencias. Para averiguar cuáles son esos sistemas dentro de la arquitectura de la lengua puede acudirse a tres clases de diferencias: geográficas o diatópicas (dialectos), socioculturales o diastráticas (niveles de lengua por grupos socioculturales) y psicológicas o diafásicas (estilos de lengua que afectan a un mismo individuo).[1] Esto, que es así en cualquier lengua, en cualquier idioma, ocurre también, adaptado a sus condiciones, en la lengua de los medios de comunicación, en el lenguaje periodístico. En su momento veremos cuáles son sus características o usos especiales según el medio de información-comunicación de que se trate.

El lenguaje periodístico, como todos los lenguajes, es un código de señales en el que han de estar de acuerdo emisores y receptores. Pero también, como en todos los lenguajes, puede ocurrir que el receptor no entienda alguna de las señales de ese código o que el emisor dé por supuesto que el receptor entiende lo que no entiende o que ambos caigan en desajustes o sufran desajustes de los propios medios-soportes de comunicación de modo que el entendimiento no se produzca o se produzca con fallos que pongan en peligro la información-comunicación o la hagan fracasar. Tal cantidad de ingredientes intervienen en el código múltiple del lenguaje periodístico que hay que sospechar, ya de partida, que pocas veces se produce el total entendimiento entre emisor y receptor; pocas veces se da la información-comunicación adecuada, no ya la perfecta que es tan imposible como imposible es la perfección absoluta en cualquier terreno. Por eso, cuando se habla de cosas tan aleatorias como la sociedad de la información, expresión de moda, para dar a entender el aparente montaje social de la omnipresente información en nuestra sociedad, conviene poner sordina a los optimismos desmedidos: tales y tantos son los fallos reales de lenguaje que aquella omnipotente información de marras puede quedar en nada o en muy poco. ¿Cuál y

1. Hernando, B. M. (1990), p. 63.

cuánto del enorme volumen de información-comunicación que satura el universo cumple sus fines, llega adecuadamente a sus destinatarios, emplea el lenguaje idóneo en cada caso?

Pasaron ya los tiempos del exacerbado optimismo en los estudios sobre lenguaje, cuando éstos se presentaban como paradigma de toda ciencia. Hasta el punto de que hace muchos años que se habla con descaro de la crisis del lenguaje y la crisis de las lenguas o idiomas.[2] Hemos vuelto, además, a valorar los hallazgos de la Retórica clásica y la llamada Nueva Retórica, iniciada hacia 1987 por el Grupo de Lieja,[3] nos proporciona elementos muy valiosos para el análisis de unos textos que, como los periodísticos, sólo son parte del lenguaje general que emplean los medios de información-comunicación.

La tan frecuente saturación informativa (exceso de elementos sin adecuada escala valorativa), los textos inapropiados, los acompañamientos del texto alejados de la comprensión de los receptores y otros inconvenientes habituales en el lenguaje periodístico real extienden a éste las sospechas hacia el lenguaje general. Sospechas de ineficacia o de limitada eficacia, muy lejos de la crédula convicción a que parecía llevarnos la explosiva iniciación de la llamada sociedad de la información.

La primera actitud, pues, al enfrentarnos con la reflexión sobre lenguaje periodístico es la de una prudente cautela. Nada de optimismos infantiles, como si los medios de información-comunicación fueran depositarios de un moderno sésamo-ábrete capaz de descubrir las entrañas de la verdad por la fuerza de un lenguaje mágico. El lenguaje periodístico es complejo y apasionante, pero escasamente mágico. Más bien fruto del esfuerzo, el ingenio y la inercia sabia del lenguaje general.

2. Lenguaje periodístico

Llamamos lenguaje periodístico al «peculiar sistema de signos que emplean los medios de comunicación. Sólo tal peculiaridad permite diferenciar el lenguaje periodístico dentro de la gama de códigos empleados para la comunicación humana en una sociedad».[4] Los distintos medios de información-comunicación (periodismo escrito, cine, radio, televisión, Internet...) transmiten a los receptores-usuarios una serie de mensajes informativos a través de signos especiales que empezando por los signos gráficos que componen el alfabeto (textos) llegan hasta el signo paradójico del silencio pasando por los mil apoyos gráficos, sonoros y vi-

2. Maurais, J. (ed.) (1985): *La crise des langues* (Quebec, Conseil de la langue française / París, Le Robert).

3. Grupo de Lieja (1987): *Retórica General*, Paidós, Barcelona, p. 19. Barthes, R. (1990): *La aventura semiológica*. Paidós, Barcelona, pp. 117-118. García Berrio, A. (1994): *Teoría general de la Literatura*, Cátedra, Madrid, p. 199. López Martínez, M. (2003): *Hacia una poética del arte visual*. Tesis doctoral. Universidad de Extremadura, ejemplar ciclostilado, pp. 26-30.

4. Hernando, B. (1991): p. 830.

suales que acompañan o sustituyen a las palabras. El código que determina el lenguaje periodístico es complejo y subdivisible en códigos menores. Cada medio de información-comunicación tiene los suyos que han ido cambiando con los tiempos y para los que las técnicas de transmisión han supuesto modificaciones importantes. Nos referimos al lenguaje periodístico en general, pretendiendo que abarque a todos los medios en una especie de gran código común, porque los elementos lingüísticos comunes a todos esos medios están suficientemente cohesionados y son tan coherentes como para justificar su pertenencia a ese código común. Lo primero, por tanto, es analizar esos elementos para descubrir su común coherencia.

El primer elemento es la finalidad de su empleo: la finalidad elemental de transmitir mensajes o poner en comunicación a emisores y receptores, común a todo lenguaje, se ve complementada en este caso con la finalidad informativa, la transmisión de noticias. Todo queda supeditado al hecho de la intencionalidad informativa, noticiera o noticiosa, de lo publicado-emitido. Se trata de dar noticias (y las noticias no equivalen a cualquier bla-bla-bla), de dar información y procurar que ésta llegue lo mejor posible al receptor. Para lo cual, cada medio tiene sus recursos, muy diversos recursos, pero un fin común.

El segundo elemento es la especial complejidad del código: las palabras se ponen en acción sobre escenarios que sirven no sólo de marco o tarima sino de estructura. Esos escenarios forman parte del mensaje informativo, no son mero adorno o marco de representación. Enseguida concretaremos esto al hablar de la especificación por medios (escrito, radiofónico, televisual...). El espacio y el tiempo son campo determinante en la puesta en escena de la palabra periodística.

El tercer elemento es el carácter heterogéneo del receptor: por mucho que haya especialidades dentro de los medios de información-comunicación, nadie puede negar que todos los medios se dirigen a todos los receptores posibles. Y si en algún caso (periodismo escrito, prensa especializada, Internet...) se exige alguna condición no necesariamente universal (alfabetización, conocimientos técnicos...), en la mayoría basta la normal condición humana y aun en los casos anteriores aquella condición no-necesariamente-universal viene a ser universal en la práctica. Los medios de información-comunicación están abiertos a todos, hablan para todos y han de atenerse a esa heterogeneidad de sus receptores. Esto hace que su lenguaje deba armonizar aspectos nunca fáciles de armonizar. Por ejemplo, mantener niveles culturales decentes sin eliminar por ello de su audiencia a una masa de poca sensibilidad cultural. Y viceversa: vulgarizar su lenguaje sin ofender a la audiencia más sensibilizada.

El cuarto elemento es el carácter colectivo y mixto de todo lenguaje periodístico. Es fruto de la colaboración de muchos, nunca atribuible a un solo autor, y formado por ingredientes de muy diverso origen y funcionamiento. Es fácil visualizar este aspecto en las manchetas de los periódicos de papel (donde figuran los cargos y funciones de los periodistas), en los títulos de crédito de las películas y sus equivalentes televisuales. Las largas listas de nombres que han colaborado en la hechura de cada programa, de cada película o de cada periódico, dan fe de una colaboración ineludible que lleva aparejado el uso de factores imprescindibles en la emisión de la información.

Como quinto elemento puede considerarse la difícil cohesión entre los cuatro elementos anteriores, ninguno de los cuales ha de perder virtualidad en beneficio de los demás. Recuperamos la indicación con la que empezábamos este capítulo, las palabras escritas o habladas no son, ellas solas, la sustancia de la información, que está compuesta por el texto representado, tal y como queda representado en cada medio. Los distintos escenarios de que hablábamos en un párrafo anterior forman parte de la información porque pueden transformar las palabras, transformando así los mensajes informativos.

La especial complejidad del código al que llamamos lenguaje periodístico se concreta en diferentes subcódigos, según el medio a que nos refiramos. La combinación de esos subcódigos articula el lenguaje especial de cada medio, lo convierte en específicamente distinto dentro del género periodístico general. Una primera y superficial apreciación nos avisa de que esas diferencias en los subcódigos pueden equivaler a diferencias palpables en las especialidades periodísticas: profesionales con gran dominio del lenguaje radiofónico pueden fracasar al enfrentarse al lenguaje televisual y viceversa. Y profesionales eximios en el ámbito de la prensa escrita pueden naufragar con estrépito en el manejo del lenguaje radiofónico o televisual. Y viceversa. Ejemplos hay de todo eso que indican con qué escrupulosa diferencia se organizan los subcódigos del código periodístico común. Recordemos los diversos sistemas dentro de cada lengua, que tienen su aproximado paralelismo en los distintos medios: cada uno de ellos pertenece a una geografía, un ambiente cultural y una psicología diferentes. De ahí nacen las diferencias sustanciadas en lo que llamamos subcódigos. Podemos hacer la siguiente especificación en el análisis de los subcódigos:

- Periodismo escrito (periódico de papel).

La clásica división de las tres series visuales ideadas por Eliseo Verón (serie visual lingüística, serie visual no-lingüística y serie visual paralingüística) queda, quizá, más clara, en esta otra división en subcódigos:

- literario (palabras, texto),
- icónico (fotos, dibujos, líneas, color, márgenes...),
- icónico-literario (titulares, pies de foto, gráficos, mapas, dibujos de humor, infografía...).

Un periódico no es nunca una simple colección de noticias o artículos. Es una entidad física en la que el soporte/papel, sus márgenes, divisiones por líneas (corondeles), textos, fotografías y elementos gráficos componen una unidad de emisión.[5]

Los tres subcódigos se unen indisolublemente al servicio del código lingüístico común (lenguaje periodístico) para ofrecer la información componiendo ese lenguaje mixto y colectivo en el que no hay emisor individual, ni siquiera el autor material del texto o del dibujo o el inventor del titular. La pretensión de autoría exclusiva (tan cercana a la explicable vanidad creadora) por parte del columnista o del autor de un texto informativo firmado con lujo de presentaciones no es de recibo en la consideración académica del lenguaje periodístico. Ningún texto periodístico, ni el más excéntrico o personal, es de autoría exclusiva de una sola persona. Depende tanto, para su transmisión y recepción, de los subcódigos icónicos que a ellos debe buena parte de su posible eficacia. Todo texto periodístico es colectivo. Quizá todo texto publicado, en general, lo es, pero ninguno de forma tan decisiva como el periodístico. El periódico se convierte así en emisor unitario. Hasta el punto de que el lector heterogéneo, el lector corriente, que es la inmensa mayoría, suele atribuir al periódico en general las noticias o comentarios leídos sin necesidad de especificar firmantes del texto: «He leído en tal periódico...»

• Periodismo radiofónico.

La emisión y recepción de la información a través de la radio es, como en el periódico de papel, unitaria, sujeta a un código general, el periodístico, dividido, a su vez, en dos posibles subcódigos:

• literario (palabras, texto leído o improvisación verbal),
• sonoro (música, sonidos inarticulados, silencios).

Hay que atribuir al lenguaje radiofónico la misma característica de lenguaje mixto y colectivo que hemos contemplado en el periódico de papel. Hay, sin embargo, en la emisión radiofónica un aspecto de personalismo individual muy fuerte, formado por los radiofonistas-estrella que parecen constituirse en emisores unitarios por sí mismos, emisores exclusivos. Y si el lector heterogéneo del periódico de papel dice aquello de «he leído en tal periódico...», el oyente heterogéneo (más variado y heterogéneo que en la prensa escrita por razones obvias) se acomoda casi siempre al personalismo individual indicado: «He oído a Fulano de Tal...» Haciendo desaparecer, con frecuencia, el valor colectivo y unitario de la emisión radiofónica como tal (empresa radiofónica, grupo redaccional y técnico...). Si los oyentes de la radio, tan heterogéneos y desprevenidos, conocieran las cocinas de los programas radiofónicos, sus formas de ela-

5. *Ibídem*, 832.

boración, la dependencia de los radiofonistas-estrella de sus colaboradores, etcétera, comprenderían con facilidad el carácter igualmente colectivo y mixto de este lenguaje periodístico.

- Periodismo televisual.[6]

Son evidentes, aunque parciales, las coincidencias entre el lenguaje del cine y el de la televisión. Cronológicamente, el cine es medio siglo anterior a la televisión y ésta es posterior a la radiodifusión cuyo nacimiento se ubica exactamente entre el nacimiento del cine y el de la televisión. Parece un trabalenguas y sólo es una evidencia pródiga en sugerencias lingüísticas. La televisión participa de los lenguajes cinematográfico y radiofónico casi a partes iguales. Sus subcódigos así lo manifiestan:

- literario (palabras, texto leído o improvisación verbal),
- sonoro (música, sonidos inarticulados, silencios),
- visual (imagen, iluminación, movimiento).

Ni las tesis más catastrofistas reducen la televisión al sarcástico «medio cero» en el que el supuesto lenguaje televisual quedaría reducido a la nada, desde el punto de vista lingüístico: programas sin contenido y subcódigos sin sentido. Al margen de consideraciones sociológicas o morales, la televisión tiene unos subcódigos claros y sus riesgos lingüísticos proceden más bien de una cierta fagocitación por parte de la radio o del cine. Ni la televisión puede ser, lingüísticamente, una especie de radio ilustrada ni una especie de cine doméstico. Sin embargo, demasiadas veces parece ambas cosas: basta asistir a la transmisiones de partidos de fútbol y otros sucesos deportivos o no, en los que la palabra prima sobre la imagen de forma escandalosa, intenta explicarla, acotarla, condicionarla, con un pesimismo casi metafísico hacia la imagen o, quizá, hacia la capacidad de los televidentes para interpretar la imagen. Y basta observar la carga desmedida de películas cinematográficas que todas las cadenas ofrecen.

La característica universal, en el terreno periodístico, de lenguaje mixto y colectivo se cumple en la televisión de modo eminente, espectacular, como a cualquiera se le alcanza. Recordemos la indicación anterior sobre los títulos de crédito que siguen a cada programa. El principal problema lingüístico de la televisión no está, sin embargo, en su manejo interior, sino en la sensación engañosa que produce en el receptor de informaciones. Supo verlo con precisión Rudolf Arnheim y lo recoge con énfasis Rys-

6. Puesto que hablamos de lenguaje, permítasenos explicar el uso que aquí hacemos del adjetivo *televisual*, puesto que se dice casi siempre *televisivo*. *Televisual* es cuanto se refiere a la televisión, reservándose *televisivo* para «lo que tiene buenas condiciones para ser televisado». Referido a personas se usaría el término *telegénico* paralelo a *fotogénico*. Las últimas ediciones del DRAE permiten el uso indistinto de ambos (*televisual-televisivo*), favoreciendo el empobrecimiento léxico.

zard Kapuscinski: «[...] la gente confunde el mundo de las percepciones sensoriales con el del pensamiento y le parece que "ver" es lo mismo que "comprender". Además Arnheim también subrayaba el hecho de que la multiplicación de imágenes que no paraban de pasar deprisa ante nuestros ojos limitaba el dominio de la palabra pronunciada y escrita y, por eso mismo, del pensamiento...».[7] Lo más complicado del lenguaje televisual es su aparente sencillez. Todo el mundo cree entenderlo enseguida y sólo evidentes confusiones u oscuridades de imagen parecen interponerse entre el emisor y el receptor. Si añadimos la reiteración acumulativa de imágenes referidas al mismo hecho (en los telediarios, por ejemplo) y acompañadas de los mismos o diferentes comentarios verbales, la sensación de casi exagerada comprensión cunde en el receptor con consecuencias fatales para la recepción misma. Sólo hay algo peor que no enterarse de nada: creer que uno se ha enterado de todo.

• Periodismo electrónico.

El destinatario de la información periódica parece un poco menos heterogéneo en el caso del periodismo electrónico o digital: está limitado a poseedores de ordenadores que, todavía, son minoría. Sin embargo, la heterogeneidad de estos nuevos destinatarios se mantiene porque su posible calificación sigue siendo muy variada: tanto o más que en el periodismo radiofónico o en el televisual. Los usuarios de ordenadores y posibles usuarios de la información periódica por ordenador pertenecen a una amplia gama de público lector distinguible por cultura, interés informativo, pertenencia social, etc. Y con variadas posibilidades de entendimiento y aprovechamiento de los subcódigos de este nuevo periodismo que participa del periodismo escrito hasta el punto de convertirse, por el momento, en una nueva fórmula del periódico de papel: paradójicamente sin papel, pero con distribución espacial similar, de acceso permanente con ampliación constante de información, con evidentes ventajas sobre el periódico de papel y, no lo olvidemos, con algunos inconvenientes.

Los subcódigos indicados para la prensa escrita:

• literario,
• icónico,
• icónico-literario,

se ven potenciados y limitados, casi a partes iguales, en la pantalla del ordenador. Enseguida se advierte una mayor libertad en la elaboración de los textos de modo que cabe la sospecha de una cierta realidad elitista, restringida, en la destinación de las informaciones. ¡No por voluntad de los editores! sino por el lógico carácter minoritario de los usuarios. El

---

7. Kapuscinski, R. (2003): *Lapidarium IV.* Anagrama, Barcelona, pp. 112-113.

usuario del on-line viene a ser el mismo que el del periódico de papel y el emisor es, en la mayoría de los casos, una nueva, renovada, edición del emisor clásico.

El periodismo electrónico ha acuñado la expresión periodismo de usuario. Una nueva fórmula y un paso más en la emisión de noticias con insospechadas derivaciones en el lenguaje. La, por ahora inevitable, inundación de términos anglosajones y la distorsión de términos españoles para su aplicación al léxico informático nos obligan a hablar de bitácoras o *web logs* (abreviado, *blogs*). A partir de la plantilla de una página web, «tan sencilla como la hoja de un cuaderno de bitácora», cualquiera puede dar noticias, testimonios de hechos de los que ha sido testigo, sin pasar por ningún tamiz empresarial, político, ideológico o lingüístico. La guerra en Irak, en marzo-abril de 2003, fue motivo de la proliferación de *blogs*, algunos de los cuales ejercieron un minoritario pero importante (cientos de miles de usuarios) contrapeso a la información convencional. Y en este caso, por irónica paradoja, se considera también convencional a la información digital habitual o empresarial. Lo que hasta ahora era imposible, por la complejidad económica y empresarial de los medios tradicionales, se ha hecho posible y hasta fácil gracias al ordenador: el modesto emisor individual con posibilidad de millones de receptores.

Es claro que el lenguaje empleado en los *blogs* goza de una libertad omnímoda, sólo condicionada por el propio emisor individual y por los límites ineludibles de la condición emisora de la información digital. Que tal libertad de lenguaje sea equiparable a su eficacia ya es otro cantar.

No estaríamos, sin embargo, entendiendo nada del periodismo electrónico si creyéramos que no supone un nuevo lenguaje sino una nueva escenificación del lenguaje clásico. Esa nueva escenificación es un nuevo lenguaje. Lo que encaja muy bien en la visión del lenguaje periodístico como fusión de texto y contexto (ver 2). Estamos asistiendo a un proceso en el que cada vez con mayor intensidad concebimos y recibimos los textos escritos como espacios visuales. Es especialmente intenso en el campo de la publicidad, en cierto tipo de revistas y en el tratamiento informático de textos, especialmente en el hipertexto, tan extendido a través de Internet. Nos introduce plenamente en el ámbito cultural sugerido por la definición de Barthes [...] de que el texto escrito se lee como una imagen...[8] Las precisiones que pueden hacerse sobre el periodismo electrónico en cuanto usuario del texto periodístico clásico (diseño, condiciones del texto, etc.) son poco importantes. Lo importante es que el ordenador nos coloca ante un nuevo sentido de la narración (la noticia es narración, relato, no lo olvidemos). El sentido narrativo tradicional de secuencias temporales y de avance lineal queda trastocado por la escritura en el ordenador en la que emerge como protagonista, no ya el texto, sino el hipertexto: el texto manejable como nunca podríamos haber imaginado, vinculado a mil textos más. La pan-

8. López Martínez, M. (2003): *o. c.*, p. 85.

talla del ordenador es un contexto (el espacio alegórico del ordenador) transformador del texto clásico. Estamos ante un nuevo lenguaje, quizá más periodístico que nunca.

3. El texto periodístico y su contexto

No el único, como acabamos de ver, pero sí el elemento principal del lenguaje periodístico es el texto. Por lo menos todavía (el sacrosanto texto, dicen con retintín algunos nerviosos expertos en... el no-texto). Empleamos aquí la expresión «texto» en el sentido de «secuencia de enunciados» (vulgarmente «oraciones» o «frases»), bien sean éstos orales o escritos,[9] lo que nos aparta de más sesudas consideraciones en las modernas y ricas lingüísticas del texto. Llamamos texto al discurso elaborado por medio de los signos alfabéticos, por medio de las palabras. En los distintos medios de información-comunicación, la palabra, oral o escrita, es la base fundamental de la transmisión de noticias. Y nos atrevemos a jugar con las nociones de texto-contexto, desviándolas de sus apreciaciones científicas habituales,[10] considerando a la palabra como texto y al resto de los elementos ya citados, gráficos, sonoros, luminosos, como contexto. Recordando que ambos, texto y contexto, constituyen el lenguaje periodístico.

Ningún enunciado es inteligible sin su contexto. Los enunciados en general, y los enunciados periodísticos de forma especial, «se interpretan a partir de una gran cantidad de información contextual, gran parte de ella implícita».[11] En el lenguaje periodístico son implícitas, pero parte fundamental del contexto, por ejemplo, las presuposiciones: aquello que se da por sabido en el receptor y a partir de lo cual se construye un enunciado («Londres no da respuesta a las críticas de París.» Sólo presuponiendo que el receptor entiende que Londres y París equivalen al Gobierno del Reino Unido y Francia, se puede dar por válido este enunciado). Nunca sabremos el verdadero significado o el significado completo de un enunciado periodístico y de una secuencia de enunciados si no analizamos, al mismo tiempo, sus contextos sea cual sea el canal de emisión. No significa lo mismo un enunciado en forma de titular que perdido en mitad del texto. Ni un enunciado transmitido con voz monótona en medio de un ruido-ambiente que el trasmitido con voz convincente sobre fondo de silencio total. Ni una imagen aislada que la incrustada en escaparate de imágenes, etc. Lo que rodea, da sentido y puede cambiar la significación habitual de un enunciado es lo que llamamos contexto y forma parte del lenguaje periodístico al unísono con el texto, la palabra. Así ocurre en cualquier tipo de lenguaje oral o escrito. Texto y contexto

9. Lyons, J. (1983): *Lenguaje, significado y contexto*. Paidós, Barcelona, p. 32.
10. Dijk, T. A. (1988): *Texto y contexto*. Cátedra, Madrid.
11. Lyons, 1983, p. 98.

son complementarios: cada uno de ellos presupone al otro. Los textos son constituyentes de los contextos en que aparecen; los textos que los hablantes y escritores producen en determinadas situaciones crean los contextos y continuamente los transforman y remodelan.[12]

El carácter colectivo del lenguaje periodístico da al oficio de emisor una complejidad inusual que, sin embargo, se condensa, en último término, en la persona o personas que deciden cómo se publica el texto. Si hiciéramos una secuencia de emisores sucesivos, desde quien escribe materialmente el texto hasta quien decide su modo de publicación, pasando por intervinientes intermedios (maquetación, ilustración, sección...), tendríamos un conglomerado de emisores responsables de los que el receptor sólo percibe una especie de unidad emisora concretada en la materialidad del papel del periódico que lee. Es unidad ficticia porque alguien decide en última instancia o todos actúan bajo la sospechada decisión de ese «alguien». Pero es unidad que funciona a la perfección ante el receptor, el lector del texto en este caso. Quien lee un periódico (o recibe y asimila la información textual de cualquier otro medio) recibe el texto de forma unitaria y el emisor es el propio periódico total. Esta complejidad-ficción o unitariedad-realidad obliga a hacer ciertos equilibrios mentales en la consideración del carácter de emisor en el lenguaje mixto y colectivo que es el lenguaje periodístico. Los modernos procedimientos permiten al redactor construir el texto y maquetarlo enviándolo directamente a su impresión ya compaginada, sin pasar por ningún intermediario. Esta apariencia de libertad y dominio sobre el texto sólo es eso: apariencia. Nunca el redactor común es el único y verdadero responsable último del texto.

La información contextual que acompaña a la palabra, en el lenguaje periodístico, es explícita y buscada por el emisor. En muchos casos, así es entendida por el receptor en virtud de un código común inevitable. Cualquier lector entiende, por ejemplo, que un texto transmitido en letra mucho mayor que el resto del periódico es señal de una mayor importancia. O que una noticia de texto acompañada de fotografía indica relieve especial. O que en primera página sólo aparecen las noticias más importantes. Pero eso sólo significa que el emisor quiere darles mayor importancia, no que la tengan objetivamente. Con lo que el emisor juega con ventaja al poder manejar la información contextual para imponerse al receptor. En el caso de que el receptor sea persona cultivada y crítica, con acceso a otros medios, esa manipulación sólo conduce a un breve engaño inicial. Pero muchos receptores no disponen de tales elementos de juicio y pueden ser engañados más fácilmente. Es decir: mal informados. El emisor unitario y final tiene la posibilidad de manejar los contextos para intervenir en el texto sin tener que cambiar una sola letra de éste. De lo que se deduce que el propio autor intelectual y material del texto se puede ver sorprendido porque el contexto, que no siem-

12. *Ibídem*.

pre él puede manejar, altera e incluso traiciona el sentido del texto. Lo que da idea de la complejidad del lenguaje periodístico.

Del texto periodístico suelen esperarse (y exigirse) cuatro características de cuyo cumplimiento o incumplimiento deriva la calidad de ese texto: corrección, claridad, concisión y captación. Es una fórmula pedagógica de ayuda mnemotécnica: las cuatro «ces» (que pueden ser cinco si tenemos en cuenta el carácter colectivo, ya citado). Corrección, claridad y concisión podrían suponer una cierta frialdad de lenguaje, una especie de corsé excesivo que condujera al texto periodístico más cerca de la escueta lista verbal que de la calidez de un relato. La noticia es un relato lleno de matices nunca abarcables por la mera sucesión medida de palabras. Cuando a esas primeras tres «ces» se añade la cuarta, captación (captación del lector), se quiere decir que el texto ha de resultar atractivo para el receptor y la dificultad está, como siempre, en armonizar las cuatro características sin que ninguna obstaculice la función de las otras. Es más: intentando que cada una potencie las virtualidades de las otras. Ejercicio nada fácil y que pone a prueba la categoría del escritor de textos periodísticos. Y no sólo de los textos informativos sino, en muy parecida medida, de los opinativos (editoriales, columnas y otras colaboraciones) aunque tal división exija, a su vez, marcar diferencias lingüísticas según la finalidad de esos textos. Conviene apuntar ya desde este momento, aunque más adelante lo ampliaremos, que esas cuatro características no son exclusivas del texto, sino atribuibles al lenguaje periodístico general, lo que hemos llamado texto y contexto.

La corrección, que el DRAE define como cualidad de correcto: libre de errores o defectos, hace referencia a un doble aspecto del lenguaje: su sujeción a un código que permita el entendimiento entre emisor y receptor y la dignidad de una palabra pública que exige conocimientos y capacidad de aplicación. Lo cortés no quita lo valiente y lo correcto no ahoga la creatividad ni la originalidad tan ínsitas en la propia naturaleza del lenguaje. La corrección no debe ser nunca corsé, debe ser cauce: espacio acotado para dar mayor funcionalidad y eficacia a la corriente de agua (lenguaje). La corrección es el respeto por el lenguaje cuya categoría y densidad históricas superan a quien ha hecho de él vehículo de sus ideas y sentimientos. El lenguaje está a nuestro servicio pero sólo servirá si los manejadores del lenguaje se sienten también sus servidores. Hay grandes escritores que no tienen inconveniente en transgredir ciertas reglas gramaticales (Juan Ramón Jiménez y su uso exclusivo de la «j» es ejemplo muy conocido), sin que ello autorice a decir que sus textos son incorrectos. O, lo que quizá es más exacto, sólo autoriza a destacar el valor creativo superior de tales incorrecciones o el carácter caprichoso al que tales genios tienen derecho. En el texto periodístico no hablamos de genios sino de un uso correcto, conforme a reglas conocidas, para que la información o la opinión tengan todas las garantías de llegar a su destino: el receptor heterogéneo, universal, de los medios de información-comunicación que no se enfrenta con la recepción de la información periodística como se enfrentaría con la lectura de un poema.

Un texto puede ser correcto (bien sujeto a la normativa gramatical) y no ser fácil de entender. Es decir, no ser claro. El concepto de claridad añade matices al concepto de corrección y no necesariamente se deduce de él. La claridad es algo más. Claro es lo limpio, lo transparente, lo que permite ver a través de él como el agua clara o el cristal (limpio). Un texto es claro cuando puede ser entendido con facilidad por el lector común. Otra cosa es que el lector común del texto periodístico esté desprovisto de los elementos necesarios (casi siempre relativos a la actualidad o también de carácter histórico o cultural general) para captar toda la hondura o complicación de lo que en el texto se cuenta. Las llamadas presuposiciones, que son lo que se supone que sabe el lector antes de enfrentarse con el texto, pueden fallar y el lector no entenderá nada o poco en virtud de sus propios desconocimientos previos. Lo cual no obsta para que el texto pueda ser claro si, en condiciones normales, cumple las escurridizas normas de la claridad. Se suele decir que la claridad del texto periodístico no está tanto en que pueda ser fácilmente entendido cuanto en que no pueda no ser entendido. El texto debe imponerse al lector que habrá de entenderlo a la primera. Primer enemigo de esta meridiana claridad es la ambigüedad, contagio político habitual: puede haber un texto periodístico que aspire a no ser entendido o a ser entendido de mil maneras. Pero ello quiere decir que estamos ante una fórmula de antiperiodismo.

Otro enemigo de la claridad es la ineptitud de quien escribe. Los ignorantes del lenguaje jamás lograrán escribir con claridad. Y el lenguaje es tan complejo, matizable y delicado que sólo un profundo conocimiento de sus estructuras garantiza el buen manejo del que nace la claridad. El lenguaje nace en la mente y en la mente se desarrolla: sólo escribe con claridad quien piensa con claridad. No es verdad que podamos tener ideas claras y carecer de palabras igualmente claras para expresar esas ideas. Escribe oscuro quien piensa oscuro. Se piensa con palabras. Por algo los escolásticos llamaban *verbum mentis* (palabra de la mente) al pensamiento. El dominio del lenguaje que pueda asegurar la claridad exige, primero, conocimiento léxico y, segundo, organización de los enunciados. El conocimiento léxico es saber qué significa cada palabra y cuál es la palabra adecuada para cada caso. No parece (salvas sean las polémicas de escuela) que haya sinonimia perfecta: no hay dos palabras que signifiquen exactamente lo mismo. Cada palabra tiene su matiz que la adecua a una sola significación. Lo que no impide el uso convencional de una palabra dedicada a varias significaciones cercanas; lo que podríamos llamar parasinonimia. Hablamos y escribimos como si existiese la sinonimia. Es una convención de incapacidad lingüística: como nos resulta imposible emplear cada palabra perfectamente ajustada a su única significación, convenimos en la existencia de sinónimos. Pero, en ningún caso, quien aspire a la mejor utilización de las palabras puede eximirse de una constante y cuidadosa revisión léxica que puede cumplirse con la consulta sistemática al diccionario. El diccionario es uno de los pocos libros de texto obligatorios para el periodista.

La organización de los enunciados debe estar en función de la claridad. Enunciados largos y enrevesados, en los que la oración principal se esconda en una maraña de afluentes al estilo del lenguaje oral-conversacional, atentan contra la claridad hasta suprimirla. Hasta hacer odioso, ininteligible y desechable el texto periodístico. O, por lo menos, hasta hacerlo tan complicado como para no merecer la atención del lector heterogéneo. No olvidemos que el llamado lector heterogéneo, el vario y siempre misterioso lector común, no suele conceder a la lectura del periódico la atención meticulosa que acaso conceda a un libro. No está acostumbrado a leer dos veces el mismo párrafo si no lo entiende a la primera. Siempre nos ha parecido aconsejable, por ejemplo, comenzar todo texto con un enunciado simple y atractivo en el que sujeto y predicado apenas vayan acompañados de una mínima corte de palabras. No es difícil encontrar textos periodísticos cuyo primer párrafo está compuesto por 40-50-60 (¡y muchas más!) palabras que los condenan, quizá, a la no-lectura.[13] El uso sistemático de palabras largas (los adverbios en mente son un buen ejemplo) en la ingenua creencia de que a mayor largura más importancia, enrarecen el texto, lo dificultan, atentan contra la claridad. Supondría, no obstante, un mal entendimiento de lo que venimos diciendo creer que lo mejor es escribir siempre palabras cortas, términos usuales, frases cortísimas (en un mal entendido estilo azoriniano) como quien escribe para recién alfabetizados. Para empezar, el texto periodístico sólo es leído por... los que saben leer. Ser claro es una obligación, pero no ser simplón es una responsabilidad.

De mediados del siglo pasado datan los estudios sobre la legibilidad y eficacia del texto.[14] Su aplicación al texto periodístico es tan obvia que ambas parecen inventadas para él. El texto periodístico necesita ser leído y entendido para cumplir su función: informar al lector. Para ser leído debe ser legible, es decir, debe facilitar al lector el descubrimiento de

---

13. No nos resistimos a una sabrosa cita. El humanista sevillano Pedro Mexía (1497-1551) dedica el capítulo V de su *Silva de varia lección* a Cómo está bien alabada y es gracia singular el hablar poco y brevemente; y, por el contrario, los habladores y parleros son aborrescibles. En prueba de lo cual se traen hystorias y dichos de sabios. En tan sabroso capítulo cuenta cómo los lacedemonios que pasaron a la historia como modelo de concisión en el hablar (por lo que se dice conciso o lacónico a este hablar de Laconia o Lacedemonia), contestaron a un rey que les había enviado embajadores parlanchines cuyo primer párrafo fue un largo discurso: «Lo primero que dexistes se nos ha olvidado; lo otro no lo entendemos porque se nos olvidó lo primero.»

14. Fueron, sobre todo, psicólogos norteamericanos-USA (Dale-Chall, R. Flesh, R. Gunning, W. L. Taylor, George A. Miller...) los que iniciaron y potenciaron estos estudios. En Europa fueron recogidos y comentados por el francés François Richaudeau, cuyas obras principales a este respecto son: *La Lisibilité* (Éditions Retz, París, 1969), *Le Langage efficace* (Retz, 1973) y *L'Écriture efficace* (Retz, 1975). Libro especialmente recomendable es *Lenguaje y comunicación*, de George A. Miller (Amorrortu Editores, Buenos Aires, 1979. La primera edición en inglés es de 1951).

su sentido. Como fórmula habitual, sólo si es legible será leído y sólo si es leído podrá ser eficaz, conseguir su objetivo de informar. Las condiciones de legibilidad, de las que derivará la eficacia, pertenecen todas al ámbito de la claridad: desde la nitidez de la impresión hasta la ya citada extensión y construcción de los enunciados. Como ilustración práctica podemos citar la curiosa teoría, bien experimentada, de los norteamericanos Flesh y Gunning sobre la largura estimada de los enunciados para ser legibles y eficaces:

- un lector lento y no muy cultivado entiende y retiene frases de no más de 16 palabras;
- un lector medio y cultivado entiende y retiene frases de no más de 22,5 palabras;
- un lector muy rápido y cultivado entiende y retiene frases de no más de 29 palabras.

Pero como ésta es una teoría de los años cuarenta del siglo XX, mucho nos tememos que el entendimiento y retentiva de las frases haya disminuido, con lo que determinados enunciados, por bien construidos que estén, si amontonan palabras sin mucha moderación, queden condenados a no ser entendidos. Aunque sean leídos.

La concisión es virtud periodística sujeta a un gran equívoco: el de confundirla con la brevedad. Y es mucho más que la brevedad. Breve es lo corto, sin más; conciso es lo corto exacto, lo que es capaz de expresar lo que quiere expresar con las palabras justas. La concisión no es una carrera hacia las menos palabras posibles. No es conciso quien es más breve sino quien dice lo que debe decir con las palabras exactas. De ahí la necesidad de un dominio léxico en el que la riqueza de vocabulario vaya en paralelo con el conocimiento exacto de cada significado. La concisión es enemiga de la exhibición, de la ostentosidad, del adorno por el adorno. La famosa frase de Gracián, tan repetida venga o no a cuento (aquí viene a cuento), lo bueno si breve dos veces bueno, puede ser ilustrada con otras frases paralelas acaso también dignas de Gracián: lo malo si breve no es menos malo sólo es menos molesto; lo bueno si largo es menos bueno; lo bueno si largo deja de ser bueno... O por la frase de Cervantes en el *Persiles*: No hay razonamiento que, aunque sea bueno, siendo largo lo parezca. No se trata de escribir corto a toda costa sino de ajustar las palabras a los conceptos y a las cosas de modo que se diga lo que hay que decir de la manera más exacta posible. Sin olvidar que la concisión está al servicio del entendimiento y la eficacia del texto. De no ser así, la concisión se convierte en una especie de juego del más difícil todavía, de pretenciosidad lingüística en la que tantas veces cayó el Barroco, incluido el propio genio Gracián. Aunque no parece que sea ese el peligro actual en los medios de información/comunicación.

La concisión tiene sus mejores aliados en el conocimiento de y en el amor a... las palabras. El conocimiento de las palabras no sólo depende del ya citado dominio léxico, aunque éste es fundamental. Cada palabra es un mundo y hay que saber recorrerlo. El periodista debe ser habitual manejador no sólo del diccionario normativo y del diccionario de uso sino del etimológico que desentraña cada palabra y nos cuenta su historia.[15] El amor a las palabras empieza por respetarlas, por respetar su significado, no desconfiar de él añadiendo a cada sustantivo una inútil corte de adjetivos. El sustantivo *amistad* —es un ejemplo— no necesita ser personal o íntimo para constituirse en palabra de gran calado que, por tanto, debe emplearse con cautela, pero no despojándola de su inmensa fuerza, sino confiando en ella. El adjetivo, cuya función está en acompañar al sustantivo para matizarlo o reforzarlo, se convierte demasiadas veces en vulgar acompañante, molesta carabina o, por decirlo en más moderno contexto, inútil guardaespaldas. Y he aquí tres adjetivos seguidos que nos parecen necesarios: vulgar, molesta e inútil. El uso continuado de muletillas o sinsentidos (palabras de impuro relleno) es otra lacra. La disculpa de la prisa como coartada para el torpe manejo de la palabra es una estratagema que tiene más que ver con la pereza, la inhabilidad o la escandalosa infravaloración de la palabra que con una razonable excusa. La palabra es el instrumento de trabajo del redactor: no tiene otro.

Un texto periodístico correcto, claro y conciso puede ser un mal texto. Algo deberá ocurrir en la intersección de esas tres necesarias cualidades para convertirlo en un buen texto: no sólo legible sino apetecible. Es lo que llamamos captación del lector (y si siguiéramos jugando con la mnemotecnia de las «ces», y rondando la cursilería, cautivante). La leyenda de la frialdad del texto informativo, cercano al grado cero de la escritura en terminología de Roland Barthes,[16] se ha convertido en comodín para cómodos. Como si escribir una noticia en cualquiera de sus géneros (reportaje, entrevista, crónica...) estuviera reñido con la belleza del la buena escritura. La obsoleta, aunque paradójicamente permanente, polémica sobre las relaciones entre literatura y periodismo parece querer ocultar el hecho evidente de que mejor escritor de noticias se es cuanto mejor escritor, sin más, se sea. Dominar la palabra, saber sacar de ella todo su jugo, combinar las palabras con maestría y buen gusto, sorprender al lector con novedosas angulaciones verbales, metáforas que vengan al caso y, de vez en cuando, muy de vez en cuando, con palabras desconocidas pero útiles... todo eso, bien administrado, es captación del lector. Pocos lectores de periódicos se mostrarán insensibles a la estética de un texto que sigue siendo correcto, claro y conciso y, además, es bello. ¿Es eso posible? Creemos que sí. Un buen ejercicio escolar de investigación es el descubrimiento de tales textos en los periódicos. Los hay. Y en alguna medida todos los textos periodísticos deberían ser así. Es algo tan deseable como la más sabrosa utopía.

---

15.   En España contamos con excelentes diccionarios (el DRAE, el Moliner, el Casares...) y una joya de diccionario etimológico: el Corominas / Pascual.

16.   «El grado cero de Roland Barthes», en Hernando, B. M. (1990): pp. 84-85.

Cuando nos referimos al texto periodístico informativo y sus deseables cualidades estamos refiriéndonos, como es lógico, al texto publicado. No habría que hacer más consideraciones si no fuera porque el texto publicado es fruto de un proceso lingüístico en el que intervienen varios factores. El autor último del texto publicado, sea firmado o no, trabaja con elementos lingüísticos de diversa procedencia. Con frecuencia, las fuentes aportan mucho más que meros datos: ofrecen textos completos que pueden ser publicados sin más, revisados para su eventual corrección técnica o acomodación al medio. Los datos son fríos y no sujetos a elaboración lingüística (aunque sí a manipulación, pero ése es otro problema). Los textos completos, por mucha frialdad-grado cero que intenten, son producto de elaboración lingüística y posible objeto de intencionalidades más o menos partidistas que el redactor último debe evitar. A veces, no es fácil descubrir tales intenciones y la tarea del redactor último no puede consistir en despojar al texto de cualquier atractivo o de falsear los datos por dotar al texto de atractivo. El problema de la redacción de textos atractivos nada tiene que ver con la parcialidad o imparcialidad (la imposible objetividad que se decía antes) de los datos y las palabras: un texto de agencia, de cuidadosa imparcialidad, no tiene por qué ser frío y al margen de la estética como una lista notarial. La belleza de un texto consiste en el uso adecuado e intenso de las palabras. En el texto periodístico la belleza no es un adorno sino un elemento más de su estructura.

4. El lenguaje coral de los iconos

En el periodismo escrito, nos referimos a la triple y clásica división de los elementos del lenguaje periodístico en el que han de integrarse, además del texto, los iconos (espacios, figuras, fotografías, líneas, dibujos...), que complementan, matizan, enmarcan el texto. Con la particularidad de que el texto periodístico, en cualquiera de sus canales (periódico de papel, radio, televisión, ordenador...), es icono él mismo. Es decir, el texto está representado en la tipografía que es su imagen y, a veces, adquiere carácter icónico muy especial (caso de los titulares) sin perder su categoría textual. Asunto éste no siempre bien delimitado y entendido. Ese aspecto especialmente icónico de algunos textos, que enseguida pasaremos a determinar, les concede relevancia como referencia informativa. Hasta el punto de que la aparente normalidad o incluso insustancialidad de un texto puede verse distorsionada de forma sorprendente. Con la correspondiente traición informativa. De ahí la importancia que tiene el aspecto icónico de los textos. Si añadimos el valor representativo de las figuraciones no textuales (espacios, fotografías, líneas, dibujos..., en el periódico de papel o sus paralelos en el resto de los canales), se configura una especie de lenguaje coral de tan poderoso atractivo como de compleja utilización. Y de no menos complejo análisis. Tanto la variante icónica pura (blancos, fotografías líneas, dibujos...) como la icónico-literaria en la que el texto adquiere especial calidad icónica (titulares) o acompaña inseparablemente a dibujos y fotografías (pies) han venido a fundirse en otra fórmula: la infografía. El icono y sus variantes tienen su sintaxis y de ella surgen modificaciones lingüísticas con las que hay que contar.

Las antiguas denominaciones de maquetación, diagramación, confección, compaginación y sus correspondientes maquetador, maquetista, confeccionador, etc., han ido quedando sumergidas bajo el denominador común de diseño. El diseño es un elemento fundamental del lenguaje periodístico que organiza las variantes a que acabamos de referirnos. El diseño es lenguaje[17] y no sólo aplicable al periódico de papel.[18] Como tal lenguaje periodístico tiene todos los condicionamientos aplicados al texto: corrección, claridad, concisión, atractivo. Condicionamientos adaptados a sus características. El diseño es mucho más que un contenedor de textos. O, si se prefiere, es un contenedor que, como la botella de cristal con relación a los líquidos, amolda, ahorma, da figura y expresión al texto. El diseñador maneja un código que se supone también en posesión del receptor y ha de ser respetado: esa sería la corrección (ejemplo: no se pueden diseñar espacios desorbitados para informaciones banales, sería incorrecto). La claridad exige evitar tentaciones de mal entendida modernidad que obligan al receptor a hacer comprometidas gimnasias para entender los textos (ejemplo: textos colocados en raras perspectivas o letras negras sobre fondos oscuros...). La concisión ahorra líneas innecesarias, aclara espacios, evita barroquismos superfluos y el atractivo del diseño debería pivotar más sobre la elegancia de la sencillez al servicio del texto bien recibido que sobre dudosas originalidades. «La sencillez embellece la belleza», dijo Baudelaire.

Del mazacote de los primeros periódicos de papel a la restallante variedad de los periódicos de hoy, está la historia del diseño. El periódico empezó no teniendo rival informativo y sólo parecía preocuparle su capacidad para almacenar textos. A nadie se le ocurría que el periódico pudiera tener otra misión u otro lenguaje que no fuera la letra impresa que debería imponerse al lector interesado como se imponía la lectura de un libro. No parecía que hubiera que conquistar clientela lectora sino que se daba por supuesta. Apenas sin márgenes, con tipos de letra pequeños, papel deficiente y con limitadísimos alivios visuales, el lenguaje periodístico casi no rebasaba el lenguaje normal del libro. Eran periódicos aburridos que hoy nos resultarían insoportables. E ilegibles. A medida que el periódico fue conquistando nuevos lectores y, sobre todo, encontrando competencia, fue abriéndose poco a poco a unos códigos de co-

---

17.   Hernando, B. M. (2001): «El diseño como lenguaje», ponencia en el Curso de Verano de la Universidad Complutense «Diseño y lenguaje en los Medios informativos del siglo XXI». El Escorial, 5-9 de septiembre.
18.   Algarra i Bonet, B. (2001): «El diseño en los informativos de TV», ponencia en el Curso de Verano de la Universidad Complutense «Diseño y lenguaje en los Medios informativos del siglo XXI». El Escorial, 5-9 de septiembre.

municación más atractivos. La llegada de otros canales de información-comunicación (cine, radio, televisión...) obligó al periódico de papel a echar el resto. Fue extrayendo todas sus posibilidades, al ritmo de los nuevos adelantos gráficos, hasta rayar las fronteras de su propia esencia: a veces, dando la impresión de que quería saltar barreras y hacerse cómic, televisión... El periódico de papel tiene límites, debe agotarlos, pero sería suicida querer rebasarlos.

Los titulares en la prensa escrita, con fácil aplicación al resto de los medios, son el mejor ejemplo del aspecto icónico del texto. Éste se convierte en imagen, dibujo, icono de doble significación: la del enunciado informativo y la de su valoración. No olvidemos que la tipografía, las letras impresas, son, en origen, dibujos muy cuidados, dibujos de autor. La elección que cada periódico hace de su tipografía (el tipo de letra que emplea) es una elección lingüística con todas sus consecuencias. En el caso de los titulares, dependiendo de su forma, tamaño, colocación en el espacio informativo, etc., tienen uno u otro significado y llegan de muy distinta manera al receptor. Teniendo en cuenta, además, que los titulares son lo primero que se capta, de lo que, a veces, depende que sea leída o no la noticia que viene a continuación, crece su interés e importancia. Nada tiene de extraño que los titulares (antetítulo, título y subtítulo) tengan exigencias y consecuencias muy especiales. Son uno de los aspectos más difíciles del texto periodístico, su quintaesencia, una especie de lujo. A ningún texto se le exige tanto: que resuma la noticia, que sea fiel a ella y que resulte atractivo. Así se explica su gran dificultad. Cualquier desajuste en esas tres condiciones afea, dificulta o inutiliza el sentido del titular. Y viceversa: cumplidas las tres condiciones aparece un enunciado casi mágico, una especie de precipitado químico de concisa belleza. Es lógico, por tanto, que cualquier manipulación lingüística empiece también por los titulares que se prestan a todo tipo de traiciones, sensacionalismos e inexactitudes. Lo peor es que, con frecuencia, el lector no se da a sí mismo la ocasión de comprobarlo: se queda en el alarmismo del titular.

De la construcción lingüística del titular dependen su fuerza y su carácter. Y buena parte de su atractivo. Los titulares de construcción nominal, cuya fuerza de significación recae sobre un nombre (no hay verbo en el enunciado y si lo hay es prescindible; no, en cambio, el nombre: Incendio en un almacén de pirotecnia [se declara un...]), se prestan, por su brevedad y contundencia, al sensacionalismo y, en todo caso, a una cierta simplificación. Los titulares de construcción verbal, en los que el verbo protagoniza la significación principal del enunciado (La subida de los precios amenaza, sobre todo, a los mercados de exportación), resultan más largos y descriptivos. Es evidente que ningún titular puede condensar a la perfección los datos de la noticia: ha de conformarse con resumir los más significativos. En descubrir esos datos y enunciarlos en un texto breve está la virtud del buen titulador. De antemano no puede decirse cuál de las construcciones (nominal o verbal) es la idónea. Puede serlo en cada caso una u otra. También depende del tipo de publicación en la que estén esos titulares. Durante muchos años, los periódicos de mayor entidad y fiabilidad informativa cultivaban casi en exclusiva los titulares de construcción verbal: largos titulares descriptivos plenos de explicaciones. Los de construcción nominal quedaban para las publicaciones con algún tufillo de escándalo o sensacionalismo. Las cosas han cambiado y las construcciones se mezclan y se intercambian confiando a los redactores de titulares (toda una especialidad) el buen resultado de su sabiduría lingüística.

Los pies de foto acompañan a la fotografía, la explican cuando necesita explicación pero nunca deben intentar explicar lo obvio. Sin embargo, abundan los pies de foto redundantes (inútiles) porque hay una tendencia peligrosa en los periódicos: toda fotografía debe llevar su pie y debe llenar un espacio que suele corresponderse con la anchura de la fotografía. No tiene por qué ser así. Quizá, en el fondo, el plumilla (redactor de textos, en el argot de las redacciones) se fía poco de la imagen y siempre quiere apuntalarla (explicarla) con la palabra. La fotografía de prensa tiene que fundir dos raras virtudes: la calidad artística, a ser posible, y la calidad informativa (ineludible). Ya nadie discute el aspecto artístico de la fotografía y los periódicos son soporte de algunas de las más bellas fotografías. Pero eso no basta. La fotografía periodística, clave del lenguaje icónico, tiene que transmitir noticias o complementar las noticias en letra impresa en cuyo ámbito está colocada o, al menos, servir de ilustración a las noticias. Esta triple función de la fotografía en el periódico se corresponde con la triple característica del pie de foto. Llamamos fotonoticia a la fotografía que en sí misma constituye noticia especial; complementaria a la fotografía que se incrusta en una determinada información y la amplía o complementa; ilustración a la fotografía que ejerce función ornamental, prescindible desde el punto de vista informativo y que se refiere más o menos directamente al asunto del texto en el que se incluye. En muchos casos se prefiere el dibujo a la fotografía como ilustración de textos.

Si llamamos pie de foto al texto corto que explica la fotografía, el texto que acompaña a la fotonoticia no sería en realidad un pie sino un texto paralelo, breve pero mucho más extenso que un simple pie. Es una fórmula hábil para dar noticias en las que texto y fotografía funcionan al unísono. A veces, son noticias sobre hechos marginales pero curiosos, interesantes. La combinación texto-foto crea un escenario atractivo potenciado por la calidad de la fotografía y la calidad del texto en el que puede haber humor y un cierto primor estético. Aquí encajaría la expresión orteguiana referida a Azorín: primores de lo vulgar. Hay verdaderos especialistas en la construcción de textos para estas fotonoticias que suelen tener buena aceptación en el lector: alivian la página, introducen materia de distensión en secciones quizá sobrecargadas.

No siempre es así; la fotonoticia puede ser un complemento útil que ofrece algún ángulo nuevo en la estructura de la noticia total de una página. Su colocación o el recuadro en el que puede ir maquetada son más alicientes para su buena recepción. Puede sospecharse (y quizá todo está dispuesto para que así sea) que tras el titular principal de la página será la fotonoticia lo que atraerá la atención y, por tanto, el primer elemento textual completo en ser leído. Lo que crea alguna disfunción no necesariamente negativa: el lector aprehende un aspecto secundario de la noticia que, en teoría, debería ser recibido en segundo lugar. Pero tal desequilibrio puede aumentar el interés. Vaya lo uno por lo otro.

La fotografía complementaria lleva el genuino pie de foto: breve y explicativo. Los juegos verbales a que se presta el pie de foto conciernen, como en pocos textos periodísticos, al dominio del lenguaje de texto. Un pie de foto no puede decir lo que cualquier lector ve enseguida (fulano y perantano se abrazan, ríen, gesticulan; un hombre pasa ante el cartel que...): debe explicar lo que no ve. En tan elemental precisión no parece haber lugar para muchas sabidurías lingüísticas; sin embargo, la abundancia de malos pies de foto demuestra lo contrario. Hacer un buen pie de foto es difícil. Por muchas recomendaciones que puedan hacerse, al final, la torpeza aliada con la prisa (la dichosa prisa sola nunca explica los errores y menos los puede justificar) es responsable de demasiados pies de foto impresentables pero... presentados. Aquilatando mínimamente el sentido de los pies de la foto complementaria diríamos que un buen pie de foto debe ser:

- breve, dentro de las universales corrección y concisión. Ni siquiera hace falta ocupar toda la base de la fotografía y en muy contadas ocasiones conviene hacer más de una línea;
- y aclarar al receptor quién/quiénes, qué y con qué motivo aparecen en la fotografía. Puede ocurrir que cualquiera de esos extremos sea prescindible si el texto general noticioso en cuyo espacio va la fotografía lo hace innecesario.

El redactor debe resistir la tentación de copiar sin más el pie dado de agencia porque la fotografía publicada adquiere una peculiaridad de la que carece descontextualizada, tal como viene. El pie de foto, excepto el elemental indicativo del personaje fotografiado, es parte del lenguaje total y exclusivo del periódico en el que la fotografía se publica.

La fotografía ilustración no suele necesitar pie porque su carácter ornamental de un texto determinado, en el que va incrustada, la libera de explicaciones. Cuando, a pesar de todo, la fotografía ilustración lleva pie innecesario se produce un fallo que lastra y entorpece el lenguaje periodístico. El afán de poner pie a cualquier ilustración equivale a la redundante afición de poner etiquetas a lo obvio. En el lenguaje periodístico la redundancia es más que un error: es un lastre. Sin embargo, puede haber ocasiones en las que sea recomendable, y hasta necesaria, alguna indicación que ayude al lector a una comprensión más profunda y fina tanto del texto ilustrado como de la misma ilustración fotográfica. Cuando el autor de la fotografía es algún personaje vinculado al asunto tratado, cuando lo representado en la fotografía tiene alguna condición excepcional que merece la pena destacar y no se deduce directamente de la propia fotografía, cuando el sentido de la ilustración ha de ser aclarado para su eficacia..., en estos y otros casos de sentido común es útil o necesario que la fotografía ilustración lleve pie. Lo mismo puede decirse del dibujo ilustración, aunque es fácil prever que serán muchas menos las ocasiones en las que se haga recomendable un pie. El posible pie de la ilustración admite, más que el pie común, ciertos primores literarios, aunque nunca debería salirse de las condiciones generales ya señaladas.

La infografía[19] (INformación GRÁFIca o gráficos informativos) es el último lenguaje mestizo que aglutina todas las series lingüísticas del periódico. Cada vez abundan más en los grandes periódicos las páginas completas de infografía en las que dibujos, textos y fotografías componen un mapa informativo preciso y atractivo. Los equipos periodísticos dedicados a la infografía ya están establecidos en departamentos especiales en los que reporteros, dibujantes, fotógrafos, investigadores y redactores trabajan en una difícil coordinación pero con resultados espectaculares. Páginas enteras o espacios menores son ocupados sistemáticamente por los infografistas cuyo oficio, de indudable carácter periodístico, ha de reunir conocimientos y destrezas poco comunes que van desde la investigación científica hasta la capacidad de alta divulgación. Explicar gráficamente de forma unitaria con corrección, claridad, concisión y atractivo (necesarias características del lenguaje periodístico general) cualquier acontecimiento, un accidente, una guerra, un descubrimiento científico o cualquier hecho de una cierta complejidad, a través de una combinación de textos y dibujos de modo que el receptor mediático quede informado: esa es la tarea periodística del infografista. Tan difícil tarea, aunque en otro tipo de discurso, como la del redactor que ha de transmitir eso mismo sólo con palabras. Los infografistas no han venido a sustituir ni a enmendar la plana a los redactores: ellos mismos son redactores, utilizadores de otra gramática, de otro lenguaje igualmente periodístico.

La infografía en los medios no es nueva, lo nuevo es la utilización de los ordenadores para su elaboración. Hace más de un siglo que los periódicos de papel apoyan sus informaciones en dibujos ilustrativos y hace muchos años que se usan gráficos, mapas, etc. Pero sólo hace unos 20-30 años que tales apoyaturas informativas han venido siendo enriquecidas por el uso informático. Las posibilidades de la elaboración infográfica por ordenador se están mostrando casi infinitas. La posibilidad de coordinar diversos infogramas, la calidad y nitidez de los dibujos y todas las variantes de precisión y atractivo que proporciona el ordenador no deben, sin embargo, hacer olvidar que la infografía no es

19.   Valera Sanho, J. L. (2001): *La infografía: técnicas, análisis y usos periodísticos.* Universitat Autònoma de Barcelona.

una mera técnica y que el ordenador sólo es un instrumento: un maravilloso instrumento, pero un instrumento, una máquina, una técnica. Antes y por encima de la técnica están las ideas, los conocimientos y el buen gusto del infografista que tiene ante sí los mismos desafíos del periodista de texto: es un informador de los mismos hechos por procedimientos distintos del texto puro.

La mezcla-síntesis de códigos tiene los mismos problemas de cada código potenciados por la suma de códigos: una página infográfica puede ser tan eficaz y atractiva como confusa y contraproducente. Todo depende de la sabiduría y habilidad con que se construya. En ningún caso como en este se produce la idea que ha dado título a este cuarto apartado: el lenguaje coral de los iconos.

Bibliografía

ARMENTIA VIZUETE, J. I. y CAMINOS MARCET, J. M. (2003): *Fundamentos de periodismo impreso*, Ariel, Barcelona.

BALSEBRE, A. (1994): *El lenguaje radiofónico*, Cátedra, Madrid.

CRYSTAL, D. (2002): *El lenguaje e Internet*, Cambridge University Press, Madrid.

DÍAZ NOCI, J. (2001): *La escritura digital. Hipertexto y construcción del discurso informativo en el periodismo electrónico*, Universidad del País Vasco.

GUERRERO SALAZAR, S. y NÚÑEZ CABEZAS, E. A. (2002): *Medios de Comunicación y Español Actual*, Aljibe, Archidona (Málaga).

GUTIÉRREZ GARCÍA, M. y PERONA PÁEZ, J. J. (2002): *Teoría y técnica del lenguaje radiofónico*, Bosch, Barcelona.

HERNANDO, Bernardino M. (1990): *Lenguaje de la prensa*, Eudema, Madrid.

— (1991): «Lenguaje periodístico», en Benito, Á. (dir.): *Diccionario de Ciencias y Técnicas de la Comunicación*, Paulinas, Madrid (pp. 829-841).

LOZANO, J., PEÑA-MARÍN, C. y ABRIL, G. (1999): *Análisis del discurso. Hacia una semiótica de la interacción textual*, Cátedra, Madrid.

MARTÍNEZ ALBERTOS, J. L. (1989): *El lenguaje periodístico*, Paraninfo, Madrid.

NÚÑEZ LADEVÉZE, L. (1979): *El lenguaje de los «media»*, Pirámide, Madrid.

— (1993): *Teoría y práctica de la construcción del texto*, Ariel, Barcelona.

PEÑAFIEL SAIZ, C. y LÓPEZ VIDALES, N .(2002): *Claves para la Era Digital. Evolución hacia nuevos medios, nuevos lenguajes y nuevos servicios*, Universidad del País Vasco.

SOENGAS, X. (2003): *Informativos radiofónicos*, Cátedra, Madrid.

THOMPSON, R. (2002*): El lenguaje del plano*, Instituto Oficial de Radio y Televisión, RTVE, Madrid.

VARIOS (2001): *Información: Tratamiento y Representación*, Universidad de Sevilla.

PARTE II

INFORMACIÓN

CAPÍTULO 6

LA NOTICIA

José Francisco Serrano Oceja
Universidad San Pablo-CEU. Madrid

1. Introducción

La naturaleza pedagógica de nuestro texto y de nuestro contexto no excluye, a la hora de enfrentarnos al amplio capítulo de la noticia, de su definición, de su estructura y de su desarrollo, el horizonte, vamos a denominarlo, gnoseológico, en el que se enmarca. Antes bien, este horizonte justifica la propuesta de una categorización o sistematización de modelos de comprensión del objeto de estudio.

Nos encontramos en lo que algunos autores han denominado «nuevo paradigma» de la comunicación y de la información. Un cambio o evolución no sólo en la práctica profesional, sino en la búsqueda de unos criterios comunes a la hora de elaborar una teoría del periodismo y de la noticia. No en vano, lo que hasta este momento entendemos como noticia es, para muchos, el concepto aglutinador de una familia amplia de términos a la par que la conclusión de un proceso polimórfico de transmisión y/o representación social. En este sentido, podríamos hablar de una polisemia intrínseca respecto al concepto de noticia, que no es otra cosa que una manifestación de un proceso anterior: la polisemia epistemológica en la fundamentación de la teoría del periodismo y del desarrollo de los conceptos marcos de esta teoría.

Detrás de cada concepción de lo que es la noticia se encuentra una teoría del conocimiento aplicada a una realidad social de amplia y efectiva implantación como es la forma comunicativa de los hechos, de los acontecimientos. Con lo cual, a la hora de abordar el estudio de la noticia, tendríamos que, inevitablemente, pagar el peaje de una inmersión en la teoría de la realidad, o en las teorías de la realidad, y del acontecimiento. Tarea no fácil en un momento, la postmodernidad, en el que la realidad y los acontecimientos se han disuelto en un mar de profundas disidencias respecto a la posibilidad de conocer lo real más allá del lenguaje sobre lo real. Señala Leo Sigal (1978: 12) en su clásico tratado: «La inseguridad acerca de lo que significan las noticias confunde en forma similar a los periodistas y a sus críticos. Incluso en una era relativista, dos puntos que es necesario reenfatizar son la subjetividad de todo conocimiento y la inevitabilidad del conflicto acerca de qué es la verdad. [...] Consecuentemente, cada periodista confronta un enigma epistemológico no muy diferente al del historiador o científico social que busca establecer la validez de su interpretación de los acontecimientos. La forma en que cada uno realiza esa tarea determina lo que cada uno "sabe".»

En este sentido, y haciendo un sano ejercicio de retrospectiva, nos encontramos con una primera afirmación de Lorenzo Gomis (2002: 159) sobre la historia de la relación entre la redacción periodística y la noticia: «La necesidad de enseñar redacción periodística explica que en efecto pueda considerarse el paradigma básico de la enseñanza la distinción entre noticias y comentarios. Como esa distinción no se hace en la conversación corriente, había que acostumbrar al estudiante de periodismo a saber si estaba informando u opinando. Los dos axiomas básicos y estables de la enseñanza en los setenta y alrededores fueron, así, el paradigma de Laswell y la distinción tradicional en el periodismo anglosajón entre noticias y comentarios, entre hechos y opiniones, enfatizada por el axioma "Facts are sacred, comments are free", aunque la realidad mostrara que ni los hechos eran tan sagrados ni los comentarios, tan libres. Pero quien supiera desenvolverse cómodamente en el interior de esta distinción era periodista.»

Y, para más complejidad, en el nuevo paradigma, que lo es también de la complejidad —valga la redundancia—, nos encontramos en un momento de redefinición conceptual en el periodismo cuya primera víctima, a decir de Lorenzo Gomis (2002: 168), es el concepto de hecho. «La víctima de este proceso ha sido el concepto de hecho, hoy visto como ingenuo, y por consiguiente, el de la noticia como redacción objetiva y profesional de un hecho que se transmite al público. Pero a este resultado se ha llegado al menos por dos caminos. Uno ha sido la asimilación y digestión de la lingüística y sus derivados, desde Saussure hasta Austin y su estudio de cómo hacer cosas con palabras o Derrida y su deconstrucción de un texto. La realidad transmitida por los medios se ha vuelto así, bajo el microscopio, tan relativa y fluida como el propio texto. El otro camino ha sido la observación participante de los sociólogos que se han metido en los medios para estudiarlos por dentro. Herbert Gans (1979) quiso ver de cerca cómo se decide qué es noticia en las redacciones de los noticiarios televisivos de la CBS y la NBC y las de los semanarios *Newswek* y *Time*. Utilizando un concepto de uno de los pioneros citados antes, Kurt Lewin, se ha querido estudiar también de cerca quién es el *gatekeeper*, el guardián o portero que deja pasar una información o la echa al cesto de los papeles. El proceso está lleno de momentos decisivos: alguien decide que algo puede ser noticia o no lo es.»

Este panorama no es óbice para que, asumida la interdisciplinariedad propia de las ciencias que nos ocupan, y la heterodisciplinariedad del objeto que nos preocupa, nos lancemos de lleno a una más o menos sistemática exposición sobre lo que entendemos por noticia, sin olvidar lo que afirma el profesor Héctor Borrat (1989: 117): «La producción y comunicación pública de noticias es rasgo definitorio del periódico como actor social, de los periodistas como grupo profesional, del periodismo como institución. No ha de extrañar, por ello, que la noticia genere un gran número de investigaciones y desarrollos teóricos desde los ángulos más diversos.» Núñez Ladevéze (2002: 165), refiriéndose al marco de la necesaria interdisciplinariedad de redacción periodística —presente en este trabajo—, ha añadido: «El ámbito de los estudios de lo periodístico es suficientemente amplio como para que pueda ser afrontado desde distintas perspectivas. Eso no significa que un enfoque interdisciplinario lleve aparejada la renuncia a esforzarse por encontrar un punto de vista unitario. En último extremo, se trata de encontrar la unidad en la diversidad de las ciencias sociales. Así que esta variedad no implica necesariamente dispersión. Las perspectivas sociológica, pragmática y lingüística tienen nexos comunes. La teoría del texto y de la acción son consecuencias de este tratamiento interdisciplinario que, a mi modo de ver, ha sido tan rico en aportaciones a la investigación como en la definición de pautas de conducta aplicables a la formación didáctica.»

Conste aquí que no nos estamos entregando sin más a la solución interdisciplinar, que como señala J. J. García-Noblejas (2000: 39) «en su precaria provisionalidad, resulta engañosa, porque la promiscuidad no se resuelve con la interdisciplinariedad. Desde una perspectiva científica, como diría Kieerkegaard, más vale ir desnudo o con ropas provisionalmente prestadas, que aparecer vestido de "Arlequín interdisciplinar"».

2. Hacia una definición de la noticia

La palabra *noticia* procede del latín *nova*, según la acepción comúnmente más admitida, y nos remite al significado originario del conocimiento de «las cosas nuevas». Si nos fijamos en el Diccionario de la Real Academia Española de la Lengua, cuatro son los significados principales: noción, conocimiento; contenido de una comunicación antes desconocida; divulgación de una doctrina; y el hecho divulgado. La palabra *noticia* evoca la idea de conocimiento. De ahí que en la definición normativa de la lengua nos encontremos con una dimensión del hecho noticioso ampliamente estudiada por la Teoría General de la Información. Como señala Ángel Benito (1995: 89): «La noticia, teniendo en cuenta el lugar que ocupa en los contenidos de los medios de comunicación, se ha venido a constituir en el mensaje por excelencia para entrar en contacto con todo lo que sucede a nuestro lado. La noticia, sea cual sea la forma en que llega a cada individuo del público, es el fundamento de la información de actualidad.»

¿Qué entendemos por información de actualidad? Nos lo explica Javier Davara (1990: 29): «La información de actualidad es la comunicación masiva de las noticias acerca de los acontecimientos sucedidos en el presente o relacionados con él. El conocimiento de la realidad humana ofrecido por los medios de comunicación puede ser entendido en dos niveles distintos: 1) en un sentido amplio, el contenido de la información de actualidad es toda la realidad humana; 2) en un sentido estricto, la información de actualidad sólo trata de los acontecimientos nuevos que mediante un tratamiento técnico son convertidos en noticias».

Emil Dovifat (1959: 120) decía que «las noticias son comunicaciones sobre hechos nuevos surgidos en la lucha por la existencia del individuo y de la sociedad». Entendía que la noticia necesitaba tres características: ser de utilidad y valor para el receptor; ser nueva, recién transmitida; y ser comunicada a través de un tercero, que, de una manera u otra, volcará sobre ella la impronta de su propia subjetividad.

Hay que tener en cuenta que, como comenta Leo Bogart (1985: 251), «el término "noticia" se define una y otra vez conforme se van sucediendo las generaciones». Leo Sigal (1978: 11) afirma que «uno de los principales problemas de las noticias reside en que nadie sabe lo que son. El otro problema es que nadie sabe lo que significan. El que nadie sepa qué es una noticia implica la ausencia de un criterio compartido universalmente para distinguir las noticias de las que no lo son. Gran parte de la controversia entre la prensa y sus críticos gira alrededor del factor estándares». Denis McQuail señalaría que los esfuerzos por definir la noticia tienden a disolverse en listas de acontecimientos noticiables.

Una forma concebible de resolver este aparente dilema es definir las noticias según el concepto que de ellas tienen los periodistas. Por tanto, existirían tantas definiciones de noticia como periodistas. Fishman apostaba por entender la noticia como el resultado de los métodos que empleaban los periodistas; a diferentes métodos, diferentes noticias y diferentes percepciones del mundo por el público.

Leo Sigal (1978: 11-12) es más concreto, y pone los siguientes ejemplos:

- John Bogart, editor del *New York Sun*, solía explicar a los reporteros novatos que «cuando un perro muerde a un hombre, no es noticia; pero cuando un hombre muerde a un perro, ésa sí es noticia».
- Para otros, lo que separa a las noticias de otro tipo de información es la calidad de la reacción que producen: «Noticia es algo que hará hablar a la gente.»
- Turner Catledge, editor administrativo que fue del *The New York Times*, decía: «Noticia es cualquier cosa de la cual se entere hoy y que desconocía antes.» Para Sigal, «el interés acerca de qué es lo que hace la noticia, conduce directamente a la cuestión de cómo se elaboran las noticias».

En este mismo arco de pensamiento nos fijamos en John Given (1907: 168) que define la noticia como «información fresca de algo que ha ocurrido recientemente». Charles Ross (1911: 43), en su libro *The writing of news*, señala: «La noticia ha sido genéricamente definida como aquello que interesa a la gente, pero puesto que no todo lo que interesa a la gente es noticia, la definición es demasiado general. Un hecho es noticia si interesa a un público.» Será Willard G. Bleyer (1916: 6), que describió la noticia como «cualquier cosa que interese a cierta cantidad de gente; y la mejor noticia es aquella que tenga el mayor interés para el mayor número de gente», quien nos ofrezca un elenco de definiciones:

- Noticia es cualquier cosa que ocurra en la que la gente esté interesada.
- Noticia es la exacta y oportuna información de los acontecimientos, descubrimientos, opiniones y asuntos de todo tipo que afecten o interesen a los lectores.
- Noticia es todo lo que ocurre, las causas de los acontecimientos y los resultados de los acontecimientos.
- Noticia son los hechos esenciales de un acontecimiento, evento o idea que tengan interés humano; que afecten o posean alguna influencia sobre la vida de las personas.
- Noticia es todo lo que los lectores desean saber.

En el arco de nuestra geografía mediterránea, la variedad de vocablos con que se alude a las realidades de la Periodística se enmarca dentro de las múltiples culturas profesionales. En la, pudiéramos denominar, teoría clásica, Martínez de Sousa (1981: 331) entiende por noticia la «publicación o divulgación de un hecho». Domenico de Gregorio (1996: 59) habla de que «la noticia es la información "en acto" cuando ha tomado ya la forma de un "texto" en el que se ha encontrado una sistematización de los elementos constitutivos de la información». José Ortego Costales (1966: 48) considera la noticia como «todo acontecimiento actual, interesante y comunicable». Nicolás González Ruiz (1966: 125) entiende por noticia «la comunicación de cualquier hecho acaecido o con posibilidades de acaecer». Para Gonzalo Martín Vivaldi (1993: 345) no hay diferencia entre noticia e información, dado que «dar parte de algo equivale a hacer un informe; dar noticia de algo equivale a informar. Sucede, sin embargo, que cuando se habla de "noticia", periodísticamente, suele hacerse referencia a lo más escueto de la información, a lo más esencial e imprescindible de un hecho». Y J. L. Martínez Albertos (1983: 298) la define como «un hecho verdadero, inédito o actual, de interés general, que se comunica a un público que pueda considerarse masivo, después de que ha sido recogido, interpretado y valorado por los sujetos promotores que controlan el medio utilizado para la difusión». Especifica en otra obra (1978: 84-85): «Para que haya noticia periodística, para que se produzca ese fenómeno social que llamamos periodismo, el primer requisito es que unos emisores-codificadores seleccionen y difundan unos determinados relatos para hacerlos llegar a unos sujetos receptores, que guardan dichos mensajes con la esperanza de hallar en ellos una satisfacción inmediata o diferida, mediante la cual consiguen elaborar un cuadro de referencias personales válido para entender el contexto existencial en el que viven. Convertir un hecho en noticia es una operación básicamente lingüística, que permite cargar de determinado significado a una secuencia de signos verbales (orales o escritos) y no verbales, es la tarea específica de unos hombres y mujeres que actúan como operadores semánticos: los periodistas. El segundo requisito de la noticia es que la difusión por parte de los sujetos emisores debe realizarse con ánimo de objetividad.»

Mar Fontcuberta (1981: 10) aprecia, en toda noticia, tres elementos significativos: «Un suceso, que implica algún género de acción; una información, donde se describe o se relata la acción en términos comprensibles, y un público al cual se dirigen esas noticias a través de los medios de comunicación.»

Hay cuatro elementos básicos que están presentes en este conjunto de definiciones, denominémoslas, profesionales: el hecho-acontecimiento; la actualidad (últimos acontecimientos); el interés público y del público; y el periodista en el medio. Antes de profundizar en cada uno de ellos debemos preguntarnos, en síntesis: ¿a qué nos referimos cuando hablamos de noticia? En un primer momento podemos pensar que nos referimos a la materia prima del periodismo como acto comunicativo de lo novedoso y de lo que tiene interés y relevancia social. Es decir, a la realidad, al acontecimiento, al hecho, al suceso, con capacidad de ser percibido y transmitido socialmente. Pero al mismo tiempo la noticia se nos presenta como la realidad y como la comunicación de la realidad. La noticia estaría a caballo entre la información de la realidad y la conformación comunicativa de la realidad. O también se refiere a la actuación profesional sobre esa realidad que se traduce en un proceso organizado individual e institucional; o a la ideología de la noticia como criterio diferenciador de la naturaleza comunicativa de la realidad social; o, por último, al texto, discurso sobre ese proceso o sobre ese hecho, acto o acontecimiento. O, simplemente, a todo ese proceso que arranca de un hecho y concluye en un texto capaz de ser transmitido por los medios de comunicación. Bien es cierto que esa materia prima tiene en sí unas cualidades específicas que la hacen diferenciarse de otro tipo de acontecimientos, hechos, sucesos acaecidos, en el día de la relación social, que no serán noticia. Esas cualidades específicas pasarán de la potencia al acto comunicativo en la medida en que intervenga un actor comunicacional legitimado socialmente para esa actuación profesional, es decir, un periodista y una empresa de comunicación, y una finalidad de comunicación que satisfaga las necesidades e intereses de quienes son tanto promotores del proceso como los receptores a partes habitualmente desiguales.

Teun A. Van Dijk (1996: 17) apostilla que en el uso diario, el concepto de la noticia en los medios hay que interpretarlo desde los siguientes presupuestos: «1) Nueva información sobre sucesos, objetos o personas. 2) Un programa tipo (de televisión o radio) en el cual se presentan ítems periodísticos. 3) Un ítem o informe periodístico, como por ejemplo un tipo o discurso en la radio, en la televisión o en el diario, en el cual se ofrece una nueva información sobre sucesos recientes.»

De las cualidades específicas de esa materia prima en el nivel del hecho y de la versión sobre el hecho destinada a la mediación social nos ocuparemos más adelante. Ahora nos interesa completar estas aproximaciones a la noticia con las siguientes teorías explicativas, que han marcado una serie de corrientes de la historia de la docencia del periodismo en nuestras facultades de ciencias de la información y de la comunicación. Teniendo muy presente lo que señala J. M. Casasús (1988: 105): «El resultado de las distintas operaciones técnicas y de los diversos procedimientos profesionales aplicados en las sucesivas fases del proceso semantizador —cuando se realiza con el único propósito de divulgar, con precisión y fidelidad, los elementos fácticos del acontecimiento— se manifiesta materialmente en forma de unidades redaccionales periodísticas de carácter estrictamente informativo, denominadas ordinariamente con estos o parecidos términos: noticia, información, original, trabajo, material, "papel" o, impropiamente, artículo.»

Una de las tareas básicas en la pedagogía de la redacción ha sido la de definir los conceptos y delimitar los territorios de esos conceptos. La evolución de la teoría de la información y de la noticia ha sido un proceso, también, de clarificación. En la utilización de los conceptos de información y noticia hay quien considera que la noticia es el texto, o un tipo de texto, o un conjunto de textos que informan de acontecimientos novedosos y/o actuales de interés público. Hay que tener en cuenta que, además, existen otros tipos de textos que nos refieren acontecimientos, actos, actos de habla, novedosos, actuales y de interés, que no tienen la forma de noticia, como son las entrevistas y los reportajes. La noticia sería un modo textual de narración de hechos novedosos y actuales socialmente relevantes y de interés, mientras que la información sería la realidad social con la que el periodista trabaja, la materia prima. La noticia sería un modo textual de presentar la información. Sin embargo, como veremos más adelante, hay autores que consideran que la noticia es el acontecimiento, y que el texto del acontecimiento es la información. En este sentido debemos precisar que, por ejemplo, G. Martín Vivaldi (1987: 369) apuesta por el término *noticia* para denominar al género esencial del periodismo informativo: «Noticia es el género periodístico por excelencia que da cuenta de un modo sucinto por completo de un hecho actual o actualizado, digno de ser conocido y divulgado, y de innegable repercusión humana.» Mientras que J. L. Martínez Albertos considera que la información, en cuanto género, es la modalidad lingüística textual más escueta para presentar una noticia.

La información es «la noticia de un hecho con la explicación de sus circunstancias y detalles expuestos en orden inverso a su interés».

Lorenzo Gomis (1991: 40) considera que el periodismo es un método de interpretación de la realidad social. Una realidad social que puede ser captada en la medida en que se percibe fragmentada en unidades independientes y completas, denominadas hechos. El proceso de conversión del hecho a lenguaje es la noticia: «La noticia es la expresión periodística de un hecho capaz de interesar hasta el punto de suscitar comentarios. O, más brevemente, noticia es un hecho que dará que hablar» (1991: 50). El hecho noticioso forma parte de un proceso que no termina en él. Produce comentarios, genera repercusiones, que a su vez son fuente de otros hechos noticiosos. No todos los hechos sociales son noticia. Sólo aquellos que sean capaces de generar una corriente de comentarios y que sirvan para tomar decisiones, y así hacer que progrese la persona y la sociedad. Recientemente, L. Gomis (2002: 25) ha explicado su teoría en el diario *La Vanguardia*, en un artículo titulado «Lo que hará hablar a la gente». Decía: «De los centenares de definiciones que circulan, la que me gusta más porque creo que da en el blanco es la de un periodista americano del *Sun* en el siglo XIX: "Noticia es cualquier cosa que hará que la gente hable". Otra definición parecida, también de un periodista americano del XIX, es: "Noticia es todo lo que hace exclamar ¡caramba! al lector". "Mañana la gente hablará de esto", "La gente quiere saber esto", son expresiones que he oído muchísimas veces en las redacciones. Se escoge lo que se supone que le va a interesar al lector.»

La pregunta siguiente es: ¿qué hace que esos hechos sean comentados? ¿Existe algún rasgo, factor, cualidad en el hecho que haga que se convierta en noticia? Es básico en este proceso la posibilidad de que el hecho sea captado por el medio de comunicación, se haga visible, accesible, patente, que interese y que repercuta en nuevos hechos. Cuatro son los rasgos que hacen noticiosos un hecho:

- Resultados: «Son resultados los términos finales de un proceso, registrado de forma fehaciente. Son resultados los tanteos de los encuentros deportivos, los premios de los sorteos de lotería u otros concursos, los precios, los índices de precios, las cotizaciones en bolsa, las estadísticas, los sondeos de opinión, los votos escrutados en unas elecciones, las leyes parlamentarias, los decretos gubernativos, las órdenes ministeriales, las sentencias judiciales, los nombramientos, ceses y dimisiones (aceptadas), los presupuestos y balances, las ganancias y las pérdidas. Los números y las firmas suelen ser pistas rápidas para reconocer los resultados» (1991: 199).
- Apariciones: «Son presencias elocuentes y generalmente públicas de personajes conocidos. Son apariciones las declaraciones, los discursos, conferencias, respuestas y otras formas de opinión. También es aparición la presencia silenciosa pero significativa de un personaje en un lugar y momento, atestiguada por la fotografía.

[...] Una aparición suele ser un hecho de producción fácil, económica, por el que el interesado se hace presente y a menudo aspira a conseguir repercusiones» (1991: 2000).

- Desplazamientos: «Son movimientos o agrupaciones significativas, cambios de lugar, reuniones de personas, trayectorias que dejan una huella significativa. [...] La utilidad periodística de los desplazamientos deriva de que son hechos anunciados, previstos, que a menudo tienen una organización detrás y por su carácter visible y espectacular se pueden cubrir con las cámaras y movilizan a mucha gente» (1991: 200).
- Explosiones: «Son el término imprevisto de procesos inesperados. Un volcán entra en erupción, un hombre enloquecido se asoma al balcón y dispara. Un tren descarrila, un coche bomba estalla. La medida de la importancia del hecho es el número de muertos. Son a la vez el rasgo periodístico más raro y el más destacado. Representan la irrupción de la alarma en la sociedad» (1991: 201).

Luis Núñez Ladevéze (1991: 189) contrapone los conceptos de noticia y de información *versus* texto informativo. A partir de la consideración de la noticia como «una secuencia del acontecer considerada unitariamente por aplicación de una regla de interpretación de un intérprete contextual», entiende que la noticia es el «acontecimiento singular en cuanto tal, mientras la "información" o "texto informativo" es una versión lingüísticamente elaborada de ese acontecimiento. Cuando se trata de informar a un interlocutor acerca de la noticia ha de realizarse esta actividad a través de un instrumento intermediario de su reproducción simbólica». Cuando hablamos de texto nos referimos a un tipo de unidad de significado que tiene dos características: coherencia lineal entre las oraciones del texto y coherencia global que nos permite señalar el texto como unidad significativa.

Sin embargo, la aportación de este maestro de la teoría del periodismo que ahora más nos interesa es la cuestión ya anteriormente avanzada de «a qué tipo de incitaciones responden los periodistas para detectar que un acontecimiento merece ser considerado como noticia. Aun reconociendo que los gustos varían en el espacio y en el tiempo, hay que aceptar que si los periodistas tienden a coincidir en la selección, jerarquización y ordenación de los datos informativos es porque aplican reglas comparativas y expositivas de valor general». El criterio más general es el del interés común por el hecho. ¿Qué tipo de interés? Dos fundamentalmente: el interés público y el interés del público.

El interés público procede de «la objetivación de las relaciones políticas y de la interacción social». Surge de la condición política de la persona en cuanto que es miembro de una comunidad y se conforma con sucesivos procesos de socialización que forman parte de los procesos de comunicación y que tienen como efectos la integración, la participación, la estructuración de la vida y el tiempo de ocio, entre otros. Entra aquí de lleno el conjunto de decisiones políticas que afectan y comprometen a la vida personal y social. Sin embargo, el interés del público se encuentra en acontecimientos que genéricamente conmueven a la mayoría de las personas por motivos principalmente psicológicos. Son las noticias de interés humano, que abarcan desde la curiosidad por la vida de los famosos hasta los acontecimientos deportivos o las catástrofes. Esta clasificación nos conduce a distinguir dos especies de periodismo, o formas de conceptuar los procesos sociales de la información: el periodismo de calidad, que responde a la constelación de criterios de interés público; y el periodismo de sensación o sensacionalista, que responde a los criterios del interés del público.

Otra perspectiva que nos ayuda a comprender la naturaleza de la noticia, desde la influencia de la metodología sociológica, es la que nos ofrece Miquel Rodrigo Alsina (1989: 181) en el contexto de las teorías de la producción de la información a partir de la insistencia en que no existe un concepto universal de noticia, dado que ésta es el producto de una sociedad concreta. En su tratado sobre la producción de la noticia divide las definiciones de noticia en dos grandes grupos. Por un lado, los que consideran que la noticia es un espejo de la realidad y, por otro, los que piensan que es una construcción de la realidad. La idea de la noticia como espejo de la realidad estaría en las definiciones tradicionales. Se parte de la objetividad como gozne de la actividad periodística, con lo que nos enfrentaríamos a un amplísimo campo de derivaciones éticas del quehacer profesional informativo. La segunda concepción se centra en la actividad de los informadores y de las organizaciones empresariales, es decir, de los medios de comunicación. G. Tuchman (1983: 197), que entenderá la noticia como un fenómeno negociado, señala a este respecto que «la noticia no es el espejo de la sociedad. Ayuda a constituirla como fenómeno social compartido, puesto que en el proceso de describir un suceso la noticia define y da forma a ese suceso. [...] La noticia está definiendo y redefiniendo, constituyendo y reconstituyendo permanentemente fenómenos sociales». Rodrigo Alsina (1989: 185) define la noticia como «una representación social de la realidad cotidiana producida institucionalmente que se manifiesta en la construcción de un mundo posible».

La noticia es, como nos recuerda desde la perspectiva preferentemente semiótica Gonzalo Abril (1997: 237), un hecho textual y un producto institucionalizado de las organizaciones enmarcadas en el sistema industrial y mercantil de la comunicación masiva. La noticia es un género discursivo. Un enunciado narrativo o una secuencia de enunciados narrativos. Los enunciados narrativos son los «actos semiocomunicativos constitutivos del discurso». Los discursos de la información periodística se constituyen a partir de los enunciados de interés público, en referencia a acontecimientos novedosos para el destinatario (información) o evaluando los acontecimientos y valorándolos (opinión). El discurso de la noticia consta de enunciados narrativos de acontecimientos acaecidos o descubiertos en proximidad al tiempo de la enunciación y que tienen relevancia pública. No debemos olvidar que la noticia es el resultado de una serie de interacciones y el inicio de otra serie de enunciados y de relatos (crónicas, reportajes, entrevistas). Héctor Borrat (1989: 117) considera la noticia como la «primera instancia de este proceso de toma de decisiones que encontrará nuevas instancias en la ulterior producción de otros relatos y comentarios».

3. Cualidades específicas del hecho noticioso

En la delimitación del fenómeno noticioso hemos percibido una serie de cualidades específicas del hecho noticioso o acontecimiento que le acreditan para ser materia prima del proceso de producción informativa de naturaleza social. Nos encontramos, por tanto, con dos horizontes de singularidad: el hecho noticioso o acontecimiento y el interés del público en el marco de la percepción significativa de la naturaleza y finalidad del acontecimiento por parte del profesional de la información y del medio para el que trabaja, que se traduce en los clásicos criterios de selección. Esta radiografía está sometida a una presión del universo comunicativo y de la denominada sociedad de la información que hace no muy fáciles las delimitaciones de género y especie en cada uno de estos horizontes. En este sentido, la integración de medios, a la par que unifica y estandariza los procesos, modifica los modos de percepción y de desarrollo de los citados horizontes. Existe, por tanto, un riesgo de profanación sustantiva de la naturaleza del acontecimiento mediático, del interés del público y de la capacidad de percepción de la relación que se establece entre el acontecimiento y el interés, que es la clave de los criterios de selección que aplica el periodista a la hora de decidir qué es noticia, que está modificando el rostro de lo que llamamos periodismo, y de la Periodística, como ciencia del citado fenómeno. Vayamos por partes.

3.1. El acontecimiento

La necesidad simplificativa del texto que nos ocupa nos lleva a establecer un paralelismo entre hecho noticioso y acontecimiento, aun sabiendo que autores como Lorenzo Gomis consideran que acontecimiento sugiere un hecho de especial relevancia y solemnidad. Sin embargo, como veremos, la categoría de acontecimiento ha asumido la complejidad de matices del hecho noticioso, quizá debido a la presión de las nuevas teorías sociológicas de la construcción social de la realidad que han consagrado este concepto. Bien es cierto que, en nuestro caso, la utilización de acontecimiento no significa una pérdida de responsabilidad respecto a las dimensiones de verdad del hecho, ni a sus derivaciones éticas en la práctica profesional de la elaboración de la noticia. Y, sobre todo, con la utilización del concepto acontecimiento asumimos la implicación del actor comunicativo en el hecho comunicable y comunicado. Una implicación referencial de carácter cognitivo e instrumental. Bezunartea, Del Hoyo y Martínez (1998: 54) sostienen que «la historia moderna se ha desprendido del concepto de acontecimiento ligado a la categoría de *evenementielle*, como referencia exclusiva, para prestar atención a los procesos a largo plazo, a los sistemas sociales, incluso estables, para redescubrir lo que Michel Foucault llama "acontecimiento ruptura", es decir, el acontecimiento modificador a partir del cual se desencadenan las "desorganizaciones-reorganizaciones" sociológicas».

En este sentido, como señala J. M. Casasús (1988: 85), «la primera fase del proceso de la información se identifica con el fenómeno del acontecimiento. Desde la perspectiva de las ciencias de la comunicación, la palabra *informar*, en su acepción primera y etimológica, significa precisamente dar forma a los acontecimientos con el fin de convertirlos en un producto capaz de ser difundido, aprehendido y comprendido masivamente. Los acontecimientos son, pues, la materia prima que la técnica periodística somete al tratamiento adecuado con el fin de convertirla en mensajes inteligibles y veraces». La estructura del acontecimiento de interés periodístico está, para este autor, compuesta por tres elementos: 1) la materialidad, que nos habla de la manifestación física o mental de naturaleza espacial o abstracta, de la conformación de un acontecimiento. Es la identificación con el concepto de realidad entendida como existencia efectiva de una cosa: el hecho. 2) La actualidad, que es el momento físico de lo real, «el estar presente de lo real desde sí mismo». El concepto de actualidad está unido al de tempestividad, que es «la calidad de conocimiento y de notificación oportuna, que viene a tiempo y a ocasión». 3) La publicidad en alguna de sus fases, que es «la cualidad que presenta un acontecimiento como fenómeno susceptible de ser informado, divulgado, comunicado». Cuando se dan estos tres elementos, el acontecimiento es susceptible de comunicabilidad mediática.

Ha sido Edgar Morin, entre otros, quien ha hecho posible que la ciencia de la noticia permeabilice una teoría del acontecimiento dentro de la denominada «sociología del presente». Para este autor, el acontecimiento debe concebirse como una información, un elemento nuevo que interrumpe en el sistema social y que permite comprender la naturaleza de la estructura y el funcionamiento del sistema. El acontecimiento se supedita a dos características: *a*) es todo lo que sucede en el tiempo, y *b*) es todo lo improbable, singular y accidental. Rodrigo Alsina (1989: 28) explicita los presupuesto que E. Morin asienta en la sociología del presente respecto al acontecimiento:

- El acontecimiento significa imprevisibilidad, singularidad.
- El acontecimiento es lo que está inscrito en las regularidades estadísticas.
- El acontecimiento es accidente; perturbador-modificador. Se da en una dialéctica evolutiva-involutiva.

Ahora bien, según explican algunos autores, el acontecimiento ocurre en tanto que es reconocido e interpretado como tal acontecimiento por el sujeto. El acontecimiento supone un marco cognitivo que la práctica profesional ha denominado «criterios de selección». Y, además, el acceso al acontecimiento, por parte de los productores sociales de la información, está sometido a las presiones de comunicabilidad de los medios informativos (institucionales, técnicas...). Los periodistas acceden a los acontecimientos, en el orden del conocimiento temporal o de la realidad, mediante versiones textuales, con lo que se constituyen en intérpretes referenciales de discursos o relatos. No me resisto, en este punto, a reproducir la crítica que el profesor J. Martín Barbero (1978: 171-173) hace del acontecimiento noticioso, de la mano de Gonzalo Abril:

- El acontecimiento es imprevisible. Pero su «infrecuencia» no es una probabilidad matemáticamente medible ni una «variable independiente», sino un valor de las coordenadas culturales, un problema de convenciones.
- El acontecimiento es implicativo, en cuanto que una determinada cantidad y calidad de personas puede verse implicada. La implicación suscita el valor de lo interesante, lo que puede poner en movimiento y llevar a la participación.
- El acontecimiento tiene una característica: «que vive en y de la noticia», y se inserta en el ritmo y el valor de la cultura de masas. «Los medios no son independientes del acontecimiento sino su condición.»

En el mundo de los medios nos encontramos con una proliferación de lo que Lorenzo Gomis ha denominado «seudoeventos» o «seudoacontecimientos», que son hechos previstos, preparados, suscitados y generados para que aparezcan en los medios de comunicación social. Su intención primera es la publicitación. Las ruedas de prensa son el ejemplo más comúnmente aceptado.

3.2. Valores noticiosos del acontecimiento

Los valores de la noticia son, al mismo tiempo, cualidades del acontecimiento que le hacen ser percibido con singularidad por el periodista y reglas prácticas en la elaboración y selección de la realidad. Tienen un contrapeso en la aceptación del público que asume disciplinadamente los procesos de los profesionales y los comparte, rubricando su eficacia en el uso y consumo del medio. La discriminación de lo noticiable está condicionada por lo que J. Robinson, entre otros, llama el dictamen sobre la noticia: un acuerdo consensuado que nace de experiencias profesionales comunes, de criterios estándar y de prácticas transmitidas de generación en generación. La expresión inglesa *new values* podría verterse al castellano como «valores noticiosos» o como «criterios de noticiabilidad». Para J. R. Muñoz Torres (2002: 75), «los criterios de noticiabilidad pueden dividirse en dos grandes tipos, ligados estrechamente. Por una parte, los que se derivan de la formación profesional y de la cosmovisión personal que tiene el periodista; por otra, los relativos a los condicionantes de la actividad informativa como proceso productivo (recursos económicos y humanos, modos de organización del trabajo, concepción empresarial, relación con las fuentes institucionales...)».

Parafraseando a S. Chibnall podríamos hablar de cuatro características comunes a los valores concordados de las noticias:

- Existen reglas de relevancia compartidas por las organizaciones informativas en los sistemas comunicativos consolidados. Marcan la «política» implícita de las organizaciones.
- Los periodistas suelen creer que las reglas de lo noticiable, del interés y de la relevancia no son conocidas por las fuentes de información, por aquellas personas o instituciones que suministran la información base.
- Las reglas de noticiabilidad se legitiman en los deseos y expectativas de la audiencia.
- Estas reglas, que se traducen en criterios de selección de la realidad, no son explicitadas por los medios, por sus textos, ni por sus justificaciones.

El capítulo de los criterios de selección ha sido ampliamente abordado por los teóricos de la noticia. Suele aparecer como manifestación implícita de la noción de noticia y sirve como reglas de juicio profesional. Es parte fundamental en este «arte de la selección» que es el periodismo. Serían la otra cara de la noticia y posibilitan la toma rápida de decisiones para los profesionales. Mauro Wolf (1987: 216) define la noticiabilidad como «el conjunto de criterios, operaciones, instrumentos con los que los aparatos de información abordan la tarea de elegir cotidianamente, entre un número imprevisible e indefinido de acontecimientos, una cantidad finita y tendencialmente estable de noticias».

M. Wolf señala que son operativos en varios estratos o momentos:

- De forma sustantiva: en lo referido a la importancia e interés.
- Dependientes del producto, que se traduce en la disponibilidad del acontecimiento, calidad de la historia, novedad.
- En relación con el medio: frecuencia, existencia de lenguaje audiovisual, formato.
- En relación con el público: si se adapta a sus intereses y necesidades.
- En relación con la competencia: creación de expectativas recíprocas.

H. Gans (1980: 147) señala las siguientes características que determinan la relevancia:

- Grado y nivel jerárquico de los sujetos implicados en el acontecimiento noticiable.
- Impacto sobre la comunidad.
- Cantidad de personas implicadas en el acontecimiento.
- Importancia del hecho respecto a la evolución de las situaciones contextuales.

A esta lista de normas compartidas, de fundamental naturaleza contextual y procesal, hay que añadir la reflexión sobre las cualidades intrínsecas del acontecimiento noticiable, que podríamos sintetizar, a modo de inicio, en:

- Objetividad: no nos referimos a su sola naturaleza ética, sino a la ecuanimidad, a la imparcialidad o apariencia de imparcialidad con la que se cubre una noticia. Se manifiesta en la búsqueda del contraste con otras fuentes.
- Novedad: las noticias deben hablar de acontecimientos desconocidos por los destinatarios. Toda información debe contar con presuposiciones. Según el citado Van Dijk, «los periodistas deben suponer que los lectores pueden no haber leído o pueden haber olvidado la información previa».
- Actualidad: la novedad ha de ir acompañada de una proximidad temporal del acontecimiento noticiable, según G. Abril. La actualidad se manifiesta de forma doble: en el tiempo de los acontecimientos y en el tiempo del relato. Este último depende de la periodicidad del medio. Podemos hablar también de la actualidad reciente, cuando nos referimos a acontecimientos que han ocurrido en la inmediatez; de la actualidad permanente, si los hechos interesan al público durante un período prolongado de tiempo; de la actualidad duradera, que nos habla de los acontecimientos que siempre interesan, y de los procesos de actualización, con los que nos enfrentamos a cuestiones que propiamente han dejado de ser actuales pero que vuelven a adquirir relevancia por aspectos novedosos descubiertos o por acontecimientos asociados.
- Van Dijk (1990: 176-181) añade tres valores: la consonancia, la noticia ha de ser congruente con las normas, valores y actitudes socialmente compartidos; la relevancia, que determina las preferencias significativas para el lector y que hace que una noticia interese más que otra; y la proximidad local e ideológica de los acontecimientos.
- Desviación y negatividad: las noticias se refieren a hechos anómalos y desgraciados, lo negativo en la percepción social. Van Dijk afirma que se debe a que los hechos negativos están «directamente relacionados con el sistema emocional de autodefensa». Además, son una alerta de las normas y valores socialmente compartidos.
- El formato: las noticias son idóneas si están concebidas y presen-

tadas con una estructura narrativa permeable a los medios que disminuya el coste de los procesos. Este hecho se ha agudizado con la omnipresencia de lo audiovisual que exige grandes dosis de dramatismo y espectacularidad.

Según Pilar Diezhandio (1994: 59), las características comunes de la noticia son:

- Novedad: cercana en el tiempo, lo más reciente. También hemos de tener en cuenta que los periodistas crean la novedad.
- Oportunidad: importa lo inmediato, que discurra el menor tiempo posible desde que ocurre el acontecimiento hasta que se conoce.
- Proximidad: lo cercano geográfica y, sobre todo, culturalmente siempre es más noticia.
- Prominencia: las noticias son muy permeables a la celebridad y notoriedad de sus protagonistas. Los medios buscan siempre a los líderes mediáticos, y si no, los crean.
- Conflicto: guerras, crimen, alteración del orden.
- Impacto: cuanto mayor sea el efecto, mayor será su valor como noticia.
- Acción: las actividades y movimientos son más noticia que el pensamiento y la reflexión.
- Rareza: lo inesperado o infrecuente o imprevisto supone siempre un cambio.
- Interés humano: apela a la emoción y al drama.

Para Galtung y Ruge, según la autora anteriormente citada, los factores noticiosos que aumentan la posibilidad de que un hecho se convierta en noticia son:

- Frecuencia: una noticia será mejor percibida si se da en el marco temporal en el que opera el medio.
- Sonoridad: el hecho tiene que tener una alta intensidad, es decir, debe provocar estruendo social.
- Falta de ambigüedad: debe ser claro, cuanta mayor ambigüedad, menos posibilidad de entrar en la agenda del medio. Es casi un proceso de simplificación.
- Significación: debe tener proximidad cultural y relevancia. Son más permeables las noticias cercanas culturalmente hablando.
- Lo inesperado, lo raro. Y frente a ello, lo armónico.
- Elitismo: todo lo referente a las elites tienen mucho impacto para los que están fuera de ellas.
- Personalización: los hechos asociados a personas son más permeables a la conciencia colectiva, percibidos con mayor actualidad, más fácilmente identificados e identificables.
- Negatividad: el conflicto es un valor permanente.

Herbert Gans (1979: 165) realizó un estudio en los principales medios norteamericanos y concluyó que los valores que más interesan se enmarcan en los siguientes supuestos:

- Historias de gente, tanto de gente común como de gente calificada de especial.
- Acciones chocantes, como «hombre muerde a perro».
- Historias de interés humano, que producen emoción, empatía, piedad, admiración.
- Las acciones de quienes rompen las normas generalmente aceptadas.
- Grandes aventuras.
- Acciones inusuales.

Es clásica la cita de Ismael Herráiz, en el texto de Nicolás González Ruiz, en la que afirma que: «En las escuelas de Periodismo se estudia la lista de los caracteres de la noticia o, con mayor precisión, de los factores objetivos de interés público, de las circunstancias que pueden actuar sobre un acontecimiento convirtiéndolo en noticia. De la escuela norteamericana, tan propicia a la esquematización práctica, nos han llegado las primeras listas de caracteres de la noticia o puntos de lo periodístico. Ni que decir tiene que estas relaciones demuestran ciertas variedades de criterio y que, al incorporarse a nuestros manuales y tratados, han sufrido modificaciones o ampliaciones. He aquí respectivamente dos listas de composición norteamericana y una de confección española: 1) proximidad temporal, proximidad física, consecuencia, prominencia, drama, atracción, conflicto, sexo, emoción y progreso; 2) actualidad, proximidad, prominencia, importancia, rareza, interés humano, amor a la lucha, emociones, deseos de superación y entretenimiento; 3) actualidad, proximidad y familiaridad, eminencia o celebridad, novedad o rareza, vida, rivalidad o lucha, sentimientos, amor, utilidad, dinero o propiedad, diversiones y deportes, intereses locales y generales, intereses domésticos, moralidad, cultura y número y calidad de los lectores afectados».

Carl Warren (1975: 25) ejemplifica el ejercicio en el que nos encontramos de la siguiente forma: «Coja usted cualquier periódico con lápiz y papel en la mano. Examine las informaciones de la primera página como si fuera un matemático en busca de denominadores comunes o un químico decidido a separar los elementos. Cada vez que usted encuentre una característica común en dos o más informaciones, escriba una palabra o frase para describirla». Después de realizado este ejercicio, C. Warren apunta los siguientes criterios:

- Actualidad.
- Proximidad.
- Prominencia.
- Curiosidad.
- Conflicto.

- Suspense.
- Emoción.
- Consecuencias.

L. Jeffres (1986: 107) señala los siguientes criterios de selección:

- Oportunidad y proximidad.
- Progreso y desastre.
- Eminencia y prominencia.
- Conflicto.
- Novedad.
- Consecuencias.
- Interés humano.

Y Martínez de Souza (1981: 337 y ss.), en su *Diccionario de periodismo*, nos habla de:

- Actualidad.
- Proximidad.
- Prominencia.
- Curiosidad.
- Conflicto.
- Suspense.
- Emoción.
- Consecuencias.

Como señala Héctor Borrat (1989: 118-119), «no hay una única escala de valores instituida con alcance general. Pero hay varios valores acerca de los cuales parece existir un acuerdo entre quienes seleccionan, construyen y comunican públicamente las noticias. Destacan entre ellos lo reciente, lo súbito, lo unívoco, lo predecible, lo relevante, lo próximo del hecho noticiable, dando prioridad a las tramas acerca de la política gubernamental, la política exterior y la política interna del propio estado, la economía, la industria; a lo que es conflicto o desastre o tiene "interés humano" o resulta negativo o dramático; a lo que puede personificarse; a los estados centrales y a las élites dentro del propio país».

Para concluir este apartado, no debemos olvidar lo que señala Mar de Foncuberta (1991: 95): «El discurso periodístico tradicional tiene cinco características fundamentales: *a*) actualidad: el objeto de la noticia es lo que se acaba de producir, anunciar o descubrir; *b*) novedad: el hecho noticiable se sale de la rutina cotidiana, es excepcional y se transmite en el menor espacio de tiempo posible; *c*) veracidad: las noticias deben ser verídicas, es decir, responder lo más fielmente posible a la realidad; *d*) periodicidad: los hechos noticiables se presentan al público con un intervalo fijo de tiempo; y *e*) interés público: los hechos periodísticos tienen como característica fundamental la de ser punto de referencia o la de servir a las expectativas y necesidades de información de un público masivo. A pesar de los cambios y las contradicciones, la comunicación periodística se sigue vertebrando en tres ejes básicos: el acontecimiento, la actualidad y el período».

La cuestión del interés merece un particular apartado. La pregunta es bien sencilla: ¿por qué interesan las noticias? Ya hemos visto algunos de los aspectos del porqué del interés de ciertos acontecimientos para el público en general. Una noticia interesa porque contiene alguna o algunas de las características anteriormente descritas que satisfacen las necesidades del público, necesidades de saber, de conocimiento, de racionalidad personal y social. J. Ortego Costales (1966: 71-81) ha estudiado ampliamente en su tratado clásico sobre la noticia la cuestión del interés. Considera que «el interés, en cuanto satisface nuestro apetito de conocer, que no queda satisfecho con lo no interesante, es el valor de la noticia. No agrega ni quita nada al conocimiento. Un juicio sobre él nos revela que es interesante, que vale; o que no lo es, que no vale. Por tanto el interés es el valor que la noticia tiene para el lector. La necesidad que ha de ser satisfecha mediante el valor, el interés de la noticia es el afán de saber». En el nuevo panorama de los medios tenemos que tener muy en cuenta, a la hora de abordar este capítulo, el hecho de la fragmentación de la audiencia y de la creciente especialización en los procesos de la comunicación en la medida en que afectan a la relación entre el interés general y el interés particular de sectores de audiencia. No todos los contenidos de los medios generalistas interesan a toda la audiencia, pero sí existe un presupuesto de aceptación social del variable interés y de la propuesta de nuevos temarios o de la creación del interés por parte de los medios.

El interés humano está, sin duda, inmerso en el mundo de los intereses de cada día. La cuestión del interés, central en esta dinámica del saber socialmente reconocido, está relacionada con la vida, que interesa en tanto que es pretensión de obrar libre. Vivir es un asunto práctico. La cuestión por la vida, por el sentido, por el desarrollo, no puede ser respondida por un discurso sólo teórico. El interés es consecuencia de la apertura a la vida. Y, por tanto, como afirma J. R. Muñoz Torres (2002: 282): «Las narraciones en general, y las periodísticas en particular, son un intento —nunca plenamente satisfactorio— de esclarecer la pregunta por el sentido. Son variaciones infinitas sobre los mismos temas —la libertad y la felicidad—, que se presentan en una polifonía de formas y matices diversos, y que pueden ser escuchadas mil veces sin peligro de causar hastío, por su carácter novedoso e inagotable. Que los medios no suelen ocuparse explícita y discursivamente de los usos de la libertad en busca de la felicidad es evidente (no les corresponde teorizar sobre ellos). Pero no debería ser menos evidente —ni para los profesionales ni para el público— que los medios muestran narrativamente, a través de acciones y circunstancias concretas cargadas de valor simbólico, una concepción de la vida y del mundo, que es una respuesta implícita a las grandes cuestiones que siempre preocupan al hombre. Al elaborar los textos noticiosos, en apariencia efímeros, los medios hunden sus raíces profundas en tales cuestiones. Son ellas las que ofrecen la clave para dar cuenta de por qué interesan las noticias.»

4. Estructura y tipos de noticia

La periodística, en su vertiente didáctica, se ha caracterizado por la búsqueda de modelos de noticia que respondan a la estructura profunda de la transmisión del acontecimiento y que se adapten a los procesos de la realidad y de la naturaleza de los medios. Se han hecho clásicas una serie de formas de redactar la noticia, entre las cuales la más común es la denominada pirámide invertida, junto con la de reloj de arena, y que son formas validadas por el decurso de la práctica profesional en la historia del periodismo. Sin embargo, hay alguna cuestión que sigue estando presente: ¿qué elementos tiene que tener una estructura narrativa que responda con fidelidad a la estructura del acontecimiento, sin olvidar que, como señala L. Gomis, «la noticia no es lo que pasa, sino las palabras con que interpretamos lo que pasa», en la medida en que «la reducción del hecho a lenguaje desemboca en la redacción del hecho como noticia»?

Hay que tener en cuenta que los procesos de convergencia mediática marcan una línea de integración en el tratamiento de los acontecimientos, que hace que la adaptación de las estructuras narrativas de la información a la naturaleza y procesos de los medios, que se concreta en las formas específicas de redactar noticias para cada uno de los soportes, tienda hacia una búsqueda de una estructura profunda común capaz de facilitar la adaptación a cada uno de los tiempos y lugares mediáticos.

4.1. ESTRUCTURA INTERNA

Para adentrarnos en la búsqueda de una estructura del texto narrativo debemos —siguiendo las líneas marcadas por el profesor Casasús (1988: 108 y ss.)— remontarnos a los fundamentos y desarrollos de la retórica antigua, clásica y medieval. Bien es cierto que la práctica común en la enseñanza del periodismo por estos lares ha sido iniciar el capítulo de la estructura de la noticia con la regla —en origen norteamericana— de las, para algunos autores, 5 W's (*Who*/quién, *What*/qué, *When*/cuándo, *Where*/dónde y *Why*/por qué) o, para otros, 6 W's (*Who*/quién, *What*/qué, *When*/cuándo, *Where*/dónde, *Why*/por qué y *How*/cómo —añadido propio del periodismo español—). Regla inicial que traducía los elementos del paradigma de Laswell: quién dice qué, a quién, en qué canal y con qué efecto.

Marco Fabio Quintiliano dividió la materia del discurso en: *perso-nam, causa, locus, tempus, materia* y *res*. San Agustín ordenó los siete elementos retóricos de la siguiente forma: *quis, quid, quando, ubi, cur, quem ad modum, quibus auxiliis*. Y Mathieu de Vendôme escribió un hexámetro que debían aprender de memoria los retóricos en los que figuran los elementos clave del discurso: *quis, quid, ubi, quibus auxiliis, cur, quo modo, quando*. Con lo que podemos establecer la siguiente tabla de identificaciones:

- *Quid / What /* Qué.
- *Quis / Who /* Quién.
- *Quibus auxiliis (Quo modo) / How /* Cómo.
- *Cur / Why /* Por qué.
- *Quando / When /* Cuándo.
- *Ubi / Where /* Dónde.

Esta regla cuasi nemotécnica está en estrecha relación con los *topoi* o *loci* de la *inventio* de la retórica. La *inventio* es el primer proceso de ideación, adquisición y clarificación del discurso en el que se identifican los elementos principales y las relaciones entre esos elementos. En la perspectiva de los análisis estructuralistas, J. M. Casasús explicita el significado de cada uno de estos elementos de la siguiente forma:

- Qué: «caracteriza el acontecimiento en una familia de hechos y determina su función dentro de las relaciones de causalidad».
- Quién: «identificación completa y rigurosa de los protagonistas del hecho, ya sean sujetos agentes o pacientes, sujetos individuales o colectivos».
- Cómo: «configura las operaciones de descripción, abarca todas las referencias a los aspectos procesales e instrumentales del acontecimiento que relata».
- Por qué: «se identifica con las operaciones de explicación, es la mención explícita de las causas, sea cual fuere su tipo o grado de abstracción o de generalidad».
- Cuándo: «consiste en la referencia al instante de la producción del acontecimiento, a los distintos momentos de la secuencia de los hechos que lo integran, o a un dato cronológico determinado del cual forma parte el hecho semantizado».
- Dónde: «consiste en presentar el hecho en el marco geográfico en el cual se localiza».

Mar de Foncuberta (1993: 74-76) ha explicado así los citados elementos:

- Qué: son los acontecimientos, los hechos e ideas que conforman la noticia.

- Quién: los protagonistas, sus antagonistas, todos los personajes que aparecen en la noticia.
- Cuándo: la acción tiene un tiempo concreto, marca su inicio, su duración y su final.
- Por qué: presenta las razones que han originado los hechos, sus antecedentes.
- Dónde: pone límites al espacio del desarrollo de los hechos.
- Cómo: describe las circunstancias y los modos con los que se han presentado los hechos.

4.2. ESTRUCTURA EXTERNA

Reconocidos los elementos de la estructura interna del relato noticia, debemos dar un paso más hacia la estructura externa de la narración informativa, estrechamente ligado al proceso de la *dispositio* de la retórica, entendido como el modo de ordenación natural de los materiales adquiridos en la *inventio*. Los elementos de la estructura externa serán los textos, los títulos y las ilustraciones, en permanente connivencia y relación a la hora de su ordenación, valoración y jerarquización de la superficie de la página, en el periodismo impreso, y de su desarrollo en el audiovisual. En el periodismo escrito están siendo sometidos a una presión constante de las técnicas del diseño gráfico, a su vez influidas por las estéticas audiovisuales.

Nos fijaremos en primer lugar en el texto de la noticia y en sus partes. Lo primero siempre es tener ideas claras, y después conocer los modelos que se adapten más al acontecimiento que queremos narrar y a las necesidades y expectativas de los lectores. En la teoría clásica, la noticia consta de dos elementos: el *lid* o *lead*, núcleo fundamental de la noticia, y el cuerpo, que explica la noticia. Como señala Mar de Foncuberta (1981: 31-32): «Toda noticia es una historia que requiere un desarrollo estructurado que, en un principio, cuenta con los siguientes elementos:

- Un *lid*.
- Una explicación y una ampliación del material contenido en el *lid*.
- Una información que sitúa la noticia dentro de un determinado contexto *(background)* si es necesario.
- Material secundario (si es necesario).»

Esta estructura externa responde a una ley subyacente que ha sido admitida, hasta ahora, como uno de los dogmas de la elaboración de la noticia: la ley del interés decreciente. En la *dispositio* de la retórica clásica regían dos principios de ordenación natural: el *modus per tempora* y el *modus per incrementa*. El *modus per tempora* se basaba en la sucesión histórica de los hechos. El *modus per incrementa* se articulaba en función del interés progresivo y gradual de la historia que se reflejaba a medida que avanzaba el texto. Sin embargo, un acontecimiento histórico, la guerra civil norteamericana, y un condicionante tecnológico, la inseguridad en los sistemas de transmisión de las informaciones, en los telégrafos, obligaron a idear y desarrollar una forma narrativa en la que lo principal se colocara al inicio y se atuviera a un doble final de redundancia significativa, con lo que se evitarían los riesgos de pérdida sustancial en la transmisión de información. Se había introducido a la narración habitual, que contenía un inicio, el relato cronológico y un final o clímax, un párrafo   anterior que resumía lo que se contaba después y que se llamaba *lead*.

Pero la historia de la génesis de la estructura de la noticia no termina aquí. Está unida a la consolidación del periodismo de agencias. En concreto, la Associated Press generalizó un modo de narración en el que se alteraba el orden de los elementos en respuesta a una nueva ley del interés: la ley del interés decreciente. Y que se expresa en la forma de la «pirámide invertida» en la que hay tres elementos principales: el *lead* o entradilla; los párrafos que contienen los elementos principales; y los párrafos que se atienen a los elementos secundarios. A la suma de los párrafos que contienen los elementos principales y secundarios se le denomina cuerpo de la noticia. Por tanto, los elementos fundamentales de la noticia, que si se atiene a la ley del interés decreciente se conforma en pirámide invertida, son los siguientes:

- *Lead*, *lid* o entradilla: es el encabezamiento de la noticia y su parte fundamental. Debe contener los datos más importantes, es decir, responder a las principales preguntas de las *W's*. No es necesario que respondan a todas las preguntas para no convertir ese párrafo en un párrafo ilegible o en un acta del Congreso de los Diputados. Toda entradilla necesita captar la esencia del acontecimiento y hacer que el lector se adentre en el texto. Tiene que tener sentido en sí misma, autónoma, y, además, responder a un sentido global del texto de la noticia. La entradilla debe guardar relación con el título y servir de puente entre éste y el cuerpo. De hecho, el título se debe extraer de la entradilla.

Hay algunos autores que diferencian entre el primer párrafo de la información y la entradilla. Para éstos, el primer párrafo de la información es el inicio de la información y en él encontramos los elementos más importantes de la noticia. El arranque tendría dos funciones, atribuidas clásicamente a la entradilla: captar la esencia de la noticia y hacer que el lector siga leyendo. La entradilla, por tanto, se utilizaría para resumir el contenido de una información amplia. Como señalan J. I. Armentia y J. M. Caminos (2003: 59): «La entradilla no debe confundirse con el primer párrafo de la información. Como punto de partida, el primer párrafo o arranque recoge el o los elementos esenciales de una noticia y forma parte de su cuerpo, mientras que la entradilla no forma específicamente parte del cuerpo de la noticia. Es más, algunos medios de comunicación, como era el caso de "La Vanguardia", consideraban hasta hace poco tiempo que la entradilla formaba parte del titulado de la unidad informativa».

Hay, según la doctrina clásica, diferentes tipos de entradilla. Fernando Martínez (1999: 94 y ss.) los describe de la siguiente manera:

1. Según el modo de presentar los datos: directa, la que se adentra en la respuesta a las preguntas fundamentales de la información; sumario o múltiple, se enumeran varios asuntos de forma global en un solo texto; interpretativa, incide en la valoración del hecho como gozne del inicio del relato; y diferida, retrasa la explicitación de lo relevante en aras de un recurso retórico que pretende captar la atención.

2. Según los recursos narrativos o expositivos empleados: impacto, el texto llama la atención del lector de forma sorprendente en el arranque; retrato, es una descripción del, habitualmente, protagonista actor principal de la noticia; contraste, coloca dos realidades de forma enfrentada para que produzca un claroscuro en la percepción; interrogante, se inicia con una pregunta retórica; ambiente, se adentra de inicio en la atmósfera del espacio de la información con recursos literarios convencionales; cita, se inicia el párrafo con una cita, no larga, de uno de los actores de la información; extravagancia, comienza con algo sorprendente e inusual; anécdota, responde al recurso de la anécdota elevada a la categoría que ejemplifica un mensaje o sentido.

Tie-in o cuello de la noticia: es uno o dos párrafos de apoyo al primer párrafo. No es obligatorio que aparezca en todas las informaciones, suele darse en las contextuales o en aquellas relacionadas. Tiene, según J. I. Armentia y J. M. Caminos (2003: 59-60), las siguientes funciones:

1. Descargar en un segundo párrafo identificaciones que serían muy extensas para el primer párrafo. Si colocáramos esas identificaciones en el arranque estaríamos escribiendo un párrafo desmesurado, que atentaría contra la propia esencia del primer párrafo periodístico. Se utiliza, por ejemplo, para identificar en un segundo párrafo a personas y los cargos que ocupan.

2. Añadir detrás del primer párrafo uno o dos hechos que son secundarios, pero significativos para la historia que vamos a relatar.

3. En una información que forma parte de un proceso informativo que dura varios días, el cuello puede servir para vincular la noticia del día con hechos sucedidos en días anteriores y que han podido ser publicados por el medio de comunicación.

4. Como un elemento que sirve para anticipar al lector la existencia en el cuerpo de la información de material de antecedentes, que sirve para vincular el hecho del que se informa con otros sucedidos anteriormente o con anterioridad.

- Cuerpo de la noticia: tiene una función explicativa de los datos que han aparecido en la entradilla, de los que ayudan a entender la noticia y contextualizar los principales, y el material secundario especificativo. Suelen ser varios párrafos, que explican y amplían el primer párrafo y que nos adentran en el escenario de la información. Son muy importantes los materiales de complemento y secundarios, el orden lógico de su exposición y cómo se establecen las relaciones en la estructura del cuerpo. Dentro del cuerpo se ha señalado particularmente la importancia de los párrafos de contexto o relato de antecedentes. En el periodismo anglosajón se denominan párrafos de *background*. Nos ayudan a entender el contexto, dado que todo texto, fuera de su contexto, se convierte en un pretexto. Es verdad que el contexto de la información puede aparecer en otros textos complementarios al de la noticia que estamos redactando, en forma de sueltos, gráficos, estadísticas. El principio que rige este proceso es el de la claridad expositiva. Uno de los elementos más comunes en este desarrollo del contexto de la noticia es el recuadro de apoyo, o despiece, que ofrece datos relacionados con la sustancia de la información principal y que es dependiente del texto informativo primario. Suelen tratar un solo aspecto o tema de la información y están sometidos a la creatividad del diseño gráfico.
- Los titulares: son el conjunto de elementos —unidades sintácticas de sentido pleno— que acompañan a una noticia. Reciben el nombre de «antetítulo», «título» y «subtítulo». El único de obligada referencia es el título, que es la quintaesencia de la noticia. Sirven, según la doctrina clásica, para identificar un texto y marcar las pautas de jerarquización, valoración, orden y clarificación de los textos en una superficie redaccional.

La pirámide invertida ha sido, digámoslo así, la forma textual base más común en el género de la información, consagrada por y en el periodismo de agencias. Martín Vivaldi decía que su estructura interna es la de la novela policíaca, pero al revés. Para muchos pertenece al pasado, para otros, es el primer modelo básico de aprendizaje en la redacción de la noticia. Pilar Diezhandino (1994: 97), glosando a MacDougall, ofrece cuatro razones que justifican la estructura de la pirámide invertida: facilita la lectura, satisface la curiosidad, facilita la composición y facilita escribir el titular.

Pero lo importante no es la forma estandarizada que empleemos para narrar y describir el presente o la novedad. Lo importante es que la estructura textual responda a la necesidad de saber de quien lee la noticia. La «pirámide invertida» ha sido un válido instrumento en el continuo y continuado proceso de aprendizaje en la redacción de la información. Nunca hemos olvidado que existen otras formas textuales. J. M. Casasús (1988: 122-123) nos recuerda algunas principales:

1. El relato objetivo de hechos, o *fact-story*. Arranca con la entradilla y continúa con el resto de los hechos en interés decreciente.

2. El relato dinámico o de «acción» *(action-story)*: en cada momento del desarrollo del texto se recuerdan los hechos principales.

3. El modelo de citas o *quote-story*, en donde el eje principal son las citas de personajes o de documentos.

4.3. Tipos de noticias

Se han elaborado variadas clasificaciones de tipos de noticias que responden, habitualmente, a la relación entre la estructura interna y a la externa. En un primer acercamiento a la clasificación de las noticias nos encontramos con las denominadas noticias duras, basadas en acontecimientos de impacto, relacionadas estrictamente con la actualidad; y noticias blandas, basadas en ideas, tendencias, recorridos temáticos, que no implican una estricta novedad y que suelen ser programadas y planificadas.

Héctor Borrat (1989: 118) nos habla de:

*   Noticia súbita, la noticia imprevisible de un hecho.
*   Noticia previsible, anunciada por los propios actores de la información.
*   Noticias en desarrollo: cuando la naturaleza del hecho noticiable genera nuevas informaciones que profundizan en él.
*   Noticias de seguimiento: la naturaleza del hecho se inscribe en un proceso de cobertura informativa continuada.

Aquí seguiremos, por último, la clasificación que en su día elaboró J. M. Casasús (1988: 134-139) por su polifonía y riqueza a la hora de establecer las relaciones con los diversos elementos de la información:

a) Desde el prisma de su irrupción:
    — Fortuitas: o también denominadas casuales, aquellas que tratan de un hecho imprevisto sin que se haya pensado en él.
    — Previsibles: aquellas que son susceptibles de ser conjeturadas con anticipación. Suelen tener una forma fortuita.
    — Programadas: su desarrollo está previsto con antelación y los resultados alcanzan un alto índice de probabilidad.
b) En referencia a su contenido:
    — Noticias de interés humano: contienen un alto grado de elementos que causan la emoción en la medida en que reflejan lo pluriforme de la vida. Provocan la complicidad del lector.
    — Noticias de interés público: tratan temas de objetivo interés público para la sociedad.
c) Según la fuente utilizada:

— Oficiales: noticias cuya información proviene de personas que informan en su calidad de representantes públicos.

— Oficiosas: las fuentes solicitan al periodista la reserva de la atribución e identificación de la persona que ha revelado la información.

— Extraoficiales: las fuentes no están vinculadas a la institución objeto de la información.

d) Según la proximidad de la fuente utilizada:

— De primer nivel: el periodista ha tenido acceso directo a un hecho, un documento o una información.

— De segundo, tercero o niveles sucesivos: son noticias mediadas que han llegado al medio a través de un canal no directo, ya sea por una agencia de información o por otro medio.

e) De acuerdo con la complejidad de la estructura de la noticia:

— Noticia simple: son las que recogen un solo acontecimiento o una sola idea básica.

— Noticia múltiple: son las que contienen más de un acontecimiento o más de una idea.

f) Según la función informativa:

— Directa: sólo pretende informar. Trata los acontecimientos con inmediatez, de forma séptica, objetivista. Son las noticias de agencia, principalmente.

— De creación: además de informar, no olvidan las clásicas funciones de entretener, dar sentido. Suelen experimentar nuevas formas narrativas. Tienen un notable manejo del lenguaje y de los recursos estilísticos.

— De situación: son las que anticipan el conocimiento de los problemas de la sociedad, ofrecen un servicio. También están vinculadas a la permanente actualidad en clave de profundidad, denuncia y movilización social.

— Complementarias: son las que completan o acompañan a una noticia principal. Se denominan, también, despieces.

— De contexto: describen el entorno psicológico y psíquico de los acontecimientos.

g) Según su esquema redaccional:

— De sumario: informan sobre diversos asuntos de actualidad que provienen de una única fuente.

— Cronológica: describen la evolución de un acontecimiento o el desarrollo de varios sobre la correspondencia del orden natural de los mismos. Es una excepción a la regla del interés decreciente.

— De citas: incluyen textos de documentos o referencias a declaraciones o manifestaciones orales. Es un género muy común hoy en el periodismo.

— Espaciales: informan de diversos hechos que han ocurrido en diversos lugares pero vinculados entre sí.

— De continuidad: se refieren a un asunto o asuntos de los que ya se ha informado.

5. Breves consideraciones finales de carácter hermenéutico

Como ha señalado Hanna Arendt, «nos mantenemos contemporáneos a algo, sólo mientras nuestra comprensión está bien despierta». Este acercamiento somero al capítulo de la noticia nos plantea un reto: ¿es posible una teoría crítica de la noticia que, a la vez, lo sea de la información? En sentido estricto, el capítulo de la información ya ha sido abordado en anteriores obras de esta colección, desde las perspectivas teoréticas (G. Galdón 2001) y éticas (J. Á. Agejas y J. F. Serrano 2002). Inevitablemente existe una línea de continuidad en los enfoques y orientaciones y abordajes del tratamiento de los diversos objetos de estudio analizados. Sin embargo, un apartado dedicado a la noticia como realidad textual, periodística, comunicable, en suma, quedaría cercenado si no se le catapultara a horizontes de comprensión más amplios. No vaya a pasarnos como en la novela de Antonio Tabucci, *Sostiene Pereira*, que alguien nos repita el consejo que le dio Pereira a su aprendiz de brujo periodista Monteiro Rossi: «Usted es un novelista espléndido, pero mi periódico no es el lugar apropiado para escribir novelas, en los periódicos se escriben cosas que corresponden a la verdad o que se asemejan a la verdad, de un escritor no debe usted decir cómo ha muerto, en qué circunstancias o por qué, debe decir simplemente que ha muerto y después debe usted hablar de su obra, de sus novelas y de sus poesías, escribiendo una necrológica, claro está, pero en el fondo se debe escribir una crítica, un retrato del hombre y de su obra, lo que usted ha escrito es perfectamente inutilizable.»

Es ya un lugar común, que abarca desde el pensamiento de D. Wolton al de Marínez Albertos, por citar a dos autores conocidos, que vivimos una crisis en el periodismo, y que la crisis del periodismo consiste, entre otras razones, en la deslegitimación veritativa de la noticia, acompañada de una sobreabundancia de opinión en todos los órdenes, medios y mediadores. Más allá, algunos autores, como C. Rausell Köster y P. Rausell Köster (2002: 96-99), sostienen que el periodismo actual distorsiona el funcionamiento de la democracia en la medida en que los medios, en el contexto del sistema capitalista y de mercado, producen la información con leyes meramente economicistas que sólo sirven para producir el beneficio de los que juegan al juego de los intereses económicos, políticos y de poder personal y social, olvidándose de los hechos, de la realidad y de quienes tienen un derecho a la información y a la vida digna en sociedad igualitaria. Como otras realidades sociales, la noticia, para estos autores, ha mudado de humus vital, se ha trasladado de la comunicación de la realidad social al consumo informativo, a la ideología del consumo y al mercado tecnologizado de la información, en permanente amenaza de quiebra para la democracia real.

Pero nuestra perspectiva es otra. Pretendemos el desarrollo de una teoría de la noticia desde el hontanar del saber, de la sabiduría, de la información. La noticia al servicio y en correspondencia con el saber, no con el poder; con la *auctoritas* (social), no con la *mera potetas* (social). Uno de los problemas de la noticia es el análisis del valor de la información. Un valor que, ciertamente, no es el del mercado, ni el de la bolsa de la competencia desenfrenada en los procesos de producción de la información. Un valor, el de la información y el de la calidad del texto informativo, que radica en la percepción significativa de las «ideas, hechos y opiniones» destacados por lo que tienen de «libertad implicada en el actuar humano», como diría el profesor García-Noblejas (2000: 31).

El saber de la profesión periodística pivota sobre el conocimiento y reconocimiento de la significatividad de las libres acciones humanas. La materia prima de la información no es otra que la acción libre personal abordada como algo sustantivo, consistente en sí mismo, que los periodistas hacemos comunicativamente consistente para el imaginario social después de un proceso de selección y transformación del contenido en formatos compatibles con la naturaleza de los canales y las circunstancias vitales de los receptores. Este trabajo está sometido a criterios más o menos cuantificables en el orden del beneficio del medio, pero ¿lo está en el orden del conocimiento de lo real para la audiencia, para las personas concretas que nos leen, nos escuchan o nos ven? Lo ha escrito A. M. Rosenthal, antiguo director de *The New York Times*, y lo reproduce García-Noblejas en su libro ya citado. Y es un buen principio para nuestro final:

> Al cabo de toda una vida en el periodismo diario, todavía me produce inquietud el que una auténtica noticia sea tratada como si no lo fuera en absoluto.
>
> Los periodistas escriben sobre lo que les interesa a ellos y —así lo esperan— a una parte de sus particulares audiencias lo suficientemente amplia como para hacer de sus periódicos o de sus emisoras de televisión una costumbre diaria.
>
> En los países libres, la diversidad de publicaciones y de emisoras garantiza información sobre cualquier tema que afecte a lo que es de importancia para la vida humana, junto con grandes cantidades de lo que es deliciosamente intrascendente.
>
> Existe una convivencia de colores en la vida, los que separan a los pueblos libres del espantoso gris sucio del despotismo.
>
> Los periodistas decidieron, en ocasiones, que algunos temas no eran noticia, como la matanza comunista de millones de ciudadanos soviéticos, el Holocausto, la pobreza y los odios raciales en nuestro propio país o algunas esencias universales como la religión y la sexualidad.
>
> No sé por qué. Quizá, en lo que respecta al periodismo, se deba a que, en su magnitud, resulta demasiado complicado y presenta demasiados perfiles como para que nuestras pobres mentes se enfrenten a él.

Bibliografía

ABRIL, G. (1997): *Teoría general de la información*, Cátedra, Madrid.

AGEJAS, J. A., SERRANO OCEJA, J. F. (coords.) (2002): *Ética de la comunicación y de la información*, Ariel, Barcelona.

ARMENTIA, J. I. y CAMINOS, J. M. (1997): *Principios básicos de la noticia escrita*, Universidad del País Vasco, Bilbao.

— (2003): *Fundamentos de periodismo impreso*, Ariel, Barcelona.

BENITO, A. (1995): *La invención de la actualidad. Técnicas, usos y abusos de la información*, Fondo de Cultura Económica, México.

BEZUNARTEA, O., DEL HOYO, M. y MARTÍNEZ, F. (1998): *Lecciones de reporterismo*, Universidad del País Vasco, Bilbao.

BLEYER, W. (1916): *Newspaper writing and editing*, Houghton M. Co., Boston.

BOGART, L. (1985): *La prensa y su público*, EUNSA, Pamplona.

BORRAT, H. (1989): *El periódico, actor político*, Gustavo Gili, Barcelona.

CASASÚS, J. M. (1988): *Iniciación a la Periodística*, Teide, Barcelona.

DAVARA, F. J. *et al.* (1990): *Introducción a los medios de comunicación*, Paulinas, Madrid.

DE GREGORIO, D. (1966): *Metodología del periodismo*, Rialp, Madrid.

DOVIFAT, E. (1959): *Periodismo*, Uteha, México.

FONCUBERTA, M. (1981): *Estructura de la noticia periodística*, ATE, Barcelona.

— (1993): *La noticia. Pistas para percibir el mundo*, Paidós, Barcelona.

GANS, H. (1979): *Deciding What's News. A Study of CBS Evening News, NBC Nightly News, Newsweek and Time*, Panteón Books, London.

GARCÍA-NOBLEJAS, J. J. (2000): *Comunicación borrosa. Sentido práctico del periodismo y de la ficción cinematográfica*, EUNSA, Pamplona.

GIVEN, J. (1907): *Making a newspaper*, Henry and Co., New York.

GOMIS, L. (1991*): Teoría del periodismo. Cómo se forma el presente*, Paidós Comunicación, Barcelona.

— (2002): «Lo que hará hablar a la gente», en: *La Vanguardia*, 15 de abril de 2002, 25.

GOMIS, L., MARTÍNEZ ALBERTOS, J. L., NÚÑEZ LADEVÉZE, L. y CASASÚS, J. M. (2002): «Encuesta: ¿vive la comunicación periodística un cambio de paradigma?», en: *Anàlisi*, 28, pp. 157-185.

GONZÁLEZ RUIZ, N. *et. al.* (1966): *Enciclopedia del periodismo*, Noguer, Barcelona.

MARTÍN-BARBERO, J. (1978): *Comunicación masiva: Discurso y poder*, CIESPAL, Quito.

MARTÍN VIVALDI, G. (1993): *Curso de Redacción*, Paraninfo, Madrid.

MARTÍNEZ ALBERTOS, J. L. (1978): *La noticia y los comunicadores públicos*, Pirámide, Madrid.

— (1983): *Curso general de redacción periodística*, Mitre, Barcelona.

MARTÍNEZ DE SOUZA, J. (1981): *Diccionario general de periodismo*, Paraninfo, Madrid.

MARTÍNEZ VALLVEY, F. (1999): *Cómo se escriben las noticias*, Librería Cervantes, Salamanca.

MUÑOZ TORREZ, J. R. (2002): *Por qué interesan las noticias. Estudio de los fundamentos del interés informativo*, Herder, Barcelona.

NÚÑEZ LADEVÉZE, L. (1991): *Manual para periodismo. Veinte lecciones sobre el contexto, el lenguaje y el texto de la información*, Ariel, Barcelona.

ORTEGO COSTALES, J. (1966): *Noticia, actualidad, información*, EUNSA, Pamplona.

RODRIGO ALSINA, M. (1989): *La construcción de la noticia*, Paidós Comunicación, Barcelona.

ROSS, C. (1911*): The wrinting of news*, Henry and Co., New York.

SIGAL, Leo (1978): *Reporteros y funcionarios. La Organización y las Normas de Elaboración de las Noticias*, Gernika, México.

TUCHMAN, G. (1983): *La producción de la noticia. Estudio sobre la construcción de la realidad*, Gustavo Gili, Barcelona.

VAN DIJK, T. A. (1990): *La noticia como discurso. Comprensión, estructura y producción de la información*, Paidós Comunicación, Barcelona.

WARREN, C. (1975): *Géneros periodísticos informativos. Nueva enciclopedia de la noticia*, ATE, Barcelona.

WOLF, M. (1996): *La investigación de la comunicación de masas. Crítica y perspectiva*, Paidós, Barcelona.

CAPÍTULO 7

LAS NOTICIAS DISCURSIVAS

FERNANDO LÓPEZ PAN
Universidad de Navarra

La naturaleza narrativa de la actividad periodística no caracteriza por igual a todas las piezas del periódico; como tampoco son narrativos todos los pasajes de una novela o un cuento, en los que encontramos, además de los diálogos y las descripciones, partes explícitamente argumentativas, en las que toma la palabra el narrador/autor. Del mismo modo que en un relato literario o en una narración ordinaria aparecen pasajes no narrativos, en un periódico, siendo un producto cultural esencialmente narrativo, se publican textos en los que lo narrativo se relega a un segundo plano o ni siquiera comparece.

Y no me refiero a los más evidentes —los editoriales, las columnas de análisis y, en general, los llamados géneros de autor—, sino a las noticias expositivas y, especialmente, a las discursivas, aquellas que dan cuenta de actos de habla, tanto espontáneos (declaraciones de un político en el pasillo del Congreso o en la inauguración de un tramo de autopista, palabras de un deportista a la salida de un entrenamiento, etcétera) como previstos (ruedas de prensa, mesas redondas, coloquios, intervenciones parlamentarias o municipales, etc.). Y, desde luego, ni las noticias expositivas ni las discursivas (hasta cierto punto, un tipo de expositivas: desarrollan el decir de otro u otros) presentan una historia, requisito imprescindible de toda narración.

Si acaso, las noticias discursivas se mueven en una frontera siempre difusa, porque dan cuenta de una acción. Núñez Ladevéze, muy acertadamente, ha señalado que los discursos sobre los que versan esas noticias son actos de habla en ese sentido, acciones, en los que es posible distinguir los tres niveles clásicos de todo acto de habla: locutivo, ilocutivo y perlocutivo. De hecho, los periodistas intentan reflejar en sus noticias no sólo las palabras del orador, sino también la acción o acciones que realizó con su discurso (Núñez Ladevéze, 1991, p. 234 y ss.). Hasta tal punto es así que plantea, junto a las directas e indirectas, un tercer tipo de citas: las de actos de habla (p. 281). En ese sentido, no cabe duda de que las noticias discursivas versan sobre acciones;

pero no hay en ellas propiamente una historia que implique una transformación de un estado de cosas.

Dicho esto, soy consciente de que los periodistas tienden a incorporar esas informaciones sobre actos de habla a una historia —aunque, a veces, sólo signifique añadir uno o dos párrafos de contexto— o convierten el acto discursivo en un episodio más de una historia en proceso. En el extremo, ensamblan los actos discursivos del personaje como piezas de textos narrativos donde se trata de dar cuenta de esas historias en marcha. Es lo propio, por ejemplo, de los reportajes llamados interpretativos o de las crónicas políticas tan característicos de los suplementos del fin de semana (no hablo aquí de los magacines dominicales). En la medida en que el periodista incorpora un acto discursivo a un texto en el que predomine una narración explícita, ese acto dejará de dar pie a una noticia discursiva, porque, entonces, quedará textualmente abrazado por la historia de la que forma parte. Ahora bien, que un acto discursivo sea un episodio o una secuencia de una historia en proceso no anula que un texto pueda esencial y simplemente dar cuenta de ese acto discursivo. Claro que, siguiendo los mismos criterios que algunos estudiosos aplican a las narraciones literarias, se podría considerar una noticia discursiva como un relato de palabras. Pero un manual de redacción periodística de carácter introductorio no es lugar adecuado para este debate, por otro lado muy interesante.

Volviendo a las noticias discursivas, basta con hojear un periódico para advertir la abundancia de textos que simplemente dan cuenta del decir de otro, bien porque es un personaje de relevancia social o porque aporta conocimientos que se consideran útiles y beneficiosos para los lectores y la sociedad en general. Nos encontramos así con que las declaraciones y las palabras de las fuentes, los promotores o los protagonistas de la actualidad política, económica y cultural inundan las páginas de los periódicos.

No es desde luego un panorama alentador ni muy al servicio de los ciudadanos. Pero, siendo consciente de que el periodismo nunca consiste en colocar la grabadora delante de los personajes públicos y cederles las planas de los periódicos —no consiste en eso ni siquiera en el caso, inimaginable, de quien se empeñara en practicarlo de esa manera—, un manual básico de redacción periodística no puede renunciar a explicar cómo escribir esas noticias discursivas: forma parte de las destrezas elementales de un periodista y las primeras que se exigen a cualquier estudiante de prácticas o a un redactor recién incorporado a un medio.

Antes de entrar en materia, cinco advertencias. La primera. Aunque las noticias discursivas se ocupan tanto de las declaraciones obtenidas en situaciones imprevistas como de las intervenciones orales perfectamente planificadas, en las páginas que siguen me centraré en el caso de las noticias sobre conferencias, mesas redondas y coloquios. En general, son las que más propiamente se limitan a reflejar el mero decir de los oradores. Y no es frecuente que formen parte de historias en proceso. En ese sentido, la posible dimensión narrativa a la que aludía más arriba queda habitualmente relegada. Por eso, aunque no abunden en los periódicos, las convierto en el centro de este capítulo. Pero no sólo por eso: la inmensa mayoría de las indicaciones válidas para ellas se aplican a cualquier otra noticia discursiva. Además, añado otra cualidad pedagógica: la escritura de noticias sobre discursos obliga a desarrollar la capacidad de análisis y de síntesis, a veces no tan necesarias en otros eventos discursivos.

La segunda atañe a los fragmentos que reproduzco: muchos ejemplifican lo que no se debe hacer. Indudablemente, se aprende mejor por connaturalidad con los buenos textos; pero mi experiencia docente me ha enseñado que muchos alumnos avanzan deprisa cuando, como primer peldaño del aprendizaje, se les indican los errores más frecuentes. Errores en los que es fácil caer hasta que se les muestran explícitamente en textos concretos. Y ellos, los estudiantes, son —sois— los destinatarios del libro. Como suelo explicar el primer día de mi curso sobre escritura de trabajos de investigación, prefiero pecar por elemental a dejar algún asunto oscuro. Desde esta perspectiva, entiendo que los ejemplos de los alumnos se revalorizan. Así que, aunque no falten los pasajes tomados de publicaciones, adelanto que aquéllos son los que predominan (anónimos, por supuesto). Vaya para mis alumnos, que sin saberlo han colaborado en este libro, mi más sincero agradecimiento. Que extiendo a los colegas de mi universidad que se han convertido en personajes de unas noticias hasta ahora inéditas. Y pido disculpas a los lectores por la frecuente aparición —sin duda excesiva— de la universidad en la que trabajo, y que me sirve de campo de pruebas para los estudiantes de mis cursos.

Y campo de pruebas, abierto a iniciativas y necesitado de ellas, es el de este tipo de noticias. Incluso cabría pensar que el periodismo se beneficiaría de su desaparición. Pero, y paso a la tercera de las advertencias, las alternativas surgen por superación no por ignorancia de lo anterior. En otros capítulos de este libro se abren otros horizontes de escritura, sin duda más atractivos para los periodistas y para los propios lectores. Los aplaudo. Y los promuevo. Pero en estas páginas me he obligado a no desbordar lo que podríamos llamar el nivel 1 de la escritura periodística. Conviene tenerlo presente.

La cuarta advertencia se refiere al último epígrafe. Los textos que ahí propongo para el análisis aparecieron en un periódico universitario, el primero, y en un periódico de información general, el segundo. Que los reserve para el final responde a una estrategia: permitirle al lector aplicar las indicaciones de los epígrafes anteriores a textos publicados, y descubrir que con esas sencillas herramientas es capaz de proponer mejoras. Por otra parte, tampoco hay nada extraordinario en ello: desde una mesa de trabajo, sin la presión del tiempo y con una versión ya construida es muy sencillo advertir errores y sugerir cambios.

Dudaba si incluir la quinta advertencia, menos aún después de haber redactado la tercera, pero —amparado en los posibles lectores— no me resisto a mencionarla. Saber escribir, como dice José Francisco Sánchez, es saber escuchar, saber observar, saber preguntar, saber pensar y saber sobre la condición humana. Sin esos saberes la escritura se rebaja a mera técnica. Pero la técnica también se necesita. Y mucho de técnica es lo que ofrezco aquí: estrategias retóricas elementales, orientaciones prácticas sencillas y recursos expresivos rudimentarios. Que nadie espere más. Por mi parte, espero no ofrecer menos.

1. Preparación y cobertura

Aunque muchas veces la inmediatez no lo permitirá, antes de acudir a un evento discursivo, conviene informarse sobre el personaje y sobre el tema. Si no lo hacemos así corremos tres riesgos: no entender lo que se dice, descontextualizarlo y no distinguir lo relevante de lo ya conocido (cuando uno lo ignora todo respecto a un tema, todo es relevante para él: y cuando todo es relevante, significa que nada lo es). Y precisamente, el criterio —saber valorar lo importante en función de la propia audiencia— es una cualidad imprescindible del periodista. Cuántas veces, sobre todo por culpa de la inexperiencia y el desconocimiento del contexto, se acaban destacando en una noticia ideas mil veces repetidas u obvias. Algún ejemplo se verá más adelante.

Por otro lado, y lo digo un tanto apurado, pero sin vergüenza, debemos acudir siempre con el material adecuado: la grabadora bien probada, la libreta y un par de bolígrafos. Cualquiera con un mínimo de experiencia podría contar los malos ratos que le ha hecho pasar un bolígrafo que no escribe o una grabadora que no funciona por alguna razón insospechada. Como insospechadas son las razones que, a veces, impiden llegar puntuales. Y la impuntualidad es, de entrada, una descortesía. Y, a continuación, una falta de profesionalidad.

Con los conocimientos adecuados y los instrumentos oportunos acudimos al acto correspondiente porque se cubre el acontecimiento. Por eso, salvo imponderables, habrá que asistir aunque den el texto por adelantado, y nunca se abandona el lugar antes de que concluya el acto (mitin, mesa redonda, rueda de prensa, conferencia, etc.). A veces, la noticia es que el acto no pudo realizarse. O que no pudo terminar. O lo que no se dijo, ni siquiera en el coloquio final. O ese matiz que recogió un solo periodista porque, después de la conferencia, pidió aclaraciones al orador.

Cuando se trata de una conferencia, un coloquio o una mesa redonda, se ha de prestar atención a: 1) la presentación del acto (habitualmente, alguien señala la relevancia de los personajes: si se trata de desconocidos, los datos del presentador serán muy útiles para identificarles luego en la noticia); 2) al personaje que habla: ropa, gestos, inflexiones de voz, reacciones, etc.; 3) al público: número, ambiente (para esto, hay que situarse en un lugar estratégico que nos permita observar tanto a la audiencia como al orador) y, en su caso, 4) al lugar y al entorno.

Esos datos que recogemos gracias a una observación atenta permitirán luego completar la noticia con elementos que aporten colorido e interés. Habitualmente condimentan el texto, aparecen espaciados y como simples incisos que no distraen la atención de lo verdaderamente importante; salvo que el contexto del discurso o del coloquio los haga relevantes por alguna razón. Pero quizá entonces el formato adecuado para dar cuenta del acontecimiento ya no sea una noticia, sino una crónica, por ejemplo.

Un último consejo. A pesar de la inestimable ayuda de la grabadora, conviene tomar abundantes notas; y conviene hacerlo de un modo activo, incluyendo signos que nos permitan luego recorrer las anotaciones con gran rapidez. Por ejemplo, señalar lo no entendido con un interrogante; entrecomillar las citas textuales; indicar lo nuevo, lo inusual, lo importante o lo más relevante con una exclamación; buscar los resúmenes en el propio discurso, etc. De este modo, se puede decir que ya estamos redactando mentalmente, y al hilo de la exposición oral, el texto. Pero esa no es la única ventaja: las anotaciones liberan al periodista de la lenta y engorrosa tarea de transcribir la cinta. Aunque ésta siempre estará ahí para resolver las dudas, comprobar que se ha entendido bien determinado pasaje o respetar la literalidad de algunas frases.

2. Redacción

Un acto discursivo que aporta información de interés y una cobertura adecuada son condiciones necesarias para redactar una noticia. Pero no suficientes. La historia profesional ha desembocado en unas estrategias de escritura que, con limitaciones, pero manejadas con destreza, fuerzan al periodista a pensar en el lector.

Veremos ese legado de la tradición siguiendo las tres partes de una noticia convencional. Pero el primer paso consiste en estructurar la información de un modo lógico, si fuera preciso recurriendo a un guión. Es cierto que elaborar un esquema requiere un tiempo siempre escaso en la vida profesional, pero no conviene olvidar que para escribir rápido y bien hay que subir un primer peldaño: hacerlo bien, aunque sea con lentitud. Y el despliegue lógico de la información es garantía, no exclusiva, de que el texto tendrá unidad: todo versará sobre un tema y los subtemas relacionados y necesarios, cada paso será evidente y se logrará un armazón sólido.

Y la unidad se expresa en la coherencia y la cohesión. La coherencia, que es la conexión lógica de una idea con otra, puede estar implícita; mientras que la cohesión es la manifestación en la superficie del texto de esa coherencia interna: el DRAE la define como la acción y efecto de adherirse las cosas entre sí. Un texto podría ser coherente (con una lógica buena), pero muy poco cohesionado porque no se explicitan esas relaciones en la superficie del texto, en la apariencia externa. Y la coherencia es indispensable para que una noticia sea un texto, y no una amalgama de ideas dispersas, riesgo muy próximo de las noticias discursivas. A la cohesión contribuye el guión, que con el tiempo se hace rápida y mentalmente, y a la coherencia las transiciones eficaces. Sobre éstas volveremos más adelante.

Vayamos ahora con el titular, el *lead* y el cuerpo de la información. Adelanto que el lector no encontrará tipologías ni, para el caso del cuerpo de la información, estructuras textuales. Las que se mencionan en otros capítulos de este libro, con ligeras variaciones, servirían para este.

2.1. Titular

Para empezar, no todos los periódicos titulan igual. Depende de la personalidad de cada diario: por ejemplo, un periódico popular resuelve la titulación de un modo diferente a un periódico de calidad (me limito a utilizar los términos comunes en la tipología de diarios). También el diseño abre unas posibilidades y cierra otras. Con esta salvedad, intentaré limitarme a indicaciones básicas y, pienso, compartidas.

Como en toda noticia, el titular, que ha de ser autónomo, debe entenderse sin acudir al *lead* ni al cuerpo de la información. Eso implica, entre otras cosas, que siempre se ha de identificar a la persona que habla con el rasgo o los rasgos que la caracterizan.

Para el caso de que sólo dispongamos del título, basta con algo tan sencillo como:

> 1) «El discurso sobre el estilo carece de sentido», según el arquitecto Bofill.

Si el periódico valora tanto la noticia que nos ofrece los tres elementos del titular, sería absurdo destacar por partida doble los mismos datos: lo lógico es que cada uno transmita información complementaria.

> 2) Ciclo de conferencias «Tantos tontos tópicos».
> José Antonio Marina: «Nuestra sociedad se equivoca al otorgar valor absoluto a la sinceridad.»
> El autor de *Ética para náufragos* abrió el seminario organizado por el Ateneo.

En este caso, en el antetítulo se sitúa la conferencia en su ciclo correspondiente, mientras que el subtítulo identifica al conferenciante. En el título se opta por una frase textual del orador acompañada por el nombre.

Con un mínimo cambio —el nombre se reserva para el subtítulo—, adopta la misma solución el autor de este otro titular:

3) Jornadas sobre la amistad.
«La falta de madurez impide la amistad verdadera.»
El psiquiatra Alfredo Martínez habló sobre la patología de la amistad.

Y podría servir... si no fuera porque la amistad ¡nos sale al paso en los tres elementos del titular!: por supuesto que es el tema de la conferencia, pero presentémosla sin tanto protagonismo.

Desde luego, nada obliga a que aparezca en el antetítulo el ciclo o el curso del que una intervención forma parte. Entre otras razones, porque en muchos casos se trata de actos aislados, pero también porque ese dato puede darse en el subtítulo, como ocurre con este titular de *El Mundo*:

4) Según el director de *El Mundo*, «el felipismo se ha encontrado con el problema de la libertad de expresión».
Pedro J. Ramírez: «El triunfo de la información ha sido poner en marcha la revolución de la verdad.»
Abrió el curso de la AEPI destacando las revelaciones de los medios.

En las noticias sobre mesas redondas o coloquios, al intervenir varios oradores, los elementos del titular pueden servir para destacar lo que dicen. Pienso que lo resuelve este titular. Por eso, lo reproduzco a pesar de los años transcurridos:

5) El premio Nobel asegura que «no hay nada más triste que escribir al dictado de los políticos».
Umbral y Cela comparten que el escritor tiene que trabajar en la prensa y estar comprometido.
«El objetivo es regenerar la democracia», dice el columnista.

El periodista de *El Mundo* buscó un punto de coincidencia entre los dos personajes que le sirviera para el título, y reservó el subtítulo y el antetítulo para destacar la idea más relevante de cada uno de ellos. Que no indique expresamente quién es el premio Nobel y quién el columnista se entiende en el contexto del propio periódico —Umbral era el columnista diario de la última página— y de la notoriedad del único español vivo con un premio Nobel en las estanterías de su casa.

Cuando intervienen varios oradores contamos con el recurso de sacar al título una idea compartida por todos (o la mayoría) y reservar el contexto para el subtítulo:

6) Jueces, fiscales y abogados reclaman psicólogos como ayuda en su trabajo.
Los asistentes a una mesa redonda opinaron también sobre los informes psicológicos y su evaluación.

Desde luego, nada impide que en el titular se destaque a uno solo de los ponentes, como sucede en el siguiente ejemplo en el que, de los cuatro miembros de la mesa redonda, el periodista apuesta por uno de ellos, entonces —reciente la investigación sobre el caso Roldán— especialmente conocido:

> 7) Irujo: «Todo el periodismo debe ser de investigación.»
> «En el caso Roldán, los periodistas tuvimos siempre más protagonismo que las fuentes.»

Lógicamente, el margen de maniobra con el que cuenta el periodista a la hora de titular es tan amplio que no tiene sentido multiplicar los ejemplos. Pero sí lo tiene mostrar algunos errores de titulación de los que hay que huir. Al menos estos cuatro.

1) *Titulares que no se entiendan por sí mismos:*

> 8) Onaindía: «El proyecto nace desde la perspectiva de conseguir aumentar la calidad de vida de los ciudadanos.»

Para interpretar este título, el lector debería saber que Jaime Onaindía es miembro del foro Bilbao Ría 2000 y que se habla del Proyecto Alas, con el que se pretende rejuvenecer algunos municipios como Baracaldo o Sestao. Y exigirle eso al lector, aunque sea bilbaíno, es, sin duda, demasiado.

2) *Titulares confusos:*

> 9) Juan Bosco Amores: «Cuba es él.»

Es confuso porque el orador no aparece identificado —y, desde luego, no es un personaje al que cualquier lector le ponga cara, ni mucho menos—; pero, sobre todo, porque no es autónomo: ¿a quién se refiere con «él»?, ¿al propio señor Amores? Suponemos que no, pero nada en el titular nos lleva a pensar en otro personaje (es verdad que, en este caso, el error no es tan relevante: casi todos los lectores pensarán en Fidel Castro, pero aun así...).

3) *Titulares que no dicen nada, que no aportan información más allá de que se ha hablado de algo en un lugar determinado:*

> 10) Conferencias en Vitoria sobre la información y la desinformación de nuestra sociedad.

Incluso en el caso de que se tratara de una información previa, habría que haber destacado algo: uno de los oradores, el enfoque de las conferencias, etc. Nunca hay que olvidar que la información es concreta y atenta a los detalles.

4) *No quedarse en el mero acto. Así en lugar de*

> 11) Presentada la «Historia de la radio en Navarra»

es preferible:

> 12) Sesenta años de radiodifusión navarra, recogidos en un libro
> Educación ha editado la obra *Historia de la radio en Navarra*, escrita
> por Carlos Albillo Torres y José Javier Sánchez Aranda

Y todavía mejor si nos adelantara el resultado más interesante del estudio. Y evitara nombres tan completos y, al mismo tiempo, tan desconocidos para un lector medio.

2.2. *LEAD*

Es sabido que el *lead* de la noticia, en el formato más clásico, actúa como expansión de lo destacado en el titular, pero en completa autonomía sintáctica y semántica. También con respecto al resto de la noticia. Por supuesto, este tipo de *lead*, llamado de sumario, no es el único ni el mejor, pero sí el más convencional; y, por lo tanto, en coherencia con las advertencias iniciales, el que explicaré.

Leads que no aciertan

El primer párrafo debe responder a las conocidas preguntas básicas. Pero no siempre. No a todas. Y, desde luego, nunca sólo a las menos relevantes.

Por ejemplo, para el tipo de noticias que nos ocupa, no tendría sentido dar el contexto de una intervención —el cuándo, el dónde y el por qué—, y no responder al quién y al qué. Por otro lado, una información que no debe faltar en ningún *lead*. Y en ese error cae el autor del siguiente:

> 13) *La segunda sesión de los Coloquios de Otoño se celebró el pasado lunes en el aula magna del edifico de Arquitectura. El motivo que tiene el departamento de Historia y el Servicio de Actividades Culturales y Sociales de la Universidad de Navarra (SACYS) es el panorama internacional.

Al lector le da igual si esa sesión es la primera, la segunda o la vigesimotercera. Y tampoco le importa el detalle del local, pero sí dónde se desarrolla en un sentido más genérico: suponemos que en la Universidad que se menciona, aunque no se nos dice expresamente. Y no cabe duda de que el citado departamento y el SACYS estarán felices de que les sitúen en el escaparate del *lead*. Pero dudo que haga felices a los lectores, atiborrados de datos irrelevantes en escasas líneas.

Pero tampoco basta con decir quién habló y el tema de su intervención. Si nos limitamos a eso, redactaremos un párrafo insulso, sin mordiente informativa. Esa falta de interés se advierte en los dos ejemplos que siguen:

14) *Lolo Sainz, ex seleccionador nacional de baloncesto, dio una conferencia en el aula magna del edificio central en la Universidad de Navarra. Sainz expuso cuál era la situación actual del baloncesto español y se mostró dispuesto a responder a las preguntas que le formularon varios alumnos.

15) *Joaquín del Río, profesor de Farmacología de la Universidad de Navarra, en una de las sesiones organizadas por el foro de investigación en medicina del Colegio Mayor Larraona trató, ante un público de jóvenes universitarios, el tema de las drogas desde el punto de vista de los daños que ocasionan en el cuerpo.

En ambos casos, el autor de los textos no ha sabido seleccionar lo relevante de lo dicho, lo verdaderamente noticioso, aquella afirmación, idea, anécdota, etc., que atrape al lector y le anime a seguir leyendo. Tampoco lo consiguió el redactor del siguiente *lead*:

16) *El catedrático de filosofía José Antonio Marina (Toledo, 1939), Premio Nacional de Ensayo de 1992 por *Elogio y refutación del ingenio* y protagonista destacado del reciente éxito editorial de los libros de pensamiento, abrió el pasado lunes, en la sala de conferencias de la CAMP, el ciclo que sobre la desidia lingüística, la pereza mental y la ruina imaginativa de los tópicos ha organizado el Ateneo Navarro/Nafar Ateneoa.

Demasiada información de contexto y de escasa relevancia informativa para un *lead*, en donde se supone que hemos de desplegar lo más jugoso de la intervención del conferenciante. Lo mismo le sucede a este otro:

17) *Sin mordaza, veinte años de prensa en democracia*, publicado en la editorial Temas de Hoy, es el título del libro que presentó Carlos Barrera del Barrio, profesor de Historia del Periodismo en la Facultad de Periodismo de la Universidad de Navarra. Su autor es doctor en Ciencias de la Información, tiene 33 años, y es natural de Burgos.
Durante este año ha escrito otros dos libros editados por Eunsa. *El diario Madrid: realidad y símbolo de una época* y *Periodismo y franquismo*. El libro recién estrenado es una continuación de este último.
Barrera es miembro de la IAMCR y ha escrito...

No sé si mi colega Carlos Barrera estará o no agradecido al periódico (queda patente su capacidad de trabajo y consigue un hueco para sus otros dos libros en el encabezamiento de la noticia). Ahora, estoy seguro de que el lector hubiera agradecido alguna de las ideas más sugerentes o más importantes del libro. Además, como muchos lectores no pasan del *lead*, además de aburrirles se ha perdido la oportunidad de aportarles algo que les enriquezca. Y así quizá aumentaran las opciones de que alguien se animara a comprarlo.

Quede claro que nadie destierra esa información curricular de las noticias, pero sí debe quedar relegada a su lugar oportuno: hacia el final o dosificada a lo largo del texto, a modo de inciso en diferentes frases. ¿Cómo explicar los errores de los ejemplos 16 y 17? Quizá los periodistas —ambas noticias se publicaron en periódicos de información general— no cayeron en la cuenta de algo importante: las diferentes actitudes entre el público de una conferencia y los lectores de un periódico. El primero, con su asistencia, ya ha mostrado su interés: por eso, la presentación inicial —cortesía con el orador— se acepta como una deferencia con el público. Entre los lectores del periódico, la mayoría ni siquiera se habrán enterado de que se pronunció la conferencia, y si se enteraron, o no tenían tiempo para acudir o no les interesaba; pero el periodista ha de hacerles ver que sí merece la pena invertir unos minutos en la noticia.

Ya que hemos empezado con *leads* que no aciertan con lo relevante, termino con un error en el que es fácil caer si falta esmero y mimo: traicionar en el titular lo que se dice en el propio *lead*. No me refiero a la mala intención ni a un efecto manipulador o interesado, sino a los deslices tantas veces compañeros de la prisa. Esto es lo que sucede con este ejemplo:

> 18) *Coloquios de Otoño en la Universidad de Navarra
> Amores asegura que la transición hacia la democracia en Cuba será pacífica y próspera.
> «La transición cubana será mucho más pacífica de lo que anuncia la prensa, y la recuperación económica será rápida.» Éste es el mensaje de confianza que el profesor Juan Bosco Amores transmitió en su conferencia titulada «Cuba: de la frustración a la esperanza», que tuvo lugar el pasado lunes en el aula magna del edificio de Arquitectura de la Universidad de Navarra.

El autor del texto, que sin duda mejora el *lead* del ejemplo número 13, en un sano afán por condensar la idea del conferenciante y, al mismo tiempo, evitar la mera repetición de la frase con la que abre el *lead*, opta por titular con una cita indirecta; pero no advierte que pacífica y próspera no reflejan con precisión las palabras del orador: una transición «mucho más pacífica de lo que anuncia la prensa» y una recuperación económica «rápida».

Al margen de la inexactitud, este titular y este *lead* también fallan al no identificar al conferenciante; especialmente grave cuando se trata de un desconocido para la mayoría de la gente. Debe quedar claro que en ambas partes de la noticia hemos de caracterizar al personaje con los rasgos que le den credibilidad ante los lectores: los datos que le conviertan en autoridad atendible en la materia de que se trate. Sin caer en la tediosa información curricular de los ejemplos 16 y 17. En el 18, bastaba con presentarle como un profesor de Historia de América que había visitado Cuba recientemente.

He guardado para el final este breve publicado en la sección de deportes de un periódico:

> 19) *Roberto Carlos pide el Balón de Oro
> Roberto Carlos reclama para sí el Balón de Oro o el premio de la FIFA al mejor jugador: «Si consigo el Balón de Oro o el FIFA Player sería cerrar con llave de oro toda mi carrera. Hay gente que me ve y dice "qué simpático eres". Yo no quiero ser simpático, sólo quiero ser recordado por ser un buen profesional del fútbol», asegura.

No cabe duda de que al jugador del Real Madrid le encantaría un premio tan prestigioso, pero nada en la cita que se reproduce nos lleva a pensar que esté reclamando el Balón de Oro, precisamente la idea que se desprende de la lectura aislada del titular. Por cierto, es tal el grado de implicación del lector de deportes que no extraña que el personaje aparezca sin identificar: su nombre futbolístico, en este caso, es su mejor identificación.

Leads que aciertan algo más

Los *leads* eficaces dan la información imprescindible y atraen la atención del lector. Los ejemplos que siguen cumplen acabadamente ambas funciones, aunque, a mi juicio, puedan mejorarse.

Para empezar, uno sencillo: una frase llamativa y quién la dijo, con su correspondiente identificación.

> 20) «Los más propensos a padecer estrés son los excesivamente dependientes de otra persona o institución —trabajo, escuela, padres—», afirmó el psiquiatra José Ignacio Zuazo.

Aunque no hay duda de que se despierta el interés del lector, también es cierto que convendría enmarcar un tanto esa intervención: al menos, con el cuándo y el dónde.

He aquí otro:

> 21) A pesar de que su labor de investigación periodística en el denominado «caso Roldán» le ha valido un sinfín de premios y distinciones, José María Irujo, redactor de *Diario 16*, fue rotundo en su mensaje: «El periodismo de investigación como tal no existe —aseguró—. Todo el periodismo debe ser de investigación. El periodista no puede conformarse con la realidad de la superficie, tiene que profundizar en los temas y conocer el fondo de las cosas.»

Más de uno pensará: ¿por qué no empieza con la afirmación contundente? Quizá el periodista retrase la frase de Irujo para evitar de entrada una cita relativamente larga y sin atribuir hasta el final. Si la abreviara, se quedaría en una simple repetición del título («Todo el periodismo debe ser de investigación», ejemplo 7), porque abrir con las otras palabras —«El periodismo de investigación no existe»— podría confundir al lector que viene con la idea del título. Podría ser esa la razón, pero hay otra: se busca la sorpresa al acentuar el contraste entre un hombre agasajado y reconocido en España como claro exponente del periodismo de investigación, y su afirmación de que ese periodismo no existe. Afirmación que el periodista ha guardado para el *lead*. Adelantarla al titular le hubiera restado eficacia en el primer párrafo.

Por lo demás —y sigo con el ejemplo 21—, ese efecto claramente pretendido hace que rompa con el sensato consejo de que el *lead* no empiece con una cláusula subordinada y, además, larga. Ciertamente se podría haber resuelto de este otro modo:

> 21*bis*) Ha destapado el «caso Roldán». Le han premiado por (aquí mencionaríamos algunos de los reportajes por los que fue premiado). Pero José María Irujo, redactor de *Diario 16*, fue rotundo: «El periodismo de investigación como tal no existe. Todo el periodismo debe ser de investigación. El periodista no puede conformarse con la realidad de la superficie, tiene que profundizar en los temas y conocer el fondo de las cosas.»

Por último, si mantuviéramos el *lead* publicado sobraría el verbo de atribución en medio de la cita: los dos puntos hacen innecesario ese aseguró entre guiones. En cuanto a los elementos de contexto que el lector puede reclamar, para no desbordar el umbral de legibilidad recomendable, el periodista los reserva para el siguiente párrafo:

> 22) En una mesa redonda celebrada con motivo de las Jornadas Internacionales de Ciencias de la Información que se han desarrollado durante los dos últimos días en la Universidad de Navarra, José María Irujo afirmó que la información hay que obtenerla siempre por medios honestos y éticos, sin recurrir a agencias de detectives o grabar a personas sin su consentimiento.

Un párrafo que, por cierto, cabría reescribir para abreviar la primera cláusula y restar énfasis al contexto, relegándolo a un inciso:

> 22*bis*) Irujo, que participó ayer en una mesa redonda dentro de las Jornadas Internacionales de Ciencias de la Información organizadas por la Universidad de Navarra, afirmó que la información hay que obtenerla siempre por medios honestos y éticos, sin recurrir a agencias de detectives o grabar a personas sin su consentimiento.

A la misma pluma se debe este otro *lead*, en el que ha sabido buscar aquella información relevante, que siempre exige adentrarse en lo que dijo el orador, ir más allá del simple explicar los temas que se abordaron. En este caso, opta por una frase breve y que, gracias a la temporalidad, crea una expectativa:

23.1) Hace medio siglo, el campo era la víctima principal de las tormentas.

Que se resuelve así:

23.2) Aunque actualmente las imágenes de los cultivos arrasados sigue siendo la imagen más recurrente tras una granizada, el ingeniero industrial Blas Hermoso insistió ayer en que es la sociedad industrial la que se lleva ahora la peor parte: «Ahora, casi todas las empresas tienen grupos informáticos y componentes electrónicos muy sensibles que pueden resultar afectados con la sola presencia de una nube de tormenta.»

(También esta frase podría haberse mejorado: más breve y sin alguna incómoda repetición. Pero dejo la reescritura como un ejercicio para el lector.)

Por supuesto que caben *leads* alternativos al del sumario. Los hay que relatan una anécdota contada por el propio orador. Los que describen una escena. Y los que sintetizan en unas cuantas preguntas los asuntos más destacados a los que da respuesta el texto; como hace este:

24) Los jueces son humanos. Dudan, necesitan colaboración para instruir diligencias adecuadamente y dictar sentencias justas. Los fiscales también. Precisan parámetros que les permitan calibrar los hechos en su justa medida. ¿Cómo saber si un niño que ha presenciado un delito dice la verdad sobre los hechos o simplemente fabula? ¿Qué ayuda necesita la víctima de una violación? ¿Cómo conceder un permiso penitenciario con garantías razonables de que el recluso no va a reincidir? Jueces, fiscales y abogados coinciden en reclamar la ayuda de psicólogos para facilitar su trabajo en determinadas ocasiones.

2.3. CUERPO DE LA NOTICIA

Ya he dicho que no iba a sugerir estructuras, pero sí algunas ideas válidas para cualquier noticia discursiva. En apretada síntesis, las reduciré a un decálogo.

1) *No se sigue el orden del discurso*

Como se advertirá claramente en el análisis de textos completos con el que cierro el capítulo, las noticias discursivas raramente siguen un orden cronológico. A los discursos, las declaraciones, las intervenciones orales les sienta bien la estructura de relevancia: se empieza con lo que el periodista juzga más importante para los lectores de su periódico en ese momento. De ahí que se pueda llevar al título (y al *lead*) una idea que aparezca en un coloquio posterior a una conferencia, en el turno de preguntas de una rueda de prensa, etc. El periodista, de modo prudencial y teniendo en cuenta las circunstancias, jerarquiza lo que se ha dicho en el acto discursivo y lo desarrolla.

También esto explica que el mismo acto discursivo pueda dar lugar, en periódicos distintos, a noticias distintas en enfoque y desarrollo, pues los intereses y necesidades de los respectivos lectores pueden variar. Y no me refiero aquí a vinculaciones ideológicas o a intereses espurios de los dueños del periódico, sino a los que se derivan de una audiencia de ámbitos geográficos distintos o de ocupaciones profesionales diversas o de preparación cultural diferente, etc. Teniendo esos factores en cuenta, no es de extrañar que periodistas de medios diferentes den versiones distintas del mismo acto discursivo; y que sendas versiones sean simultáneamente verdaderas.

2) *No interesa cuándo dijo algo el orador*

En consonancia con lo anterior, tampoco interesa matizar si algo se planteó mediada la intervención o al principio o al final. Siempre, claro está, que no sea preciso para la correcta comprensión de lo que se recoge en la noticia. Y, dicho sea de paso, hay que huir de esas frases finales que se inician con «concluyó diciendo...».

3) *Conviene usar transiciones*

Los párrafos de las noticias no tienen por qué ser independientes e intercambiables entre sí, algo que parecía exigir la preceptiva tradicional, sin duda para facilitar la tarea de los jefes, los correctores y los impresores. Al contrario, ahora se buscan textos fluidos, claros y cohesionados. Y para lograrlo, como ya dije, las transiciones son elementos clave.

Desde luego, no basta con que las ideas estén bien ordenadas, como no basta que en un edificio los ladrillos o las piezas de hormigón estén en su sitio: hay que añadir el cemento que une entre sí las piezas. ¿Cuáles son esas piezas en los textos? Las oraciones, los párrafos y las partes de un texto. Y precisamente, para enlazarlos entre sí, usamos las transiciones: esas palabras, cláusulas y oraciones que enlazan lo dicho con lo que va a continuación. Al trenzar las distintas partes, aclaran la relación entre las ideas y dan fluidez y tersura al texto: una idea lleva a otra de manera natural.

En las noticias discursivas no caben las referencias textuales (como se dijo anteriormente, lo expuesto más arriba, las palabras anteriores...), tan útiles en trabajos expositivos y argumentativos. Si acaso hubiera que aludir a algo dicho, se recoge en una síntesis de muy pocas palabras en el lugar oportuno, sin remitirse a los párrafos anteriores de la noticia.

Una advertencia final. La falta de orden, de unidad y de cohesión de un texto no se arregla por disponer de un elenco variado de conectores o recursos de transición: en ese caso, el lector rehúsa cruzar los puentes y abandona la noticia.

4)   *Una noticia discursiva no es un resumen de lo que se dijo*

Y menos un *abstract* de una base de datos referencial, interesada por recoger todos los puntos que se abordan en un documento.

Ése —dejar al lector en ascuas sobre lo que dijo el orador— es precisamente el error de este párrafo:

> 25) *El conferenciante comenzó llevando a cabo un recorrido por la historia más reciente del país antillano. Este periplo histórico le llevaría más tarde a exponer la actual problemática que atraviesa el pueblo cubano. El profesor afirmó que hay muchos aspectos de la historia de Cuba bastante desconocidos. La propaganda emitida por la dictadura castrista hacia el resto del mundo había creado durante la década de los sesenta ciertos mitos acerca de los logros de la revolución. Logros que, según el profesor Juan Bosco Amores, son más aparentes que reales.

¿Cuándo empieza esa historia más reciente? ¿Por qué le llama periplo? (En principio, el periplo es una vuelta alrededor del mundo.) ¿Cuál es la actual problemática del pueblo cubano? ¿Por qué no nos revela algunos de los aspectos desconocidos de la historia de Cuba? (Por cierto, quizá ahí tuviéramos un buen titular.) ¿Cuáles son esos mitos de los años sesenta? ¿Por qué son más aparentes que reales?

Este otro pasaje de una noticia sobre la misma conferencia responde a la pregunta del párrafo anterior —el repaso histórico comenzó con el siglo XX—, pero seguimos sin saber nada de las afirmaciones concretas ni de cómo ve el orador la realidad cubana:

> 26.1) *Tras hacer un rápido y exhaustivo repaso a la historia de Cuba a lo largo del último siglo, el conferenciante analizó la situación actual de este reducto comunista: problemas, soluciones, futuro.

Si se trata de una estrategia con la que preparar la continuación del párrafo, no parece nada afortunada. Mejor es dosificar las ideas y detallarlas. Por ejemplo, dedicar un párrafo a la idea más relevante de la historia (De la historia reciente, destacó...) y otro u otros a los demás (Al abordar los problemas, prestó especial atención a.../ Como solución más probable.../ Hasta la muerte de Castro, considera utópico cualquier cambio, pero apuesta por un futuro...). Aportar más ideas o adentrarse en alguna de ellas dependerá de la extensión que en su caso se asigne al texto. Pero lo que no depende de la extensión es que se incluya esta información en la segunda frase del párrafo:

> 26.2) *Cuando ya llevaba una hora de conferencia, pasó a responder con diligencia y seguridad las preguntas que se le formularon.
> (Cfr. el punto 9 del decálogo.)

(Salvo que estemos escribiendo un perfil sobre el personaje, y en ese caso, al cambiar el objetivo, al lector le gustaría una escena que mostrara al orador en acción, en vez de ese sumario del periodista.)

Como dije al hablar del *lead*, el periodista debe seleccionar lo relevante para sus lectores. Nada más lógico que apostar por unas pocas ideas, y explicarlas bien. Y no importa que muchas otras no salgan de la libreta o de la grabadora... en el caso, claro está, de un periodista con sentido informativo y con una fina sensibilidad para los intereses de su audiencia.

5) *Tampoco es un comentario de texto*

Basta el siguiente ejemplo —o eso espero— para quedar inmunizado contra ese error:

> 27) *La conferencia, cuyo título era La paz como desafío internacional, estaba dividida en tres partes. En la primera, el profesor de Relaciones Internacionales explicó una breve historia de cada uno de los tres países y acompañó su explicación con transparencias, mapas y gráficos. La segunda consistió en comparar los distintos casos entre sí para sacar las semejanzas y diferencias existentes. La última parte fue un coloquio en el que Lozano respondió a las preguntas que le formularon.

6) *Los comentarios e ideas deben atribuirse siempre*

Algún periodista ha recibido llamadas de lectores molestos con él por lo que se dice en alguna noticia discursiva. Y el periodista debe aclararle que no es él quien afirma lo que se recoge en el texto, sino el personaje del que se habla. Si eso sucede cuando se cuida la atribución, cuando falta no debe extrañar que, con razón, el lector interprete que el periodista toma la palabra en algunos momentos. Como sucede en este párrafo:

> 28) *El alto el fuego decretado por ambas partes beligerantes ha abierto nuevas vías de pacificación en Irlanda. Las soluciones son concisas, pero la elección resulta incierta: la unión del Ulster con el Reino Unido, con Irlanda o bien, lo más probable, la independencia del norte de Irlanda.

Aparte de atribuir lo que se dice, no le vendrían mal a ese párrafo otros pequeños arreglos:

> 28bis) A juicio del conferenciante, el alto el fuego decretado por ambas partes beligerantes ha abierto nuevas vías de pacificación en Irlanda. Lozano subrayó lo incierto de las tres soluciones posibles: la unión con el Reino Unido, la incorporación a Irlanda y la independencia.

Algo tan sencillo como atribuir siempre las citas, también las indirectas —éstas, quién lo duda, son las que más se resisten al primerizo—, da pie a deslices frecuentes cuando uno empieza a escribir noticias discursivas. Así sucede en este fragmento:

> 29) *«Lo que íbamos a hacer —señala Fernando Herrero— no iba a servir para todo el mundo.» Otro punto fundamental en el desarrollo de una campaña de publicidad es fijar el objetivo al que se dirige. El consejero delegado de Tiempo BBDO era rotundo: «El márketing de masas no existe, existen personas con nombres y apellidos.» Es muy importante estudiar a fondo el objetivo de una campaña publicitaria. «El buen cazador —añadía— no tira a perdigones, mata a una presa; pero la mata.» Un profesional de la publicidad tiene que prestar atención exclusivamente al objetivo al que está dirigida su campaña y no fijarse en el resto del mercado.

Que, aparte de aclarar la atribución, ganaría en agilidad, con esta reescritura:

> 29*bis*) Herreros destacó la importancia de fijar el objetivo de la campaña, porque «el márketing de masas no existe, existen personas con nombres y apellidos». A su juicio, un profesional de la publicidad debe centrarse en la audiencia de su campaña y olvidarse del resto del mercado. «El buen cazador —añadió— no tira a perdigones, mata a una presa; pero la mata.»

7)   *Las ideas no pueden quedar desasistidas de sus argumentos*

La brevedad de las noticias, la rapidez con la que se escriben, la preocupación por buscar lo informativamente relevante y el afán por recoger citas literales que contribuyan al atractivo del texto (en el doble sentido: por lo que dicen y por cómo lo dicen) llevan a veces a los periodistas a acumular ideas y citas en apretujados eslóganes. Es decir, sin las argumentaciones, las razones o los fundamentos correspondientes. Por eso, hay que insistir en la importancia de seleccionar muy bien lo relevante y dotarlo de las justificaciones precisas (lógicamente, si el orador las aporta y no es él quien cae en el error que se menciona aquí).

8)   *Las respuestas de un coloquio se convierten en información disponible para la noticia discursiva*

Pero las respuestas, no las preguntas, salvo que la formulación sea especialmente acertada o el personaje muy relevante. Lo más frecuente será que las preguntas queden ocultas. Algo que no entendió bien el autor de estas líneas:

> 30) *Tras describir la situación a la que ha llevado el castrismo, Bosco Amores contestó a tres preguntas. La primera de ellas fue: ¿Cómo es posible que los cubanos no se hayan revelado todavía? Respecto a ella el conferenciante alegó el fuerte control de la organización sobre la población y la huida de los elementos más activos de la isla. «Los cubanos no tienen ningún tipo de referencia», dijo.

La contestación de la segunda —¿Cuándo y cómo va a acabar esto?— la basó en que «considerando la actitud de los diferentes actores (Fidel, los cubanos, los exiliados y EE.UU.) la situación actual durará lo que dure el líder máximo». El profesor Bosco, para finalizar, contestó a una tercera pregunta: ¿Qué va a pasar cuando desaparezca Fidel? «En mi opinión —dijo— la transición política en Cuba será más pacífica, mucho más pacífica de lo que anuncian.»

Veamos cómo lo verdaderamente informativo de esos dos párrafos se condensa en uno:

30*bis*) Amores atribuyó la pasividad de los cubanos al fuerte control del estado y a la huida de los hombres más activos, que dejan sin referencia a los que permanecen en la isla. Además, afirmó que la situación se mantendrá hasta que muera Castro: entonces se iniciará una transición política «más pacífica, mucho más pacífica de lo que anuncian los medios de comunicación».

Por supuesto, nada impide detallar que unas afirmaciones se dijeron en un coloquio, como en el siguiente pasaje:

31) En el coloquio que siguió a su conferencia, Granados señaló que «no es bueno ni grato» para jueces y fiscales ocuparse profesionalmente de los políticos, pero recordó que son «ellos los que entran con su conducta en el campo de actuación de jueces y fiscales». Atribuyó a ignorancia jurídica las críticas socialistas sobre su pasividad o falta de conexión con el Gobierno. En cuanto a las noticias de que en Justicia e Interior no estaban contentos con su gestión, reveló que la secretaria de estado de Justicia le comunicó que no tenían «ningún fundamento».

9)   *No interesan los detalles menudos*

Por ejemplo, saber cuánto dura una conferencia, y otros asuntos como los que se recogen en este otro párrafo (los comentarios entre paréntesis y en cursiva son míos):

32) *Durante hora y media de conferencia (dato irrelevante), el profesor Juan Bosco Amores describió la realidad cubana, mezclando en sus explicaciones frases hechas, que leía de unos folios preparados (imaginamos que más que a frases hechas en el sentido de manidas o repetidas hasta la saciedad, se refiere a que el orador disponía de un texto base para su conferencia), y experiencias propias, que dieron más realismo a sus afirmaciones (sería interesante recoger alguna de esas experiencias). En todo momento, demostró su extenso conocimiento del tema y supo mantener la atención del público que abarrotaba la sala (no hay duda de que el conferenciante merece un aplauso, tanto como el redactor de este párrafo un tirón de orejas por no aportar ninguna información de relieve).*

10) *Variedad en el modo de nombrar al personaje*

Para atribuir la información, algo imprescindible, hay que buscar la variedad: apellido, apellido y nombre, alguno de los rasgos que lo identifica —y que previamente hemos mencionado (el jugador blanco, el profesor de la Complutense, el experto en gastronomía, el científico navarro, etc.)—. La repetición lleva al tedio y al cansancio. Lo mismo que repetir estructuras sintácticas paralelas, algo muy frecuente si los párrafos empiezan nombrando al personaje.

3. Análisis de los modelos

A estas alturas, propongo al lector —me lo imagino estudiante o aprendiz de periodista— un ejercicio práctico: analizar las dos noticias que siguen, pero saltándose los comentarios (los debe leer en una segunda fase, cuando haya formulado sus propios juicios). Para facilitar esa doble lectura selectiva, y no tener que repetir el texto, he optado por incluir mis observaciones entre líneas y con unos márgenes más amplios.

Empecemos con una noticia publicada en un periódico dirigido a universitarios. No es propiamente una conferencia: se trata de la publicación de unas actas de un congreso. Como recurso tipográfico, para señalar las citas directas usaré las comillas. Así, también se advertirá fácilmente el porcentaje del texto que ocupan esas citas directas.

NOTICIA 1
(Periódico dirigido a universitarios)

Conclusiones de la jornada internacional sobre psiquiatría legal

Al margen de la fea rima interna (internacional-legal), dar rango de título a la afirmación de que se celebró un congreso y de que ese congreso llegó a unas conclusiones —algo habitual, por otro lado, en los congresos—, no parece un acierto del redactor de esta noticia. ¿No habrá entre esas conclusiones alguna que merezca el premio de figurar en el titular? Además, seguro que esa conclusión daría pie a una frase verbal, más propia de un titular noticioso.

DONOSTIA. Se han publicado las conclusiones de las jornadas celebradas el pasado 24 de mayo por el Instituto Vasco de Criminología (IVAC) y el Departamento de Psiquiatría de la Universidad de Ginebra, bajo el título «Actualización de la psiquiatría legal: el ingreso involuntario y los nuevos retos de la psiquiatría».

Seguimos sin esas conclusiones, donde puede estar lo realmente relevante, y se nos atiborra con información de contexto: organizadores, fecha y título de las jornadas. Una entrada demasiado burocrática y con poca sustancia. Esperemos que a medida que progrese la noticia crezca el interés, aunque eso suponga haber desaprovechado el *lead* para proporcionar información útil y práctica a los muchos lectores que ya no seguirán.

Dentro de los ingresos voluntarios, se han distinguido tres tipos: urgente, ordinario y penitenciario. Dentro de nuestra comunidad el porcentaje de ingresos involuntarios es de un 20 % aproximadamente, bastante inferior a países como Ginebra con un 65 %. Según las conclusiones, la enfermedad de la esquizofrenia es la que conlleva más ingresos involuntarios, y la media de edad de unos 40 años.

Estos datos ¿serán parte de las conclusiones? La atribución de la cita directa así parece confirmarlo, pero empezamos el párrafo con cierta confusión. (Por cierto, ¿cuándo logró Ginebra —si es que alguna vez lo intentó— que se le reconociera internacionalmente como un país? De ser así, no cabe duda de que ahí estaba la noticia.) Pero sigamos. Irrumpe el segundo párrafo con una clasificación de ingresos voluntarios, se supone que en los hospitales correspondientes, de los que no se explica nada. A continuación se nos habla de unos porcentajes de ingresos, pero involuntarios. Al llegar a la tercera frase, el lector topa por fin con una enfermedad más o menos conocida —la esquizofrenia—, que supongo le orientará para construir el sentido de todo el párrafo. Tampoco la cita literal hace méritos para que la reproduzcan: aparte de que las afirmaciones que aportan datos no merecen las comillas, la frase es sintácticamente incorrecta.

Evolución histórica.
En las Jornadas se apreció una evolución histórica en la regulación de una situación de vulneración de los derechos a una mayor protección que se ha logrado desde la propia psiquiatría tras el movimiento de la antipsiquiatría que cuestionó el concepto de enfermedad mental, tratamiento e institución mental.

Esa evolución, ¿se apreció en las Jornadas o la apreciaron los participantes en las Jornadas en la historia de la psiquiatría? Otro asunto: aunque la cita directa fuera interesante, que no lo es, el periodista debería parafrasear lo que dice. Es este un criterio infalible: no citar literalmente si el periodista lo puede decir mejor con sus palabras. La cita indirecta transmitiría la idea con más brevedad, claridad y elegancia; entre otras cosas, al evitar las abundantes rimas internas y al puntuar la frase con las pausas imprescindibles.

Y aunque no es imprescindible, convendría aprovechar el ladillo para decir algo. Sin trastornar el diseño de la página impresa (aquí no se reproduce tal cual), cabe optar por algo así: más protección. Pobre, pero poco más se puede hacer si se quiere destacar algo del primer párrafo de la parte que va de este ladillo al siguiente. Claro que también se podría sintetizar alguna otra idea de cualquiera de los párrafos entre ladillos: no hay razón para empezar un apartado con lo mencionado en el ladillo.

> De las conclusiones de la jornada destacan una serie de recomendaciones. Según esto *(sic)*, es necesaria una mayor colaboración entre instituciones, Universidad, Justicia y Sanidad para unificar criterios de actuación.

Aquí nos encontramos con una afirmación de cierta relevancia. A falta de otros elementos, éste —más detallado— podría haber servido para la titulación y el *lead*. El segundo párrafo —y los sucesivos, si hay suficiente información— debería, en ese caso, elaborar más la falta de coordinación, la diversidad de criterios y las posibles soluciones. ¿Por qué esos problemas de coordinación entre instituciones públicas no ocupan un lugar más alto en la jerarquía del redactor?

> Recomendaciones.
> Respecto al conflicto entre la libertad y el riesgo (lesiones, muerte del paciente...), tiene una influencia en la responsabilidad del psiquiatra que puede abocar a una Psiquiatría defensiva para evitar que este profesional sea posteriormente demandado, esto puede repercutir negativamente en la llamada alianza terapéutica, confianza médico paciente.

El párrafo anterior ya recogía una recomendación, ¿por qué entonces este ladillo aquí? Sin duda, por razones estéticas, pero el diseño no debe dañar la claridad de un texto y el correcto uso de los elementos con los que atraer al lector. Respecto a esta cita y las que siguen, diré algo en el comentario final de la noticia. Aquí no me resisto a llamar la atención sobre el fallido engarce entre la indicación temática del periodista —dicho sea de paso, ese conflicto aparece sin previo aviso— y la cita literal. La estricta corrección exige, como mínimo, algo así:

> Entre los problemas más importantes, los congresistas mencionaron cómo el conflicto que puede surgir entre respetar el derecho a la libertad del paciente y el derecho a la seguridad (no sabemos si del paciente o de los ciudadanos o de ambos) afecta al psiquiatra que...
> En las recomendaciones se menciona la necesidad de revisar la normativa actual y su interpretación administrativa y judicial, ya que presenta algunos inconvenientes, tanto de tipo conceptual como operativo.

¿Qué inconvenientes? Si los conceptuales son complicados, quizá bastaría con mostrar los operativos, único modo de que el lector se haga cargo de lo que se le dice. Tampoco vendría mal justificar por qué se han de revisar las leyes y las interpretaciones de los funcionarios y los jueces. Un ejemplo diría más que tantas palabras abstractas.

Por otro lado, se considera necesaria una mayor investigación interdisciplinar que mejore los instrumentos que permitan medir el riesgo de futuros delitos. Conviene tener siempre en cuenta los límites del pronóstico.

En este pronóstico sobre el riesgo es fundamental la evaluación del proceso anterior y el camino seguido antes del ingreso. De cualquier manera hay que destacar que la mayoría de la población psiquiátrica no es peligrosa y el principal riesgo se refiere al suicidio del enfermo.

De nuevo falta concreción en la primera frase citada. Respecto a la segunda, ¿cuáles son los límites del pronóstico?

En el siguiente párrafo aparece una de las escasas informaciones auténticas: el suicidio es el principal riesgo de los enfermos psiquiátricos. Respecto a la cita, reenvío al final de mis comentarios.

Conclusión.
Como conclusión final en las recomendaciones se declara que el conflicto entre la libertad, derechos humanos del individuo, y el riesgo para el resto de la sociedad hay que tomar en consideración que la peligrosidad es un concepto social variable y que la libertad implica siempre un riesgo.

En el párrafo con el que concluye la noticia se le ofrece al lector una conclusión —lo anuncia el ladillo— que sirve de conclusión a las recomendaciones. Parece una traca final de conclusiones de la noticia sobre las conclusiones. Pero como tampoco concreta nada, es un buen ejemplo del contenido abstracto y genérico de todo el texto. Queda el consuelo de que pocos lectores habrán llegado hasta el final. Pero, ¿para qué lectores se ha escrito el texto? ¿Para estudiantes universitarios? ¿Para participantes en el Congreso? ¿Para...?

Vayamos con las citas. La abundancia de la cursiva demuestra que el periodista depende en exceso de las citas textuales. Eso no está mal en sí mismo, aunque conviene ser selectivos. El problema se agudiza porque las citas son poco claras, apenas informativas —lo informativo es lo concreto—, muy largas y mal redactadas.

Quizá se deba a que el redactor —ante el temor de tergiversar a los expertos— opte por la estrategia defensiva de ceder la palabra, y con más razón si se trata de un texto publicado. Pero al actuar así no cumple su función de intermediario cualificado entre los expertos y los lectores. Quien haya seguido hasta el último párrafo habrá sacado bien poco provecho. Porque el periodista no ha hecho la tarea de interpretación y adaptación a la audiencia: o no era consciente de su público o quizá estaba más preocupado por cubrir un espacio que por dejar una o dos ideas claras y útiles en los lectores.

NOTICIA 2
(Periódico de información general)

COMUNICACIÓN

Umberto Eco apuesta por periódicos que no superen la docena de páginas.

En el titular se opta por dos elementos: un antetítulo indica el ámbito temático, y un título recoge una cita indirecta y se la atribuye a un personaje bien conocido en el mundo de la cultura y de los medios. Quizá por eso el periodista decide no acompañar el nombre con la identificación correspondiente, algo que hará en el *lead*. El presente de la frase verbal del título da sensación de inmediatez a la noticia.

ROMA. Un modelo periodístico como el de los diarios de las islas Fidji (es decir, con pocas páginas), para evitar el «suicidio de la prensa impresa», es la propuesta del semiólogo, escritor y periodista Umberto Eco en un seminario sobre información, comunicación y veracidad que se celebra en Bolonia.

El comienzo del *lead*, como es habitual en las noticias convencionales, repite la idea del título como si aquél no existiera. Podríamos decir que el texto empieza de nuevo en un primer párrafo, que se construye, eso sí, con un orden inverso —se empieza por la idea expresada por el personaje y luego se le atribuye— y con algunos elementos más: la idea de Eco, al que acompañan tres elementos identificadores, aparece como solución a una crisis y en el contexto de un seminario en una ciudad italiana. Cita breve. ¿Hay prensa no impresa?

La lógica indica que el segundo párrafo debería elaborar algo más la idea sintética y relevante del *lead*. Y así lo pretende el autor de esta noticia:

En una era en que la evolución de los medios de comunicación de masas —radio, televisión, cine, periodismo, Internet, publicidad, técnicas de reproducción del sonido y de la imagen— no son sólo medios de información, sino que combinan a la vez información, distracción y cultura, mezclan intereses ideológicos, económicos o estéticos, y transforman la lengua, cabe pensar en un intento de salvación a través de la vía fidjiana. Este modelo se basa en diarios delgados —de ocho a doce páginas en total— llenos, sobre todo, de noticias locales.

Hablo de pretensión más que de logro, porque no queda claro por qué la primera parte de la frase sirve de justificación para la propuesta. Tampoco la segunda frase del párrafo da razones para que el lector entienda la reducción de páginas como una posible solución. No digo que no exista esa relación, simplemente advierto un salto en la argumentación que confunde al lector. Otro asunto: ¿quién afirma lo que se dice en ese párrafo? Ante la ausencia de atribución, parece que el propio periodista explica los rasgos de la actual comunicación de masas.

> El conferenciante explicó que hace diez años vivió durante un mes en las islas del Pacífico sur, donde sólo pudo leer la prensa local. Había una guerra en el golfo y siempre estuvo informado de los acontecimientos esenciales. «Desde aquella distancia comprendí que los asuntos sobre los que el diario no hablaba no eran importantes.»

Para no repetir en exceso el nombre del orador, el periodista, que sí atribuye la información de este párrafo, opta por referirse a él como el conferenciante. Y las palabras que cita siguen ahondando en la idea inicial, pero despiertan en el lector porqués sin respuestas: ¿a qué asuntos se refiere?, ¿para quién no eran importantes?, ¿es el diario el que confiere importancia a los asuntos de modo artificial?, ¿quiere decir que los diarios abordan muchos asuntos intrascendentes? Sería una estrategia adecuada si en el siguiente párrafo nos diera algunas respuestas. Veámoslo.

> «Los diarios —afirmó Eco— son cajas de resonancia de las televisiones, de las que hacen publicidad. Es como si la compañía Fiat pusiera un cartel en todos sus automóviles invitando a comprar un Renault. Llevan camino de convertirse en boletines destinados a una elite porque, para comprender una noticia publicada de manera esencial, se requiere un ojo educado.»

El comienzo engarza bien este párrafo con el anterior, y hace esperar que se aclare lo que en aquél se mencionaba. Y con esa expectativa lo leemos. Pero pronto descubrimos que se nos está hablando de un asunto distinto. Ciertamente, se alude a los diarios, pero con un enfoque diferente: su dependencia de la televisión. Y tras una primera frase sobre una dependencia que no se detalla ni se explica, se pasa a una segunda cuya relación con la anterior es más bien confusa y cuyas ideas —boletín, elite, noticia esencial, ojo educado— piden explicaciones.

> Además de la vía fidjiana, propuso como alternativa una prensa que definió como «de atención prolongada». El autor de *El nombre de la rosa* dijo que esto se produce cuando el diario pretende ser una mina de noticias sobre todo lo que acontece en el mundo. Un ejemplo: en lugar de ocuparse de un país africano sólo cuando tiene lugar un golpe de Estado, seguir los sucesos día a día con atención y en profundidad.

Hasta aquí, el periodista sostiene haberse centrado en elaborar la propuesta de reducir las páginas, por eso se sirve del *además* para pasar a otra alternativa mencionada por el conferenciante. No hay duda de que los conectores son imprescindibles para la cohesión del texto, y ese *además* sirve aquí de argamasa que une esta nueva idea con la anterior. Pero una vez más, no queda clara la idea de Eco, al menos no queda claro cómo llevará a cabo el diario lo que se propone si al mismo tiempo se le pide que sea «una mina de noticias sobre todo lo que acontece en el mundo». ¿O es que mina tiene un significado del que no nos hacemos cargo por falta de contexto?

Llegamos al último párrafo, al que se pretende engarzar con los párrafos anteriores y dar sentido de final. El conector *en definitiva* lleva a pensar que ahora vendrá una síntesis aclaradora de todo lo mencionado hasta aquí:

> En definitiva, vino a decir Eco, además de los medios de comunicación, ha cambiado el público, un público nuevo, de masas, diferenciado en su interior y que expresa una demanda que la industria editorial debe satisfacer. Y lo hará mediante una oferta abundante y variada que en unos casos se encauzará hacia el mayor número posible de lectores, y en otros se dirigirá a grupos minoritarios, a personas de cultura elevada o a elites de especialistas.

¿Se ha cumplido la expectativa? Pienso que no; en realidad, se pasa a comentar otra idea: el cambio del público no ya de los diarios sino de la industria editorial. Dicho sea de paso, se echa de menos una atribución de la cita indirecta con la que se cierra el texto.

Bibliografía

NÚÑEZ LADEVÉZE, L. (1991): *Manual para periodismo*, Ariel, Barcelona.
MARTÍNEZ VALLVEY, F. (1999): *Cómo se escriben las noticias*, Librería Cervantes, Salamanca.
BEZUNARTEA, O., MARTÍNEZ, F. y DEL HOYO, M. (2000): *Lecciones de reporterismo*, Servicio Editorial de la Universidad del País Vasco, Bilbao.

CAPÍTULO 8

EL ARTE DE LAS CITAS

FERNANDO LÓPEZ PAN
Universidad de Navarra

El periódico, como resultado de una actividad esencialmente narrativa que da cuenta de acontecimientos actuales de relevancia social, acoge muchos textos —noticias, reportajes, crónicas...— que responden a los patrones narrativos. Aunque algunas de esas piezas, particularmente las noticiosas, se ajusten a formatos extraños a la literatura o la narración ordinaria —por ejemplo, la pirámide invertida—, nada sustancial les separa de los textos narrativos: relatan una historia que da cuenta de las acciones que ciertas personas protagonizan en un espacio y un tiempo bien definidos.

Como el narrador de novelas y el que relata una anécdota en una tertulia o en una conversación entre amigos, el periodista también cede la palabra a los personajes de sus textos. Aunque en algunos casos —pocos, a pesar del impulso que ha recibido la escritura periodística en el último tercio del siglo XX— los personajes hablen a través de los diálogos, en la mayoría, sobre todo en las noticias, las palabras de esos personajes se convierten en citas directas o en paráfrasis. Por eso, un buen periodista contará entre sus habilidades la de saber qué y cómo citar; una habilidad que no se reduce al dominio de unas técnicas —por otro lado, muy sencillas—: exige el arte del saber escuchar, y el de saber escribir pensando en los lectores. Precisamente, en la técnica de las citas y algunos criterios básicos de selección se centra este capítulo.

Pero antes, y de modo introductorio, veremos algunas de las funciones que cumplen las citas y los tipos de citas. Me detendré algo más en la delicada cuestión de la literalidad, muy poco discutida en España, pero que ha suscitado debates encendidos en el periodismo estadounidense.

1. Funciones de las citas

Ante la imposibilidad de asistir a la inmensa mayoría de los acontecimientos y ante la necesidad de contar con las fuentes para elaborar los textos, las citas, y es la primera de sus funciones, contribuyen a dotar de credibilidad a la información recogida en los textos. Aunque importante, el de las citas no es el único recurso de verosimilitud presente en las noticias.

Junto a las citas o el recurso a la autoridad de las fuentes, y sigo a Sánchez (1992), ocupa un lugar destacado el estilo impersonal, acompañado en muchos casos del anonimato: las noticias llevan la firma institucional de la redacción. Ese estilo impersonal se traduce en el uso de la tercera persona; en la ausencia de metáforas, imágenes, analogías y expresiones poéticas en general y en el esfuerzo por expurgar los textos de adjetivos y las llamadas palabras valorativas.

También apuntala la fuerza persuasiva de los textos periodísticos el predominio de las cifras: fechas, números... En esta misma línea de la credibilidad, resulta muy eficaz insertar elementos y detalles gráficos: un relato amparado en descripciones minuciosas parece ganar en fiabilidad. Inconscientemente, el lector concluye: «Es imposible que el periodista se haya inventado esos detalles.»

Un tercer elemento de verosimilitud ha sido, durante años, el recurso a la estructura en pirámide invertida. Parecía como si ese formato imbuyera de neutralidad, objetividad y equilibrio la noticia. Afortunadamente, la pirámide ha pasado a convertirse en un formato más a disposición del periodista.

Ciertamente, todas esas estrategias retóricas contribuyen a hacer creíble el relato noticioso, a hacerlo verosímil; pero ninguno de esos recursos garantiza al lector la verdad de lo que se dice. Un texto podría respetarlas escrupulosamente y, al mismo tiempo, faltar a la verdad de los acontecimientos, porque, como se advierte fácilmente, la verdad o la falsedad de una información textual está más allá de las cuestiones estilísticas o formales.

Que las técnicas de verosimilitud mencionadas sean estrategias retóricas no significa que haya que evitarlas como si se tratara de algo peyorativo: la dimensión retórica o persuasiva está en la entraña de la comunicación, también de la ordinaria. Hablamos y escribimos tratando de suscitar la confianza de quienes nos oyen o leen. Y no hay nada malo en ello.

Lo que sí puede enviciar el periodismo es la segunda de las funciones, la de identificar la responsabilidad de lo que se dice. Aunque el predominio de tanto discurso en los medios pueda llevar a pensarlo, hablar no es un ejercicio inocuo e insustancial, sin responsabilidad alguna. No le falta razón al dicho popular que reza así: El hombre es dueño de sus silencios y esclavo de sus palabras. Por eso, el periodista se esmera por dejar bien claro quién dice qué. Si alguna consecuencia se deriva de esas palabras, el que las pronunció será el que deba responder moral y, en su caso, judicialmente.

Se produce así —simplemente la apunto— una delegación de responsabilidades que ha llevado a decir que este recurso de las citas —junto a los otros mencionados más arriba— no es más que una pieza de un baluarte defensivo levantado por la profesión para eludir responsabilidades, para protegerse frente a las acusaciones de otros y frente a la acción de la justicia. Ese punto abre las puertas a una cuestión capital que desborda estas páginas: la responsabilidad pública del periodista. ¿Es el periodista un mero transmisor?, ¿su misión se reduce a la de actuar como una paloma mensajera, un correveidile o una simple cinta magnetofónica? Algo diré al respecto al abordar la cuestión de la literalidad en las citas directas.

Y son precisamente las citas directas las que satisfacen uno de los intereses más comunes entre la gente, a la que, como dice un periodista estadounidense, le interesa lo que otra gente dice, especialmente «las palabras precisas usadas para expresar miedo, dolor, amor y odio». No hay duda de que las citas directas dan vitalidad, emoción, colorido, intriga y vigor a los textos. Siempre que se ajusten a los principios de brevedad y relevancia.

El valor estético de las citas ha sido el causante de alguna que otra invención injustificada. Y sirve para que los personajes mediáticos —que lo saben— diseñen estrategias para que aparezca —y con la mayor relevancia posible— la información que ellos quieren. Entre ellas, la de acuñar frases-eslogan, con una fuerza sintética y metafórica que las aúpa, más allá de su auténtico valor, a los lugares de privilegio de los titulares o los sumarios de una noticia.

2. Tipos de citas. Las citas directas y su literalidad

Las palabras de otro se incluyen en un texto de un modo literal, dando lugar a las citas directas, o se parafrasean y aparecen como citas indirectas. En principio, las primeras —siempre en cursiva o entrecomilladas— deben reproducir textualmente lo que ha dicho el personaje, y así lo entienden los lectores. ¿Pero es   realmente así?

Si se aplicara ese criterio de modo estricto, al periodista no le quedaría más remedio que respetar el hablar de los personajes hasta en los mínimos detalles. Así sucede, como es obvio, en el periodismo radiofónico o televisivo, en el que los totales y los cortes responden al principio de literalidad entendida en el sentido más prístino posible: reproducen lo que alguien dijo con sus propias palabras, con su tono de voz, con sus pausas, con sus incisos, con sus interrupciones, con sus frases inacabadas, etcétera. ¿Debería hacerse también así en el periodismo impreso?

La corriente dominante en el periodismo estadounidense afirma que se pueden modificar determinados detalles de una cita literal y seguir presentándola como textual o directa. Son mayoría los que animan a corregir errores gramaticales, a suprimir palabras obscenas o soeces, a completar frases a medio decir pero cuyo significado es evidente, y a eliminar las redundancias.

Los hay que llevan esa postura hasta el extremo, como el periodista William Reel, quien «después de una entrevista larga, se queda con una idea acerca de las actitudes y sentimientos de la gente que entrevista, y a partir de ahí escribe las citas. Una cita de un párrafo puede representar una hora de entrevista y, aunque muchas de las palabras no son las originales, cree que puede «llegar tan cerca que la fuente puede leerlo al día siguiente y diría: "Esto es lo que dije". Eso es todo lo preciso que intento ser» (en Turovsky, 1980, p. 39).

En España, los libros de estilo de los periódicos apuestan por la literalidad, pero matizada. Los matices van desde el criterio más estricto de *El País*, que limita las correcciones a «defectos de dicción o de construcción idiomática de un entrevistado —por tartamudez, por ser extranjero o causa similar» (1999, p. 27), hasta la mayor liberalidad de *El Mundo*, que admite la reconstrucción de citas, aunque restringida al género de los reportajes: «Las citas reconstruidas o compuestas por el propio autor sobre la base de datos obtenidos de los participantes en conversaciones o reuniones en las que ese mismo autor no estuvo presente se han convertido en un recurso frecuente en libros periodísticos a ambos lados del Atlántico. Esa práctica está prohibida en *El Mundo* cuando se trate de informaciones o crónicas; en reportajes más amplios podrá admitirse, siempre que se advierta clara y previamente en el mismo texto de la naturaleza de esos diálogos reconstruidos, que se pueden concebir como un recurso parcialmente literario y parcialmente informativo» (pp. 102 y 103). Para los demás casos sólo acepta los cambios ya mencionados, como eliminar los titubeos, las repeticiones, los errores sintácticos y las palabras soeces (salvo en circunstancias extraordinarias).

El libro de estilo del *ABC* se sitúa en un punto intermedio: «Todas las palabras, declaraciones u opiniones ajenas que se transcriban literalmente en un texto informativo se entrecomillarán sin tergiversar el sentido o intención con que fueron expuestas. Ello no impedirá al redactor seleccionar los pasajes más interesantes ni, ocasionalmente, alterar el orden de lo que se le manifiesta» (1995, p. 52). Seleccionar los pasajes más interesantes es algo que se debería dar por descontado, pero no se sabe muy bien a qué se refiere lo de alterar el orden. Por ejemplo, ¿puede el periodista anteponer una frase a otra y presentar el resultado como una cita textual?, ¿se pueden fundir frases dichas en intervalos de tiempo grandes en una única cita? El libro de estilo no ayuda a responder estas preguntas.

Por contraste con los españoles y con la corriente dominante en Estados Unidos, el libro de estilo de la Associated Press,.al referirse a las citas directas en las noticias, afirma tajantemente: «Nunca alterar las citas ni siquiera para corregir pequeños errores de gramática o léxico. Errores sin importancia cometidos al hablar (*Casual minor tongue slips*) pueden ser cambiados usando elipsis, pero incluso eso debe ser hecho con un cuidado extremo. Si hay una duda acerca de una cita, o no la uses o pregunta al hablante para aclararla» (p. 166). Curiosamente, esa negativa terminante a modificar las citas en las noticias, contrasta con lo que se decía en la edición de 1984: «Normalmente, las citas deben ser corregidas para evitar pequeños errores de gramática o léxico, que con frecuencia ocurren inadvertidamente cuando alguien habla, pero que son embarazosas una vez impresas». Entre tanto, se produjo la sentencia del caso Masson *vs.* New Yorker, que dio pie a una viva polémica.

Otros libros de estilo estadounidenses aceptan cambios, pero de modo excepcional, como es el caso del manual de estilo del *Philadelphia Inquirer*: «Los errores gramaticales menores son arreglados cuando una cita directa muy interesante podría ser confusa o haría parecer al hablante como *foolish*» (en Goodwin: *A la búsqueda de una ética en el periodismo*, 1987, pág. 181).

Ante esa diversidad de pareceres y la nula atención que ha merecido este asunto en el periodismo español, me parece útil considerar las razones que aducen los partidarios del cambio y los que prefieren un respeto absoluto. Además, si tenemos en cuenta que el periodista convive con las citas y que este es un manual introductorio, abordar la cuestión parece necesario. Y más aún fundamentar una respuesta.

2.1. RAZONES CONTRA EL ARREGLO DE CITAS DIRECTAS

Para algunos autores, como el estadounidense Stimson, sólo cabe la cita fidelísimamente literal o la paráfrasis. Y por razones que considera contundentes: no engañar a los lectores, que las leen como literales; ni a las fuentes, que esperan ser citados con sus palabras; ni perjudicar la credibilidad de los periodistas, que saldría dañada si el criterio de reproducción no es unívoco y cada profesional aplica arbitrariamente el que le parece.

Ante las objeciones de que la gente se equivoca al hablar y una transcripción literal sería ininteligible —como veremos, es una de las razones a las que apelan los partidarios del cambio—, responde que se insiste demasiado en eso para justificar que el periodista retoque las palabras de la fuente. Además, piensa que, en lugar de modificar una cita directa, siempre cabe parafrasearla. «[El arreglo] Es más claro —afirma—, pero sólo porque retrata una persona diferente a la original» (1995, p. 73).

Al tiempo que justifica su oposición a que se arreglen las citas directas, señala una confusión que late en la práctica profesional. A su juicio, en el área de la no ficción, «siempre ha habido dos definiciones en competencia respecto a lo que es una cita directa, una que trata las palabras dichas como hechos que, como las estadísticas, son para usar pero no para cambiar, y otra que las trata como diálogos que se usan para lograr un efecto *(to be messaged for effect)* junto con las otras palabras de un artículo» (p. 69).

Para Stimson, esa doble definición no es lógica porque los lectores tienen el derecho de saber «qué se supone qué significan unos particulares signos de puntuación» (p. 70). Piensa que esa incoherencia no ha suscitado problemas porque «los lectores aparentemente asumen que están oyendo las palabras reales de una persona dentro de las comillas, y el periodismo está feliz dejándoles pensar que es así» (p. 70). (Un estudio de 1976 demuestra que en Estados Unidos el 80 % de la gente piensa que las comillas significan una reproducción literal.) Pero como esto supone un engaño, pide una aclaración y propone un criterio restrictivo, porque «permitir a los escritores cambiar citas es tan peligroso como permitirles cambiar estadísticas: les permite colorear/teñir (*to taint*) la prueba» (p. 72).

En definitiva, la cuestión no es decidir entre citas literales y citas arregladas: esa alternativa es falsa porque olvida que caben las citas indirectas. Y esta tercera opción, supuestamente, resolvería el problema. Por tanto, en una perspectiva estricta, y una vez que hemos decidido citar a alguien, quedaría la elección entre la cita literal o la paráfrasis.

Respetar la verdad de lo dicho, no confundir a los lectores y no dañar la credibilidad de los profesionales parecen razones de peso a favor de la reproducción literal cuando se opta por las citas directas. Entonces, ¿en qué pueden basarse los partidarios de modificarlas?

2.2. RAZONES A FAVOR DE ADECENTAR LAS CITAS DIRECTAS

El primer argumento, lógicamente, alude a que hablar y escribir son actividades muy diferentes, por lo que no tendría sentido una reproducción literal. Lehrer, por ejemplo, afirma que alguien no acostumbrado a leer con transcripciones fieles a una conversación se asombra de los errores, las frases inacabadas, las dudas, la complejidad de algunas construcciones, la abundancia de matizaciones, etc. Tanto es así que si se respetara lo hablado con absoluta precisión se iría contra la claridad y la escritura ágil, y también se dañaría a las fuentes, porque podría presentar como estúpidos a oradores inteligentes.

Como explican Killenberg y Anderson, ¿qué hacer si «citar un enunciado con precisión significa que se incluye un evidente error no intencionado y quizá irrelevante, que puede ser muy embarazoso o dañino para otros [...]? ¿Qué si el discurso del entrevistado está salpicado de maldiciones y epítetos que espera que quites de las citas? ¿Qué si las normales dudas al hablar, los falsos comienzos, las faltas de fluidez, transmitidos con precisión pudieran sugerir erróneamente falta de educación y sofistificación? ¿Deberían los entrevistadores, como Malcolm y otros han sugerido, realizar la función natural del oído en la conversación ordinaria y editar los fallos del hablante, construyendo con los restos de conversaciones espontáneas citas completas y aparentemente fluidas?» (Killenberg y Anderson, p. 49).

Los partidarios de no cambiar podrían responder que siempre queda la opción de la paráfrasis. Si se procediera así, las citas directas se convertirían en una excepción; salvo que las tomáramos de discursos preparados o que los informantes (fuentes, entrevistados y declarantes) aceptaran que lo que dicen pudiera reproducirse literalmente. Pero, en ese caso, al final del proceso, sufrirían los textos periodísticos o las fuentes y los lectores. Si se opta por utilizar sólo las citas textuales que recogen frases pulidas y completas, como son más bien pocas, los textos perderían viveza al quedar reducidos a meros relatos de discursos en los que nunca comparece el hablante.

Si se opta por salpicar los textos con citas directas, con errores de dicción, dudas, titubeos y demás, se perjudicaría a los lectores y a las fuentes. A las fuentes y a los personajes públicos, porque no podrían hablar con tranquilidad. A este respecto, resultan ilustrativas estas palabras de la periodista Ana Liste: «La falta de discurso de muchos políticos y hombres de cultura o empresa, que presentan ante el entrevistador [...] un cuadro clínico similar al encefalograma plano. Sus respuestas necesitan con frecuencia que el pobre diablo que tienen enfrente se las maraville para articular un discurso coherente, para dar cuerpo y consistencia a lo que a duras penas intentan esbozar o bien suprima algún tropezón que nunca quisieron soltar, pero salió.»

En cuanto a los lectores, se les dañaría por partida doble: los textos se tornarían más difíciles de leer y las declaraciones se harían más escasas. Se acabaría la espontaneidad de la entrevista, de las afirmaciones dichas en los pasillos del Congreso o aprovechando una inauguración de una obra pública. Toda persona susceptible de interés informativo debería cuidar mucho más sus palabras, ante el riesgo de verlas citadas tal cual. (La verdad es que quizá eso podría tener efectos beneficiosos sobre el conjunto de la profesión. Por ejemplo, entre otras cosas, se acabaría con el predominio del periodismo de declaraciones. Aunque sospecho que pronto empezaríamos a observar cómo la estrategia de los personajes mediáticos se volcaría en preparar muy bien esas «improvisadas declaraciones» y en controlar de algún modo el resultado final de las entrevistas.)

Pero, más allá de esos problemas, ¿cuál es la última razón por la que algunos no admiten las modificaciones?, o, de otro modo, ¿qué se pretende al proponer el recurso a la paráfrasis ante la necesidad de un mínimo cambio? Si se quiere evitar que el periodista empañe la objetividad de la transmisión —y pienso que eso es lo que late de fondo—, se sigue, a mi juicio, un camino equivocado, porque la paráfrasis puede traicionar el sentido original y una cita exacta no puede nunca ser exactamente literal más que cuando se reproduce sonoramente (y ni aún así).

Killemberg y Anderson recogen esta cita de Graham: «La conversación es un tipo de taquigrafía ayudada por gestos, expresiones faciales, tono de voz e intensidad. Tu trabajo es informar sin distorsión sobre la intención del hablante. Quieres decir la verdad, pero obviamente no puedes decirlo todo porque el lector no quiere oír cada palabra dicha»; y plantean que en toda reproducción escrita de lo oral hay una pérdida: ¿qué hacer con los matices, las inflexiones de voz, los guiños, las sonrisas... que acompañan a las palabras? Y los mismos autores. No les falta razón al afirmar que si se presta atención a alguno de estos asuntos y se desprecian otros, ya se traiciona de algún modo la literalidad.

Además, lo que hace el periodista en la actualidad no es distinto de lo que hacía antes, cuando no había grabadoras, y de lo que hace el oyente cuando escucha a alguien. Ni los periodistas de antes reproducían en sus notas los titubeos, las frases que no terminaban, etc., ni el oyente entiende así las palabras del que conversa con él.

Pero aún hay más. Las investigaciones lingüísticas, especialmente las relacionadas con el análisis del discurso, muestran cómo toda cita —también la literal— supone una ficción de los contextos, una intervención en la que el que cita controla lo citado y lo utiliza dentro de su propia estrategia discursiva. (Y no se alude a manipulaciones descaradas en las que se hace decir a alguien algo que no dijo o se traicionan intencionadamente sus frases.)

De esas aportaciones de la lingüística, aquí sólo me interesa subrayar que la reproducción prístina de las palabras de otro que exigen los rigoristas, herederos de un planteamiento objetivista, es imposible. Nunca cabe recoger citas directas de modo impoluto, como si nadie las hubiera tocado y hacerlas llegar sin mediación al lector. En otras palabras, es imposible el afán de trasladar tal cual las palabras: necesariamente caemos en una cierta construcción resultado de las inevitables decisiones del escritor.

Lo que vengo diciendo, de la mano de los autores estadounidenses, no es que la literalidad deba sacrificarse en el altar de una prosa aceptable. Se trata de algo distinto: que el concepto de literalidad ha de ampliarse para incluir esas citas que, ligeramente modificadas por el periodista, aparecen entre comillas. Pero eso implica una mayor transparencia por parte de la profesión, asunto sobre el que volveré luego. Antes, merece la pena considerar el trasfondo de la discusión.

Killenberg y Anderson afirman que ese debate entre partidarios y enemigos de los cambios en las citas directas refleja un debate más profundo acerca del sentido de la actividad informativa. Piensan que cada postura lleva implícita una determinada concepción del quehacer periodístico; que los dos planteamientos expresan dos modos de concebir al periodista: como un simple conducto fiable o como un retórico sensible. Añadiría yo: considerarle como una cinta magnetofónica o —en palabras de Núñez Ladevéze— como un intérprete de la actualidad, que continuamente elige en función de la audiencia, o de las audiencias, y que, por lo tanto, deberá tomar decisiones retóricas que inevitablemente afectan a los significados y a los contextos.

Ladevéze ha explicado muy bien cómo el periodista «es, antes que un informador, un intérprete del acontecer. Es un profesional que aplica reglas para evaluar qué interesa y en qué grado, qué merece ser considerado noticia y en qué medida tiene relación con otras noticias, qué tipo de noticia es y cómo ha de clasificarse en el orden rígido del periódico [...]» (1995). Además —y sigo a Ladevéze—, el periodista decide qué datos incluir en un texto y en qué orden; y qué construcciones lingüísticas y qué vocabulario usará. El periodista, afirma, tiene que aplicar reglas en el nivel contextual, en el nivel textual y en el estilísti-

co, y por lo tanto, no tiene sentido decir de él que es un mero trans-
criptor, lo que nos llevaría a reducir parte de la profesión a lo que alguno ha llamado el periodismo escenográfico.

En esta línea, dando por sentada esa naturaleza retórica e interpretativa del periodismo, pienso que la tarea del informador que trabaja con
las palabras de otro se asemeja a la de un traductor. Del mismo modo
que una traducción que respetara la estructura de las frases y tradujera
mecánicamente cada palabra, sin tener en cuenta giros idiomáticos, expresiones propias de una lengua, etc., sería una auténtica traición al texto original, la reproducción literal de lo afirmado oralmente puede ser
una traición a lo dicho. Y el periodista debe jugar con la libertad del traductor y, evidentemente, con sus riesgos —por otro lado, inevitables—.

Claro que esta libertad del periodista se plantea para las palabras
pronunciadas en una conversación, en un debate, en una entrevista televisiva o radiofónica, en una declaración espontánea, etc. En esas circunstancias, muchas veces las palabras no están pensadas porque la conversación, la respuesta improvisada en la calle, el debate o la entrevista
sirven de lanzadera del pensamiento. No siempre, pero sí con frecuencia,
en esas situaciones el periodista asiste al pensamiento en su hacerse, en
su proceso; de ahí que muchos hayan repetido esa frase famosa de Ar-
nold Ginguich, ex director de *Esquire*: «Lo más cruel que se puede hacer
con alguien es citarle literalmente.» Y de ahí que parezca razonable todo
lo que he dicho más arriba.

El margen de maniobra se estrecha cuando las palabras del personaje forman.parte de un texto elaborado (por ejemplo, una conferencia,
una intervención parlamentaria, un informe escrito, un artículo de una
revista, una entrevista tomada de un diario, etc.). En esos casos, las palabras —medidas y ajustadas— expresan un pensamiento maduro y cuajado, en el que las ideas aparecen ordenadamente y en frases completas
y llenas de sentido (o, al menos, así debería ser). En estas circunstancias,
el periodista está obligado a respetar escrupulosamente lo dicho. Y si las
palabras son rebuscadas, complejas, propias del lenguaje burocrático y
técnico-administrativo, el recurso que le queda, y que supone actuar en
justicia con sus lectores, es acudir a una paráfrasis clarificadora.

Claro que el compromiso con los lectores también tiene otras exigencias. La primera la planteaba Stimson al decir que éstos entienden las
citas directas en su sentido literal, cuando la mayoría de los periodistas
aplican un criterio menos estricto. A mi juicio, la solución pasa por que
cada medio explique en sus libros de estilo cómo hay que entender las
citas directas que en él aparecen. Y que también lo hagan los manuales
de redacción, algo que de momento no sucede y a lo que espero contribuir con estas consideraciones.

Llegados a este punto, la pregunta surge espontánea: ¿hay algún límite en el arreglo de las citas directas?, ¿qué criterios nos ayudan a trazar la frontera entre lo admisible y lo prohibido? Aquí nos topamos con
la dimensión prudencial del periodismo —presente, por otro lado, no ya

en cualquier profesión, sino en cualquier actividad humana—, que trae a un primer plano la responsabilidad del periodista, que debe decidir porque no hay recetas ni fórmulas de aplicación automática. Y que nadie piense que se trata de una solución de compromiso. Es, a mi juicio, la solución más respetuosa con la realidad de las cosas. Cuando se concibe al periodista como un intérprete de la realidad, al servicio de la sociedad y comprometido con la verdad, la respuesta juiciosa lleva a que cada periodista resuelva en conciencia en cada caso particular: a la luz de las circunstancias, de acuerdo con los principios del propio hacer periodístico y, en su caso, dejándose aconsejar. La formulación de criterios taxativos, al movernos en el terreno de la verdad práctica, derivaría hacia soluciones inhumanas. (Entiendo que sin una explicación más detallada del sentido del periodismo, del periodista y de la controvertida cuestión de la objetividad, la fundamentación de mi postura pueda parecer insuficiente, pero en estas escasas páginas sólo puedo remitir a los autores en los que me baso: en particular, García-Noblejas, 1985, y Muñoz Torres, 1995.)

Desechadas unas rigideces que llevarían a la injusticia, sí parece razonable fijar algunas pautas sobre la edición de las citas directas. Pero antes, aunque suponga elevar el tono de lo que estoy explicando, traeré a colación una de las aportaciones del análisis del discurso: la que ha dejado bien claro que la interpretación no es exclusiva del discurso indirecto y que el autor de un texto puede introducir ciertas distorsiones subjetivas en el discurso directo, aun respetando escrupulosamente la literalidad. Como dice Lozano (1989), «la objetividad no depende exclusivamente del grado de conformidad del discurso citado respecto al original, sino también de si existe o no intervención, desviación del sentido, etcétera, por parte de quien cita (L) en las palabras reproducidas, y esa intervención se puede producir incluso en las reproducciones más fidedignas» (p. 149). Y puede dar lugar a que el lector interprete erróneamente las palabras citadas, y ello sin que el autor lo pretenda. ¿Por qué? Porque sacamos «las palabras del contexto lingüístico y extralingüístico» en el que fueron pronunciadas y las introducimos en uno nuevo que les hace entrar en una nueva relación con otras palabras y adquirir nuevas significaciones. Y además, continúa Lozano, al insertar la palabra de otros en nuestro discurso «le conferimos sin duda algo de nuestra propia voz en lo que es prácticamente una gradación infinita de extrañamiento y apropiación» (p. 149). De ahí que concluya con la imposibilidad del discurso directo entendido como reproducción total de las palabras del otro: «Citar a otro en la forma del *DD* supone cederle la palabra íntegramente, lo que implicaría reproducir el contexto de su enunciación, y por esta necesidad, jamás totalmente satisfecha, *L* no se difumina totalmente tras *L'a* quien cita» (p. 149).

Ya no se trata de traicionar la literalidad, sino de que incluso la más escrupulosa literalidad puede traicionar el sentido de lo que alguien ha dicho. Y esa traición del sentido puede ser inadvertida o puede ser buscada, tan buscada que en virtud del nuevo contexto «lo citado *ad pedem litterae* esté falseado» y tengamos que hablar de manipulación en el sentido peyorativo en que Méndez recoge del DRAE: «intervenir con medios hábiles y arteros para servir a intereses propios o ajenos difícilmente reconocibles por el interlocutor». En todo caso, debe quedar claro que en todo discurso, también en el discurso directo, hay siempre un autor que «es un manipulador, en el sentido recto y etimológico de la palabra, de situaciones enunciativas complejas de las que aprovecha fragmentos, retazos discursivos del otro sobre los que construye su propio entramado textual. La misma selección y disposición de esos retazos está no en función del Do, que sea más o menos literal o que haya paráfrasis, sino en función de las necesidades expresivas, argumentativas, informativas o de otro tipo del locutor-reproductor (que puede ir desde la identificación plena con lo que el otro dice, para sustentar mejor una afirmación: cita de autoridad, hasta su uso para la refutación o, simplemente, para informar de los actos de habla ajenos porque éstos son noticia)» (pp. 165 y 166).

Pero vayamos con las pautas de edición de las citas directas. Al formularlas tengo en cuenta sustancialmente —aunque no sólo— las que plantean Killenberg y Anderson.

1) Siempre hay que respetar el sentido de lo que se dice, y las palabras clave.

2) Siempre se debe especificar de dónde proviene la cita: no se pueden mezclar citas de una entrevista oral con citas de un escrito, aunque sean de la misma persona, sin indicarlo.

3) No hay razón para mezclar citas de fechas distintas: la gente cambia, evoluciona, no se mantiene en un presente intemporal. Por tanto, cualquier cambio no supone una incoherencia.

4) Las afirmaciones nunca se pueden separar de los matices y de las excepciones. Anderson y Killenberg relatan el siguiente caso real. Un periódico ponía en el titular de una información la siguiente cita atribuida a la hermana de Dukakis, por aquel entonces candidato demócrata a la Casa Blanca: «Es posible que Dukakis haya consultado con un psiquiatra en plan de amigos.» En realidad, el texto decía: «Es posible, pero lo dudo. Podría haber sido en plan de amigos: un amigo con otro, en privado. No sé.» Aunque la diferencia sea de matiz, es un matiz importante. Dicho sea de paso, hay que ser especialmente cuidadoso al condensar las citas literales para que encajen en un titular o en un sumario. Ese comportamiento, frecuente en el periodismo para ajustarse a los espacios, fácilmente da pie a confusiones que pueden falsear la verdad y dañar a las personas.

5) Conviene releer con pausa la versión final para asegurarse de que el texto en el que se insertan las citas directas no cambia el sentido que le daba el personaje. Una cita muy fiel a las palabras de alguien puede adquirir un significado diferente al engarzarla en un contexto distinto: el creado por el propio autor de la noticia o el reportaje.

6) Por idéntica razón a la de la pauta anterior, cuando sea necesario para entender correctamente las palabras de alguien, habrá que incluir el contexto extralingüístico: por ejemplo, que algo se dijo durante una conversación distendida, en un momento de especial dolor o acompañado de una sonrisa. Algo que no se tuvo en cuenta en esta entrevista titulada así:

> FERNANDO LÓPEZ-AMOR, *Director General de RTVE*
> «No van a encontrar a otro mejor que yo,
> es un problema de competencia.»

Si el lector sigue hasta la parte de la entrevista de la que se toma el título, se encuentra con esto:

> P.- ¿Cree que la marginación de Cascos puede influir en que usted haya perdido la confianza del presidente?
> R.- No, porque yo no soy una persona de esa vía. A mí me nombró el presidente del Gobierno. Además, no van a encontrar a otro mejor que yo, es un problema ya de competencia (en tono muy divertido).

La frase del titular, sin el matiz del tono divertido, tiene un sentido bien diferente al de la respuesta. Al menos, así lo veo yo.

Una vez aclarada —hasta cierto punto, claro— la cuestión de la literalidad en el periodismo impreso, queda por explicar los criterios que nos orientan acerca del uso de las citas; es decir, las indicaciones que nos ayudan a elegir entre una cita directa y una paráfrasis. Pero antes recogeré algunas orientaciones básicas sobre cómo introducir las citas directas con corrección, elegancia y fluidez.

3. Técnicas de la cita directa

La cita directa debe ir entre comillas —o en cursiva— y atribuida al autor.

3.1. LUGAR DE LA ATRIBUCIÓN

Precede a la cita:
Se introduce la cita con un verbo de decir y dos puntos:

> Delia López afirma: «Internet es un sistema que permite a las universidades, entre otras muchas cosas, compartir recursos.»

En este caso, la cita directa debe empezar con mayúscula (y, por supuesto, los dos puntos nunca deben ser precedidos por la conjunción *que*).
Pero también podría engarzar directamente la cita con una frase del periodista:

Delia López comenta que «Internet es un sistema que permite a las universidades, entre otras muchas cosas, compartir recursos».

Sigue a la cita:
En este caso, tras las comillas que cierran la cita, se escribe una coma (o un punto y coma o un punto y seguido). Tras el signo de puntuación correspondiente se realiza la atribución.

«Internet es un sistema que permite a las universidades, entre otras muchas cosas, compartir recursos», comenta Delia López.

Como se advierte, el signo de puntuación siempre sigue a las comillas (sea coma, punto o punto y coma), y no al revés.
En medio de la cita:
En este caso, conviene que la atribución aparezca en la primera pausa natural, porque así el lector identifica al personaje enseguida.

«Estoy muy contento de ganar de nuevo la liga», afirmó.

Atribuir la cita en un lugar u otro depende de cuestiones estilísticas, salvo que tras una cita se incluya otra de un personaje distinto al de la cita anterior. En ese caso, la atribución siempre debe preceder a la nueva cita. Por tanto, habría que evitar el error que se comete en el siguiente ejemplo:

*«En el periodismo de investigación —dijo Pérez—, es el periodista el que descubre por sus medios y con su iniciativa algo que nadie sabía.»
«La diferencia entre el verdadero periodismo de investigación y el periodismo de filtraciones está en que en el primero el periodista da el primer paso, no espera a que llegue un dossier a su mesa», comentó Sánchez.

Como se advierte, se atenta contra la claridad, porque el lector piensa que la cita del segundo párrafo también corresponde al tal Pérez... hasta que llega al final y reinterpreta lo dicho. En este caso, como se complementan ambas declaraciones, todo se queda en una confusión sin más trascendencia; pero en otros, cuando se presentan posturas enfrentadas o divergentes, la confusión puede ser más incómoda para el lector.
Para que no quepan dudas, lo mejor es redactar los párrafos anteriores del siguiente modo:

«En el periodismo de investigación —dijo Pérez—, es el periodista el que descubre por sus medios y con su iniciativa algo que nadie sabía.»
Sánchez coincidió con su colega: «La diferencia entre el verdadero periodismo de investigación y el periodismo de filtraciones está en que en el primero el periodista da el primer paso, no espera a que llegue un dossier a su mesa.»

Aunque la cita sea muy larga, sólo se atribuye una vez. Ciertamente, ya no se estilan en los periódicos citas directas largas, pero si fueran necesarias y las citas se extendieran más allá de un párrafo, caben dos soluciones: (1) no colocar comillas al final del primer párrafo y sí al comienzo del segundo (y así, en los párrafos sucesivos); (2) emplear entre párrafo y párrafo frases de transición.

En el caso de las citas indirectas, cuando se trata de un relato extenso, y no queremos atribuir constantemente la información, podemos utilizar expresiones que eviten la repetición continua: de acuerdo con el informe policial, los hechos sucedieron así, la policía da estos detalles, los testigos lo relatan así...

> Ruiz de Alegría fue el encargado de pormenorizar ayer los detalles de la operación. Estuvo acompañado del jefe superior de Policía de Pamplona, Antonio Pascual, y del coronel jefe de la Comandancia de la Guardia Civil, Jaime Fons. De la conferencia de prensa ofrecida en la tarde de ayer se extrae la cronología reproducida a continuación.
> *Diario de Navarra*, 27.X.1993.

3.2. ALGUNOS ERRORES AL INTRODUCIR LAS CITAS DIRECTAS

1) No se debe presentar/introducir una cita repitiendo lo que ella dice:

> *Entre las soluciones barajadas, el conferenciante destacó la muerte de Castro como el fin seguro de su régimen personalista. La revolución terminará «sólo con el fin de Castro», afirmó el profesor Amores.

Por otro lado, parece obvio que el régimen personalista de Castro se terminará sin ninguna duda con la muerte del dictador. En todo caso, puede continuar otro régimen personalista, pero en ningún caso el de Fidel Castro.

Corrección:

> Al referirse a las soluciones, el profesor Amores señaló que «la revolución terminará sólo con el fin de Castro».

2) Aunque al introducir la cita se puede adelantar algo de lo que dice —y en ese caso, la cita debe ampliar esa información que se adelanta—, no conviene terminar la introducción de la cita con las mismas palabras con las que empieza la cita directa:

> *Amores señaló el aislamiento como el gran error de la revolución castrista: «El gran error de la revolución castrista fue pretender aislar a Cuba de su entorno, ya que ése era el único sustento de la economía cubana».

Corrección:

Amores señaló que el gran error de la revolución castrista fue el aislamiento, ya que el entorno «era el único sustento de la economía cubana».

3) El manual de ortografía de la lengua española —y la inmensa mayoría de los manuales de estilo de los periódicos— recuerda que en las citas directas que engarzan directamente con una frase del texto, no puede haber un cambio de persona gramatical:

*Lozano dijo que «recuerdo hasta la marca de las estanterías donde guardé el queso».

En este párrafo, Lozano es simultáneamente y en la misma frase tercera persona (él dijo) y primera (yo recuerdo) del singular. La solución pasaría por trasformarlo en cita indirecta por el simple procedimiento de suprimir las comillas y cambiar los tiempos verbales:

Lozano dijo que recordaba hasta la marca de las estanterías donde guardaba el queso.

O por introducir la cita directa con dos puntos:

Lozano dijo con rotundidad: «Recuerdo hasta la marca de las estanterías donde guardé el queso.»

Frente a lo que consideran un purismo excesivo, algunos lingüistas proponen aceptar ese uso que se ha impuesto en la prensa y en la escritura ordinaria.

4) También conviene evitar las atribuciones excesivas. Así este párrafo:

*Kohl, al frente de la CDU desde 1973, comparó la situación actual alemana y la que él se encontró en 1982 a su llegada al Gobierno. «En 1982, Alemania, igual que el resto de Europa, estaba dividida por el telón de acero y había temores acerca de una posible confrontación militar entre la OTAN y el Pacto de Varsovia. Ahora, a finales de 1998, Alemania está rodeada de amigos, lo cual es algo que no habíamos experimentado durante siglos», recalcó el ex canciller.

Debería editarse así:

Kohl, al frente de la CDU desde 1973, comparó la situación actual alemana y la que él se encontró a su llegada al Gobierno: «En 1982, Alemania, igual que el resto de Europa, estaba dividida por el telón de acero y había temores acerca de una posible confrontación militar entre la

OTAN y el Pacto de Varsovia. Ahora, a finales de 1998, Alemania está rodeada de amigos, lo cual es algo que no habíamos experimentado durante siglos.»

Se trata de un simple arreglo estilístico, pero que se traduce en un párrafo más elegante y más claro. Como sucede en estos otros casos:

*Ninguna carrera debería pasar, según él, por encima de los reglamentos establecidos. «Ninguna organización por importante que sea debe sacarse de la manga reglamentos nuevos y ninguna prueba debe ser la abanderada de la lucha antidopaje. Esto raya en la ilegalidad», añadió.
Las carreras no deberían pasar, según él, por encima de los reglamentos establecidos: «Ninguna organización por importante que sea debe sacarse de la manga reglamentos nuevos y ninguna prueba debe ser la abanderada de la lucha antidopaje. Esto raya en la ilegalidad.»

*En Vicálvaro, el ex ministro criticó también la aplicación de la ordenanza de la ORA. «Fue un gran invento, pero no debe estar considerada como una manera de recaudación», señaló.
En Vicálvaro, el ex ministro criticó también la aplicación de la ordenanza de la ORA: «Fue un gran invento, pero no debe estar considerada como una manera de recaudación.»

Un último ejemplo:

En este sentido, *es recomendable* que cubran los procesos de paz «enviados especiales», ya que «el primer obstáculo está dentro del propio periodista. Cuanto más cercanos están los informadores a una situación, más tienden a ser parte interesada. Suelen pensar que su función es servir a su causa, para lo cual minimizan los errores de su gente y aumentan los del antagonista», señaló.

El párrafo ganaría en agilidad si sustituimos *es recomendable* por un simple *recomendó*, y si eliminamos el *señaló* con el que termina el párrafo. Se suprime el verbo por innecesario y por otra razón: la que explico a continuación.

5) Si el comienzo y el final de un párrafo son los lugares privilegiados para la información, debemos esforzarnos por no hacer la atribución al final, muy especialmente si ese párrafo es el último del texto, el que sirve de cierre a la noticia o al reportaje. Como sucede en este caso:

*Como tantos otros compatriotas, Youssef Chabouki ha venido con la intención de progresar en la vida y se le nota cierta desazón y amargura cuando dice que lleva casi cuatro meses sin entrenar. «Ahora tengo que comer, porque ya se acabó el dinero que traje de Casablanca. Trabajo en lo que encuentro y después de terminar la recolección, busco cualquier cosa», *indicó este joven magrebí.*

Convendría arreglarlo así:

> Como tantos otros compatriotas, Youssef Chabouki ha venido con la intención de progresar en la vida y se le nota cierta desazón y amargura cuando dice que lleva casi cuatro meses sin entrenar. «Ahora tengo que comer —afirma este joven magrebí—, porque ya se acabó el dinero que traje de Casablanca. Trabajo en lo que encuentro y, después de terminar la recolección, busco cualquier cosa.»

Al adelantar la atribución y situarla en medio de la cita, queda resonando en el lector la última frase del inmigrante y no el rasgo que le identifica.

Hasta aquí hemos visto algunas indicaciones prácticas puramente estilísticas, pero no servirán de nada si las citas textuales carecen de fuerza y atractivo. Ese —ofrecer alguna orientación sobre qué debe ser cita directa y qué no— es el sentido del último epígrafe del capítulo.

4. Cuándo usar las citas directas

Antiguamente se animaba a los reporteros a incluir citas en abundancia: era un recurso —como el de engordar los teletipos— cuando escaseaba la información. Hoy, el espacio es un bien escaso: a la abundancia de información, se añade un diseño que busca una mayor legibilidad y una apariencia visual más atractiva, con más presencia de los gráficos y las fotografías. En consecuencia, se pide moderación en el uso de las citas directas porque ocupan mucho espacio y no transmiten tanta información como una paráfrasis. En definitiva, las citas han de ser pocas y bien selectas.

Pero, como sucede siempre en la escritura, no hay recetas ni fórmulas de aplicación automática. Todo lo más, se pueden dar algunas indicaciones como las que plantea Carole Rich, una entrenadora de escritores estadounidenses, que aconseja formularse las siguientes preguntas antes de optar por una cita directa.

1) ¿La recuerdas sin mirar? ¿La meterías en un sumario?

Una frase que se nos queda grabada hasta el punto de que no precisamos consultar nuestras notas merece, sin duda, ser reproducida tal cual: si se recuerda sin mirar es que ha producido un gran impacto en uno, y cabe suponer que lo provocará en los lectores.

Entre las afirmaciones que impactan están las que sorprenden por lo que se dice o por el modo de decirlo (nunca oí eso antes o nunca lo oí así). En ocasiones, sobre todo en reportajes de interés humano y en entrevistas de personalidad, este criterio llevará a reflejar los dialectos o las peculiares maneras de expresarse de algunos personajes.

En este sentido, sí merecen comillas las expresiones emotivas, que reflejen los sentimientos, las emociones y el mundo interior de los personajes en situaciones de especial tensión o dramatismo. Nada mejor que oír al personaje. Aunque no se trate de una cita en una noticia y aunque sea muy larga, sirva de ejemplo esta respuesta de Jesulín de Ubrique a una pregunta de Pilar Urbano sobre qué se siente al recibir una cornada:

> Ufff... Sientes como si te metieran un hierro caliente en el cuerpo. Cuando el toro topa, el pitón quema. Pero, cuidao, no te duele: te abrasa. Lo malo es cuando el animal saca el asta. Entonces viene lo gordo: el dolor, la hemorragia, la rabia, la agonía, el miedo, el desgarro. Notas que el toro te está destrozando vivo por dentro. La aparatosidad del boquete. ¡Y venga de sangre!
> La gente, alrededor tuyo, con mucha alarma, hablando todos a un tiempo, todos muy nerviosos, todos muy deprisa. Te sientes pálido. Muy mal, muy mal... Luego les oyes cada vez más lejos, con mucho trajín. Es el runrún de la gravedad que puede tener la herida. Pero tú ya estás más en el lao de allá que en el lao de acá. Y dices: «Ya está, ya está... Díos mío, ayúdame, que ya me ha llegao.»

Teniendo en cuenta el criterio del impacto y la fuerza, y no sólo por eso, se entiende que no deban ser citas directas las afirmaciones genéricas del siguiente tipo:

> *En las recomendaciones se menciona la «necesidad de revisar la normativa actual y su interpretación administrativa y judicial, ya que presenta algunos inconvenientes, tanto de tipo conceptual como operativo».

Nada hay en esas palabras que animen a reproducirlas tal cual. Al margen de que no aportan ningún detalle que las haga relevantes, se trata de una sintaxis y un vocabulario burocrático y administrativo que en lugar de aclarar oscurecen lo que se dice.

Tampoco merecen las comillas las afirmaciones factuales, como las de estos dos ejemplos:

> El portero internacional colombiano René Higuita estará fuera de competición de diez días a doce semanas debido a una lesión [...]. Higuita, que deberá pasar por el quirófano, sufrió una rotura total del ligamento colateral de la rodilla izquierda, con daño en la «cápsula articular».
> Según las conclusiones, «la enfermedad de la esquizofrenia es la que conlleva más ingresos voluntarios, y la media de edad de unos 40 años».

2) ¿Hace avanzar el relato?

Si una cita directa no sirve más que para repetir información ya mencionada se convierte en un obstáculo que impide que el texto progrese y, por tanto, no merece ocupar espacio. Este riesgo es frecuente en las noticias y reportajes en los que se informa de distintas posturas ante un asunto polémico: para dar voz a más personajes, fácilmente se cae en el error de acumular citas directas que insisten en lo mismo y, por tanto, entorpecen la fluidez. En esos casos, las citas corren el riesgo de convertirse en zonas pantanosas del texto en las que perdemos a los lectores.

Este de Francisco Peregil en *El País* es un buen ejemplo de cómo servirse de las citas para que el relato avance:

> José Luis Navarro, de 39 años, acarrea unas diez cajas de cerveza hacia el coche de su jefe, un tendero madrileño. «A nosotros no nos la da esta gente», dice Navarro refiriéndose a los híper, «nosotros estudiamos bien las ofertas de todos ellos, y cuando vemos, como hoy, que la cerveza está más barata de lo que la vende la propia casa, pues venimos aquí y nos hinchamos de cargar. Te puedes ahorrar unas 5.000 pesetas con esta historia. A nosotros no nos engañan como a muchas mujeres que viene atraídas por las ofertas y pican después en cantidad de cosas: se llevan hasta cosas que no necesitan.»
>
> A la gente como Navarro, los directivos de los híper les llaman buitres. Hasta tal punto ha llegado la guerra entre los pequeños comerciantes y los gerentes de las catedrales del consumo, que en muchos de estos sitios tienen perfectamente fichada a gente como un tal Jotajota de Toledo. «Lo que hace este elemento de Toledo», explica el directivo de un híper, «es que se viene con la furgoneta, ve todas las ofertas y llama a las tiendas de su ciudad: "Mira, tengo el azúcar a tanto, la Coca-Cola a tanto, ¿te interesa?". Llena la furgoneta y las vende después ahorrándose el IVA y todo [...].»
>
> Mientras Navarro está cargando con su jefe las latas de Mahou a la puerta del híper, Alberto, de 39 años, y su novia le dicen que si le pueden echar una mano a cambio de veinte durillos. Nones. «Esto es humillante», dice Alberto, «termina con tu dignidad, la gente te dice que no y te cortas un montón. Pero te sacas una buena pasta. En dos horas, unas 2.000 pesetas, sólo por decirles a las marujas que si les puedo llevar el carro y quedarme con los 20 duros. En el aparcamiento te sacas más dinero, pero ahí no nos dejan los vigilantes. A un colega llegaron a pegarle.»

Y el artículo sigue dando entrada a otros personajes que se mueven en el entorno de los hipermercados (una mujer que sale de hacer la compra, otro Alberto que también ha gastado su dinero, un encargado de un centro, etc.): con un perspectivismo muy acertado, Peregil cede a cada uno la palabra y así da un visión completa, y cercana al lector, de cómo funciona la fórmula de los hipermercados.

3) ¿Lo dirías mejor con tus palabras?

La cita directa no debe convertirse nunca en una solución a nuestra incapacidad de entender lo que alguien ha dicho. Por eso, el recurso de citar textualmente porque no comprendemos lo dicho manifiesta pereza y muy poco respeto por la persona citada y por los lectores. Hasta tal punto es así, que una regla de oro de las citas directas es la de que siempre deben ser perfectamente entendidas por el periodista que redacta el texto.

Cada texto del periódico compite con los otros de la misma página, con los de las otras secciones del periódico, con las revistas de la sala de estar, con la televisión, etc. De ahí que lo más fácil para un lector de periódicos sea dejar de leer. Y por eso no podemos permitirnos el lujo de enfrentarle con afirmaciones como las del siguiente ejemplo (salvo que, en una apuesta por el humor, busquemos hacer reír):

> *Casi con lágrimas en los ojos, Uranga relató que lo primero que hizo tras la reunión del consejo de administración en la que se tomó la decisión de destituir al entrenador fue llamar al propio Krauss para comunicarle la noticia. Le explicó que «la cosa estaba tomando una dinámica degenerativa y que la inflexión se estaba produciendo en sentido descendente, difícil de reconducir hacia una curva ascendente».

Forma parte de la tarea del periodista poner el esfuerzo necesario para comprender bien lo que un experto o una fuente le dicen y traducirlo a un lenguaje comprensible para los lectores; al menos, lo más inteligible posible para un lector medio. Y no creo que muchos lectores medios sean capaces de comprender la primera cita de este párrafo:

> *«En la escritura, nadie es grande por su estilo, sino por su gramática», aseveró el autor de *El grano de maíz rojo*, para quien la talla de un creador no se mide por «su crítica política, social o de costumbres, sino por tocar la gloria y la llaga de la naturaleza trunca del destino humano.»

Y ¿qué sacará el lector medio de estas otras citas parciales?:

> *Según el autor de *Historia de un otoño*, España debe alejarse del «solipsismo cultural», que es un «puro sinsentido».

Por supuesto, no se trata de ganar en sencillez expresiva a costa de perder en precisión o caer en el error. Además, las afirmaciones en materias técnicas o científicas, a veces, exigirán la literalidad: donde la precisión es muy importante, parafrasear las explicaciones del experto para hacerlas más inteligibles implica el riesgo de la tergiversación. Pero eso no dispensa del esfuerzo por facilitar la comprensión.

4) ¿La introduces por la fuente o por tus lectores?

Cuando una fuente nos ha dedicado tiempo, ha puesto esfuerzo por explicarse y al final no aparece en el texto de modo explícito, puede sentirse molesta. Pero ésa no es razón suficiente para que aparezca en el texto. De todos modos, la prudencia puede llevarnos a servir al lector incluyendo una cita pobre si con ello sabemos que nos estamos ganando una fuente que puede redundar en una mejor y más precisa información para nuestros lectores.

Ciertamente, si se aplica el filtro de esas cinco preguntas, muchas citas directas desaparecerían de los periódicos y las revistas. Como también deben desaparecer las citas directas de afirmaciones atribuidas a colectivos, salvo que efectivamente se trate de un texto escrito de autoría institucional o corporativa. En otros casos, no tienen sentido. Por ejemplo, es muy difícil, por no decir imposible, que dos personas que trabajan en universidades distintas, y entrevistadas en momentos distintos, digan lo mismo con las mismas palabras:

*Las dos universidades navarras tienen acceso a Internet y están financiadas por el Consejo Superior de Investigaciones Científicas. «Internet es un sistema que permite a las universidades, entre otras muchas cosas, compartir recursos», comentan Delia López y Carlos Eslava.

Y más difícil todavía cuando se trata de más de dos personas, como en este caso:

*«Pensamos que existen posibilidades de llegar a un acuerdo para que se retransmita la final del Manomanista y vamos a agotar todas las vías para que así sea.» Esta frase, aunque parezca difícil de creer después de los comunicados que se han cruzado en los últimos días, fue pronunciada ayer tanto por directivos de Euskal Telebista como de Asegarce.

Si hemos de evitar esas atribuciones a colectivos en los textos, con más razón en los titulares. Algo que olvida el autor del que se reproduce a continuación:

«Los informadores no dicen necesariamente la verdad.»
Según expertos, los medios disfrutan de una confianza excesiva.

Al margen de que la cita se atribuye a un número indeterminado de expertos, dice algo obvio: que un informador, como cualquier persona, puede caer en el error e incluso mentir forma parte de la condición humana. Más sentido tiene el subtítulo, pero ¿es cierto que los medios gozan de ese grado de confianza? Espero que los lectores de estas páginas contribuyan a incrementar esa credibilidad que las encuestas —a pesar de esos expertos del titular— puntúan tan bajo.

Bibliografía

EL MUNDO. *Libro de estilo.*
KILLENBERG, G. M. y ANDERSON, R. (1993): «What is a quote? Practical, rhetorical, and ethical concerns», en *Journal of Mass Media Ethics*, vol. 8, número 2, pp. 37-54.
LIBRO DE ESTILO DE *ABC*, Ariel, Barcelona.
LIBRO DE ESTILO. *El País*, Ediciones El País, Madrid.

LOZANO, J., PEÑA-MARÍN, C. y ABRIL, G. (1989): *Análisis del discurso: hacia una semiótica de la interacción textual*, Cátedra, Madrid, 1989.

MÉNDEZ GARCÍA DE PAREDES, E. (2000): «La literalidad de la cita en los textos periodísticos», *Revista Española de Lingüística*, 30, 1, pp. 147-167.

NÚÑEZ LADEVÉZE, L.: *Introducción al periodismo escrito*, Ariel, Madrid, 1995.

STIMSON, W. (1995): «Two Schools on Quoting Confuse the reader», *Journalism Educator*, pp. 69-73.

THE ASSOCIATED PRESS STYLEBOOK (1994), Addison-Wesley Publishing Company, New York.

TUROVSKY, R. (1980): «Did He Really Say That?», *Columbia Journalism Review*, julio/agosto, pp. 38 y 39.

Capítulo 9

LA NARRACIÓN PERIODÍSTICA

José Francisco Sánchez
Universidad de A Coruña

El 20 de marzo de 1999 los telediarios españoles —y buena parte de los de todo el mundo— abrieron con las imágenes de un avión de Iberia que había tomado tierra esa mañana en Ginebra sin desplegar el tren de aterrizaje delantero. Los diarios del domingo dedicaron también muchas páginas a la cobertura del suceso. Tanto unos como otros destacaron la habilidad del piloto español en la maniobra, que concluyó sin heridos y sin grandes daños para el aparato. En varios casos podía leerse el calificativo de «héroe» aplicado al comandante de la aeronave.

Iberia, para sorpresa de algunos, rebajó desde el primer momento el supuesto heroísmo del comandante. Era obvio que preferían un enfoque más profesional. El mensaje que parecía convenir a los responsables de la compañía aérea podría resumirse en la siguiente frase: el incidente se había resuelto sin problemas porque Iberia trabaja con profesionales bien entrenados más que con héroes. Todo está previsto. Y, como consecuencia implícita, los viajeros no se confían al mayor o menor carácter heroico de los aviadores, sino a su profesionalidad, garantizada por la empresa que los emplea.

En cualquier caso, la prensa cubrió profusamente el acontecimiento, con el habitual despliegue de entrevistas a los pasajeros, infografías y demás elementos que ya constituyen el patrón narrativo para las crónicas periodísticas de catástrofes. La tripulación, sin embargo, no habló en un primer momento. Sólo el lunes, dos días después de los acontecimientos, Iberia ofreció una rueda de prensa en Madrid con el piloto, el copiloto y el sobrecargo. Al día siguiente, martes 23, la mayoría de los periódicos decidieron obviar esa información. *El País* fue una de las pocas excepciones.

Leí la noticia de esa rueda de prensa en un vuelo Madrid-Tenerife. Me pareció un excelente trabajo. Quizá influyó en ese diagnóstico mi doble condición, en ese momento, de pasajero de Iberia y de profesor de periodismo. Haberlo leído en vuelo pudo aumentar mi interés. Y el que sirva para ejemplificar, también por su brevedad, buena parte de los ingredientes que debe contener una buena narración periodística, probablemente, contribuyó a que recortara aquella página.

Esto aparte, lo segundo que me sorprendió fue que *El País* decidiera marcar el texto con los elementos hemerográficos y tipográficos propios de un reportaje, cuando de hecho se refería exclusivamente a la noticia de la rueda de prensa. No es práctica corriente que una rueda de prensa se vierta al público en forma de reportaje. De hecho, este texto no pertenece a ese género, pero su inusual estilo y estructura hacían que lo pareciera.

En tercer lugar, me extrañó que el periodista, Carlos Elordi Cué, omitiera cualquier referencia explícita al evento que solemos calificar como «rueda de prensa». En efecto, en el texto se recogen declaraciones de los tres personajes arriba citados, pero en ningún momento se identifica el acto —en realidad, un tipo de texto—, ni siquiera el lugar en que se produjo. Acaso porque la fotografía que acompaña la noticia resulta suficientemente explícita: puede verse un primer plano del comandante —acompañado de su copiloto— en, digamos, actitud declarativa.

Pero sobre todo, muy en primer lugar, me alegró lo indecible que el periodista consiguiera dar perfecta cuenta de la noticia sin recurrir a ninguno de los formatos canónicos del periodismo: escapa de la pirámide invertida y de cualquier derivado de esa otra fórmula, tan manida ya, inventada hace sesenta años por *The Wall Street Journal*: la estructura focal. En vez de atenerse a la rigidez de las fórmulas —que suele facilitar las cosas a quien escribe y dificultarlas a quien lee— Cué busca su propio camino con una estructura pegada a la naturaleza de aquello que tiene que contar. Es decir, una estructura que pretende satisfacer las principales demandas informativas del lector de un modo claro, ameno y fácil.

Me parece que ha llegado el momento de transcribir, por fin, el texto publicado en *El País* el martes 23 de marzo de 1999:

> Un aterrizaje de libro
>
> El piloto del avión que tomó tierra en Ginebra sin el tren delantero dice que se limitó a seguir el manual de emergencias.
> CARLOS E. CUE, Madrid
> Una entre un millón. Ésa es la probabilidad de que el tren de aterrizaje delantero de un avión MD–87 (McDonnell Douglas) se niegue a salir. Pero existe. El sábado pasado le ocurrió en Ginebra (Suiza) a uno de Iberia que viajaba desde Barcelona con 101 pasajeros, uno de ellos un bebé.
> Lo único que hizo el comandante, Jaime Marcos, con 12.500 horas de vuelo a sus espaldas, fue seguir punto a punto el manual de emergencias, que, según él, cubre el 100 % de las situaciones posibles en vuelo.
> Cerca de las 11.50 del sábado, hora de llegada prevista, Marcos inició la aproximación al aeropuerto helvético. Pero algo iba mal. Cuando vieron que el piloto indicador del tren de aterrizaje delantero estaba en rojo, explica, probaron un «procedimiento alternativo» que desbloquea sus puertas para hacerlo caer «por su propio peso». Pero tampoco eso funcionó. Aproximación frustrada.

Siguiente paso: llamar al servicio de mantenimiento de Iberia a ver si se les ocurría algún truco de última hora. Nada.

Pero tenían tiempo para dar con la mejor opción. ¿Por qué? Cuestiones económicas. Los aviones suelen viajar con el combustible justo, pero, según el copiloto, Javier del Olmo, en Suiza es mucho más caro que en España, por lo que en Barcelona habían puesto suficiente para el viaje de vuelta: una hora y cuarto para pensar.

Pero, al final, había que tomar una decisión. Estaba en el manual: aterrizar sin tren delantero tras haber pedido a los bomberos que llenasen la pista de nieve carbónica (espuma), para evitar que la fricción del morro y el asfalto provocaran un incendio, pero sólo después de los primeros mil metros a fin de que las ruedas traseras no resbalasen y perdieran frenada.

También había que informar a los pasajeros y «ordenarles, que no recomendarles», según el sobrecargo, Víctor Málaga, que siguieran las medidas de seguridad. Había que procurar que no cundiese el pánico. «Ellos pasan mucho más miedo que nosotros», puntualiza el comandante, «porque nosotros estamos concentrados en que no se nos escape ni un detalle mientras que ellos no pueden hacer nada más que esperar».

Entre el copiloto y él sujetaron el morro mientras fue posible —«no es fácil, son 52 toneladas»— para luego soltarlo suavemente. Aterrizaje perfecto.

Y evacuación de récord. «En menos de un minuto estaban todos fuera», recuerda el sobrecargo. Incluido el bebé: «No vea cómo lo agarraba su padre.»

El comandante matiza que hacen cursillos cada seis meses para preparar estas emergencias y que sacan ejemplos de cada accidente.

Todo está en el manual. Pero, al final, puede depender de lo fuerte que se tire de la palanca. Y de ella tira una persona. Esta vez lo hizo bien.

He mostrado este texto a cientos de periodistas profesionales de varios —me parece que cuatro— países. Ninguno ha dejado de alabarlo. Pero casi inmediatamente alguien dice: «Esa noticia no me la dejarían publicar así en mi periódico.» Aducen las razones conocidas: los editores —en el sentido anglosajón— entienden que eso es literatura, no periodismo.

Pregunto, entonces, por qué ese texto es literario. Las respuestas suelen resumirse en que está bien escrito y en que se trata de un relato. Adopto, por tanto, una actitud ofendida: ¿significa esto que el periodismo no debe estar bien escrito? ¿Que el periodismo no cuenta historias?

Todos los periodistas asumimos que debemos escribir bien y que nuestra principal misión, en el fondo, se resume en contar buenas historias. Narraciones relevantes y con sentido que interesan, por motivos muy diversos, a nuestras audiencias. Pero la preceptiva de las escuelas y facultades de periodismo del mundo entero, al igual que la práctica profesional en los medios, ha ahormado en exceso los modos de contar. Hasta el punto de que, según algunas visiones, el modo de contar es el criterio verdaderamente decisivo a la hora de distinguir entre géneros e, incluso, el elemento crucial para definir si un texto respeta o no las reglas éticas.

No se trata tanto de una cerrazón de los académicos o de las empresas a lo literario como de un problema de asegurar mínimos de calidad. Escribir como lo hace Carlos Elordi Cué en el texto transcrito, con esa aparente sencillez, no está al alcance de todos. Sólo algunos diarios se encuentran en condiciones de procurarse un equipo redaccional dotado con tal calidad de escritura. Y aun esos, contarán con personas eficacísimas en las tareas de búsqueda de información —en sus diversas manifestaciones— que no necesariamente serán capaces de redactarla con la misma eficacia.

Existe todavía otra explicación para este supuesto enfrentamiento entre lo periodístico y lo literario. En el fondo, un estilo estandarizado frena las ansias poéticas del redactor. Y al hacerlo, distrae de la gran tentación del periodismo que se condensa en la ya manoseada frase: «No permitas que la realidad te estropee una buena historia.» El periodista sufre habitualmente la tensión de una doble finalidad: la política —en el sentido noble y original del término— y la estética. La política es la primera finalidad, la que nunca puede faltar, la que implica una estrecha correspondencia de lo narrado con lo efectivamente acontecido. Esto es lo que esperan los lectores. Nuestra narración servirá para que ellos adopten actitudes o asuman posturas que, probablemente, antes o después se traducirán en acciones. Votar, por ejemplo.

La finalidad estética es siempre secundaria, pero muy importante. Esta finalidad no sólo está presente en los textos periodísticos, sino en muchos otros. Pero en los literarios se aúpa a un lugar principal: es la finalidad primera. Lo explicaba muy bien Eugenio Coseriu cuando hacía depender la ética de cada una de esas actividades —periodismo y literatura— del respeto a sus correspondientes finalidades primeras.

Tronchar cualquier asomo de estilo o estructura no tipificada como periodística, en verdad, nada asegura con respecto a la honradez del texto. Pero garantiza cierta verosimilitud. Eso dicen desde hace varios lustros algunos autores. Aunque sobre todo, en mi opinión, semejante postura defiende a los editores de posibles problemas de toda índole, también judiciales. Por eso prefieren el estilo seco que se limita a atenerse a los hechos. Por eso, y porque también se libran de textos con lentejuelas, aparentemente bonitos, pero carentes de la información que busca el lector. En realidad, más que bonitos, tales artilugios verbales son con frecuencia cursis.

Precisamente esto es algo que no puede achacarse al texto de Carlos E. Cué: cada frase sirve para transmitir información al lector. No es posible cortar una sin que el texto pierda información y sentido. El escritor hizo una selección excelente y precisa de los datos que el lector necesitaba y supo componer con ellos un texto de fácil lectura. Quizá lo que más sorprenda sea el uso de una estructura cronológica, típicamente narrativa. Pero eso ocurre sólo después de tres párrafos. Antes introduce los elementos necesarios para que el suspense no sea tanto que el lector ignore de qué trata la noticia. Además del título, Cué utiliza una entrada que es casi un *lead* clásico:

El piloto del avión que tomó tierra en Ginebra sin el tren delantero dice que se limitó a seguir el manual de emergencias.

El lector cuenta aún con dos párrafos más que terminan de contextualizar lo ocurrido antes de que arranque el relato cronológico:

Una entre un millón. Ésa es la probabilidad de que el tren de aterrizaje delantero de un avión MD–87 (McDonnell Douglas) se niegue a salir. Pero existe. El sábado pasado le ocurrió en Ginebra (Suiza) a uno de Iberia que viajaba desde Barcelona con 101 pasajeros, uno de ellos un bebé.

Lo único que hizo el comandante, Jaime Marcos, con 12.500 horas de vuelo a sus espaldas, fue seguir punto a punto el manual de emergencias, que, según él, cubre el 100 % de las situaciones posibles en vuelo.

El profesor Casasús, probablemente, diría que estamos ante una estructura de relato homérico. Esto es, primero se anuncia de qué se hablará y luego se desarrolla la narración en sus detalles. Una fórmula que, de hecho, resuelve algunos de los problemas que plantea el arranque de un texto noticioso. Rara vez debe comenzarse por el origen cronológico de los hechos, sino por lo que hoy es noticia. La estructura homérica, además, es lo suficientemente flexible para admitir innumerables variantes. Y lo más importante: no obliga a responder en la primera frase a las 5 *W's*. Se reserva siempre alguna o algunas.

Con lo dicho hasta aquí, no estoy descartando la pirámide invertida. Entre otras razones, porque con mucha frecuencia la «pirámide» constituye el recurso más eficaz: de modo especial en los textos breves o en aquellos en que la información nos llega demasiado fragmentada y resulta imposible saber más antes del cierre.

La narración exige siempre «saber más» que los puros datos de un acontecimiento. Narrar significa poner en relación hechos y personas, establecer causas y efectos, instalar un orden en todos esos elementos. Un orden que no siempre comparece en la realidad misma, sino que corresponde propiamente al texto, pero que al mismo tiempo evoca con precisión, respetándolo, lo verdaderamente acontecido. Un orden, en suma, que produce sentido para el lector.

Por esta razón, los historiadores se inclinan cada vez más por la narración como modo de explicar lo sucedido. Y por la misma razón, la pirámide invertida, que es un modelo expositivo más que narrativo, se aviene mal a las exigencias de un periodismo que realmente pretenda explicar las cosas. A esta carencia podrían añadírsele algunas otras. Su alta reiteración, por ejemplo, ya que lo dicho en el título se repite en el *lead* y en el cuerpo de la noticia, según la preceptiva clásica. O su fuerte fragmentación: se compone en párrafos autónomos. La ausencia de un sentido del final, característica exclusiva de este tipo de texto, como sus demás deficiencias, pudieron tener sentido en otros tiempos y con otras tecnologías, pero no son justificables ahora. Con frecuencia, en nuestros días, la utilización de la pirámide demuestra que quien escribe no sabe lo suficiente para construir una narración, no dispone de espacio bastante, no le dejan o es un perezoso. Me atrevo a decir que el primer supuesto es el más corriente.

Quiero adelantar ya que no existe un formato textual preferible. La naturaleza de cada noticia, de cada acontecimiento, determinará un modo mejor de contarla. Y, por cierto, ese modo no siempre será narrativo, aunque aquí me ocupe, precisamente, del relato periodístico.

Por eso, para narrar y para acertar en el modo, resulta clave la capacidad que el periodista tenga de hacerse cargo de lo ocurrido. Entender de qué escribirá. Una prosa apañada no cubre las desnudeces de la información, sino que suele acentuarlas. De ahí que sirva de muy poco insistir en técnicas narrativas si en el fondo no hay nada que contar. Acontece siempre que un texto claro es fruto de un pensamiento claro. De la misma manera que los textos enrevesados o confusos proceden de entendimientos enrevesados o confusos.

En el ejemplo que he elegido, Cué hace una exhibición de claridad que, obviamente, apoya en una serie de técnicas narrativas a las que enseguida me referiré. Pero, ante todo, es claro. Su texto se sigue con enorme facilidad porque responde a un orden previo, bien pensado, después de haber observado y escuchado con atención lo ocurrido, y después de seleccionar aquello que consideró más relevante para el lector. En la rueda de prensa, sin duda, se dijeron muchas más cosas que las que el periodista recogió. Sin duda también, podría haberse referido a más personajes. Pero de hecho, decidió escoger los personajes y los hechos que más podrían interesar a su audiencia. Y sólo esos.

Esta labor previa de selección requiere criterio. Por eso, quien no lo tiene prefiere comprimir a seleccionar. Como consecuencia, termina apelmazando datos relevantes e irrelevantes en un afán de evitar que algo quede fuera, con miedo a excluir un elemento que a la postre los demás consideren crucial. El achicamiento de espacios que imponen los últimos cánones de diseño periodístico incrementa ese miedo.

Aun así, no basta con saber seleccionar lo relevante. Es preciso disponerlo en un orden que facilite la comprensión del lector. Esto obliga a una dosificación adecuada, de modo que comparezcan uno a uno los personajes —especialmente, si no son conocidos— y los conceptos nuevos o complicados.

Precisamente esta es una de las novedades que aporta el trabajo de Cué. Evita el *lead* típicamente acumulativo —el que presentaría los tres personajes, con sus cargos, en la primera frase— y se refiere sólo al comandante sin proporcionar aún su nombre. Tendremos que esperar —sin ninguna impaciencia, por cierto— hasta el tercer párrafo para conocerlo, al tiempo que nos facilita otros datos de él. No hay la menor señal del copiloto Javier del Olmo hasta el párrafo sexto. Y sólo en el octavo aparece por fin el tercer protagonista: Víctor Málaga, el sobrecargo. Pero nadie los ha echado de menos.

Es más, si hubiera introducido los tres nombres en el arranque, se vería obligado a penosas repeticiones cada vez que citara a uno de ellos, puesto que el lector habría olvidado ya de quién se trataba. Al tiempo, consigue evitar la proliferación de verbos de habla, tan frecuente —y arbitraria, a veces— en este tipo de noticias. Por último, decide atenerse al orden de los hechos en lugar de seguir el de las intervenciones de los protagonistas, lo cual allana aún más el camino para que el lector entienda.

Un periodista vulgar habría construido una cadena de citas hilvanadas por transiciones tan elementales como: «a continuación», «por otra parte», «en el mismo sentido». Todas ellas sirven sólo para conectar lo que está desconectado en la cabeza de quien escribe. Quizá la transición más frecuentada por los inconexos sea: «y es que». Las más de las veces significa que el escritor no sabe cómo engarzar lo anterior con lo que sigue.

Cuando un texto está bien pensado, bien ordenado en la mente del escritor, raramente necesitará de esas muletas, bien llamadas muletillas, porque el motor que dará velocidad a la escritura será, precisamente, el orden mismo de los hechos. Como ocurre en el caso que estoy comentando. El periodista desecha cualquier referencia a la rueda de prensa para atenerse sólo a lo que sucedió según los tripulantes. Es lo que importa al lector, al fin y al cabo.

Eso le permite avanzar guiado por la cronología más que por las citas. Son muy pocas las que se emplean: sólo siete. Cumplen las tres condiciones de las citas periodísticas: son pocas, breves y relevantes. La relevancia de una cita se mide —aparte de por quién la dice— por lo que se dice o por cómo se dice. La cita perfecta reúne ambos requisitos. La brevedad es siempre proporcional al tamaño del escrito: cuanto más largo sea el texto en el que se insertan, se admiten citas más extensas. Se trata de que las citas no embarullen el texto, de que se limiten a cumplir su papel: darle autoridad, verosimilitud, amenidad y gracia. Es decir, deben hacer caminar el texto más que frenarlo.

Cué lo muestra muy bien. Parafrasea lo que considera que él puede contar mejor con sus palabras, lo que necesita condensar y, en general, todo aquel material que no gana valor entrecomillado. Hay dos excepciones. Justo las dos primeras citas, brevísimas ambas, pero perfectamente prescindibles por razones que explica muy bien el profesor López Pan en este mismo libro y en las que no pretendo insistir. Me refiero a las que comparecen en el tercer párrafo.

> Cuando vieron que el piloto indicador del tren de aterrizaje delantero estaba en rojo, explica, probaron un «procedimiento alternativo» que desbloquea sus puertas para hacerlo caer «por su propio peso». Pero tampoco eso funcionó. (El entrecomillado es mío.)

Nada aportan esas dos citas por ir marcadas como literales, aunque, por su brevedad, tampoco estorban. Las citas, por decirlo así, deben ser capaces de hacer algo que el escritor no puede hacer. Y entonces condecora con dos comillas, como medallas, esas frases. Quizá resulte especialmente claro en la que constituye el corazón del texto y como tal ahí fue colocada: aparece en el octavo párrafo. Es la única que supera el listón de las diez palabras:

> Había que procurar que no cundiese el pánico. «Ellos pasan mucho más miedo que nosotros», puntualiza el comandante, «porque nosotros estamos concentrados en que no se nos escape ni un detalle mientras que ellos no pueden hacer nada más que esperar.»

Una gran cita en un buen lugar. Aunque es la más larga, sólo contiene una frase, muy valiosa por lo que dice y por cómo lo dice. Si Cué se hubiera apropiado de esta afirmación, el texto perdería buena parte de su calidad y de su calidez. Esa es la piedra de toque.

Cué es muy consciente de lo anterior, por eso se muestra avaro en el uso de las expresiones literales. Mejor, las pone a su servicio. Las hace bailar al son de su música, con la cadencia que imponen los hechos que tiene que narrar. Por eso el lector agradece cada una de ellas —salvo las dos primeras, insisto—, porque forman parte de la melodía y están en el lugar preciso. No desentonan.

Traigo muy a propósito esta imagen musical. Porque un buen texto suena. Y puede sonar bien o como una charanga de borrachos. La música del texto no constituye su principal valor, pero al final, los buenos textos tienen un ritmo preciso, que invita a deslizarse por ellos en la lectura. Y los malos son un camino de fangos y adoquines mal ensamblados, donde el lector se encharca y padece hasta que abandona.

El ritmo del texto, tan presente en el de Cué, deviene una vez más del orden mental del escritor. Pero también del dominio de ciertas técnicas. La más básica de ellas es la composición del párrafo. En contra de lo que pueda parecer, el párrafo es la unidad de ritmo de un escrito. Por dos razones. Marca, por una parte, el juego de las frases y de sus pausas. Por otra, sirve de unidad temática, puesto que cada párrafo debería contener sólo una idea o, para el caso del relato, una parte bien definida de la acción.

Como es lógico, estos dos principios generales se reformulan en función de los efectos conscientes que busque quien escribe. Pero, por comenzar por el principio, arranquemos de ahí. Si se observa el artículo de Cué, salta inmediatamente a la vista que se sirve de párrafos cortos; a veces, muy cortos, de una sola frase. El párrafo largo produce en el lector —en el de diarios, más— un efecto psicológico nocivo: de algo denso, trabajoso e interminable. Al contrario, los párrafos cortos parece que orean el texto, que lo hacen más ágil y rápido. Pero no es sólo eso.

El párrafo corto, buscado adrede, facilita el orden de las ideas y evita el aturullamiento y la confusión. Hace posible entregar bien dosificados todos los elementos de la noticia. Obviamente, una cosa no asegura la otra, pero la ayuda. Con todo, la extensión del párrafo dependerá también de la complejidad del concepto que deba contener y del tamaño total del texto. Una columna de treinta líneas, por ejemplo, admite fácilmente un párrafo único. Y esas mismas treinta líneas tampoco chirriarán en un libro de muchas páginas. Dependerá, otra vez, de la materia que trate y del grosor de los demás párrafos.

Pero el propio tamaño ya es un indicador del ritmo. No tanto como el juego de las frases de diversa longitud dentro de él, que contribuye de un modo decisivo a dotar de música propia el párrafo, primero, y el texto después. Otra vez se advierte con suma facilidad en el ejemplo que sigo. Cué alterna con eficacia frases de todas las medidas. Me detengo, como muestra, en los dos párrafos con los que inicia el relato cronológico:

> Cerca de las 11.50 del sábado, hora de llegada prevista, Marcos inició la aproximación al aeropuerto helvético. Pero algo iba mal. Cuando vieron que el piloto indicador del tren de aterrizaje delantero estaba en rojo, explica, probaron un «procedimiento alternativo» que desbloquea sus puertas para hacerlo caer «por su propio peso». Pero tampoco eso funcionó. Aproximación frustrada.
>
> Siguiente paso: llamar al servicio de mantenimiento de Iberia a ver si se les ocurría algún truco de última hora. Nada.

El primero de ellos contiene cinco frases que, en número de palabras, responden a esta secuencia: 17-4-34-4-2. Y el siguiente: 2-18-1. Cué aprovecha distintas combinaciones de frases largas, medianas y cortas para hacer avanzar el texto. Quiere darle un ritmo de acción, de ahí que utilice expresiones directas, verbos activos y una cadencia que tiende a acelerarse en cada párrafo. Si pretendiera mostrar una situación estática, utilizaría verbos estáticos, sin movimiento. Y quizá alargaría las frases, recurriría a la pasiva o a estructuras envolventes, para demorar al lector y hacerle sentir la ausencia de acción. No era el caso.

Un paréntesis: resulta chocante en algunos textos la descripción de paisajes o estados de cosas pretendidamente serenos con verbos de acción.

Se puede aducir sobre el ejemplo anterior que, en realidad, Cué emplea frases cortas y muy cortas, porque no sobrepasa el límite de 35 palabras que imponen los libros de estilo de algunas agencias internacionales. Aparte de que en otros párrafos sí lo hace, no significa gran cosa. Es cierto que el lector procesa con mayor facilidad las frases cortas. Pero esto no condena para el periodismo las largas, como algunos preceptistas pretenden. Un buen escritor se caracteriza, entre otras muchas condiciones, por su capacidad para construir frases largas que se entienden perfectamente, que no obligan a la relectura. Me resulta imposible sustraerme a la tentación de transcribir un conocido relato breve compuesto con una sola frase de casi cien palabras:

> [...] el drama del desencantado que se arrojó a la calle desde el décimo piso, y a medida que caía iba viendo a través de las ventanas la intimidad de sus vecinos, las pequeñas tragedias domésticas, los amores furtivos, los breves instantes de felicidad, cuyas noticias no habían llegado nunca has-

ta la escalera común, de modo que en el instante de reventarse contra el pavimento de la calle había cambiado por completo su concepción del mundo, y había llegado a la conclusión de que aquella vida que abandonaba para siempre por la puerta falsa valía la pena de ser vivida.

Lo firma Gabriel García Márquez. Ocurre que las frases largas articuladas con el orden adecuado funcionan en realidad como un conjunto de frases cortas, fáciles de entender. Al igual que en las enumeraciones, que pueden abarcar un número elevadísimo de elementos sin que en ningún caso el lector se pierda, porque cada elemento es independiente. El lector lee con la memoria y necesita de trechos de texto abarcables, que pueda retener y entender simultáneamente. Si estas condiciones no se dan, se le obliga a volver atrás. Pero el lector de periódicos no relee. A no ser que un interés inusitado le lleve a insistir, se limita a abandonar el texto. Cué se acerca a ese abismo sólo por un momento, cuando escribe:

Pero, al final, había que tomar una decisión. Estaba en el manual: aterrizar sin tren delantero tras haber pedido a los bomberos que llenasen la pista de nieve carbónica (espuma), para evitar que la fricción del morro y el asfalto provocaran un incendio, pero sólo después de los primeros mil metros a fin de que las ruedas traseras no resbalasen y perdieran frenada.

La frase final, de 51 palabras, quizá sea la menos feliz del relato, no tanto por su extensión como por razones de orden, ajenas al tamaño.

Reivindico, por tanto, el valor de la frase larga en periodismo. Siempre que, claro, responda a las características que le son exigibles. Una frase extensa, por ejemplo, conviene al arranque de un artículo breve, porque sirve para envolver al lector en la idea que se propone, al tiempo que, cuando la termina, tiene la impresión de que ha avanzado ya mucho en el texto, que le falta muy poco para terminarlo. Si se ha acertado con esa primera frase, resulta muy probable que el lector alcance el final.

En el relato, la frase larga remansa la acción o la acelera, según cómo se utilice, según el ritmo que pida la historia. La profusión de frases largas o cortas, sin embargo, tiende a instalar un tono monocorde en la escritura. A encharcarla. Por eso Cué utiliza las frases cortas —a menudo, una sola palabra—, para cortar el ritmo, puntearlo o lanzar al lector hacia el siguiente párrafo.

La estructura del texto es sencilla. Sobrepone al relato cronológico una trama dual —problema/solución— en la que cada párrafo funciona como un episodio. De ahí que muchos de ellos arranquen con un *pero* que, si no, aparecerá en medio del párrafo. En el transcrito poco antes coinciden, por ejemplo, ambos supuestos. Ese esquema bipolar empuja la acción de un modo eficacísimo. Cada párrafo cierra un episodio y deja en el aire el final. Cué miniaturiza la fórmula clásica del suspense y la adapta a la información noticiosa con facilidad y elegancia. Logra así varios objetivos.

El principal de ellos, me parece, es que empuja al lector hacia el siguiente párrafo. Algo en lo que los periodistas apenas hemos sido entrenados. Cada punto y aparte —y Cué utiliza muchos— se configura como una puerta de escape para el lector. Cada blanco es una ocasión de fuga para un lector huidizo, como el de los periódicos. Conviene ser consciente de que nadie nos lee en condiciones óptimas. A menudo se echa mano del periódico en el metro, en un bar, rodeado de niños o con la televisión encendida. Nadie estudia el ejemplar del día.

Otro paréntesis: la primera vez que vi a alguien leer un texto mío sufrí un gran disgusto. Se trataba de una columna de última página en cierta revista, así que no cabía error: leía lo mío. Pero distraídamente. Estaba frente a un televisor, escuchando el noticiario. Y en varias ocasiones levantó la vista del texto para atender a la tele o para saludar a alguien que entraba. Se leyó el artículo entero, pero de esa manera... Y yo aprendí mucho.

Cuando el relato no está montado sobre una estructura interna que impele al lector a saltar el vacío de un punto y aparte, el escritor se ve obligado a construir penosas transiciones, que son como remiendos, como costurones en un traje nuevo. La mejor transición es aquella que nace del mismo relato, del argumento: la que no se ve. En el artículo de *El País* no se notan los costuras, no hay hilvanes vergonzosos sujetando los bolsillos de la chaqueta. Salvo, quizá, esos *peros* minúsculos, apenas perceptibles.

Por lo mismo, carece de ladillos. Algunos libros de estilo obligan a insertar un titulillo cada cierto número de líneas. Es más que nada una cuestión estética y estratégica. Estética, porque esos títulos intermedios actúan como los párrafos cortos: abren el texto, lo alivian de una posible pesadez visual, lo hacen más amable. Y estratégica, porque multiplican, si se acierta al redactarlos, los puntos de entrada para el lector. Algo así como un sedal con muchos anzuelos.

De hecho, no siempre trabajan como epígrafes, sino como señalizadores de zonas de interés. Esto sólo en el mejor caso. Con frecuencia se redactan con rutina y el lector acostumbrado tiende a saltárselos. En otras ocasiones sirven para ahorrar al escritor una transición complicada, difícil o imposible. Instala entonces un ladillo y despacha el problema.

Pero en un texto bien trabado esa clase de epígrafes intermedios estorba más que ayuda. Es la propia información, muy especialmente cuando se trata de un relato, la que empuja simultáneamente la historia y al lector hacia el final. Eso hace Cué para crear el suspense y evitar los ladillos: dar información y, simultáneamente, prometerla. No basta con dar ni con prometer cualquier información. Debe ser información relevante, de interés. Entonces el lector no se pierde ni abandona. Sigue hasta el final. Si es que existe.

Muchas generaciones de periodistas han sido entrenadas para componer textos que capten en su arranque la atención del lector. Acaso como consecuencia de este énfasis en los comienzos —singularmente en lo que llamamos *leads*— y de la tendencia a considerar canónico el formato «pirámide invertida», tendemos a despreciar el final. La «pirámide», por definición, remite a los últimos párrafos la información menos relevante. Esto, a su vez, define un antisuspense. En lugar de prometer más interés, se le dice de algún modo al lector: «Cuanto más lea, peor para usted, porque cada párrafo que avance le interesará menos.»

En esas condiciones, sólo quien esté intrigado por los menores datos del asunto arribará al final de la noticia. Pero si logra tal hazaña, quedará en su mente lo más fresco, lo último que ha leído —según demuestra la psicología cognitiva y el mero sentido común—, es decir, lo de menos valor. De algún modo, esta práctica contradictoria tiene un correlato estilístico: el texto, en vez de finalizar, simplemente para. Se detiene. Como si falleciera de inanición.

Por regresar a la metáfora musical, una sinfonía debe indicar su final: unas notas que, por decirlo así, marcan un sentido de compleción, de acabado, de plenitud incluso. No falta ese requisito, siquiera, en la pieza más vulgar de la charanga menos exquisita. No falta tampoco en el texto de Cué un bien trabajado final.

Casi se podría afirmar que Cué se ha esforzado más en el final que en el arranque. Las primeras líneas del texto se apoyan en el recuerdo de la noticia —una información ya compartida con los lectores— al que añade un dato nuevo: que el comandante no se considera un héroe. Podría considerarse que con las dos primeras palabras del segundo párrafo —«Una entre un millón»— compone un segundo lanzamiento de la historia, recurriendo esta vez a un dato efectista que luego explica. Abundan las narraciones periodísticas que despegan así. Casi se podría decir que estamos ante un recurso retórico típicamente periodístico, aunque desde luego eficaz.

El cierre, sin embargo, resulta inusual. Primero, por su mera existencia. Luego, porque no es un simple broche ni siquiera un balance de lo contado. Mejor aún, es ambas cosas, pero con un cierto valor añadido. Un periodista convencional, probablemente, diría que se trata de un párrafo opinativo —siento repetir aquí la extraña palabreja— impropio de una noticia. Sin embargo, Cué se limita a seguir contando.

Ya dije al principio que la rueda de prensa organizada por Iberia tenía un objetivo nítido: demostrar que los pasajeros de Iberia no están en manos de la suerte sino de profesionales bien entrenados para afrontar cualquier emergencia. El periodista ni podía ni debía obviarlo, salvo que pretendiera servir de mera correa de transmisión de los intereses de la empresa.

En realidad, el final consta de dos párrafos que muy bien podían haber sido uno. Los recuerdo:

El comandante matiza que hacen cursillos cada seis meses para preparar estas emergencias y que sacan ejemplos de cada accidente.

Todo está en el manual. Pero, al final, puede depender de lo fuerte que se tire de la palanca. Y de ella tira una persona. Esta vez lo hizo bien.

Si estas líneas cerrasen la página de un libro, nadie la pasaría para ver cómo sigue. Todos entenderíamos que se trata de un final. La historia claramente ha terminado. Además, se acaba evocando el comienzo y el mismo título, por cierto, de una enorme capacidad connotativa —«Un aterrizaje de libro»—, acertadísimo y suficiente para un reportaje, e incluso para esta noticia, puesto que las dos primeras líneas funcionan casi como un subtítulo. Esa referencia al arranque refuerza el sentido del final, el sentido de ciclo completado.

Apunta, al mismo tiempo, al corazón del asunto que está en juego: el heroísmo del comandante. Y por fin se desvanece, como una música que se diluye, como una luz que muere lentamente. La estructura casi silogística y la misma cadencia de las frases —progresivamente acortadas— favorecen el efecto.

Mantengo la tesis, quizá extrema, de que se aprende a escribir por envidia. Quizá no. Pero desde luego, textos así ayudan.

Mandé un borrador de este texto a Carlos Elordi Cué, que es muy joven y lo era más cuando escribió «Un aterrizaje de libro». Luego hablamos por teléfono, y quiso alabar el papel del editor que le ayudó, Miguel Ángel Martín Narrillos. La humildad y el sentido de la gratitud forjan al buen periodista.

Bibliografía

CASASÚS, J. M. y NÚÑEZ LADEVÉZE, L. (1991): *Estilo y géneros periodísticos*, Ariel, Barcelona.

LÓPEZ PAN, F. (1997): «Consideraciones sobre la narratividad de la noticia. El imperio de una sinécdoque», *Comunicación y Sociedad*, volumen X, n.º 1, 9-60.

CAPÍTULO 10

LOS TITULARES PERIODÍSTICOS

MARÍA JOSÉ POU AMÉRIGO
Universidad Cardenal Herrera-CEU. Valencia

1. Introducción

El titular es el primer encuentro del lector con un texto periodístico. La lectura de prensa comienza a menudo por los titulares que suponen, pues, el primer nivel de acceso a la información y la opinión y, en muchos casos, el único.

Los titulares son a cada texto periodístico lo que la portada es a todo un diario. La portada muestra lo que el lector puede encontrar en el periódico y los titulares ejercen el mismo papel en cada una de las noticias, crónicas o artículos. Por eso se han utilizado numerosas metáforas para hablar de los titulares como «tarjetas de presentación», «escaparates» o «vitrinas» de la información porque, como ellos, muestran lo que hay en el interior e incitan a entrar para conocer mejor el objeto; o bien la «primera puerta» que ha de franquear el lector para «entrar» en el texto.

2. Funciones de los titulares

Los titulares cumplen dos funciones principales: anunciar el contenido del texto y llamar la atención del lector. Según el tipo de texto y el género al que corresponda, se verán cumplidos esos dos objetivos de una manera u otra. Por ejemplo, en la noticia, el titular debe resumir el hecho noticioso de modo que atraiga al lector aunque sin artificios que dificulten la comprensión; sin embargo, en la columna, el titular no es un resumen sino una referencia, muy creativa desde el punto de vista estilístico, a algún aspecto vinculado al tema, la tesis que defiende el autor o simplemente el contenido del texto.

Ahora bien, la combinación de funciones ha de buscar el equilibrio del titular. Es decir, el ánimo del periodista por llamar la atención del lector no puede olvidar la función que el título tiene de dar referencia del contenido, especialmente en la información. En la información el título no puede ser engañoso ni tramposo con el lector prometiéndole algo que no encontrará en el texto. Sin embargo, en la opinión, el columnista es libre de hacer un guiño al lector con equívocos o juegos de palabras.

El modo de lograr la combinación de ambas cualidades, la capacidad de síntesis del contenido y el atractivo, es buscar la forma interesante de contar lo relevante y ésa es la habilidad del periodista. De lo contrario, se corre el riesgo de narrar un dato muy curioso pero anecdótico en la información. El resultado puede estar cerca del sensacionalismo o en cualquier caso de la distorsión de la realidad.

También hay que evitar que el titular obligue a leer, en lugar de invitar. Eso ocurre cuando un titular no se comprende hasta haber leído los primeros párrafos del texto. Esa fórmula no es adecuada para la información si bien, en la opinión, el titular no puede sino sugerir alguna clave de la línea argumental o del contenido.

Los titulares además cumplen una tercera función que nace de las otras dos señaladas: mostrar la interpretación que el medio hace de los acontecimientos. Esta interpretación se observa al analizar qué dato se escoge para el titular y cómo se presenta.

Así, no es lo mismo afirmar que «El 43 por ciento de los creyentes nunca o casi nunca va a misa» (*Las Provincias*, 20/10/1998) o decir que «Veinte millones de españoles practican la religión» (*ABC*, 20/10/1998). Ambos son titulares referidos al mismo hecho, la publicación de una encuesta del CIS, pero cada uno escoge un dato u otro en función de lo que considera relevante. De ese modo, a través del titular, el periódico muestra su visión de la realidad religiosa de España.

3. Características de los titulares

Las características propias de los titulares periodísticos son las siguientes:

1) *Claridad.* El título es el principal reclamo para el lector y, en muchas ocasiones, su único acceso al contenido. Así pues, un titular ha de ser comprendido fácilmente por sí mismo.

2) *Concisión.* Si todo el lenguaje periodístico tiende a la brevedad y concisión, esos rasgos se incrementan notablemente en el caso del titular. La concisión implica no sólo síntesis sino precisión en el uso del lenguaje de modo que cada término sea significativo e incluya un matiz en la narración, exposición o argumentación que tenga valor por sí mismo y que no pueda suprimirse sin modificar el contenido.

3) *Veracidad.* El título no puede ser engañoso y prometer algo que el lector no va a encontrar. De ese modo se podrá atraer la atención del lector en un primer momento pero no de forma continuada. El titular, ya sea en información como en opinión, debe responder al contenido del texto.

4) *Atractivo.* Un titular, por su función de atraer al lector, siempre ha de ser interesante, aunque no a cualquier precio. Un titular atractivo invita a continuar leyendo.

5) *Adecuación.* Cada género, cada sección y cada circunstancia periodística exige un tipo concreto de titular. Por ello, el titular debe ajustarse, como todo el texto periodístico, a lo que se pretende en cada caso. Así, el título debe ceñirse a las características del idioma en el que esté escrito, a la tradición periodística y cultural, a la sección, al lugar donde se ubique, al momento en el que se publique el texto y al estilo del periódico.

Por ejemplo, el título de una crónica ha de corresponder al tipo de información que conoce el lector; de ese modo, si el periódico está haciendo un seguimiento de un proceso judicial durante varios días, en el titular se podrá hablar del acusado con el apelativo utilizado en las diferentes crónicas ya publicadas. Asimismo, el titular de un editorial debe apuntar una clave del contenido sin agotarlo. En el siguiente caso el titular del editorial, en lugar de invitar a la lectura, puede alejar al lector porque con el título ya conoce la tesis del periódico: «Hay motivos para mantener a raya a Sadam pero no para atacar Irak» (editorial de *El Mundo*, 06/02/2003).

En los textos informativos los titulares principales deben gozar también de otros dos rasgos:

6) *Actualidad.* La virtud de la actualidad aplicada al titular significa que en la información el titular ha de recoger el último dato conocido que da pie a la noticia. En los otros géneros no es perentoria esta característica aunque, tratándose de textos periodísticos, su relevancia debe tenerse siempre en cuenta.

7) *Autonomía.* Los titulares deben ser independientes, deben designar la noticia sin depender del texto ni de los demás titulares en la medida de lo posible. En muchas ocasiones, el lector sólo tiene la referencia del titular sobre una noticia.

Todas las características deben estar equilibradas de modo que ninguna de ellas entorpezca a las demás; así, la concisión no puede ser enemiga de la claridad ni el atractivo, de la veracidad del titular.

Por ejemplo, las siglas son muy útiles para lograr la concisión en el titular pero siempre y cuando no dificulten el conocimiento del contenido. Entre estos dos titulares: «AVA viaja a Bruselas para presentar su petición de que se ejecute el PHN» y «Los agricultores valencianos piden que el Plan Hidrológico sea una realidad» es preferible el segundo porque es más claro al evitar el uso de siglas buscando la concisión en el resto de la frase.

4. Origen y evolución de los titulares

Los titulares no existen desde el comienzo del periodismo sino más bien desde el desarrollo del periodismo informativo. Durante la etapa de periodismo ideológico, los textos no tenían título o bien estaban encabezados por rótulos. El rótulo era un indicativo breve y atractivo para que el lector tuviera una ligera idea del contenido, por ejemplo «Inventos». Su presencia, además de provocar el interés del lector, servía para poner orden en las páginas y entre los diferentes textos.

Los primeros titulares modernos, sin embargo, surgen con el periodismo informativo que requiere un anuncio de la noticia con características distintas a las del rótulo. Así, los titulares, durante el siglo XIX, van ganando en extensión y en precisión aunque todavía no expresan la acción propia de la noticia. No será hasta mediados del siglo XX cuando se pueda decir que el título ya está asentado como titular moderno, si bien en España no hubo homogeneización en la titulación de los periódicos hasta los años 70.

El titular moderno responde, así, al enfoque clásico de la noticia estructurada en pirámide invertida, esto es, siguiendo el orden de interés decreciente en la presentación de los diferentes datos de la información. De ese modo, la noticia se resume en una frase, en el titular, y en un párrafo, en la entradilla. En los géneros de opinión, sin embargo, los títulos mantienen todavía algunos rasgos de los primeros rótulos porque no tratan de ofrecer una información sino de servir de reclamo orientativo para que el lector se interese.

En la actualidad, la falta de tiempo y las prisas del lector, así como el volumen ingente de información, han hecho del titular un elemento primordial. Gracias a los titulares el lector puede adquirir una visión bastante clara de la realidad en poco tiempo. De hecho, los medios electrónicos tradicionales, la radio y la televisión, copiaron en su momento el formato de lectura de prensa a través de la batería de titulares o sumario de noticias al comienzo de los informativos. Con esa relación, el oyente o telespectador podía tener un sucinto pero preciso panorama de las noticias del día.

Del mismo modo, en el desarrollo de la prensa digital o del ciberperiodismo, los titulares han tenido y tienen un protagonismo especial, dadas las características de los nuevos accesos y los nuevos soportes informativos.

5. Elementos de titulación en los medios impresos, audiovisuales y digitales

Para titular un texto periodístico existen diferentes elementos que cumplen funciones distintas. A los tradicionales del periodismo impreso, antetítulo, título, subtítulo, cintillo y ladillo, se han unido en los últimos años otras fórmulas que nacen con la perspectiva que el libro de estilo de *El Mundo* introduce en la redacción de textos periodísticos: la lectura de «doble velocidad». Este principio diferencia una lectura rápida para lectores con prisa que necesitan conocer en poco tiempo lo esencial de la información y la reflexión periodística, y una lectura de todo el contenido más pausada y sin urgencias. Así, la lectura urgente se centra en los elementos destacados de la página, fundamentalmente elementos de titulación, y la lectura pausada se detiene en todos los componentes de cada información u opinión.

Para lograr la eficacia de la lectura urgente se requiere, por tanto, una serie de elementos que de forma breve destaquen lo esencial del contenido. Ahí es donde los elementos de titulación y los nuevos formatos tienen un papel preponderante. Con esa vocación nacieron los denominados «flashes», precisamente en las páginas del diario *El Mundo*.

Los titulares que tradicionalmente han compuesto la cabeza de un texto periodístico son: el antetítulo, el título y el subtítulo. El título es el principal y junto a él, en la parte superior, aparece el antetítulo y en la parte inferior, el subtítulo.

El *título* es el titular principal de cualquier texto periodístico. Es el único realmente imprescindible y recoge lo esencial. Si se trata de información, resume el hecho y, si es interpretación u opinión, proporciona una clave del contenido de forma más creativa.

El *antetítulo* y *subtítulo* son titulares complementarios del principal que incorporan otro dato importante del texto aunque su contenido difiere según el género periodístico de que se trate.

En la información y la interpretación, proporcionan otro dato importante del suceso que, en muchas ocasiones, ayuda a contextualizar. En opinión es menos frecuente su uso.

El *ladillo* es un pequeño titular que se inserta en el texto, condicionado por las limitadas medidas de una columna periodística, y que a sus funciones habituales añade la de dividir el texto en varias partes. Cumple así una función tipográfica, visual, que agiliza la lectura y favorece el acceso al contenido.

El ladillo es un titular peculiar por su ubicación que no por sus funciones, ya que comparte, aun en su modesta extensión, las funciones propias de los titulares, esto es, anunciar el contenido y llamar la atención del lector. Anuncia el contenido porque indica el tema que va a tratar el texto desde ese momento y puede servir de reclamo del lector incluso cuando éste ha prescindido de la lectura general del texto. Es decir, puede que un lector no se interese por la noticia o el reportaje a través de los titulares principales pero sí a partir de un ladillo. Por ejemplo, en una noticia sobre una cumbre de jefes de Estado de la Unión Europea, un ladillo dice «El tropezón del Rey», y con esa indicación el lector «entra» en la noticia. O bien un lector ya conoce los datos de un atentado terrorista, pero se interesa por un ladillo que dice «Dimisión en HB» que recoge consecuencias políticas como reacciones a la acción terrorista.

El *cintillo* es un elemento de titulación esporádico que sólo aparece cuando el tema se desarrolla a lo largo de dos o más páginas. Es un título que indica el hecho noticioso de que se trata. Suele ir acompañado por algunos elementos tipográficos (caña, dibujo...) que recorren toda la página en la que se ubica y todas las páginas que tratan el tema. A menudo es una mera indicación temática aunque en ocasiones la forma de tratar el tema es indicativo del enfoque que el periódico da a la noticia. Por ejemplo, el juicio por la muerte de Lasa y Zabala titulado como «Caso Gal» o como «Terrorismo de Estado» tiene una percepción diferente.

El cintillo tiene la brevedad de un ladillo y se redacta utilizando entre dos y cinco palabras. Por ejemplo: «Conflicto en el Golfo» (*Las Provincias*, 02/03/2003).

El nombre de *sumario* se concede en cada medio a elementos distintos. En general, el sumario es un titular que se inserta en el texto con un cuerpo de letra mayor que el de éste y que se conoce en el argot periodístico como «destacado». Sirve, por ello, para aportar más datos de forma rápida y visualmente fácil de captar. Junto a los titulares de cabeza incorporan más información para el lector con prisa. Suelen utilizarse especialmente en reportajes y entrevistas aunque depende de la extensión del texto y de las normas de cada medio.

Los *flashes* son una aportación del diario *El Mundo* que favorecen la lectura de doble velocidad. Están formados por varios titulares dispuestos físicamente antes del título y separados por algún recurso tipográfico como un guión largo. Gracias a esta especie de agrupación de antetítulos, la capacidad informativa de la «cabeza» de la noticia se multiplica, ya que se puede incluir no sólo un dato relevante sino entre dos y cuatro de ellos.

Por ejemplo, el día 28 de febrero de 1999 *El Mundo* publicó estos flashes en una noticia:

- La propuesta fue recibida oficiosamente.
- «Son negociaciones completamente distintas», dicen fuentes diplomáticas españolas.
- Schröder plantea un informe en el que insiste en duros recortes para España.

En los medios audiovisuales, los titulares o sumarios son menos relevantes si se contemplan como un recurso muy propio del periodismo impreso. Ahora bien, tanto en la radio como en la televisión, ayudan a dar pinceladas breves sobre las noticias y a captar a un oyente o telespectador cuya atención puede ser robada por otros centros de interés con más facilidad. Así, la función de resumen de un titular permanece en la «batería de titulares» o al final de un informativo cuando oyentes y espectadores conocen ya las noticias.

En radio y en televisión, el redactor ha de tener presente que la batería de titulares, o las frases de inicio de cada noticia en un boletín, van a ser escuchadas y no visualizadas, salvo los rótulos en televisión. Así, ha de procurar que sea comprensible y ligero en cuanto a los datos porque, de lo contrario, el oyente o telespectador puede quedar prendido del título, procurando asimilarlo y desatendiendo al resto de la información.

Del mismo modo ha de ser atractivo e interesante aunque eso signifique sacrificar en cierto modo la información, ya que la misma será ofrecida en el resto de la narración del acontecimiento. Así, conviene no empezar la frase con un dato fundamental que pueda perder el lector al tardar unos segundos en disponerse receptivamente a conocer la noticia. Por ejemplo, no es conveniente que el locutor comience una noticia diciendo: «A 113 millones de euros ascienden las pérdidas de las empresas informáticas por la piratería de programas...». Si el oyente se interesa por el uso ilegal de programas informáticos es posible que haya perdido información debido a que la clave de la noticia para captar su atención ha aparecido al final.

En relación a los titulares que aparecen en la pantalla de televisión durante la narración de una noticia o en la batería de titulares, suelen ser meros rótulos indicativos que tienen una función informativa. Ayudan a situar al espectador en la noticia de que se trata y a resumirla en apenas dos o tres palabras. En ellos se debe acentuar al máximo tanto la concisión como la claridad.

Los medios electrónicos digitales han recuperado la importancia del titular. Dada la estructuración de la información, dados los nuevos soportes y dada la velocidad de renovación de la información, el titular es el elemento más relevante en la información digital en la actualidad. Ello ocurre sin perjuicio de que en el futuro, cuando se desarrolle la Red con toda su potencialidad y la información verdaderamente multimedia, pueda variar su protagonismo actual.

La información en la prensa digital se presenta por «capas» de profundidad de modo que la primera es apenas una llamada o breve indicación de la noticia en la que se puede profundizar a través de hipervínculos hasta donde el periodista haya dispuesto y el lector se muestre interesado.

De esa forma, la primera llamada o referencia de una información ciberperiodística adquiere, precisamente, el formato de titular periodístico tradicional.

En estos casos, además se hace necesario que la oración construida respete, en la medida de lo posible, su vocación informativa, puesto que en muchos casos no va acompañada de ningún otro elemento de apoyo. Son los problemas que se derivan de los titulares «exentos». Eso ocurre cuando los titulares se transmiten a través de soportes nuevos como agendas electrónicas, teléfonos móviles o relaciones de titulares por correo electrónico para ser leídos fuera de conexión.

En esos casos, el usuario sólo accede a un mínimo conocimiento de la noticia por su resumen en una frase, por ejemplo, «Otros 2 etarras detenidos en Burdeos». Puesto que el lector no tiene acceso a otra información a no ser que quiera profundizar, el titular ha de ser muy explícito en el contenido. De poco serviría recibir en el móvil un titular más expresivo pero poco informativo como «Y ya van 7». Ello significa que la posibilidad de recibir titulares en soportes portátiles está vinculada a la información, no al análisis ni a la opinión. Es razonable porque el soporte portátil es muy útil para conocer rápidamente la información allá donde se esté.

6. Tipos de titulares

Los titulares, en términos generales, pueden presentar un estilo sobrio, en el que prime su valor informativo y donde la expresión sea sólo un modo de aportar la carga informativa o bien un estilo más creativo, con el que se procura no tanto orientar al lector como llamar su atención y dar una pincelada más rotunda acerca de la actualidad.

De ese modo, los titulares pueden ser informativos o expresivos, en la información, y temáticos o remáticos, en la opinión. En la información, los titulares informativos o expresivos se diferencian por la prevalencia de una de las dos funciones que se han señalado al principio como esenciales, esto es, la capacidad de resumir la información y la captación de la atención del lector.

Los titulares informativos son aquellos que señalan el hecho de la actualidad y los expresivos, aquellos que dan por supuesto que el lector conoce la noticia y pretenden evocarla de forma llamativa. Entre ambos tipos, lógicamente, pueden existir grandes diferencias de grado e incluso combinarse ambos de alguna forma.

Por ejemplo, en la prensa deportiva es muy común la utilización de los titulares expresivos: «¡Campeón!» es un titular perfectamente válido para la portada de un diario deportivo, que no necesita referirse a la noticia sobre el equipo local porque el lector ya la conoce a través de la radio o la televisión; en una noticia de ese tipo resultaría inapropiado un titular meramente informativo: «El Valencia gana al Málaga por un gol y obtiene el título de Liga.»

En la opinión, la diferencia entre titulares temáticos o remáticos es la apelación al tema del que trata el texto o la expresión de la tesis mantenida por el autor. Por ejemplo, *«La vida y el fósil»* fue el título de un artículo de Antonio Escohotado en *El Mundo* (02/11/1998) y estaba relacionado con la diferencia que establecía el autor entre respetar la letra de la ley (el fósil) o el espíritu de la ley (la vida) que formaban parte de la tesis principal del texto. Lo mismo puede decirse del siguiente: *«La venda es humanitaria, la solución es política»* (*El País*, 08/10/1997) que explicita con rotundidad la tesis del autor sobre la ayuda al desarrollo.

No obstante, pueden presentarse otros titulares que vayan más allá del tema o la tesis y sean también expresivos, aludiendo a algún aspecto relacionado con el contenido del texto pero no explícitamente vinculado a sus elementos esenciales.

Por último, dado el crecimiento de la información de declaraciones, no pueden obviarse los titulares de actos de habla. En ellos se recogen las afirmaciones de los personajes de actualidad cuando, por sí mismas, son noticia o bien cuando constituyen el núcleo del texto, como en la entrevista. Así, en los titulares de actos de habla el periodista reproduce una declaración utilizando las fórmulas convencionales para ello: cita directa, indirecta o lo que se denominan «términos enfatizados». Los titulares con cita directa acercan el personaje y su opinión al lector, ya que éste conoce de primera mano las palabras textuales del mismo; ahora bien, es un tipo de cita en la que el periodista debe ser muy cuidadoso para seleccionar el contenido y la expresión. Muchas veces es costoso introducir en el reducido espacio de un titular una afirmación sin modificar el sentido original. Aquí el periodista necesariamente ha de «manipular» las palabras en sentido estricto: debe adaptarlas al formato de titular.

Lo mismo ocurrirá con los términos enfatizados que presentan entrecomilladas algunas palabras y no toda la declaración. Por ejemplo: «UPV apoyará el presupuesto de Alboraia si "es racional" (*Levante-EMV*, 18/11/1997).» También el periodista ha de tener especial precaución para no tergiversar lo dicho por la fuente al seleccionar las palabras que quiere reproducir. Además hay que tener presente la importancia que una frase extraída del contexto puede adquirir en el lugar privilegiado de un titular, encabezando una noticia o entrevista. Se corre el riesgo, no sólo de descontextualizar la frase, sino de darle importancia frente al resto de sus afirmaciones. Dicha importancia debe ser consecuente con el contenido posterior del texto.

Por último, el periodista puede escoger la fórmula de cita indirecta para un titular. Es muy común porque tiene la gran ventaja de poder resumir unas declaraciones escogiendo su sentido en conjunto.

7. Titulares en textos informativos, interpretativos y opinativos

EL TITULAR DE LA NOTICIA

El titular es un elemento esencial de la noticia. Debe resumirla de tal forma que al lector le interese ampliar la información con los demás elementos, la entradilla y el cuerpo. La noticia lleva necesariamente título; en ocasiones va acompañada de antetítulo y subtítulo.

La función del título es resumir el contenido de una forma concisa y clara, con completa independencia de cualquier otro elemento, sea otro titular o sea la entradilla o el cuerpo de la noticia. El título ha de entenderse por sí mismo. Habitualmente responde a las preguntas de qué y quién. La razón es que el título suele narrar qué ha ocurrido y, al procurar construir una frase completa, el quién suele ser el sujeto de la oración.

Del mismo modo, como el titular sintetiza la noticia y la entradilla de la noticia tradicional también, es razonable que coincidan en los elementos básicos que destacan de la información. Así, titular y entradilla deben coincidir, si bien la habilidad del redactor evitará la repetición de las mismas palabras o expresiones.

El antetítulo y subtítulo de una noticia recogen otro dato de la misma, nunca el principal, ya que éste debe aparecer en el título. Ambos son titulares que acompañan al título y por tanto no deben repetir la información ni ser su continuidad. Es importante que sean independientes, al menos, sintácticamente, esto es, que no continúen la frase del título. No obstante, hay algunas diferencias entre el antetítulo y el subtítulo. En la prensa española era común que los diarios escogieran dos de los tres titulares propios de la cabeza del texto: antetítulo y título o bien título y subtítulo. Sin embargo, en la actualidad, lo que era poco habitual, encontrar los tres titulares en el mismo texto, se está haciendo común por la incorporación de la mencionada «lectura de doble velocidad».

El antetítulo tradicionalmente cumplía la función de incorporar datos de contexto que ayudaran a situar la noticia geográfica o temáticamente. Ahora bien, dado que la información situada en los titulares adquiere relevancia y destaca sobre el resto, el redactor cumple con esa función de contextualización otorgada al antetítulo cuando dicha información sea relevante. De lo contrario, se puede caer en magnificar un dato que no tiene trascendencia. Si la información de contexto, pues, no es relevante el antetítulo puede dar otro dato de la noticia.

Con el subtítulo ocurre algo similar. La función del subtítulo es complementar la información dada en el titular, especialmente, algún dato llamativo o curioso, de modo que pueda asegurarse que el lector continúa leyendo. Ésa fue la razón por la que tradicionalmente se asociaba el subtítulo con informaciones escandalosas o morbosas, puesto que el dato más escabroso se dejaba para el subtítulo. Por ello, algunos periódicos han sido reacios durante años al uso del subtítulo. En la actualidad, se le da un uso apropiado, como en el caso del antetítulo, esto es, si el dato llamativo es importante se destaca en el subtítulo. De lo contrario, el subtítulo se utiliza para ofrecer otro dato significativo de la información

Por ejemplo, en *Las Provincias* del 2 de marzo de 2003 se publicaron los siguientes titulares:

Título: *El Parlamento turco rechaza el despliegue de tropas estadounidenses en su territorio*
Subtítulo: *Muchos diputados del partido gubernamental votaron en contra*

EL TITULAR DEL BREVE

El titular del breve debe ser, en principio, similar al de una noticia. Ahora bien, como el breve suele estar dispuesto en una columna y se reduce a uno o dos párrafos de texto no parece razonable que se extienda más allá de una línea, aunque depende de las normas tipográficas del medio. Por lo tanto, dadas las condiciones tan reducidas de espacio, en el titular del breve suele permitirse la eliminación de algunos elementos de la oración como el sujeto o el verbo. Así, es frecuente en los breves encontrar titulares que comienzan con un participio («Detenidos dos narcotraficantes en Vigo») o con un verbo en forma personal sin sujeto («Denuncia a su marido por secuestrar a sus ocho hijos»).

El breve suele llevar sólo título o bien título y un epígrafe. El epígrafe suele ser geográfico, por ejemplo, en los breves de Internacional o bien temático.

EL TITULAR DEL DESPIECE

El título del despiece o noticia complementaria debe ser similar al de una noticia principal, pero dada la dependencia del despiece respecto a ésta, en ocasiones es más breve y se reduce a un sintagma nominal, por ejemplo, «Los premiados» en un despiece que acompaña una noticia sobre los Premios Goya de ese año y que recoge la relación de premios. El titular del despiece también puede variar si éste va situado en una columna o si va debajo de la noticia principal. En cada caso el titular se adaptará a las normas de cada medio. Si es corto, será similar a un ladillo. Si se permite construir un título completo ha de ser lo más independiente posible.

Si el despiece es un texto interpretativo o de opinión, el titular se ceñirá a las normas de titulación de este tipo de textos.

EL TITULAR DE LA CUÑA

En las cuñas no puede decirse que exista un titular como tal, sino que el comienzo del texto suele hacer la función de titular, es decir, las primeras palabras aparecen en negrita y, por tanto, se destacan en relación al resto del texto. En ocasiones, sin embargo, la cuña está encabezada por un título engatillado. En cualquier caso, el comienzo de la cuña suele señalarse con algún elemento tipográfico como un cuadratín.

EL TITULAR DE LA FOTONOTICIA

Dado que en la fotonoticia la imagen tiene valor informativo por sí misma, las palabras que acompañan no son especialmente significativas. Por ello, el título, que tradicionalmente se presenta engatillado, puede ser informativo o también más creativo.

EL TITULAR DEL INFOGRÁFICO

El infográfico, por lo general, supone una narración o un elemento de documentación en la información. Así pues, el título de un infográfico suele ser enunciativo o descriptivo, ya que indica a qué noticia se está refiriendo o qué está exponiendo.

En un reportaje sobre la situación de Ruanda durante las graves matanzas del 96, el infográfico que representaba dos mapas de la zona y del mundo se titulaba «La mayor densidad de refugiados del mundo». Como se ve, no sólo indica de qué tratan los mapas (del desplazamiento de refugiados) sino que señala cómo en esa zona, debido a las matanzas, se está produciendo una noticia: el mayor desplazamiento de refugiados actualmente en el mundo.

EL TITULAR DE LA NOTA DE PRENSA

El titular de una nota de prensa que recoja un hecho noticioso debe ser, como el resto del texto, lo más parecido al de una noticia, de modo que pueda ser publicado sin intervención del periodista. Igualmente la nota de prensa presenta antetítulo y subtítulo en la medida en que sea necesario para complementar o contextualizar la información del título. Ahora bien, la diferencia radicará, como en la nota en general, en el enfoque, que será el más beneficioso para la institución o empresa a la que se refiera. En el caso del título, esa peculiaridad de la nota hará que el titular condense todo el protagonismo de la institución informadora.

Una nota de prensa de las Cortes Valencianas titulaba así la información:

> El Presidente de las Cortes Valencianas recibe al Cuerpo Consular (21/07/1995).

EL TITULAR DE LA NOTICIA DE AGENCIA

El título de los teletipos de agencia varía en función del texto que se remite, aunque en líneas generales el titular de una noticia enviada por agencia procura, sobre todo, informar rápidamente al periodista del contenido de la misma. Por ello, en ocasiones se utilizan indicaciones temáticas o geográficas que se sitúan por encima del título; no se trata de antetítulos sino de epígrafes de sección o tema: «Sucesos-Comunidad Valenciana».

Por ejemplo:

> Lluvias.
> Se aleja gota fría tras temporal que causó 3 muertos Alicante.

Con la indicación primera, «lluvias», el titular sitúa el tema ante el periodista, ya que durante varios días la intensa lluvia había sido noticia. Después el verdadero título da el último dato aunque gramaticalmente de forma incompleta. No es incorrecto en un teletipo esta peculiaridad, porque su receptor es el periodista que quiere discernir rápidamente si le interesa o no la información. Por eso es común encontrar titulares que necesitan retocarse para ser publicados en un diario como el siguiente:

> EFE-CV
> Presupuesto Cortes aumenta 3,2 por ciento próximo ejercicio (Agencia Efe, 20/10/1995).

EL TITULAR DEL REPORTAJE

El reportaje es un género que permite una gran libertad y creatividad en los titulares. De hecho, a menudo el título va acompañado de otros elementos de titulación: antetítulos, subtítulos y ladillos. Es muy común que el titular sea evocador o creativo y, así, se deje para el subtítulo el contenido informativo que indique cuál es el motivo, la realidad o el tema del que trata el reportaje.

Por ejemplo, los siguientes titulares de un reportaje publicado en *El País* (27/10/1996):

> Título: El pudridero de los Grandes Lagos
> Subtítulo: Guía para entender el drama sin fin de Zaire, Ruanda y Burundi y de más de dos millones de refugiados.

Y lo mismo ocurre en un reportaje-informe publicado en *El Mundo* (25/03/1998), en que los titulares eran los siguientes:

> Título: Dónde y por qué se derrocha el agua en España
> Subtítulo: Los regadíos consumen el 80 % del total, por el que no pagan ni una sola peseta.

EL TITULAR DE LA ENTREVISTA

En la entrevista, como se ha dicho, es muy común que se utilicen titulares de actos de habla, especialmente en las entrevistas informativas que se publican en la prensa diaria. Por ejemplo: «Mel Gibson: "Los Óscar no me hacen sentir ninguna presión".» (*La Vanguardia*, 10/01/1997).

Sin embargo, cuando la entrevista es de personalidad o de creación el título es precisamente un epíteto o una expresión que caracterice al personaje mientras que el subtítulo aclara quién es o el motivo de la entrevista.

Por ejemplo:

> Título: Una estrella con cara de niña
> Subtítulo: Penélope Cruz visita a España para promocionar «La mandolina del capitán Corelli».

EL TITULAR DE LA CRÓNICA

La crónica también permite mayor libertad porque no sólo es un texto muy personal sino que además es un relato interpretativo y, por tanto, el titular puede ser semejante al de una noticia por cuanto informa de las últimas novedades sobre un tema o sobre un hecho y, al mismo tiempo, introduce el análisis de la realidad de forma clara y atractiva.

Es muy frecuente que la crónica, a semejanza del reportaje, presente título y subtítulo y, del mismo modo, el título se reserve para el elemento más atractivo o el balance interpretativo de la situación mientras el subtítulo ofrece la referencia de la noticia.

EL TITULAR DEL EDITORIAL Y EL SUELTO

El titular del editorial y del suelto tiene la brevedad propia del título de opinión aunque depende del estilo del medio. Comúnmente, el titular de un género tan reflexivo como el editorial suele ser una indicación del tema de que se trate o una pequeña referencia al tema de forma que el lector conozca la postura que se está tomando al respecto. En el suelto, la libertad propia del género que lo diferencia del editorial puede reflejarse también en el título o bien compartir estilo con el del editorial. En el mismo periódico, *Las Provincias*, en su edición del 4 de abril de 2003, el titular del editorial es «El anacronismo de la huelga política» y el titular de uno de los sueltos es «El ex alcalde de Llaurí juega al dominó».

EL TITULAR DE LA COLUMNA

La columna es un género muy libre para titular. Ahora bien, toda la libertad que permite el género comporta, al mismo tiempo, toda la exigencia de ser muy creativo. El título de una columna ha de ser especialmente interesante, sugerente y apetecible. No requiere el sometimiento del título de editorial al tema o la tesis, aunque frecuentemente se refieren a alguno de ellos. Puede ser, sin embargo, un motivo vinculado a lo comentado en el texto, a una anécdota que aparezca en él o a una imagen que evoque el contenido. Por ejemplo, «El agradador es conveniente», de Carlos Pajuelo en Las Provincias del 5 de mayo de 2003.

EL TITULAR DE LA CRÍTICA

El titular de la crítica es también un elemento de interpretación. Por él, el lector debe situarse ante la manifestación cultural de que se trate y adquirir una pincelada del contenido y la evaluación que ha hecho el crítico. Así, es habitual que la crítica vaya acompañada de un solo título aunque, como éste se presenta con la ficha técnica, el lector identifica fácilmente la obra y el balance que hace el crítico de la misma; por ejemplo: «Hamlet siembra el caos», en *Las Provincias* (10/05/2003).

8. La redacción de un titular

Por su carácter protagonista, por sus funciones y por las circunstancias que condicionan su publicación, el titular es uno de los elementos más difíciles de dominar en la redacción de textos periodísticos. En ese sentido, para elaborar un buen titular es conveniente redactar un primer título que ayude a establecer el eje informativo o argumentativo para, más adelante, volver sobre él y pulirlo o bien cambiarlo para ajustarlo mejor al contenido. No es razonable abandonar por completo la redacción del titular hasta terminar el texto, como si aquel fuera un remate desligado del resto. Del mismo modo, es necesario revisar el titular al terminar, con objeto de lograr su mayor adecuación al resultado final.

Hay, sin embargo, determinadas pautas comunes en los titulares que conviene conocer junto a las normas propias de cada medio recogidas en sus libros de estilo.

PAUTAS PARA LA REDACCIÓN DE TITULARES INFORMATIVOS

El texto informativo, especialmente la noticia, necesita un titular completo, suficientemente claro y significativo para el lector.

1. El título informativo debe aproximarse a una frase completa para asegurar la comprensión por parte del lector. Así, conviene construir una oración en la que no falten el sujeto, el verbo y sus complementos.

La conveniencia de esa oración completa viene después condicionada por la necesidad de ubicar el titular en el espacio delimitado y es entonces cuando el periodista puede verse obligado a suprimir algún elemento para encajar el titular en su lugar. Así, si el título habla de la detención de un delincuente, es irrelevante, por lo general, indicar quién lo ha detenido y ese dato se puede suprimir. Eso sería lo que se haría en el siguiente caso: «La policía detiene al asesino del anorak» que puede convertirse en «Detenido el asesino del anorak» si es necesario. Caso distinto sería si es fundamental, informativamente hablando, hacer mención de quién ha detenido, por ejemplo, «La Ertzaintza detiene a dos presuntos etarras en Bayona». Quizás en este último caso sí es importante decir cuál de las Fuerzas de Seguridad ha desarrollado la detención.

Debe ser una sola frase que evite las estructuras complejas para no dificultar su comprensión. Si el lector ha de volver sobre un titular porque no lo entiende, ese titular es claramente mejorable. Un ejemplo como el siguiente: «Cascos niega que hablase con Amedo y éste dice que sí, pero no de lo que le acusa González» (*Las Provincias*, 10/05/1997) necesitaría ser más trabajado para ganar claridad.

2. El titular cuenta un acontecimiento, de ahí que sea necesaria, en la medida de lo posible, la presencia de un verbo, el elemento gramatical que expresa la acción. Es conveniente, además, que el verbo

aparezca en forma personal para dar dinamismo a la frase. Del mismo modo, como en el lenguaje periodístico en general, es preferible la voz activa a la pasiva, porque es más directa. El tiempo verbal escogido para titular suele ser el presente. La razón es que con él se construye ante el lector una falsa impresión de cercanía y proximidad. Es lo que se llama una «ficción de presente». Así, el título siguiente: «El acusado por los crímenes del Putxet se declara inocente» (*El Mundo*, 28/02/2003) está recogiendo un hecho producido durante el día anterior. Ese día, durante su declaración, el acusado proclamó su inocencia, así pues, lo correcto sería decir «se declaró» pero con el uso del presente se actualiza más la noticia ante el lector. Lo mismo ocurre con el siguiente titular: «La policía interroga hoy de nuevo al presunto asesino del parking.» En este caso, la acción que se anuncia se producirá durante el día y por tanto aún no ha sucedido. Lo correcto en este caso, a diferencia del anterior, es el uso del futuro pero resultaría incoherente con el adverbio *hoy*.

3. Los titulares de informaciones deben ser independientes sobre todo desde el punto de vista gramatical. El título, el titular principal, debe ser independiente de todos los demás elementos de titulación y de cualquier otro componente de la noticia, tanto texto como fotografía. Respecto a antetítulos y subtítulos, en ocasiones, es inevitable cierta dependencia semántica para evitar la repetición de datos pero lo que no es admisible es la continuación de la frase de un título en un antetítulo, como por ejemplo:

> Antetítulo: Para tomar medidas comunes relacionadas con el turismo.
> Título: Los alcaldes de la provincia de Alicante se reúnen hoy en Benidorm.

Al mismo tiempo, no debe faltar ningún elemento de la oración como en el antetítulo del siguiente ejemplo:

> Antetítulo: Costas quiere derribar un colegio de educación especial porque está en «zona peligrosa».
> Título: Las playas de Pinedo y El Saler seguirán desprotegidas ante los temporales de invierno.

En este ejemplo, «Costas» se refiere a la «Demarcación de Costas».

4. Los mejores titulares son aquellos que no requieren del uso de signos de puntuación, aunque en algunos casos será necesario alguno de ellos. El punto (.) es un signo innecesario en los titulares. Si cada titular ha de ser una frase completa, en la medida de lo posible, el punto no será de utilidad ni siquiera al final de la oración. Prácticamente lo mismo ocurre con el punto y coma (;). Aunque puede aparecer en algún caso, no es común su utilización, ya que no resulta ágil insertar dos

oraciones en un mismo titular aunque estén relacionadas. Del mismo modo no es habitual el uso del punto y coma para una enumeración, ya que, de necesitar este signo de puntuación, se pondría de manifiesto que es muy extenso el título.

La coma (,) no es aconsejable, ya que supone una pausa en la lectura, ahora bien, hay determinados casos en los que es imprescindible. Estos casos son: la enumeración, la aposición y la sustitución de un verbo en forma personal. La enumeración de determinados elementos requiere la coma para separar los diferentes elementos que la componen, por ejemplo: «Borau, Mónica Ridruejo, Ungría y Giralt-Miracle, nuevos patronos del Reina Sofía» (*La Razón*, 25/02/2003). La aposición siempre aparece entre comas y es muy común en el texto periodístico, ya que se habla de personajes o realidades que se concretan con la aposición: «El guitarrista de The Who, Pete Townshend, detenido por presunta pederastia» (*ABC*, 14/01/2003). Por último, un recurso muy útil para hacer que el titular sea más directo y breve es eliminando el verbo en forma personal y sustituyéndolo por una coma: «Vioque, acusado de planear el asesinato del fiscal Antidroga» (*El Mundo*, 22/02/2003).

Los dos puntos (:) tienen un uso frecuente en los titulares de habla que recogen declaraciones textuales, ya que sólo se utilizan para introducir una declaración en estilo directo: «Samaranch: "Madrid y Sevilla lo tienen más difícil que nunca"» (*El Mundo*, 16/01/2003). No es conveniente, sin embargo, utilizar este signo para introducir la contextualización de la noticia, ya sea geográfica o temática, por ejemplo: «Congo: denuncian a los rebeldes por canibalismo» (*El Mundo*, 16/01/2003).

Los dos puntos, por tanto, irán acompañados en los titulares que reproducen citas directas por las comillas (« ») que recogen la declaración indicando al lector que se trata de palabras textuales. Sirve como ejemplo el mencionado anteriormente: «Samaranch: "Madrid y Sevilla lo tienen más difícil que nunca"», o bien en aquellos casos en los que el titular incluya una declaración presentada con la fórmula «términos enfatizados», esto es, entrecomillando sólo la palabra o palabras significativas de la declaración pero insertándolas en una oración completa. Por ejemplo: «Aznar ironiza que "hasta Zapatero" puede entender las medidas contra la inseguridad» (*ABC*, 16/01/2003). Es el único caso apropiado de utilización de las comillas, excepto que un medio decida utilizarlas para recoger un apodo, el nombre de un caso judicial o periodístico, una expresión no aceptada o el título de un libro o disco, aunque en esos casos suelen utilizarse comillas simples: «Deniegan todos los informes técnicos de la Fiscalía sobre el "caso Alierta"» (*El Mundo*, 17/01/2003). Lo que no es aceptable es utilizar las comillas para ironizar sobre una expresión haciendo un guiño al lector y editorializando la información: «El TC pone coto a las "trampas" de Ibarreche al declarar ilegales los Presupuestos vascos de 2002» (*La Razón*, 17/01/2003).

Respecto a interrogaciones (¿?) o exclamaciones (¡!), los titulares informativos no deben contener, en principio, ninguno de estos signos, ya que son afirmaciones y no opiniones sobre la actualidad. Un ejemplo claro es el siguiente: «Ricart vio ayer, ¿de nuevo?, la moqueta del crimen de Alcácer» (*Las Provincias*, 16/05/1997).

Ahora bien, si se trata de frases textuales en las que el personaje que se pronuncia sobre un tema, hace una pregunta retórica o lanza una exclamación, será necesario reproducirlo textualmente si es una cita directa.

Los paréntesis ( ) son signos poco utilizados en los titulares, ya que no suelen incluirse aclaraciones en ellos. Aparecen, sin embargo, con frecuencia para reproducir resultados deportivos o electorales y para contextualizar una información. Ejemplo: «"Cafè Baviera" (RAC1) convoca la segunda edición del premio Cuentos del Barça» (*La Vanguardia*, 19/01/2003).

Del mismo modo los guiones (-) no tienen apenas uso en los titulares de prensa, pero son necesarios en la publicación de resultados deportivos o electorales: «El Osito l'Eliana consigue la victoria ante el Teleno León en un partido reñido (25-30)» (*Levante-EMV*, 10/12/2002).

El signo porcentual (%) aparece en aquellas noticias que lo requieren como, por ejemplo: «El gasto de los hogares en 2001 se desacelera al crecer el 4,8 %» (*Levante-EMV*, 22/03/2002). En ese sentido, el uso de las cifras en los titulares es común y por lo general tienden a redondearse las cantidades siempre que la exactitud no sea imprescindible, como en el titular anteriormente citado: «Los aliados aseguran que hay entre 1.000 y 2.000 prisioneros de guerra y miles de deserciones» (*El Mundo*, 22/03/2003).

Por último, las siglas son muy útiles, como ya se ha indicado, en aras de la concisión del titular, aunque debe limitarse su uso a aquellas conocidas por el lector para no perder claridad. Además conviene no abusar de las siglas y no utilizar demasiadas en el mismo titular o en los titulares de cabeza de una noticia. Si es imprescindible su uso pero es poco conocida la sigla, deberá explicarse al comienzo de la noticia.

Bibliografía

ALARCOS LLORACH, E. (1977): «El lenguaje de los titulares», en *Lenguaje en Periodismo Escrito*, Fundación Juan March, Madrid.
ARMAÑANZAS, E. y DÍAZ NOCI, J. (1996): *Periodismo y argumentación: Géneros de opinión*, servicio editorial Universidad del País Vasco, Bilbao.
ARMENTIA VIZUETE, J. I. y CAMINOS MARCET, J. M. (2003): *Fundamentos del periodismo impreso*, Ariel, Barcelona.
BERROCAL, S. y RODRÍGUEZ-MARIBONA, C. (1998): *Análisis básico de la prensa diaria: manual para aprender a leer periódicos*, Universitas, Madrid.
CASASÚS, J. M. (1988): *Iniciación a la periodística*, Teide, Barcelona.
DÍAZ NOCI, J. (2002): *La escritura digital: hipertexto y construcción del discurso informativo en el periodismo electrónico*, servicio editorial Universidad del País Vasco, Bilbao.

EDO, C. (2003): *Periodismo informativo e interpretativo: el impacto de Internet en la noticia, las fuentes y los géneros*, Comunicación Social ediciones y publicaciones, Sevilla.

FONCUBERTA, M. (1998): *La noticia. Pistas para percibir el mundo*, Paidós, Barcelona.

GÓMEZ MOMPART, J. L. (1987): *Los titulares en prensa*, Mitre, Barcelona.

GRIJELMO, A. (1998): *El estilo del periodista*, Taurus (5.ª imp.), Madrid.

LÓPEZ HIDALGO, A. (2001): *El titular. Manual de titulación periodística*, Comunicación Social ediciones y publicaciones, Sevilla.

MARTÍN VIVALDI, G. (1973): *Géneros Periodísticos*, Paraninfo, 6.ª edición, Madrid.

— (1998): *Curso de Redacción*, Paraninfo, 29.ª edición, Madrid.

MARTÍNEZ ALBERTOS, J. L. (1998): *Curso General de redacción periodística*, Paraninfo, 4.ª edición, Madrid.

MARTÍNEZ-COSTA, M.ª Pilar (coord.) (2002): *Información radiofónica*, Ariel, Barcelona.

NÚÑEZ LADEVÉZE, L. (1995): *Introducción al periodismo escrito*, Ariel, Barcelona.

POU AMÉRIGO, M. J. (2001): «Los titulares de prensa y los nuevos servicios de información por correo electrónico y por teléfono móvil», en *Estudios sobre el Mensaje Periodístico* n.º 7.

PRICE, J. (2002): *Texto vivo. Escribir para la web*, Pearsons Educación, Madrid.

RODRÍGUEZ VILAMOR, J. (2000): *Redacción periodística para la generación digital*, Universitas, Madrid.

CAPÍTULO 11

LAS FUENTES EN EL PERIODISMO INFORMATIVO

HUMBERTO MARTÍNEZ-FRESNEDA OSORIO
Universidad Francisco de Vitoria. Madrid

1. En busca de la noticia

David Randall, periodista británico y asesor de prensa, comienza su capítulo dedicado a las «Fuentes» dentro de la obra *El periodista universal* (Siglo XXI, Madrid, 1999) con una cita de Mort Rosenblum, de la agencia internacional de noticias Associated Press, que no me resisto a obviar por la profundidad de su contenido:

> Cuando recibe un aviso a media noche, un bombero sólo tiene que ponerse los pantalones y apagar las llamas. Un corresponsal debe explicar a un millón de personas quién provocó el incendio y por qué.

Indudablemente, no es objetivo de este capítulo explicar las diferencias entre la admirada y valerosa profesión de bombero y la no menos arriesgada de periodista.

Esta frase es sólo otro ejemplo ilustrativo más de la vital responsabilidad que se deriva de la profesión periodística, del ejercicio honesto y correcto del periodismo.

Y, ¿qué tiene esto que ver con las fuentes en el periodismo informativo? ¿Por qué he querido empezar de esta manera?

Sencillamente, porque no se puede hablar de las fuentes en el periodismo informativo sin contextualizar la labor del periodista y del propio periodismo en la sociedad actual.

Si la función del periodista tiene sentido es porque se la otorga la propia sociedad, la cual tiene la custodia de dos libertades fundamentales que afectan directamente al ejercicio de la profesión periodística: la de expresión y la de información.

El diario *ABC*, dentro de las normas deontológicas descritas en su libro de estilo y recogidas por Ana María Vigara (Ariel, Barcelona 2001), expresa de manera clara:

La Constitución distingue entre libertad de expresión (art. 20., apartado 1.a.) y derecho a la información (apartado 1.d. del mismo artículo). Lo cual obliga a diferenciar entre hechos y comentarios a la hora de valorar el comportamiento profesional del periodista, cuando de sus escritos puedan derivarse perjuicios o lesiones para otros ciudadanos.

La libertad de expresión ampara la expresión de pensamientos, ideas y opiniones, mientras que la libertad de información busca como objetivo social el comunicar y recibir libremente información sobre hechos o, más restringidamente, sobre hechos que puedan considerarse noticiables.

Hablar de periodismo es, por tanto, hablar de responsabilidad, es hablar de normas de comportamiento, es hablar de ética y deontología, y sólo en este contexto tiene sentido hablar de las fuentes en el periodismo informativo.

El periodista es, simplemente, pero nada más y nada menos, que el intermediario entre lo que ocurre en la realidad y la propia sociedad y eso implica tener un alto grado de responsabilidad en el ejercicio de la profesión y en todo lo que lo posibilita.

Otro libro de estilo, el del diario *El Mundo* (edición coordinada por Víctor de la Serna. Unidad Editorial, Madrid 1996), en su capítulo dedicado a «Deontología Profesional», afirma en esta línea:

El ejercicio del periodismo no se distingue sólo por la libertad, sino por una moralidad civil, un sentido de la responsabilidad que no siempre ha reinado en los medios informativos. Y añade: el servicio a la sociedad mediante la búsqueda constante de la verdad es deber del periodista.

El ejercicio de la profesión periodística no se reduce exclusivamente a una descripción más o menos acertada de hechos que puedan interesar más o menos a la sociedad.

Desde la toma de decisiones sobre lo que vamos a informar hasta la manera de presentar la información, pasando por la relación del periodista con las fuentes de información (lo que implica selección de fuentes de información y utilización de las mismas), exige un alto grado de compromiso del periodista con la verdad, responsabilidad que en cualquier profesión va vinculada a los llamados códigos deontológicos.

Quizá el código deontológico más explícito en cuanto a la regulación de la práctica periodística es el aprobado por el Colegio Deontológico de Periodistas de Cataluña, del año 1992. Merece la pena destacar, entre otros, los siguientes criterios, que constituyen una verdadera guía de cómo ejercer el periodismo y del papel que cumplen las fuentes de información:

1. Difundir únicamente informaciones fundamentales, evitando en todo caso afirmaciones o datos imprecisos y sin base suficiente que puedan lesionar o menospreciar la dignidad de las personas y provocar daño o descrédito.

2. Rectificar con diligencia y con tratamiento adecuado a la circunstancia, las informaciones —y las opiniones que se deriven de ellas— cuya falsedad haya sido demostrada y que, por este motivo, resulten perjudiciales para los derechos o intereses legítimos de las personas y/o organismos afectados, sin eludir, si fuera preciso, la disculpa, con independencia de lo que las leyes dispongan al respecto.

3. Utilizar métodos dignos para obtener información o imágenes.

4. Respetar el *off the record* cuando haya sido invocado.

5. No aceptar nunca retribuciones o gratificaciones de terceros por promover, orientar, influir.

6. No utilizar nunca en beneficio propio informaciones privilegiadas, obtenidas de forma confidencial como periodistas en ejercicio de su función informativa.

7. Respetar el derecho de las personas a su propia intimidad e imagen, especialmente en casos o acontecimientos que generen situaciones de aflicción o dolor.

Dignidad de las personas, respeto, honestidad, verdad, son algo más que términos. Son, entre otros, los conceptos que dan sentido a la profesión periodística, al trabajo periodístico.

En la elaboración de una información es donde se materializa la verdadera función del periodista, el servicio a la sociedad cuyo fundamento está en el servicio a la verdad.

Escribir una noticia, un reportaje o una entrevista no es un mero ejercicio mecánico. El periodista debe poner todos sus sentidos al servicio de lo que va a escribir y hacerlo con la mayor diligencia.

Y esto afecta directamente a la selección y utilización de las fuentes de información, porque el principio fundamental al que el periodista debe consagrar su trabajo y el ejercicio de su profesión se escribe con letras en mayúscula: NINGUNA NOTICIA DEBE SER CONSIDERADA CIERTA SI NO SE HA CONSEGUIDO VERIFICAR A TRAVÉS DE ALGUNA FUENTE FIDEDIGNA.

No olvidemos que la solidez o valor de los hechos depende en parte de la fuente que los haya revelado.

Por eso, las actitudes que deben predominar en un periodista podrían resumirse en:

1. Capacidad de análisis para saber discernir el valor informativo de una noticia. Y cuando hablo de valor informativo me refiero al interés de esa noticia para la sociedad. El periodista debe preguntarse siempre por el porqué de las cosas, profundizar en las causas. No sólo contar los hechos, sino estar preparado para explicarlos.

2. Espíritu crítico para ayudar a la sociedad a conocer la realidad de las cosas. Para ello, el periodista debe previamente conocerla.

3. Honestidad, para reflejar con fidelidad el hecho informativo. El periodista no debe traicionar los grandes valores universales sino ponerlos al servicio de la información. Esto le hará creíble.

4. Capacidad de comunicación para ser eficaz en la transmisión de la información.

El periodista responsable, por tanto, no tiene entre sus objetivos engañar a la sociedad con su información, sino servir al bien común. Por eso, el periodista debe valorar su profesión no sólo de cara a sí mismo, a la realización de sus capacidades, sino también y muy especialmente de cara a su relación con los demás. Debe valorar las consecuencias y efectos, el sentido que su labor tendrá en la sociedad. Y debe buscar la verdad como algo necesario para el bien de todos, para el bien común.

Y por eso, las fuentes en el periodismo informativo son algo más que un mero recurso que utiliza el periodista para la realización de su trabajo. Su profesionalidad está en juego y, por eso, la selección y uso de las fuentes son claves en la función original del periodismo que está llamado a ese servicio a la sociedad cuyo fundamento se encuentra en el servicio a la verdad.

La sociedad tiene derecho a ser informada con verdad y honestidad y es en esa relación fuentes-periodistas-sociedad donde tiene que enmarcarse la selección y utilización de las fuentes de información.

Un periodista no puede desarrollar su labor profesional sin fuentes de información fidedignas, pero ni las fuentes de información ni la información ni quien la elabora tendrían sentido si no hubiera nadie a quien informar. De ahí la importancia de una buena utilización y selección de las fuentes de información como primer eslabón de la cadena que llevará a la búsqueda de la verdad a través de la información.

1.1. CONCEPTO DE FUENTE

Antes que nada, debemos recordar que el periodista informativo trabaja con la noticia y la esencia de la noticia es la actualidad y el interés para la sociedad.

Esto distingue claramente las fuentes que utiliza el periodista de otras fuentes utilizadas por otros profesionales.

Y eso hace que la utilización de una fuente en el periodismo informativo no sea la misma que en otro tipo de actividad. ¿Por qué? Porque una fuente de información es lo que distingue la calidad de un medio de comunicación respecto de otro. El medio de comunicación de más prestigio será el que esté mejor informado y, normalmente, el medio de comunicación mejor informado es aquel que dispone de mejores fuentes de información.

De esto se deduce que la relación del periodista con la fuente se establece en una doble dirección. El periodista necesita las fuentes para ofrecer la mejor información y las fuentes necesitan al periodista para hacer públicas sus confidencias.

En este sentido, las fuentes de información cumplen una doble función de la que podemos desprender su definición.

Una fuente informativa es cualquier persona, institución, colectivo o documento que ayuda al periodista en su labor profesional. Normalmente tiene dos grandes usos: o bien proporciona al periodista datos a partir de los cuales puede existir un indicio de noticia o se puede originar una noticia o bien le sirve al periodista para enriquecer, completar o ilustrar su información.

Es la distinción entre fuentes de información personales y fuentes de información documentales que se desarrollan en este capítulo.

Desde este punto de vista, las fuentes en el periodismo informativo son la base sobre la que se construye la noticia. En ocasiones las fuentes de información aportan noticias completas y, en ocasiones, aportan datos a partir de los cuales se generan otras noticias.

Y, por eso, de la importancia de las fuentes en el periodismo informativo se deriva la suma importancia de la relación que se establezca entre el periodista y «su» fuente de información.

1.2. RELACIÓN DEL PERIODISTA CON LAS FUENTES DE INFORMACIÓN

La información es una búsqueda honesta de la verdad. Y éste es un camino difícil, fundamentalmente porque hoy en día vende más la exageración que el equilibrio en la información, vende más el morbo que la realidad, lo intrascendente que lo trascendente. Y esto sucede porque la empresa informativa busca vender un producto y, para eso, o bien sigue la inercia de lo que está de moda en los gustos, los comportamientos y hábitos de la sociedad sin preocuparse de realizar una labor formativa y constructiva o bien busca modificar los hábitos de las personas para vender su producto a través de estrategias y técnicas que poco tienen que ver con la comunicación y algo más con el márketing. En esta situación, el periodista se convierte en el intermediario visible entre la empresa informativa y la sociedad.

Por eso, es muy importante que el periodista se comprometa con la verdad. Y este compromiso en la búsqueda de la verdad se deriva exclusivamente de la responsabilidad que tiene ante la sociedad y en su trabajo. Sólo en esta búsqueda de la verdad es donde se puede enmarcar el trabajo con las fuentes de información, y sólo en este contexto es donde el propio periodista tiene la última palabra sobre la validez de las mismas y el uso en su labor profesional.

Esto implica una relación exquisita con las fuentes de información. Y cuando hablo de exquisita me refiero a una relación dedicada escrupulosamente al servicio de esa búsqueda de la verdad que se resume en el conocido axioma «cada vez que un periodista falta a la verdad, miente».

Para empezar es necesario seleccionar las fuentes que se vayan a utilizar porque aunque el periodista en su labor profesional diaria tiene
contacto con un grupo concreto de fuentes, éstas no son las únicas.
Siempre existirá la puerta abierta a nuevas fuentes de información.

Además, hay que recordar que las fuentes de información también
tienen sus preferencias y muchas veces son ellas las que eligen el medio
de comunicación por la propia naturaleza del mismo o eligen al periodista por su prestigio y reconocimiento.

Esto nos lleva a manejar una serie de pautas que nos permita conci-
liar todos estos factores en un único objetivo: servir a los demás desde la
información.

En ese sentido, ¿cómo debe ser la relación del periodista con las
fuentes de información? Destacaría, ante todo, dos rasgos de esa relación: la actitud objetiva y el respeto.

1. *Actitud objetiva*

La relación del periodista con la fuente de información debe basarse
en la independencia del primero respecto del segundo.

El periodista no puede ni dejarse dominar por la fuente ni identificarse con ella. Esto no sólo supondría dejar en manos de otro la responsabilidad de la información sino que impediría el ejercicio libre de la profesión.

La independencia asegura evitar las cargas emotivas que compro-
meterían peligrosamente la información. El periodista no puede llegar a
tener unos vínculos afectivos tan profundos con una fuente de información que, en un momento determinado, le haga ponerse en el difícil
trance de dar una información o callársela haciendo daño a terceros o
en contra del bien común. Por eso la independencia le asegura una relación más honesta consigo mismo, con la fuente de información y con
la sociedad a la que sirve.

Independencia no significa desconocimiento de la fuente de información que, indudablemente, es necesario para garantizar la fiabilidad
de la misma.

El periodista responsable debe preocuparse por conocer a fondo a la
fuente de información, respetando su confidencialidad. Del mayor conocimiento de la fuente se desprende una mayor fiabilidad de la misma y,
por tanto, mayor seguridad en una información honesta —entre otras
cuestiones, ésta es la causa por la que el periodista debe confirmar la información con la misma fuente tantas veces como sea necesario. O confirmar la información a través de otras fuentes—.

Es cierto que el interés de una declaración o «revelación» de una
fuente es directamente proporcional a su anonimato. Cuanto más oculta
es la fuente, más profundidad tiene su declaración. Pero esto no es óbice para confirmar esa información y, temporalmente, preservarla y huir
de la tentación de la gran noticia (es de lógica tener especial cuidado
cuando las fuentes sean anónimas).

En cualquier caso, el periodista debe procurar siempre saber «quién dice qué». La solvencia y autenticidad de la fuente es lo que le dará valor a la información. Otra cuestión diferente es que el periodista no revele su fuente de información porque no pueda o porque, pudiendo, no quiera.

2. *Respeto*

El respeto mutuo entre el periodista y la fuente de información es clave para obtener la confianza necesaria que dé credibilidad y prestigio al periodista.

No se debe nunca traicionar a una fuente (por ejemplo, utilizando el anonimato para conseguir información).

El respeto supone la garantía de un compromiso moral de no inventar ni exagerar informaciones y mucho menos desvelar las fuentes que se acercan al periodista, precisamente en razón de la confianza que han depositado en ellos, siempre y cuando no perjudique o cause daño a terceros. (Ver más adelante «El secreto profesional».)

Por supuesto que el periodista tampoco debe usar su posición en el medio de comunicación para extraer información a la fuente. Es obvio que en función de la responsabilidad de cada uno en un medio de comunicación se tendrá acceso a diferentes fuentes de información. El director de un periódico, por el cargo que ocupa, tendrá más fácil acceso a una fuente que el becario recién llegado. Pero esto es una cosa. Y otra es aprovecharse del cargo para presionar a la fuente y así obtener información privilegiada.

1.3. Cómo mencionar una fuente

La honestidad en el desarrollo de la profesión periodística afecta también a la manera de citar una fuente de información.

Para empezar hay que decir que, aunque suene algo obvio, el periodista debe esforzarse por citar correctamente las fuentes de información. Recojo aquí alguna norma que se puede seguir ante las situaciones informativas más habituales.

1. Si el periodista se refiere a una sola fuente, no hace falta repetirla continuamente. Aunque toda afirmación requiere la identificación de la fuente, no hace falta que ésta se haga de forma reiterativa.

2. Cuando se utilicen otros medios de comunicación como fuentes de información, es necesario haber comprobado lo que afirman.

3. Se debe identificar las fuentes de información lo más preciso posible. Hay que huir de generalidades como «fuentes bien informadas» o «fuentes fidedignas». Más cercanas serán expresiones como «fuentes judiciales» o «fuentes parlamentarias», por ejemplo.

Cuanto más identificada esté una fuente, más credibilidad tendrá la información.

4. Respetar el *off the record*.

Es cierto que cuando una fuente argumenta *off the record* sabe que está hablando con un periodista y en un contexto que el periodista o la fuente de información provocan para ilustrar, completar o facilitar una información concreta. ¿Qué sentido tiene? Es bastante probable que cuando la fuente de información practique el *off the record* el interés sea el contrario, conseguir que esa información se investigue y publique y que la fuente de información salga lo menos salpicada posible.

Por tanto, aunque existe un pacto no escrito de no publicación del *off the record*, éste sirve para que el periodista se ponga en la pista de una información que, si puede confirmar por otros cauces, publicará con seguridad.

2. Tipos de fuentes para el periodismo informativo

Las clasificaciones de fuentes de información que se han venido realizando son numerosas y responden a los más variados criterios.

Sin embargo, el valor de este capítulo reside en ayudar a detectar cuáles son las fuentes que el periodista debe utilizar en su labor profesional diaria y de qué manera se deben utilizar.

Por este motivo, me he decidido a hacer una clasificación atendiendo a un doble criterio que se desprende del uso que un periodista puede hacer de sus fuentes.

Desde esta perspectiva, he dividido las fuentes para el periodismo informativo en dos grandes bloques: fuentes personales y fuentes documentales.

En rasgos generales, las fuentes de información personales son las que proporcionan o pueden proporcionar una noticia y las fuentes de información documentales son las que le sirven al periodista para enriquecer, completar o ilustrar una información que esté realizando. Lógicamente, el desarrollo de ambos tipos de fuentes informativas es el argumento principal de las páginas que vienen a continuación.

Quiero, sin embargo, llamar la atención sobre el hecho de que dentro de las fuentes de información personales he introducido «fuentes de desinformación» y «secreto profesional», no porque sean en sí mismas algún tipo de fuente de información, sino porque de alguna u otra forma están habitualmente presentes en el ejercicio diario de la profesión y son inseparables del resto de fuentes de información personales.

Antes de pasar a desarrollar todos los tipos de fuentes parece conveniente hacer un esquema previo de las mismas que permita una vista rápida para ubicarlas de manera correcta:

2.1. Fuentes informativas personales
  2.1.1. Periodísticas
    2.1.1.1. Gabinetes de prensa
    2.1.1.2. Medios de comunicación
    2.1.1.3. Agencias de información
  2.1.2. No periodísticas
    2.1.2.1. Anónimas
    2.1.2.2. Confidenciales
  2.1.3. De desinformación
    2.1.3.1. El rumor
    2.1.3.2. La filtración
  2.1.4. El secreto profesional
2.2. Fuentes informativas documentales
  2.2.1. Manuales de referencia
    2.2.1.1. Diccionarios
    2.2.1.2. Directorios
    2.2.1.3. Enciclopedias
    2.2.1.4. Anuarios
    2.2.1.5. Estadísticas
    2.2.1.6. Biografías
    2.2.1.7. Cronologías
    2.2.1.8. Repertorios de medios de comunicación
  2.2.2. Bases de datos (y recursos on-line)
    2.2.2.1. Numéricas
    2.2.2.2. Bibliográficas
    2.2.2.3. Directorios
    2.2.2.4. Portales de información para periodistas
  2.2.3. Audiovisuales
    2.2.3.1. Fotografías
    2.2.3.2. Imágenes en movimiento
    2.2.3.3. Archivo sonoro
  2.2.4. Revistas especializadas
Tienen acceso a fuentes distintas a las convencionales.

2.1. FUENTES INFORMATIVAS PERSONALES

Las fuentes personales que el periodista puede utilizar en su labor diaria vienen definidas por la relación personal que se puede establecer entre el periodista y la propia fuente.

Estas fuentes son las que considero de mayor importancia porque se establecen en función de la condición humana del periodista y la fuente. A diferencia de las fuentes documentales, las fuentes personales no sólo sirven para contrastar y enriquecer una información sino que su gran valor reside en la posibilidad de que sean generadoras de noticias. La gran diferencia con cualquier otro tipo de fuentes es que éstas pueden ser las que nos den la pauta de la que surja, no una noticia, sino, en muchas ocasiones, la gran noticia.

Distinguiré, dentro de ellas, las fuentes periodísticas de las no periodísticas.

2.1.1. *Fuentes informativas personales periodísticas*

Son fuentes porque forman parte del mundo de la comunicación y eso les permite tener acceso a información relevante que de otra manera no podrían conseguir.

Podemos distinguir tres: los gabinetes de prensa, los medios de comunicación, las agencias de información.

La gran peculiaridad de estas fuentes es que son los propios profesionales de la información los que se convierten en fuente, por lo que el diálogo con la fuente se produce entre «colegas», lo que implica un cierto pacto implícito de colaboración especial. Pero debemos ser conscientes en todo momento de que un periodista de fuente es antes que nada trabajador de una empresa a la que se debe. Así, debemos saber quién tenemos delante para saber utilizar la información que nos facilite de la manera más adecuada.

2.1.1.1. Gabinetes de prensa

Cualquier gabinete de prensa, bien sea de una empresa pública, bien de una empresa privada, no funciona de manera independiente, no puede desvincularse de su «empresa madre» porque, entre otras cosas, sin ella no tendría sentido, no existiría.

Por tanto, lo primero que el periodista tiene que tener claro es que la misión del gabinete de prensa es llevar a cabo todas las acciones de comunicación de la empresa a la que se debe.

Y esto lleva necesariamente a enumerar las cinco notas características que distinguen a un gabinete de prensa y que el periodista debe asumir si quiere hacer un buen uso del mismo y rentabilizarlo como fuente de información:

1. Un gabinete de prensa siempre tratará de «vender» la mejor imagen de su empresa.

Esto significa que detrás de la información que nos transmita siempre habrá un interés, pues el ideario del gabinete de prensa es el mismo que el de la empresa. Es, por tanto, una fuente de información interesada, mucho más que el resto de fuentes de información.

2. La estrategia de cualquier gabinete de prensa será, por tanto, la persuasión. Las palabras *seducir* o *convencer* adquieren su más claro significado. El periodista de un gabinete de prensa tratará de convencer de que «su producto» es el mejor. Actuará como cualquier anunciante que

trate de vender lo más posible al mayor número de personas. El producto, en este caso, es la información. El consumidor, el periodista. El objetivo, aumentar la credibilidad de la empresa.

3. La información del gabinete de prensa buscará no provocar actitudes negativas. Para ello, mucha de la información será «convenientemente tratada», «cuidadosamente escogida» o, para ser más exactos, la información tratará siempre de favorecer a su empresa.

4. Desde un punto de vista técnico, la información, en muchas ocasiones, estará elaborada y dará al periodista poco margen de intervención.

5. No podemos considerar fuente de noticia al portavoz de una institución que hace una declaración oficial como reacción ante determinadas informaciones. Incluso el contenido de esa declaración no es, en muchas ocasiones, noticia.

En resumen, esto significa que el periodista que acude a un gabinete de prensa, en función de la confianza que haya establecido con el periodista que actúa como fuente, deberá siempre contextualizar adecuadamente la información que se le facilite, dándole su justo valor.

Pero, si esto es así, ¿cómo puede un periodista aprovechar como fuente un gabinete de prensa?

Una cosa no quita la otra. No es posible negar y reconocer, por tanto, en los gabinetes de prensa, una de las fuentes más importantes y más generadoras de información con las que puede contar un periodista. Es una fuente que nunca se puede desechar porque tiene relación directa con los órganos de poder de su empresa (no olvidemos que en el organigrama, el gabinete de prensa suele ser la mano derecha del presidente o director de la empresa) y eso significa acceso a información de primer grado. Un gabinete de prensa nos pone en contacto con esos órganos de decisión de la empresa, nos desmiente o confirma noticias, valora e incluso actúa como fuente de documentación.

Un gabinete de prensa suele utilizar dos grandes medios para facilitar información: información escrita (fundamentalmente notas de prensa y dossieres informativos) y el contacto personal (relación directa con el periodista y ruedas de prensa).

La *información escrita* es información encorsetada. Igual para todos. Se podría catalogar mejor dentro de las fuentes documentales, pues lo que aportan fundamentalmente son, en el caso de *notas de prensa*, información que siempre hay que comprobar o, en el caso de *dossieres informativos*, documentos que permiten ilustrar o completar informaciones de las que ya se poseen datos.

De especial relevancia dentro del contexto de las fuentes personales es el contacto personal, bien directamente, mano a mano, con el periodista de fuente o bien a través de las ruedas de prensa, porque ambas formas de relación son el gran valor que puede aportar al periodista la labor de un gabinete de prensa.

Una *rueda de prensa* convocada por el gabinete de prensa de cualquier empresa es uno de los momentos más importantes, desde el punto de vista informativo, para la empresa y para el periodista que acude a ella.

Normalmente se convoca una rueda de prensa ante algún asunto extraordinario, si bien algunas empresas tienen por costumbre realizar periódicamente ruedas de prensa para mantener el contacto con los periodistas y, por tanto, cuidar su imagen.

El valor informativo de una rueda de prensa radica, la mayoría de las ocasiones, en el acto en sí mismo por encima del protagonista de la rueda de prensa y del propio contenido.

Una rueda de prensa es una excelente oportunidad para establecer contactos y hacer relaciones públicas. En ella se van a encontrar todas las personas que nos interesan para los temas que estemos trabajando. Es el momento de estar con los ojos bien abiertos en cualquier conversación que podamos tener o fijarse en el más mínimo detalle. Para empezar, con los responsables del gabinete de prensa.

Por eso, lo más importante de una rueda de prensa es la actitud con la que acudamos a ella. Debemos estar receptivos e intentar recoger lo que no es común a todos los demás.

Es cierto que en una rueda de prensa se facilita información, se puede preguntar al protagonista de la misma, pero es, en definitiva, el mismo «menú» para todos.

Nuestra actitud es la que va a marcar la diferencia respecto al resto. Más allá del dossier que nos faciliten, de las palabra que nos digan, una rueda de prensa es una de las grandes pistas que nos puede facilitar exclusivas de primer orden. En cualquier momento puede saltar la noticia, de lo más intrascendente. Y eso depende de la actitud.

Por tanto, muchas veces es más importante el contacto personal que se produce en una rueda de prensa que el propio contenido o motivo por el que se convoca.

No es objeto de este apartado hacer un listado de gabinetes de prensa. Sería ilimitado, pues la mayoría de las empresas disponen del mismo y las que no, suelen ser de tamaño pequeño, donde el propio director absorbe sus funciones.

2.1.1.2.   Medios de comunicación

Un medio de comunicación actúa como fuente personal desde el momento en que cuenta con un centro de documentación que puede ser utilizado por el periodista, el cual establece una relación personal con los responsables del mismo en virtud de su profesión.

Normalmente todos los grandes medios de comunicación cuentan con un centro de documentación. Por tanto, es el del propio medio de comunicación el que utiliza el periodista, lo que no le impide acudir a otro centro de documentación de un medio de comunicación diferente donde, en razón de su profesión, se le suele facilitar la información que solicite.

Tanto los medios de comunicación escritos como audiovisuales suelen tener documentación escrita como memorias, publicaciones, biografías, monografías, efemérides, resúmenes de noticias.

Los medios de comunicación suelen convertirse, desde este punto de vista, en empresas auxiliares para los periodistas, pues su labor les ayuda a la redacción de sus noticias.

En ese sentido, y dentro del periodismo informativo, un periodista utiliza un centro de documentación de un medio de comunicación fundamentalmente para ampliar la información que está realizando y para redactarla de la mejor manera posible.

El valor de un centro de documentación para un periodista radica, por tanto, en la rapidez y la calidad del servicio.

Un periodista de información de actualidad utiliza un centro de documentación de un medio de comunicación como fuente porque la capacidad de respuesta a las necesidades urgentes que tiene es inmediata, se fía de las fuentes que le proporciona y, además, tiene fácil acceso a ellas.

Por eso, el material del centro de documentación aporta valor añadido. La calidad está por encima de la cantidad. El periodista utiliza en su labor diaria el centro de documentación porque sabe que en él ya se ha hecho una selección de calidad que le ayuda de manera efectiva, pues la urgencia de sus peticiones fruto de su trabajo hace que tenga poco tiempo para dedicarse a la lectura pausada de innumerables informaciones.

Un apunte más. Los medios de comunicación suelen ser observadores implacables de otros medios de comunicación que se constituyen en fuentes de información importante.

Me estoy refiriendo a que muchas noticias surgen de noticias aparecidas en otros medios de comunicación o de informaciones de otros medios en función de su propia personalidad (por ejemplo, acontecimientos cubiertos o descubiertos por medios de comunicación audiovisuales que los medios escritos toman como referencia o informaciones desveladas por medios escritos que son el hilo del que tiran medios de comunicación audiovisual).

Como siempre, hay que tener los ojos y oídos en guardia.

2.1.1.3. Agencias de información

Tradicionalmente, una agencia de información se ha constituido en fuente de información para los medios de comunicación. A cambio de una cierta remuneración económica, las agencias de información facilitaban un servicio informativo a los medios de comunicación que, de esta manera, se ahorraban tener que establecer una red de corresponsales por el mundo con el coste económico importante que esto suponía.

Las agencias de información, indudablemente, se han visto forzadas, con el paso de los años, a adaptarse a los nuevos tiempos.

Los medios de comunicación han ido especializándose y ganando posiciones dentro del mundo de la comunicación. La importancia de la información hoy en día y la reducción del espacio con el avance de las nuevas tecnologías, ha hecho que las agencias de información tengan que diversificar su actividad y tratar de recuperar el terreno perdido en el negocio tradicional ofreciendo nuevos servicios a los medios de comunicación.

Hay que pensar que antes una noticia de agencia era una información importante, casi exclusiva. Hoy, los medios de comunicación, por lo menos los grandes medios de comunicación, prefieren sus informaciones y utilizan de manera más complementaria la de las agencias de información.

Así que el uso que puede hacer el periodista de información de las agencias de información como fuente puede ser doble:

1. Como complemento de la información que el periodista ha obtenido por sus propios medios.
2. Para despertarle la curiosidad acerca de determinados temas.

En cualquier caso, el periodista deberá siempre confirmar y contrastar la información facilitada por las agencias de información como cualquier información que no es propia debe ser comprobada.

Muchas son las agencias que se podrían enumerar como fuentes en el periodismo informativo y que el periodista puede utilizar. Cada uno, además, tendrá sus preferencias.

Valgan como muestra las siguientes, sin ningún ánimo selectivo, sino exclusivamente ilustrativo:

1. Para información internacional
Associated Press —AP— (Estados Unidos: http://www.ap.org).
Sus servicios van a más de 15.000 empresas.
Reuters (británica: http://about.reuters.com/media/). Dividida en cinco regiones, América, Asia, Europa/Medio Este y África, Alemania y Reino Unido/Irlanda. Ofrece todo tipo de información on-line —textual, vídeo y fotos—.
United Press International —UPI— (Estados Unidos: http://www.u-pi.com). Sirve noticias sectorialmente.
France Presse (Francia: http://www.apf.com).
EFE (España: http://www.efe.es). Primera agencia de información para el mercado latinoamericano. Trabaja en los cinco continentes, desde 100 países y 170 ciudades. Ofrece noticias, fotografías de actualidad, reportajes, crónicas de radio y cortes de voz y vídeo. Tiene una base de datos de 15 millones de documentos de los últimos 13 años y 13 millones de fotos.

2. Para información nacional
Colpisa (http://www.colpisa.com).
EFE (http://www.efe.es).

Europa Press (http://www.europapress.es). Información nacional e internacional. Envía noticias de agencia sectoriales.
Fax Press (http://www.agenciafaxpress.com). Agencia de información nacional, especialmente económica. Cuenta con muchos colaboradores.

3.   Para información autonómica
ACN Press (Canarias: http://www.acnpress.com).
Aragón Press (Aragón: http://www.aragonpress.com).
Axencia Galega de Noticias (Galicia: http://www.axencia.com).
Vasco Press (País Vasco: http://www.vascopress.com).
ATN, Agencia de Televisión de Noticias de Andalucía.

4.   Para información especializada
Servimedia (http://www.servimedia.es). Pertenece al grupo de empresas de la Fundación ONCE. Especializada en información social.
Aceprensa (http://www.aceprensa.com). Agencia de colaboraciones, especializada en el análisis de tendencias básicas de la sociedad, corrientes de pensamiento y estilos de vida. Elabora un boletín semanal que incluye informaciones, documentación y comentarios.

2.1.2.   *Fuentes informativas personales no periodísticas*

Se constituyen en fuentes en nombre propio, no porque pertenezcan al mundo de la comunicación. Su origen puede ser diverso y lo que prima en la relación con ellas es la confianza de la fuente con el periodista.
Pueden ser anónimas o confidenciales. Ambos tipos de fuentes le sirven al periodista como germen de futuras informaciones, más que como información inmediatamente publicable.

2.1.2.1.   Fuentes informativas personales no periodísticas anónimas

Son aquellas de las que se desconoce el nombre y precisamente, en la confidencialidad, radica el éxito del trabajo del periodista.
En este sentido, el periodista debe ser todo lo honesto posible con la fuente anónima y garantizar el anonimato. De hacerlo así, tendrá toda la confianza de la fuente. De lo contrario, no sólo perderá a esa fuente sino que perderá la credibilidad para otras posibles fuentes de información anónimas.
Ahora bien, el periodista debe utilizar estas fuentes siempre con mucha reserva para no equivocarse y dar una información errónea, equivocada o falsa. Hay que pensar que por encima de la información está la sociedad a la que se informa que merece se le dé la información de manera veraz.
¿Cómo actuar ante una fuente de información personal no periodística anónima?

Intentaré establecer un proceso cronológico que dé las pautas para que el periodista lo pueda utilizar de manera efectiva:

1. Lo primero que tiene que plantearse el periodista es si la información que ha recibido es verdadera o no. ¿Está inventada? ¿Está exagerada? ¿Es completa? ¿Existe información complementaria? Por lo tanto, la primera actitud que debe adoptar el periodista y que atraviesa todo el proceso es la de la búsqueda de la verdad.

2. Si el periodista recibe una información de manera anónima, debe preguntarse el porqué de esa información. ¿Por qué envían esa información?

La segunda actitud es la prudencia, lo que llevará a actuar sin precipitación.

3. ¿Es el periodista el único que ha recibido esa información? ¿Existen otros periodistas con esa o parecida información? ¿Se puede confirmar por otro lado? Indudablemente el periodista debe iniciar un período de verificación.

4. Si es verdadera, buscar la versión contraria. En definitiva, ser justo y valorar en su oportuna medida la posibilidad de publicar la noticia o no.

5. Sólo publicarla si nuestra conciencia está tranquila y satisfecha.

2.1.2.2. Fuentes informativas personales no periodísticas confidenciales

Son aquellas de las que se conoce el nombre pero no quieren ser identificadas públicamente.

En cualquier caso entran dentro del terreno de la privacidad y el periodista deberá valorar el uso que da a la información. El periodista recibe esa información en función de la relación de confianza con la fuente y esto, al igual que las fuentes anónimas, es de suma importancia y el periodista debe sopesar los pros y los contras de la publicación.

Puede utilizarse como hilo del que tirar por otro lado y conseguir una información importante.

Hay que distinguirlo del *off the record* porque una cosa es que alguien cuente algo al periodista y no le importe que se publique sin su nombre. Y otra cosa es que haya información no publicable. Como afirma Martínez Albertos, el *off the record* es «material para la información y uso exclusivo del periodista».

2.1.3. *Fuentes personales de desinformación*

Aunque no se pueden considerar en sí fuentes de información, no cabe duda de que forman parte del día a día del periodista y que le suponen una llamada de atención, una pista ante un supuesto hecho informativo. No es menos cierto que le pueden inducir al error.

Cabe, aunque sea de forma breve, una mención tanto del rumor como de la filtración.

2.1.3.1. El rumor

El rumor es una interferencia que se produce en el proceso de comunicación y que normalmente no puede ser probado.

La fuerza que tiene el rumor es que la desproporción del hecho informativo que se presenta, normalmente de manera oral, no escrita, causa especial morbo a quien lo recibe y eso se traduce en una peligrosa tentación.

¿Cómo debe actuar el periodista ante un rumor? Pensemos en las características de un rumor.

1. El rumor suele exagerar el hecho informativo.
2. Suele contener información distorsionada.
3. Da importancia a lo menos importante.
4. Es información selectiva.

El periodista, ante el rumor, debe adoptar una actitud escéptica. Desde luego, no publicar nada absolutamente hasta su comprobación. La función del periodista, no olvidemos, es informar, no alimentar el morbo.

En cualquier caso, el rumor puede servir informativamente como el inicio de una investigación, de un hecho o de un dato.

2.1.3.2. La filtración

La filtración se empieza a adentrar de manera más clara que el rumor en el terreno de lo moral.

Una filtración es una información que la fuente facilita al periodista porque le interesa romper el silencio para provocar cierto daño a personas o instituciones, o por interés personal.

Es cierto que, como el rumor, puede tener una cierta dosis de verdad y que, en ocasiones, el objetivo no es hacer daño (estoy pensando en la filtración de una decisión judicial o de una sentencia) sino obtener la exclusiva de una noticia, pero al mismo tiempo tiene también ingredientes que afectan a la ética del periodista y su honesto proceder en la búsqueda de la noticia.

La filtración suele ser anónima. Insisto en que ante ella se debe apelar a la ética del periodista y confiar en su justo actuar. El periodista no debe aliarse con la fuente para causar daño o mal conscientemente y, en ese sentido, deberá utilizar la filtración de la manera más reservada y, desde luego, verificarla antes de tomar cualquier decisión acerca de su publicación como hecho informativo.

2.1.4. *El secreto profesional*

Aunque el secreto profesional indudablemente tampoco se puede considerar fuente de información, creo conveniente dedicar un espacio a hablar de él, pues las fuentes de información personales, periodísticas y no periodísticas, se basan en la comunicación entre personas y esto, necesariamente, deriva en una relación del periodista con la fuente, en muchas ocasiones difícil y que se mueve en el terreno de la ética profesional.

El secreto profesional es el derecho que tienen los periodistas a no revelar la identidad de las fuentes de información.

Muchos libros de estilo de medios de comunicación así lo reconocen para sus periodistas. El libro de estilo del diario *ABC* (Ana María Vigara, Ariel, Barcelona 2001), afirma:

> Si mediara una petición formal de ocultación de nombre por parte de la persona informante, el redactor deberá respetar esta petición como deber ético y protegerá sus fuentes confidenciales de información amparándose en el secreto profesional. No obstante, tal deber profesional podrá ceder excepcionalmente en el supuesto de que conste fehacientemente que la fuente ha falseado de manera consciente la información o cuando el revelar la fuente sea el único medio para evitar un daño grave e inminente a las personas.

Por su parte, el Estatuto de la Redacción del diario *El País* (*Libro de Estilo El País*, Madrid 2002), cuando se refiere al secreto profesional, en su artículo 8, apartado IV, recoge lo siguiente:

> La Redacción de *El País* considera el secreto profesional como un derecho y un deber ético de los periodistas. La protección de las fuentes informativas constituye una garantía del derecho de los lectores a recibir una información libre y una salvaguarda del trabajo profesional.

Indudablemente, estamos en el terreno de la ética, la confidencialidad y el respeto al confidente.

¿Cuál es la actitud del periodista ante el secreto profesional?

Ante todo, el secreto profesional es un *compromiso moral* que se basa en la confianza de la fuente con el periodista. Su razón de ser radica, precisamente, en la posibilidad que tiene el periodista de no revelar las fuentes. Por lo tanto, el que revela el secreto automáticamente pierde la confianza de la fuente, de la otra persona.

El problema se plantea cuando el periodista quiere guardar el secreto sin mentir. Debemos recordar que la verdad es el fundamento en el que se debe mover el periodista. ¿Qué criterio debe seguir el periodista? No olvidemos que el periodista recibe la confianza de la fuente en función de su profesión. Y esto tiene especial fuerza de obligatoriedad. El periodista debe respetar la confidencialidad del secreto y sólo deberá romper ese pacto implícito, no escrito, en caso de que pueda perjudicar voluntariamente a inocentes o atentar contra el bien común.

Por otra parte, el secreto profesional es un derecho regulado en nuestra Constitución de 1978 (Constitución Española. Madrid, Congreso de los Diputados, Madrid, 2000). El artículo 20. 1d lo recoge expresamente:

> Se reconocen y protegen los derechos a comunicar o recibir libremente información veraz por cualquier medio de difusión. La ley regulará el derecho a la cláusula de conciencia y al secreto profesional en el ejercicio de estas libertades.

Pero, junto al secreto profesional, derecho de las personas por ser profesionales, conviven otros derechos de las personas por ser personas: el derecho al honor, a la intimidad, a la propia imagen y a la protección de la juventud y la infancia.

¿Qué quiere decir esto? Si existe el derecho al secreto profesional es porque existe la libertad de información, la libertad de expresión, la libertad de opinión o el derecho a la información, entre otros. Y estas libertades y derechos conviven a su vez con los anteriormente citados.

Pero estas mismas libertades tienen sus límites establecidos por la propia Constitución de 1978 en el mismo artículo 20, apartado 4:

> Estas libertades tienen su límite en el respeto a los derechos reconocidos en este Título, en los preceptos de las Leyes que lo desarrollan y, especialmente, en el derecho al honor, a la intimidad, a la propia imagen y a la protección de la juventud y de la infancia.

En caso de colisión, la Constitución ampara el honor, la intimidad, la propia imagen de las personas. Y todavía más concretamente, a la juventud y a la infancia.

Por tanto, el derecho al secreto profesional debe ser compatible con el derecho de acceso a las fuentes. En caso contrario, estaríamos adentrándonos en terreno éticamente dudoso.

2.2. FUENTES INFORMATIVAS DOCUMENTALES

Todo periodista debe manejar las fuentes documentales para realizar su labor de la manera más completa y eficaz.

No es el objeto de este capítulo hacer una enumeración enciclopédica de fuentes sino más bien ofrecer un repertorio, desde luego no cerrado ni ilimitado, de las que el periodista necesariamente debe manejar para el ejercicio correcto de su profesión, así como de lo que pueden aportar cada una de ellas.

Hay que empezar aclarando que a cualquier fuente documental se puede acceder desde las fuentes personales.

¿Qué se entiende por fuente documental en el periodismo informativo? Son aquellas que ayudan al periodista en la práctica efectiva de su labor profesional. Por tanto, sirven para completar, ilustrar una información, pero sobre todo para enriquecerla y contextualizar con garantías los hechos a los que nos referimos.

Una fuente documental en el periodismo puede obtenerse en diferentes soportes (papel, soporte electrónico, audiovisual). En cualquier caso, el soporte será el que el propio periodista decida en función de su comodidad o utilidad. No es, en cualquier caso, lo fundamental, que queda reservado para la función que cumplen dichas fuentes documentales.

2.2.1. *Manuales de referencia*

El uso que un periodista puede dar a un manual de referencia es siempre ocasional. El periodista utilizará el manual de referencia para comprobar la ortografía de una palabra, para verificar la sintaxis, para asegurarse de la redacción o para ampliar con seguridad aquello de lo que está escribiendo.

Por tanto, el manual de referencia se utiliza de manera puntual y según el caso concreto.

Dentro de los manuales de referencia, los siguientes pueden ser de gran utilidad para el periodista. Para mejor comprensión del lector utilizaré ejemplos que permitan visualizar de manera ágil las diferencias entre unos y otros de los manuales elegidos. Al comienzo se define cada uno de los manuales utilizando el diccionario de la Real Academia de la Lengua.

2.2.1.1. Diccionarios

La Real Academia de la Lengua define el término *diccionario* como «el libro en el que se recogen y explican de forma ordenada voces de una o más lenguas, de una ciencia o materia determinada».

- *Diccionario de la lengua española* / Real Academia Española (www.rae.es). 22.ª ed. Madrid. Espasa, 2001.
  Es el diccionario por excelencia, aquel donde se recogen los términos reconocidos oficialmente y con el lenguaje aceptado.
  (Ejemplo: Policía: Cuerpo encargado de velar por el mantenimiento del orden público y la seguridad de los ciudadanos, a las órdenes de las autoridades políticas.)
- *Diccionario de uso del español* / María Moliner. Madrid. Gredos, S. A., 2003.
  Incluye los términos aceptados por la Real Academia de la Lengua, definiéndolos de manera más coloquial.

(Ejemplo: Policía gubernativa: La encargada del mantenimiento del orden público a las órdenes de las autoridades políticas.)

- *Diccionario ideológico de la lengua española: de la idea a la palabra, de la palabra a la idea* / Julio Casares Sánchez. 2.ª ed. Barcelona. Gustavo Gili, S. A., 2001.
Interesante a la hora de la redacción periodística porque incluye numerosas relaciones ideológicas que permiten al periodista optar por uno u otro término con el fin de no repetir durante la redacción de una noticia. Incluye el diccionario normal.
(Ejemplo: Manifestación: Demostración / Expresión / Exhibición / Exteriorización / Ostensión / Mostración).
- *Escafurcios y palabros: diccionario de abuso de la lengua castellana* / Mariano de la Banda Alcázar. Madrid. Temas de Hoy, S. A., 2000.
Diccionario que explica los errores que se cometen al redactar por la utilización de manera incorrecta de las palabras.
(Ejemplo: «Es, si la vista no me falla desde tan lejos, un policía armado». Policía Armada: No se le puede llamar a un señor aunque lleve gorra, porra, esposas, pistola y uniforme. La armada es toda la policía).
- *Diccionario ejemplificado de argot* / Ciriaco Ruiz Fernández. Barcelona. Península, S. A., 2001.
Parecido diccionario de abuso de la lengua castellana, pero incluye los términos que se utilizan en el lenguaje coloquial.
(Ejemplo: Pasma: Cuerpo de la policía).
- *Diccionario de falsos amigos: inglés-español* / Marcial Prado. Madrid. Gredos, S. A., 2001.
Términos del inglés que se traducen al español y se utilizan con un significado diferente.
(Ejemplos: *Police* es exactamente policía, como institución y los individuos que la forman.
Politic no se refiere a política sino a pesona sagaz, ingeniosa, prudente, diplomática, pero puede deteriorar su significado para convertirse en astuto, sin escrúpulos).
- *Diccionario general de sinónimos y antónimos: lengua española* / José Manuel Blecua (dir.). Barcelona. Vox, 1999.
(Ejemplo: Policía: Agente policíaco, poli, pasma, madero.)
- *Nueva ortografía práctica* / Guillermo Suazo Pascual. Madrid. Edaf, S. A., 2002.
- *Diccionario de eufemismos y de expresiones eufemísticas del español actual* / José Manuel Lechado García. Madrid. Verbum, D. L., 2000.
En este diccionario, el periodista podrá elegir opciones más simples a términos complicados o con sonidos complejos.
(Ejemplo: Guerra en vez de conflagración; temporal por interino; ignorante por nesciente o abaratar por depreciar.)

2.2.1.2. Directorios

Guía en la que figuran las personas (físicas o jurídicas) de un conjunto, con indicación de diversos datos de ellas.

- *Who is Who in Finance and Industry 2002-2003*. 33th ed. New Providence (New York). Marquis Who's Who.
  Listado de personalidades con datos sobre su perfil y actividad profesional.

2.2.1.3. Enciclopedias

Conjunto de todas las ciencias. Obra en que se trata de muchas ciencias.

Las dos obras clásicas por excelencia que, además, se van actualizando periódicamente son:

- *Gran Enciclopedia Larousse*. Barcelona. Planeta.
- *Nuevo diccionario enciclopédico Espasa*. Madrid. Espasa-Calpe, S. A., 2002.
- *The New Encyclopaedia Britannica* (http://www.britannica.com/). Chicago. Encyclopaedia Britannica.
- *Gran Larousse universal*. Barcelona. Plaza & Janés, 1995.
  Su estructura se asemeja más a la de un diccionario.

2.2.1.4. Anuarios

Libro que se publica cada año como guía para determinadas profesiones con información, direcciones y otros datos de utilidad.

- *Informe anual de la comunicación: 2000-2001: estado y tendencias de los medios en España* / Bernardo Díaz Nosty. Madrid. Grupo Zeta, 2001.
- *Anuario de Comunicación: DIRCOM* / Asociación de Directivos de la Comunicación; director Ramón del Corral. Madrid. Sopec Editorial, D. L., 2002.
- *Anuario de los hechos*. Barcelona. EDP editores, 2002.
  Relación de las noticias más importantes desde el punto de vista periodístico. Es internacional pero con mayor peso de noticias en España.
- *Britannica book of the year*. Chicago. Encyclopaedia Britannica. Se edita desde 1938 y se actualiza periódicamente.
  Libro de la *Enciclopedia Británica* de los hechos más importantes del mundo.
- *El estado del mundo 2003: anuario económico y geopolítico mundial*. Madrid. Akal, 2002.
- *La situación del mundo: 2002*: informe anual del Worldwatch Institute sobre progreso hacia una sociedad sostenible / prólogo de

Kofi A. Annan; editora Linda Starke; Christopher Flavin... [*et al.*]. Barcelona. Icaria, 2002.

- *Libro Blanco de la prensa diaria 2002*: estudios sobre los medios de prensa escrita desde las ópticas empresariales, tecnológicas, legales, éticas y de contenidos / Asociación de Editores de Diarios Españoles. Madrid. AEDE, 2002.
- *Anuario de los temas y sus protagonistas 2002* / Andrea Álvarez... [et al.]. Barcelona EDP, 2001.
- *Informe sobre el desarrollo mundial 2002: instituciones para los mercados*. Madrid Mundi-Prensa, 2001.
- *El País: anuario* / director José Manuel Revuelta. Madrid. *El País.* Sale todos los años.
- *Anuario El Mundo.* Madrid. *El Mundo.* Sale todos los años.

2.2.1.5. Estadísticas

Censo o recuento de la población, de los recursos naturales e industriales, de tráfico o de cualquier otra manifestación de un Estado, provincia, pueblo, clase, etc.

- *Boletín mensual de estadística* / Instituto Nacional de Estadística. Madrid. INE. Se publica desde 1958.
- *Boletín Estadístico Banco de España.* Madrid. Banco de España. Se publica desde 1960.
- *Informe mundial sobre la cultura: cultura, creatividad, mercados.* París. UNESCO. Madrid. CINDOC. Acento, D.L. Es anual.
- *Anuario comercial de España* / dirección técnica Intituto Lawrence R. Klein, Universidad Autónoma de Madrid. Barcelona. Caja de Ahorros y Pensiones.
- *Eurostat* (2002). Annuaire Eurostat 2002: le guide stadistique de l'Europe. Dones 1990-2000. Luxembourg. Office des publications officielles des Communautés européennes.

2.2.1.6. Biografías

Historia de la vida de una persona.

- *Diccionario biográfico de personajes históricos del siglo XIX español* / Francisco Ruiz Cortés, Francisco Sánchez Cobos. Madrid. Rubiños-1860, 1998.

2.2.1.7. Cronologías

Serie de personas o sucesos históricos por orden de fecha.

- *Cronología interdisciplinar: historia, literatura, arte, ideas políticas y económicas, ciencia y técnica* / Tom Crompton, Madrid. Globo, 1993.

- *Medios de comunicación y acontecimientos del siglo XX* / Ramón Reig, María José Ruiz Acosta (coordinadores). Sevilla. Universidad, Grupo de Investigación en Estructura, Historia y Contenidos de la Comunicación, 1999. Ámbitos para la comunicación 3.

2.2.1.8. Repertorios medios de comunicación

- *GM: Guía de los Medios de Comunicación de España, Andorra y Gibraltar* / director Justo de la Mota. Trimestral.
- *Guía de la comunicación 2002* / dirección Álvaro Sobrino; coordinación Carlos Arredondo. Madrid. Blur Ediciones, 2002. Anual.
- *Agenda de la comunicación* (www.la-moncloa.es). Madrid. Ministerio del Portavoz del Gobierno, 2003. Anual.
  Libro oficial donde se recogen todos los medios de comunicación y servicios de prensa de asociaciones, agencias e instituciones. Se actualiza periódicamente en la dirección de Internet.

2.2.2. *Bases de datos (y recursos on-line)*

La característica que las define es el soporte electrónico en el que las informaciones se presentan y pueden ser consultadas. Suelen registrarse por áreas de conocimientos.

2.2.2.1. Numéricas

Contienen datos numéricos —estadísticas, cotizaciones de bolsa—. Entre otras, son interesantes las siguientes:

- INE (Instituto Nacional de Estadística): http://www.ine.es/
  Información de datos centrados en España.
- Banco de España: http://www.bde.es
- Centro de investigaciones sociológicas: http://www.cis.es
- Organización de Cooperación y Desarrollo Económico (OCDE): http://www.oecd.org
  Referencia internacional.
- EUROSTAT: http://www.europa.eu.int/comm/eurostat
  Información sobre Europa.

2.2.2.2. Bibliográficas

Referencias bibliográficas de documentos

- Compendio de obras de referencia
  En España, las páginas web de bibliotecas de universidades ofrecen una selección de recursos bastante completa.

Entre ellas,

- Universidad de Burgos: http://www.ubu.es
- Universidad de Almería: http://www.ual.es/es/bibliotecas/index.html
- Universidad de Oviedo: http:/www.uniovi.es

• Diccionarios

- Anaya de la lengua española: http://www.anaya.es/diccionario/diccionar.htm
  Recopila distintos diccionarios, basados en los diccionarios VOX.
  (Diccionario General de la Lengua, Sinónimos/Antónimos, etc.)
- The logos dictionary: http://www.logos.it
  Traductor multilingüe, perteneciente a la empresa Logos Visión, italiana, especializada en traducción.

• Mapas
Las mejores direcciones en este campo están dentro de las páginas citadas en «Compendio de obras de referencia» (por ejemplo, dentro de la Universidad de Oviedo, Cartografía/Mapas/GIS, donde hay una completa selección de mapas en Internacional realizada por la Escuela de Minas de la Universidad de Oviedo).

- Repertorios bibliográficos
  Catálogos de bibliotecas

  — http://www.crue.org/cgi-bin/rebiun
    Incluye monografías y revistas. Las bibliotecas universitarias unifican su catálogo a través de REBIUN, dependiente de la Conferencia de Rectores de Universidades Españolas.
  — http://www.ucm.es/BUCM/cee/econdoc
    Revistas analizadas por la Universidad Complutense de Madrid.
  — http://www.mcu.es/TESEO/
    Referencia a todas las tesis declaradas aptas en España.

- CIDOB: http://www.cidob.org. Política exterior y relaciones internacionales.
- Pulitzer prizes: http://www.pulitzer.org. Página del Pulitzer
- CNN: http://www.cnn.com/almanac/daily. Qué pasó tal día como hoy y citas del día.

2.2.2.3. Directorios

- Biografías

    - http://www.biography.com/
      Más de 20.000 datos biográficos de personalidades de todos
      los tiempos.
    - http://www.s9.com/biography
      Buscador de biografías.

- Buscadores

    - http://www.google.com
      En la clasificación de buscadores de información en Internet
      aparece situado en los primeros puestos del ránking.
    - http://www.internetinvisible.com/
      Recomendado por documentalistas.

- Especializados

    - http://www.admiweb.org
      Especializado en el sector público, con información de la Ad-
      ministración nacional, autonómica, municipal, europea, or-
      ganismos internacionales, boletines oficiales, convocatorias
      de becas, empleo público, partidos políticos...
    - http://www.camerdata.es
      Especializado en cámaras de comercio españolas.
    - http://www.igsap.map.es
      Especializado en información de las administraciones pú-
      blicas.
    - http://www.odci.gov
      Directorio de jefes de Estado.
    - http://www.etsimo.uniovi.es/boe/busca.cgi
      Legislación nacional (*BOE*, boletines de comunidades autó-
      nomas, provinciales).
    - http://www.igsap.map.es/cia/boletines/boletín.htm
      Legislación internacional.
    - http://www.realaudio.com
      Portal con más de 3.000 estaciones de radio.
    - http://www.todalaley.com
      Acceso a boletines oficiales, servicio de alerta sobre legisla-
      ción. Destaca el texto de las últimas leyes, modelos de con-
      tratos, formularios legales, directorios, oposiciones...
    - http://europa.eu.int/eur-lex/es/index.html
      Tratados, legislación en preparación, jurisprudencia, pregun-
      tas parlamentarias... de la Unión Europea.

2.2.2.4. Portales de información para periodistas

- www.apmadrid.es
  Se pueden consultar noticias de todos los medios de comunicación.
- Guía de Internet para periodistas: elaborada por la Universidad de Navarra.
- Periodistadigital.com: http://www.periodistadigital.com/
- http://www.ciencytec.com
  Portal para periodismo científico.
- http://www.la-moncloa.es. Datos de la agenda de la comunicación.
- Estudios de audiencias
- O.J.D. (Oficina de Justificación de la Difusión)
  http://www.ojd.es/f_cont_www.html
- E.G.M. (Estudio General de Medios)
  http://www.aimc.es/aimc/html/egm/egm.html
- SOFRES http://www.sofresam.com

Los tres son estudios sobre perfil de audiencias. La O.J.D. es más especializada en prensa escrita. SOFRES estudia la audiencia de televisión y hace un seguimiento de la publicidad en televisión.

- http://europa.eu.int/comm/press_room/
  Servicio de Prensa de la Unión Europea.
- http://ecobolsa.com/noticias
  Servicio de noticias de información económica.
- http://www.newslink.org y http://www.ajr.org (American Journalism Review)
  Son fuentes de noticias de prensa estadounidense.
- http://www.unav.es
  Portal de la Universidad de Navarra especializado en temas de comunicación. Ofrece la suscripción a un boletín especializado en noticias de comunicación. Es gratuito.
- Medios de comunicación
  Prácticamente todos los medios de comunicación tienen la versión electrónica de su periódico impreso.

2.2.3. Audiovisuales

2.2.3.1. Fotografías

La fotografía, obviamente en el periodismo impreso y electrónico, puede ser utilizada por el periodista por diferentes motivos.

Lo normal es que la fotografía aparezca junto a un texto. En este caso se le otorga, tradicionalmente, una serie de valores.

- Valor informativo: el periodista la utiliza porque aporta información que enriquece, complementa o confirma el texto.
- Valor ilustrativo: el periodista la utiliza porque necesita romper la monotonía del texto y, al no tener una fotografía con valor informativo, utiliza este tipo de fotografía para adornar el texto, hacerlo más legible y más fácil de leer.
- Valor simbólico: tiene un valor parecido al valor ilustrativo, pero se utiliza en caso de no tener fotografías con valor informativo.
- Valor documental: el periodista lo utiliza, bien como prueba de una evidencia (identifica situaciones o personajes), bien para confirmar lo que está contando en el texto.

Aparte de la producción propia del medio de comunicación donde trabaje el periodista, la principal fuente gráfica para un periodista es el archivo gráfico o el banco de imagen.

Para el periodismo diario informativo, el periodista se debe dirigir, según la utilización de la fotografía, a los archivos gráficos de las agencias de información o el de los propios medios de comunicación. Para un uso informativo más general, a los bancos de imágenes.

En España, los fondos gráficos más importantes para el periodismo diario informativo, en cantidad y calidad, son los de la Agencia EFE. Consta de más de 13 millones de fotografías en distintos soportes. Cubren la información de actualidad. En el panorama internacional destacan las agencias Associated Press, Reuters o EPA (European Pressphoto Agency), que, desde 1985, realiza producción fotográfica para Europa occidental.

Existen otras agencias con fotografías más especializadas para el periodismo diario, como Cover, fundada en noviembre de 1979, con más de un millón de fotografías y que trabaja temas que van desde la naturaleza o sociedad hasta los deportes o los viajes.

Los bancos de imágenes, a diferencia de los archivos gráficos de las agencias o de los medios de comunicación, ofrecen una producción gráfica más general que los propios medios de comunicación pueden utilizar para uso informativo y cuya temática no se basa en la actualidad. Un ejemplo sería Fotostock (www.age.fotostock) en Barcelona o Image Bank en Madrid (www.imagebank.com) o Corbis (www.corbis. com) como banco de imagen internacional.

Aunque no suele ser habitual en el trabajo diario del periodista, éste también puede acudir a las fototecas, otro tipo de archivo fotográfico, de carácter más histórico o especializado.

Las fototecas pueden ser públicas o privadas, con colecciones más generales (política, cultura, sociedad, espectáculos...) como la que conserva el Archivo General de la Administración o más especializada como el Archivo General de Palacio, con fotografías vinculadas a la familia real.

2.2.3.2. Imágenes en movimiento

Aunque es relativamente poco frecuente la utilización de estas fuentes documentales audiovisuales para el periodismo informativo, sí conviene mencionar que las mejores videotecas las suelen tener las principales cadenas de televisión, lógicamente TVE por ser la más antigua, es la que tiene más cantidad de fondos. En televisión se pueden obtener desde registros sonoros (con librerías de músicas y efectos) hasta producciones audiovisuales completas o parciales como documento audiovisual.

2.2.3.3. Archivo sonoro

Una emisora de radio puede ofrecer al periodista de información diaria documentos escritos (publicaciones periódicas, obras de referencia y recortes de prensa) y sonoros.

Por la personalidad del medio destacaré los documentos sonoros que el periodista puede utilizar para ayudarse en la verificación de una información, así como para obtener testimonios orales de personas implicadas en determinados hechos, voces y programas o cortes de programas que le permitan completar o contextualizar una información de actualidad.

En España, destaca el Centro de Documentación de Radio Nacional de España (www.rtve.es/rne/area/ar_docum.htm), donde se encuentra el Archivo Sonoro, con casi un millar de registros sonoros —el más antiguo data de 1890—. En este Archivo se conservan, catalogan y difunden documentos sonoros, en dos bases de datos (musical y no musical), procedentes de la actividad que realiza Radio Nacional de España. La base de datos musical está dividida en cinco bases que agrupan los documentos en las siguientes categorías: música clásica, ligera, tradicional española y tradicional internacional. La base de datos no musical contiene referencias de documentos, divididas en cuatro bases: documentos de información general y programas para archivo definitivo, documentos de actualidad, documentos de obras dramáticas y documentos con anuncios, sintonías, ruidos...

Recientemente, a finales de 2002, concluyó la digitalización de miles de documentos del Archivo Sonoro cuyo objetivo es la mejor conservación de los mismos y la posibilidad de acceso a través del ordenador.

En el panorama internacional, la audioteca de la Radiotelevisión italiana (www.teche.rai.it).

2.2.4. *Revistas especializadas*

Sería imposible enumerar la cantidad de publicaciones especializadas que actualmente hay en el mercado y que se presentan en soporte impreso o electrónico.

Pero no quiero dejar de dedicarles aunque sea un espacio mínimo porque la revista especializada puede ser un instrumento de ayuda para el periodista informativo en su labor diaria y, en ese sentido, puede llegar a cumplir un papel fundamental.

El gran valor de la revista especializada radica en su ámbito de actuación, que le permite relacionarse con un sinfín de fuentes especializadas a las que el periodista informativo puede acceder y que, de otra manera, prácticamente, serían inexistentes.

Es necesario, por ello, tenerlas en cuenta y que cada periodista elabore su listado de revistas a las que debe acudir para, sobre todo, confirmar su trabajo o aclarar sus dudas.

Bibliografía

ARMENTIA VIZUETA, J. I. y CAMINOS MARCET, J. M. (1998): *La información. Redacción y estructuras*, Zarauz (Guipuzcoa), Servicio Editorial de la Universidad del País Vasco, 284 páginas.

BLÁZQUEZ, N. (1994): *Ética y medios de comunicación*, Biblioteca de Autores Cristianos, Madrid, 746 páginas.

GONZÁLEZ REIGOSA, C. (1997): *El periodista en su circunstancia*, Alianza Editorial, Madrid, 182 páginas.

MOREIRO, J. A. (coord.) (2000): *Manual de Documentación Informativa*, Cátedra D. L., Madrid, 458 páginas.

RANDALL, D. (1999): *El periodista universal*, Siglo XXI, Madrid, 266 páginas.

CAPÍTULO 12

LOS LUGARES Y LOS MOMENTOS DE LA DOCUMENTACIÓN

BERNARDINO JOSÉ CEBRIÁN ENRIQUE
Universidad Cardenal Herrera-CEU. Valencia

En su obra *El estilo del periodista* Álex Grijelmo dedica un epígrafe a los lugares de la documentación. Allí este autor explica que la documentación a menudo está incluida en la misma información: bien sea aportando párrafos de antecedentes o de contexto que orientan al lector sobre el significado de los hechos que se narran, bien sea simplemente como elemento característico de una edición cuidada (por ejemplo, cuando se señala la edad de un protagonista informativo, o el número de habitantes de un país). Otras veces la documentación, según Grijelmo, también puede constituir un artículo independiente, e incluso un reportaje entero.

Pero la documentación, además de lugares, tiene momentos. Gabriel Galdón los muestra cuando explica las funciones informativas de la documentación periodística. Apuntamos ahora cuatro de ellas [en la bibliografía final de este capítulo señalamos un texto que las explica todas]. El uso de fuentes documentales señala con anticipación acontecimientos previstos o previsibles (función previsora). Es elemento básico en el estudio e investigación previos sobre asuntos y personas que se van a cubrir o sobre los que se va a informar (función preparatoria). Obtenidos todos los datos de la observación y de la consulta de fuentes, aporta aquellos elementos de contexto que el periodista ve necesarios para elaborar un relato completo y comprensible (función completiva). En todo momento, facilita documentos con elementos precisos para comprobar la exactitud, claridad y veracidad de los datos que se manejan (función crítico-verificadora).

En las páginas que siguen pretendemos señalar momentos especialmente significativos de la documentación, así como esbozar lugares informativos en los que destaca el peso de las fuentes documentales respecto a otras fuentes.

1. Las fuentes documentales

En los manuales de periodismo se suele establecer la distinción clásica entre fuentes personales y fuentes documentales. Estas últimas están constituidas por los documentos disponibles en el archivo del medio (denominado también departamento o servicio de documentación) o en el archivo personal que muchos periodistas van procurándose; también por los documentos disponibles en Internet y en bibliotecas y otros lugares de acceso público.

Las fuentes documentales se caracterizan por contener abundante información debidamente organizada para su fácil consulta, por la especialización en un tipo de información (estadísticas, fotografías, imágenes en movimiento, legislación, artículos de prensa, artículos de prensa especializada, cronologías, etc.) en el que son exhaustivas, y por abarcar períodos cronológicos amplios. Estos rasgos las hacen muy útiles para la comprobación de datos, la contextualización de acontecimientos y el suministro de antecedentes.

Los periodistas y los estudiantes de Ciencias de la Información difícilmente pueden ignorar este hecho. Pero la existencia de las fuentes documentales no asegura su uso. Independientemente de un posible desconocimiento de fuentes concretas para necesidades concretas, es el rigor profesional el que lleva al periodista a documentar sus informaciones.

2. En el origen de la noticia

En la organización periodística, lo normal es que sea la Redacción la que descubra la noticia por diversos procedimientos. Luego podrá acudir a fuentes documentales para preparar, comprobar, ampliar o completar los asuntos del día. Eso es lo habitual. Pero la documentación se constituye en ocasiones en el origen de la noticia. Y ello de diversas maneras.

2.1. LA FUNCIÓN PREVISORA DE LA DOCUMENTACIÓN

Decíamos antes que Galdón señala esta función como una de las funciones informativas de la documentación. Consiste en la comunicación anticipada de acontecimientos previsibles. En algunos casos, se trata de eventos cuya celebración se acordó para una fecha; en otros, hace referencia a consecuencias posibles de procesos latentes detectados y rastreados por los documentalistas. En ambos casos, la documentación se encuentra en un momento significativo del periodismo: el descubrimiento de la noticia.

Existen abundantes ejemplos de esta facultad documental. En la agencia EFE, al final de la jornada, se elaboran unas previsiones o indicadores para el día siguiente que se transmitirán a primeras horas de la mañana. Las *Normas básicas* de la agencia explican que esas previsiones «se elaborarán con el material que faciliten las delegaciones, los redactores de las distintas secciones y el *Departamento de Documentación* [en cursiva en el original]». Esta función es la razón de ser de un servicio informativo disponible en Internet desde 1995, *Future Events News Service* (www.fensap.com), que consiste en una base de datos cronológica de acontecimientos previsibles.

En cuanto al hallazgo de acontecimientos no previstos formalmente, valga un ejemplo histórico apuntado por Galdón. Desde el momento en que estalló la Primera Guerra Mundial, el diario *The Times* no dudó en denunciarla como un intento alemán de dominar el mundo. El periódico pudo prever y anunciar esta grave consecuencia gracias a que su sección Internacional había acumulado durante treinta años información y datos sobre la política, armamento y planes alemanes.

2.2.   NOTICIAS DE MODA Y OCASIÓN

Sánchez Noriega indica, entre los factores de noticiabilidad de un hecho, lo que denomina «la moda y la ocasión», para referirse a aquellos artículos que aparecen en los medios cíclica y estacionalmente. Al margen de razones de escasez informativa, cada verano hay que hablar del cáncer de piel, de los perros abandonados por los dueños o del lugar de veraneo elegido por los políticos. La fuente de inspiración de estas noticias se halla en fuentes documentales, en los periódicos de hace un año.

Ironías a un lado, resulta innegable que esas noticias cumplen en bastantes casos una función social. La información del precio de los libros escolares con motivo del inicio del curso suscita un debate de interés público, y el periodista puede recomendar a los padres fórmulas para el abaratamiento del material.

La lectura de publicaciones y escucha o visión de programas de otros países o áreas geográficas, e incluso de medios de la competencia, constituyen también fuente de posibles asuntos que pueden convertirse en noticias, una vez trasladados y adaptados al ámbito geográfico o medio de comunicación propios.

2.3.   ANÁLISIS DE DATOS DOCUMENTALES

En su manual sobre el periodismo de precisión, José Luis Dader explica una serie de prácticas profesionales en las que el informador halla noticias apoyado en su iniciativa, sin la dependencia clásica de las declaraciones institucionales. Buena parte de esas prácticas consiste en el análisis de datos contenidos en fuentes documentales. Por eso, este profesor llega a comentar que «*la noticia bomba duerme a menudo en los archivos, en los silenciosos listados de una base de datos o en las frías y ca-*

balísticas anotaciones estadísticas de una investigación sociológica [en cursiva en el original]».

El examen, comparación y cruce de datos de diversas fuentes documentales permiten el descubrimiento de noticias. Dader cita un trabajo de investigación de un redactor de *El País* sobre las conexiones económicas de los parlamentarios, en el que se limitó a cotejar fuentes biográficas españolas (los clásicos «quién es quién») con memorias de grandes empresas. Fruto de este análisis, se observó que 30 parlamentarios tenían intereses en los sectores bancario e inmobiliario, se pasó revista a los vinculados con medios de comunicación, etc. (Carlos Gómez: «Las Cortes y el Mundo Económico I, II y III». En: *El País*, 23, 24 y 25 de abril de 1988).

En el libro *Fuentes de consulta para la documentación informativa* se puede encontrar un trabajo similar con fines didácticos (no publicado). El objeto de estudio consistió en el apoyo económico al cine español por parte del Ministerio de Cultura durante el trienio 1993-1995. En el análisis se consultaron varias fuentes documentales: el *BOE*, dos directorios de empresas, una guía de largometrajes estrenados en España y un quién es quién especializado en directores españoles. El material resultante daba para varias noticias, con sus titulares correspondientes:

- el 44 % de las ayudas al cine fueron destinados a largometrajes nunca estrenados;
- 22 de 108 productoras concentraron el 56,5 % de las ayudas, y
- el perfil de los directores agraciados con ayudas es varón, de 45 a 48 años, con el primer largometraje producido a finales de los años 70 o primeros de los años 80.

El análisis de datos documentales se ha potenciado en los últimos años con el uso de la informática. Los ordenadores han revolucionado algunas facetas de la investigación periodística al facilitar la recuperación y cruce de datos de diversas bases o ficheros, por un lado, y al permitir el uso de programas estadísticos para la representación de tendencias, por otro lado, hasta el punto de originar una variante nueva del trabajo periodístico conocida como *Datebase Journalism*.

Algunos medios de comunicación diseñan y elaboran bases de datos documentales que utilizan como apoyo para informaciones futuras, y de las que extraen ideas para artículos. Así, *The Guardian* mantiene un fichero informático en el que van registrando datos sobre los miembros del Parlamento, y la jefa de documentación del periódico dice sobre el uso de esta fuente documental: «Se puede utilizar para escribir un libro, para investigación básica —saber, por ejemplo, cuántos parlamentarios llevan a sus hijos a colegios públicos— o para redacción asistida por ordenador.»

3. Las credenciales del periodista

En el libro *El blanco móvil*, el periodista Miguel Ángel Bastenier comenta: «Las buenas entrevistas piden un estudio previo del personaje, al que hay que tratar de conocer lo mejor posible. Ello nos permitirá hacer no sólo preguntas relevantes, sino establecer de salida las credenciales del entrevistador.» Pero no sólo hay que mostrar credenciales en las entrevistas, sino también en los reportajes, crónicas y otros géneros. El tiempo para cubrir un acontecimiento también es limitado. Y la capacidad de observar con mayor profundidad y agudeza lo que pasa depende de los conocimientos previos.

La documentación viene al encuentro del periodista otra vez, a través del conjunto de textos que nos proporcionan la información —y con ella el saber— sobre un tema o personaje del que tenemos que informar. Éste es el momento de la función preparatoria de la documentación, que trae al presente conocimientos y datos del pasado.

Por eso, Galdón explica que la documentación es la memoria de la organización informativa, y se sirve de unas palabras de Jacques Durand publicadas en 1981 en su libro *Les formes de la communication*. Para el profesor Durand, «la comunicación se describe a menudo haciendo abstracción del tiempo [...]. Ni la fórmula de Laswel, ni el esquema de Shannon hacen referencia explícita al tiempo [...]. El circuito de la comunicación incluye órganos de memoria, cuya misión es conservar la información en reserva [...]. De ahí que el ideograma básico de la comunicación deba ser *emisor, memoria, mensaje, receptor* [...]. En un periódico, por ejemplo, esta función básica de *memoria* la realiza el servicio de documentación».

Los documentalistas de los medios son conscientes de este hecho. Su tarea cotidiana de selección de fuentes consiste en guardar aquellos documentos que convendrá organizar para ser recuperados —traídos al presente— en cualquier momento. También es un dato de experiencia que los periodistas acuden al departamento de documentación nada más conocer los temas asignados, para procurarse aquellos textos y referencias que les permitan afrontar la labor informativa conociendo de antemano detalles, antecedentes, causas y toda clase de datos sobre el hecho o personalidad que han de cubrir.

Una característica de los mejores periodistas de todos los tiempos es que se han preparado documentalmente para poder realizar buenas informaciones. Galdón, que ha expuesto variados ejemplos históricos y actuales, a la hora de elegir uno que sea una síntesis y dé una idea de hasta qué punto la función preparatoria incide en toda clase de temas y situaciones informativas, escoge el modo de trabajar de Richard Dimbleby, informador especializado en acontecimientos relevantes de la BBC durante los años sesenta y setenta del siglo pasado.

En una ocasión, Richard Dimbleby estaba emitiendo en la Real Academia de Bordado de Londres, donde la Reina Madre iba a presidir un acto. Dimbleby presentó el acto que se iba a desarrollar y contó la historia de la Academia antes de que llegase la hora prevista para la aparición de la Reina. Pero ésta no llegó, así que Dimbleby continuó con la emisión hablando sobre el bordado en China, Japón, Persia y Europa, describiendo los diferentes estilos y técnicas de tal modo que se podía pensar que había pasado toda su vida con una aguja en la mano. Cuando la Reina Madre apareció, 25 minutos tarde, explicó que había estado viendo todo esto por televisión en su palacio cercano y le interesó tanto lo que Dimbleby había estado contando que perdió la noción del tiempo.

El hecho es que Dimbleby no sabía absolutamente nada sobre el bordado 24 horas antes, pero había estado estudiando la noche anterior.

4. La investigación periodística

Todo el periodismo es investigación. De principio a fin. Y las fuentes documentales se revelan como compañeras inseparables en ese camino.

Son muchos los momentos en los que el periodista ha de localizar expertos a los que pueda consultar. Otras veces ha de acertar con los cargos o autoridades competentes a los que dirigirse. Pues bien, existen fuentes documentales de fácil manejo que contienen las personas claves y datos suficientes para su localización.

Las bibliografías especializadas, por ejemplo, recogen miles de referencias de artículos científicos e informan de las materias tratadas en esos trabajos, las revistas en que se han publicado y los nombres de los autores con especificación de su lugar de trabajo (universidad, empresa o instituto de investigación), etc. Así, en la base de datos médica Medline se pueden buscar expertos en miles de patologías, técnicas quirúrgicas, etcétera. Los directorios oficiales y guías de instituciones, por su parte, son documentos de obligado uso si queremos averiguar quién manda dónde y sobre qué materias es responsable.

El avance de la investigación periodística se asienta en datos precisos y en afirmaciones comprobadas. Una función clásica de la documentación es la crítico-verificadora, que tiene una triple dimensión. El periodista se sirve de fuentes documentales para verificar la exactitud de los datos (dimensión fáctica), la adecuación de los términos a la realidad que designan (semántica) y la veracidad de las afirmaciones (crítica).

La revista *Time* contó desde los comienzos con un equipo de secretarias a las que correspondía verificar la exactitud de los datos, si era preciso acudiendo a bibliotecas públicas. Por eso, se las conocía como *checkers* (más tarde, con la ampliación de sus funciones, pasó a llamárseles *researchers*, esto es, investigadoras). En esa tradición se inscribe la práctica profesional de los grandes diarios de calidad españoles y extranjeros. El libro de estilo de *ABC* afirma: «Los datos históricos, cifras, fechas y grafías de nombres extranjeros, así como las citas o referencias cuya vigencia o exactitud se dude, podrán comprobarse mediante la consulta al Servicio de Documentación.»

La verificación alcanza por supuesto a las palabras. Muchas batallas se libran en este campo. En expresiones como «fuego amigo», para referirse al fuego del propio bando. O en términos como «salud reproductiva», para designar el objeto de un derecho humano que incluye veladamente el aborto.

Pero la investigación también se plantea la veracidad de declaraciones realizadas por personajes públicos, instituciones sociales y organizaciones empresariales. Aunque a veces basta la consulta puntual de fuentes documentales ordinarias, un buen Servicio de Documentación se preocupa de buscar, seleccionar y adquirir fuentes alternativas para aquellos asuntos de los que apenas se informa y de los que, en consecuencia, apenas hay elementos de contraste. En este sentido, Internet ha propiciado en los últimos años la difusión generalizada a bajo coste de documentos muy útiles. Así: la agencia de noticias Zenit (www.zenit.org) que informa de la Iglesia católica desde Roma, el servicio de análisis Aceprensa (www.aceprensa.com) que aborda realidades éticas y culturales complejas, etcétera.

El protagonismo del elemento documental en las investigaciones periodísticas se ha traducido en una mayor integración de este componente en el proceso redaccional, hasta el punto de que periodistas y documentalistas forman equipo en muchos trabajos. Por eso, y refiriéndose a la prensa norteamericana, dicen Ward y Hansen: «En muchos medios de comunicación, los documentalistas están convirtiéndose en parte del equipo que realiza el mensaje periodístico. Muchos grandes periódicos, por ejemplo, tienen documentalistas sentados en la reunión diaria en la que se deciden los temas [...]. Se asignan documentalistas a equipos de proyectos especiales encargados de trabajos de investigación o de larga duración. No es infrecuente ver la colaboración o firma de documentalistas que han contribuido en un trabajo periodístico.»

5. La información completa

Pero la labor de la documentación no termina una vez que el periodista ha recogido datos fruto de la preparación documental, observación de hechos y consulta de fuentes personales, sino que se extiende al momento mismo de la redacción y de la edición de textos listos para publicar.

La práctica confirma que a los datos obtenidos hay que añadir antecedentes y contexto —lo que el periodismo anglosajón denomina *background*— para conseguir una información lo más completa posible.

La importancia del contexto y de los antecedentes en la información, por un lado, y el recurso ineludible a las fuentes documentales para el logro de ese *background*, por otro, lo avalan tanto los teóricos del periodismo como las pautas recomendadas en los libros de estilo de la prensa de calidad.

El contexto constituye el relieve de los acontecimientos, muestra su mayor o menor importancia. Martin Meyer, en *Making News*, no duda en señalar que «el problema, entonces, siempre y en todo lugar, es el contexto». Y para que no falte insiste, entre otras recomendaciones, en que «el archivo esté en buenas condiciones y se utilice».

El libro de estilo de *ABC* señala que toda la información que lo precise «deberá enriquecerse con elementos documentales que contribuyan a una mejor comprensión de sus antecedentes o la enmarquen en una perspectiva más amplia que permita valorar mejor su importancia». El libro de estilo de *El Mundo*, por su parte, dice que «las bases documentales y el material de referencia son utensilios fundamentales del periodista, que éste debe cultivar y ampliar». A renglón seguido comenta que las bases documentales generales «son absolutamente decisivas, en opinión del profesor Mencher, para poder colocar la información en su contexto».

6. Los lugares de la documentación

El momento documental anterior, en el que se despliega la función completiva, deja su huella en los mensajes periodísticos con aportaciones visibles de detalles, párrafos y recuadros o despieces diversos. Es el momento de examinar los lugares de la documentación.

La documentación está en *los detalles*. El periodista riguroso o el editor atento saben que, en muchas ocasiones, basta un dato para ofrecer la adecuada comprensión de un hecho.

«Hay que ofrecer al lector todos los datos necesarios —explica el libro de estilo de *El País*— para que comprenda el entorno de los hechos que se narran [...]. No basta con informar de un cierre de comercios en una localidad en protesta por un atentado, por ejemplo. Habrá que detallar cuántos comercios tiene esa población y cuántas personas están empadronadas en ella.» El redactor, que se encuentra frente al ordenador narrando lo sucedido con las anotaciones obtenidas en la visita a esa población, buscará en fuentes documentales o pedirá al personal del departamento de documentación esos datos necesarios que le pueden faltar.

La falta de advertencia en el momento de la redacción aún puede resolverse en el momento de la edición. Por eso dice la Agencia Efe en sus normas básicas para los servicios informativos: «Cuando falte un dato o una precisión, el editor deberá pedirlo al redactor que hizo la información o a la delegación que la facilitó, al archivo o al Departamento de Documentación o, si fuera el caso, realizar la consulta pertinente mediante EFE-DATA [bases documentales de la agencia].»

La documentación está también en los *párrafos de contexto y de antecedentes* que encontramos intercalados en el relato o descripción de la actualidad. Sin ellos, la información resultaría incompleta, cuando no incomprensible para el lector, e incluso confusa.

Es lugar común en los libros de estilo y manuales de redacción la referencia a estos elementos. Los profesores Armentia y Caminos los incluyen entre las partes esenciales de la noticia. En otros géneros, que buscan una mayor explicación de la actualidad, la importancia es aún mayor.

En el libro de estilo de *El Mundo* hay algunos ejemplos sobre la utilización de estos párrafos que son tomados por los profesores citados. Así: «En una información sobre un atentado mortal de ETA, los párrafos de contexto recordarán los últimos atentados y sus consecuencias, la semejanza o diferencia del último hecho con los métodos conocidos utilizados por ETA, la situación de la lucha antiterrorista, los elementos del marco político que guarden relación con el problema vasco, etcétera.»

Por último, esa información de contexto y antecedentes de origen documental se publica a veces en *recuadros* que acompañan al relato de actualidad, y también a veces es elaborada por los propios documentalistas. El libro de estilo de *ABC* señala al respecto: «Los elementos documentales podrán intercalarse en el contexto de la noticia o bien en un cuerpo separado en forma de cronologías, biografías, informes, etcétera, en cuyo caso se mencionará su procedencia documental.»

Se trata de difusión directa de información documental y documentada que es muy variada y tiene formas diversas. Entre los de mayor tradición histórica y frecuencia en la actualidad, Galdón enumera los siguientes «géneros»:

a) Las *semblanzas necrológicas* u obituarios.
b) Las *semblanzas biográficas* de personajes relevantes.
c) Los *recuadros verificativos* que acompañan a determinadas declaraciones conflictivas de líderes sociales.
d) Los *recuadros explicativos* sobre temas complejos. Pueden ser sinópticos, glosarios, estadísticas comparativas...
e) Las *cronologías*.
f) Los *recuadros de antecedentes*, que recuerdan al lector el desarrollo anterior del acontecimiento.
g) Las *agendas*, que ofrecen al lector la previsión de acontecimientos importantes de la semana, mes o año próximos.
h) Los *informes* sobre temas que exigen un estudio a fondo.
i) Los *recuadros referenciales*, que suministran repertorios bibliográficos y hemerográficos para que el lector pueda profundizar, ampliar conocimientos.
j) Los *infográficos*, que reflejan antecedentes o el contexto con la ayuda de imágenes.

7. Una historia

El periodismo es el arte de contar historias. Por eso, reproducimos a continuación un artículo publicado en la primera página de la revista

SpeciaList, en junio de 1990, firmado por Doris Batliner, jefa de documentación del periódico *The (Louisville, KY) Courier Journal*. Se trata de una síntesis de todo lo explicado en este capítulo.

EL SERVICIO DE DOCUMENTACIÓN AYUDA A GANAR UN PULITZER

[En 1989, un accidente de un autobús se llevó la vida de 27 niños. Lo que sigue es un relato de cómo un equipo de documentalistas, incluida Sharon Bidwell, miembro de la SLA (Special Libraries Association, organización de documentalistas norteamericana), trabajó conjuntamente para informar al público de la tragedia.]

Era una hermosa mañana de mayo en Kentucky. Acababa de llegar a casa después de la Misa de 8.00 horas cuando sonó el teléfono. Era Ed Bennet, nuestro jefe de local. Tras disculparse por molestarme, me dijo: «Ha habido un accidente horrible cerca de Carrollton y necesitamos que nos ayudes con la investigación para que esté listo para la primera edición de mañana». Así fue como comenzó.

El Pulitzer no estaba en nuestra cabeza. Nuestro objetivo era ayudar a la Redacción a contar la triste historia de la tragedia del autobús que se había llevado 27 vidas jóvenes.

En 25 minutos estaba en el Departamento de Documentación del Courier Journal consultando el archivo de recortes para averiguar si se trataba o no del peor accidente de un autobús escolar en la historia de Kentucky. Lo era.

También comencé a elaborar un listado de todos los accidentes de autobuses escolares recogidos en nuestro archivo. Era necesario extraer y hacer un duplicado de los recortes sobre esos accidentes. Si se leía la información del día siguiente, se podía ver un listado de los peores accidentes de autobús en el país. Esa información la busqué para la Redacción utilizando NEXIS (distribuidor de bases de datos) y nuestro sistema Info-Key (base de datos de artículos del propio periódico). Dejé el departamento a las 20.00 horas. Jerry Kern, nuestro informático habitual de los domingos, vino a las 15.00 horas. Se le pidió que buscase datos sobre la iglesia a la que pertenecía el autobús, sobre la población de Radcliff en la que se encontraba la iglesia, y cualquier desastre anterior con que se hubiese encontrado la ciudad. Esa noche también hubo bastantes comprobaciones de grafías, títulos y lugares. La mayor parte de la información la sacamos de nuestros archivos y del sistema Info-Key. Tenemos acceso en línea a bases de datos desde 1976 y nuestros archivos de recortes (papel) llegan hasta 1937.

Hay cinco miembros del departamento, incluidos los que se ocupan del archivo fotográfico, y todos estuvieron involucrados. Investigaciones posteriores precisaron la lectura de los Estatutos Revisados de Kentucky para averiguar la legislación vigente sobre la conducción en estado de embriaguez; luego, utilizando el Índice Legal de Dialog (base de datos disponible en el distribuidor Dialog) y la base de datos nacional de Justicia Penal, se comprobó cómo se trataban esos delitos en otros estados. Pat Chapman y Sharon Bidwell estuvieron muy metidos en esto y también en búsqueda de datos estadísticos en NEXIS.

Judy Russell consultó repetidas veces el archivo fotográfico para localizar imágenes de accidentes de autobús anteriores, de escolares de Kentucky haciendo entrenamiento de evacuación de autobuses y de conductores y sus autobuses. Sharon Howell y Angela Boone se hicieron cargo de las preguntas sobre diseño de autobuses y de pleitos contra compañías de motor a causa de accidentes. Se utilizaron para todo esto fuentes propias y nacionales, así como las bibliotecas de la Universidad de Louisville, del Bellamine College y de la Sociedad Histórica de Louisville, con todas las cuales tenemos buenas relaciones.

Di un salto cuando la cuestión del contenido de octano de la gasolina y la ubicación del tanque de combustible estaba investigándose. Mi formación incluye 17 años como documentalista en química y cinco años de trabajo como química, luego en esta materia me encontraba en casa. Así que consulté las bases de datos sobre química, mecánica e ingeniería que existen en Dialog.

La secretaria del Servicio de Documentación, Linda Wright, localizó los artículos y consiguió copias en texto completo por préstamos interbibliotecarios y otras fuentes.

Mientras duró la investigación, el personal resolvió 80 cuestiones por día sobre otras materias. Fuimos capaces de recuperar con precisión nuestros propios datos, porque los seis encargados de la introducción de información en las propias bases de datos estuvieron atentos para que nunca hubiese un retraso superior a 24 horas. Fue verdaderamente un trabajo en equipo de Documentación y Redacción. Cuando Irene Nola [managing editor] de The Courier-Journal saltó sobre una mesa de la redacción, anunció que habíamos ganado el Pulitzer y lo agradeció a todos los involucrados, expresando su agradecimiento «a todo el personal de Documentación por toda la investigación tan bien hecha», supimos que habíamos cumplido nuestra misión. El Pulitzer era sólo una satisfacción añadida.

Bibliografía

ABC (1993): *Libro de estilo de ABC*, Ariel, Barcelona (6.ª edición).

AGENCIA EFE (1988): *Normas básicas para los servicios informativos*, Agencia Efe, Madrid.

ARMENTIA VIZUETE, J. I. y CAMINOS MARCET, J. M. (2003): *Fundamentos de periodismo impreso*, Ariel, Barcelona.

BASTENIER MARTÍNEZ, M. Á. (2001): *El blanco móvil*, Aguilar, Madrid.

CEBRIÁN ENRIQUE, B. (1997): *Fuentes de consulta para la documentación informativa*, Universidad Europea de Madrid, Madrid.

DADER GARCÍA, J. L. (1997): *Periodismo de precisión: La vía socioinformática de descubrir noticias*, Síntesis, Madrid.

DURAND, J. (1981): *Les formes de la communication*. París: Dunod.

EL MUNDO (1996): *Libro de estilo de El Mundo*, Unión Editorial, Madrid.

EL PAÍS (1996): *Libro de estilo de El País*, Ediciones El País, Madrid (12.ª edición).

GALDÓN LÓPEZ, G. (2002): *Perfil histórico de la documentación en la prensa de información general (1845-1984)*, Eunsa, Barañáin.

— (2002): *Teoría y práctica de la documentación informativa*, Ariel, Barcelona.

GRIJELMO GARCÍA, Á. (2002): *El estilo del periodista*, Taurus, Madrid.

CAPÍTULO 13

PRODUCCIÓN INFORMATIVA Y PROCEDIMIENTOS DE PRODUCCIÓN

GUILLERMO RAIGÓN PÉREZ DE LA CONCHA
Universidad de Sevilla

Un producto informativo es el resultado del trabajo de una empresa, es decir, de una organización económica e intelectual destinada a crear canales y a mantenerlos abiertos (distribución) para que circulen mensajes periodísticos y publicitarios, producidos por profesionales, con la finalidad de dejar satisfechos al público y a los anunciantes.

En concreto, «la gente necesita cada vez más asistencia para discernir», declaraba al diario *ABC* (1-III-2003) el director del *Frankfurter Allgemeine Zeitung*, Berthold Kohler. A este servicio tan humano está dedicado el periodismo y sus empresas.

La reflexión sobre la producción informativa suele centrarse en estos cuatro grandes capítulos: peculiaridades empresariales, organización del trabajo, comercialización y algunos aspectos contables. Nosotros añadiremos algunos detalles de diseño y rediseño de un diario, porque los periódicos siguen siendo los productos informativos de referencia.

1. Peculiaridades empresariales

Informar es una empresa muy complicada, que requiere una buena organización empresarial e industrial. El sentido humanístico de este continuo dar a conocer que es el periodismo requiere ciertas peculiaridades empresariales.

1.1. MERCADO DE TEXTOS

En primer lugar, sus productos son *textos* con contenidos variadísimos, en pacífica yuxtaposición: publicidad, noticias, opiniones y diversión. La importancia de la industria que está detrás estriba en que tales productos son la base de cualquier otra industria y es, por primera vez en la historia, exponente de una cultura universal.

Porque lo que produce es *realidad* para ser asumida como la única que interesa. El interés se ha introducido como un componente gnoseológico que no puede producir más que imágenes metonímicas y visiones reconstructoras de la realidad al alcance de las audiencias. La mirada periodística no apunta a la vida social, sino sólo a ciertas partes de ella que puedan explicarse con sencillez y claridad porque despiertan la atención de los ciudadanos.

En segundo lugar, la *cultura de masas mediatizada*, que los entramados mediáticos promueven, es mosaica, es innovadora —o sólo adaptadora— y textualizada.

Abraham Moles, en su *Sociodinámica de la cultura* (1978), escribió sobre este *mosaico*: un ensamblaje de fragmentos yuxtapuestos, sin construcción. Es lo resultante en la consciencia colectiva de «la marea de conocimientos que recibimos cada día, de una información permanentemente desordenada, pletórica, aleatoria, de la que sólo conservamos influencias pasajeras, desechos de conocimientos». Más que ideas, lo que nos queda es la impresión de la magnitud y complejidad de lo que nos es imposible asimilar.

Umberto Eco ya había señalado en *Apocalípticos e Integrados ante la cultura de masas* (1973) que el cauce de todo ese caudal o el entramado de ese mosaico es una continua dialéctica entre propuestas innovadoras y adaptaciones *homologadoras*. El público, añadía, disfruta con las segundas creyendo estar disfrutando de las primeras. En todo caso, el público va construyendo una urdimbre de significaciones que justifique el frenesí consumista y la misma existencia de los medios.

Además, la cultura medial es *textualizada*, es decir, los destinatarios no reciben mensajes singulares sino conjuntos textuales que les llegan por acumulación y variación (más que por redundancia) a través de distintos canales. Lo importante es que los destinatarios contrastan la multitud de mensajes no con unas reglas determinadas sino con otras prácticas textuales conocidas.

En tercer lugar, los productos informativos aparecen con una *periodicidad* determinada, por lo que las empresas no pueden aprovechar coyunturas favorables para su salida continua al mercado ni pueden almacenarlos a la espera de mejores precios.

1.2. PROFESIONALES

Por otro lado, la empresa informativa requiere, cada vez más, *profesionales polivalentes*, que comprendan todo el proceso productivo y puedan participar en algún segmento. Por ejemplo, los redactores tienen que ser también editores de sus textos. Tienen que escribir bien y han de acertar en el espacio o en el tiempo asignados. Ello implica una adaptación continua a las tecnologías que pueda adquirir su empresa. Por otro lado, tienen que ser profesionales con capacidad de iniciativa propia y, a la vez, con la flexibilidad mental que requiere el trabajo colectivo.

1.3. CONCENTRACIÓN Y GRUPOS

La concentración de empresas informativas se produce por dos causas principales: informativas y económicas. Antes de exponerlas hay que reconocer que cuando un medio es incapaz de llegar a la audiencia, no le queda otra salida que la integración. Esa autonomía que es necesaria para informar y formar ya no le es posible en su situación.

a) Entre las *causas informativas* encontramos las siguientes:

— Afán de dominio y notoriedad de algunos propietarios de medios o de ciertos grupos de presión, ideológicos o no.
— La falta de creatividad de un medio o su atraso tecnológico.
— Aprovechar las sinergias de redacción, administración, promoción, distribución y documentación. Subrayemos que estas concentraciones son posibles, en gran medida, por la polivalencia que se exige ya a los redactores.

b) Entre las *económicas*:

— Necesidad de unificar y potenciar la gestión de la publicidad, creando para ello una *central de medios* propia.
— Necesidad de incrementar la rentabilidad, mejorando la gestión de los recursos financieros propios y ajenos y racionalizando la producción.
— Para diversificar el riesgo, compensando pérdidas de algún medio con las ganancias de los demás.
— La saturación de mercados impulsa a la compra de empresas mediáticas para cerrarlas o para modificar sus actividades.

c) Algunas empresas informativas se agrupan para mejorar la imagen empresarial de cada una de ellas.

Para dar una idea sólo de la complejidad de estos conglomerados nos referiremos esquemáticamente a los grupos Zeta, Recoletos, Prisa, Correo y Planeta.

El GRUPO ZETA, fundado por Antonio Asensio, cuenta con:

• Publicaciones: diarios de información general (*El Periódico de Catalunya*, *El Periódico de Aragón*, *El Periódico Extremadura*, *El Periódico de Alicante* y *el de Gijón*, *La Voz de Asturias*, *Mediterráneo*,

Córdoba, *El Adelanto de Salamanca* y *Ciudad de Alcoy*), los diarios deportivos *Sport* y *Equipo*, ochenta periódicos gratuitos locales y temáticos, los semanarios *Interviú* y *Tiempo*, doce mensuales y 35 revistas corporativas. Además, *Ediciones B*, de libros.

- Plantas de impresión ubicadas en Barcelona, Córdoba, Alicante, Castellón, Zaragoza, Oviedo y Plasencia (Cáceres), con una producción diaria de más de un millón de ejemplares.
- En radio, participa con *Zeta Flaix FM*, en emisoras de la Comunidad de Madrid, Asturias, Aragón y Valencia. En televisión local cuenta con *Antena Local* (Cataluña) y *Onda Mezquita* (Córdoba).
- Ediciones on-line de todos los diarios, de varias revistas, de Ediciones B y Zeta Multimedia y de redes locales cuya matriz es *Redaragon.com*.
- *Vox Pública* es la empresa de sondeos y estudios de mercado del grupo.

El GRUPO RECOLETOS nace del esfuerzo de un grupo de periodistas que, poco a poco, fueron comprando las revistas *Actualidad Económica* (1977) y *Telva* (1982) y el diario *Marca* (1984). A partir de ahí, la empresa creció mucho y hoy cuenta con las siguientes áreas temáticas:

- Información general. A través de Unedisa —y ahora formando *holding* con Rizzoli—, Recoletos participa en *El Mundo del Siglo XXI*, en la edición de cuatro revistas, en la producción de contenidos para televisión, en once licencias de FM y en una para emitir con tecnología digital.
- Juventud. La publicación estrella es *Gaceta Universitaria*, un semanario gratuito con una difusión media de 150.000 ejemplares (2001), sumadas sus cinco ediciones regionales. Otras publicaciones menos conocidas son la revista mensual *MMM (Música, Movies y Más)*, sobre ocio y tendencias juveniles; *TEC*, dirigida a estudiantes de escuelas técnicas; y *Dmoda*, semestral de moda y belleza.
- Medicina y salud. *Diario Médico* (difusión media de 47.000 ejemplares en 2001), el semanario *Correo Farmacéutico* y el portal www.ondasalud.com.
- Mujer. A partir de *Telva*, que en 2001 tuvo una difusión media mensual de 145.000 ejemplares, el grupo creó el portal www.estarGuapa.com y varias revistas complementarias (*Especial Novias, Libro de Cocina*, etc.).
- Empresas, economía y finanzas. Además de las dos revistas de referencia profesional, *Actualidad Económica* y *Expansión*, el grupo publica *Ganar*, los diarios *El Cronista* (Argentina) y *El Diario* (Chile), y participa en los portugueses *Diário Económico, Semanário Económico* y *Fortunas*. Súmese a todo ello el canal *Expansión TV*.
- Deportes. Publica *Marca* (también www.marca.com.) y *Golf Digest*. En colaboración con *Onda Cero*, puso en antena, durante 2001, *Ra-*

dio Marca Digital. Marcamedia es una empresa de distribución de contenidos deportivos que cuenta con medio millar de clientes en casi todo el mundo. Finalmente, una nueva editorial: *La Esfera.*

El GRUPO PRISA está estructurado en las siguientes divisiones:

- La Unidad de Medios España agrupa las actividades de Unión Radio, del Grupo Empresarial de Medios Impresos (GMI) y de la Promotora de Emisoras de Televisión (PRETESA). Las emisoras gestionadas por Unión Radio sirven seis programaciones diferentes: la generalista de la *SER, Cuarenta Principales, Dial, M80, Sinfo Radio, Radiolé* y *Máxima FM.* En GMI están integradas diversas sociedades que editan *Cinco Días, As, Cinemanía, Claves de la Razón Práctica* y *Rolling Stone,* entre otras; la distribuidora *Redprensa,* que participa, con otros editores, en nueve empresas distribuidoras que cubren casi toda España; la sociedad *Progresa,* además de las revistas citadas, elabora anuarios y publicaciones corporativas para grandes compañías financieras, turísticas y audiovisuales. PRETESA gestiona las cuarenta emisoras de *Localia* y provee de contenidos a las televisiones autonómicas de Canarias y de Extremadura. Por un acuerdo con la distribuidora norteamericana *Buenavista Internacional,* muchos contenidos son de la factoría *Disney.*
- La Unidad de Medios Internacional agrupa las actividades de la cadena televisiva *ATB,* que se capta en toda Bolivia, en otros muchos países latinoamericanos y en Estados Unidos, por cable; el *Grupo Latino de Radio,* con las cadenas *Radio Caracol,* de Colombia, *Grupo Latino de Radiodifusión (GLR),* con emisoras en Chile, Costa Rica, Panamá, Estados Unidos y Francia; y *Radiópolis* (México).
- Son propiedad de Espacio Editorial Andaluz Holding *El Correo de Andalucía, Odiel* y *Jaén* (al 100 %) y, parcialmente, *La Voz de Almería* y *El Día de Valladolid.*
- La Unidad de Educación y Formación permite al grupo penetrar en las aulas escolares. Me refiero a Santillana, con éxito de ventas en toda España (aunque sólo el 37 % durante el año 2001) y México, Argentina, República Dominicana, Guatemala, El Salvador, Panamá, Puerto Rico, Venezuela, Perú, Bolivia, Paraguay, Uruguay, Chile, Ecuador y Colombia (el 67 % restante). Actúa también en Portugal *(Constança Editores),* Brasil *(Grupo de Ediçoes Santillana),* Reino Unido *(Richmond Publishing)* y Estados Unidos *(Santillana USA Publishing Company Inc.).*
El grupo Santillana está formado por Santillana Formación, que gestiona cursos propios de *e-learning* y participa en el Instituto Universitario de Postgrado, junto con las universidades de Alicante, Autónoma de Barcelona y Carlos III, de Madrid; Ediciones Educativas (manuales escolares); Ediciones Generales (*Alfaguara, Aguilar,*

Taurus, El País-Aguilar, Ediciones El País y *Punto de Lectura*, esta última con fondos de *Ediciones B*); y las librerías *Crisol.*

- PRISACOM es la empresa encargada de los contenidos del Grupo PRISA en soporte digital y a través de todo tipo de dispositivos. Destacan, por su importancia, las webs de *El País* (y *El País Universidad*), *As, Cinco Días,* la *SER* y los *40 Principales.*

- La Unidad de Recursos integra una central de ventas multimedia, *Gerencia de Medios (GDM)* y Prisaprint, que engloba todas las empresas del grupo dedicadas a la impresión. *GDM* trata de satisfacer los intereses comerciales de los medios de comunicación a los que representa, tanto en facturación como en posición e imagen en el mercado. Además de comprar publicidad para sus propios medios, figuran entre sus clientes, *Canal Sur, Canal 2 Andalucía, Televisión Autonómica Canaria, ETB1, ETB2, CNN+, Paramount comedy, Nickelodeon, Sportmanía, Viajar, Estilo, Real Madrid TV, Bloomberg, National Geographic*, etc. También representa en España *Gazeta Mercantil* (Brasil), *Publico* y *Correo da Manhana* (Portugal), *Liberation* y *Radio NRJ* (Francia), el grupo *CNN* (*en Español, Internacional, Sports, Money, Airport Networ, Traveller, Headline News CNN.com, CNNI.com, CNNfn.com, CNNSI.com*), las revistas de las compañías aéreas Alitalia, Sas, Skyline, KLM, entre otras empresas y actividades.

  Prisaprint, sociedad creada tras la absorción de Mateu Cromo. Sus plantas editaron, durante el año 2001, 139 millones de periódicos y 442 millones de libros, folletos y revistas. La capacidad de producción asciende a dos diarios simultáneos de hasta 64 páginas a todo color y de 32.000 ejemplares por hora con una paginación máxima de 96 páginas también a todo color.

- SOGECABLE es el grupo de televisión de pago, que se ocupa de la adquisición y gestión de derechos audiovisuales *(Gestport, Sogecine)*, la producción y distribución de canales de pago *(Canal +, Canal Satélite Digital, Canal Estilo, Sogecable Fútbol, Cinemanía, Sogecable Música, Fox Kids España)*, marketing y gestión de abonados *(Plataforma Logística de Usuarios de Sogecable: plus.es)*, y producción, distribución y exhibición cinematográficas *(Sogepaq, Canal + Investment Us Inc., Studio Canal Spain, Warner Sogefilms, Warner Lusomundo Sogecable).*

- Como base profesional para todas estas actividades, en 1987, PRISA acordó con la Universidad Autónoma de Madrid la creación de un máster de Periodismo para licenciados de cualquier carrera que deseen ser periodistas. En *www.escuela.el pais.es.*

Al Grupo Correo pertenecen los diarios *ABC, El Correo Español-El Pueblo Vasco, Diario Vasco, Diario Montañés, La Verdad, Ideal, Hoy, Sur, La Rioja, El Norte de Castilla* y, en Argentina, *Los Andes* (Mendoza) y *La Voz del Interior* (Córdoba). Cuenta también con 24 periódicos gratuitos y las revistas *El Semanal*, *El Semanal TV* y *Mujer de Hoy*. La agencia de noticias *Colpisa* sirve información al grupo, participa en distribuidoras de prensa y cuenta con una pequeña central de medios.

Es también uno de los primeros grupos de nuestro país en el ámbito audiovisual.

- Televisiones locales: *Bilbaovisión* (Gran Bilbao), *Teledonosti*, *Ideal TV* (Granada), *Telefrontera* (Badajoz), *Canal Málaga* y *TVR* (La Rioja).
- *Punto Radio*, emisora digital con posibilidad de desconexiones regionales, ofrece una programación basada en la música, informativos y magacines de actualidad. *Radio Intereconomía* informa de la actividad económica y financiera. También *Comeradisa*, emisora de radio digital de frecuencia única.
- Su presencia en la italo*(Mediaset)*-alemana *(Kirch)* es del 25 %. A través de ella participa en la agencia de noticias audiovisuales *Atlas* y en la productora *Estudios Picasso*. Dentro del grupo Telecinco se encuentran también *Publiespaña*, grupo creador y gestor de publicidad, que engloba también las sociedades *Advanced Media* y *Publimedia Gestión*. Otras sociedades en las que participa Telecinco son *Jumpy*, *GSMBOX*, *Cinematext Media*, *Factoría de Ficción* y *Première Megaplex*. Participa también, con un 30 %, en el accionariado de *BocaBoca Producciones*, creadora de «El Comisario», «Pasapalabra» o «Al salir de clase» y en la cadena de televisión digital *Ondaseis*, nacida bajo concesión administrativa autonómica de la Comunidad de Madrid. La cadena generalista *NET TV* comenzó sus emisiones en junio de 2002.
- Cuenta con portales locales, que son las respectivas versiones de los diarios del grupo, buscadores *(Oz y iconoce.com)* y especializados (*ecobolsa.com*, *inversa.com*, *Bolsa Directa*, *viapolis.com*, *Canal Meteo*, *Cibernauta*, *Planet Fútbol*, *Canal Ciclista*, *Canal Esquí*, entre otros).
- Como Prisa, imparte un Máster de Periodismo, en colaboración con la Universidad del País Vasco.

El GRUPO PLANETA participa en proyectos empresariales relacionados con los medios de comunicación tanto de prensa escrita como de radio. Es accionista de *La Razón*, posee *RKO-R.* y *Radio Intereconomía* en Cataluña y en Andalucía y participa en la *Cadena Cope*. Junto a *Onda Rambla* explota una concesión de *Radio Digital Terrestre* y tiene un acuerdo firmado con *Onda Cero* y *Radio España*, esta última participada por Grupo Planeta, que permite a las emisoras de *Radio España* disponer de diferentes productos realizados por *Onda Cero*.

Como todos los demás grupos, está interesado por Internet, aunque al servicio de la venta de libros. Uno de los retos más ambiciosos del Grupo es la creación de un banco de contenidos concebido como un centro gestor de su fondo editorial y audiovisual (Geoplaneta, *La Factoría de los*

Contenidos y *Deusto*). Otros proyectos virtuales integran y complementan los productos tradicionales; es éste el caso de la web de soporte a los cursos de idiomas de *Planeta DeAgostini* y la actualización on-line de las enciclopedias multimedia.

Asimismo, cabe destacar la alianza del Grupo Planeta con otros socios: *Planeta-UOC* es el resultado de una iniciativa conjunta con la Universitat Oberta de Catalunya, que ha permitido crear una nueva oferta universitaria no presencial, y *Estubroker*, un portal financiero que ofrece a sus usuarios la función de broker on-line para no expertos. Los socios del Grupo Planeta en este proyecto son el Banco Urquijo y el grupo italiano *Twice*.

Es difícil encontrar un grupo mediático que se dedique a un solo medio, pero podríamos cerrar este capítulo citando algunos dedicados a la publicación de revistas especializadas: AMÉRICA IBÉRICA (*Quercus, Turismo Rural, Trofeo, Año Cero, Enigmas*, etc.), GRUPO V (*Caza Mayor, Perros de Caza, Inmersión, Super Foto Práctica*, etc.), MC EDICIONES (*Más Allá, Casa Viva*, etc.) o EDIPRESSE-HIMSA (*Lecturas, Comer y Beber, Clara, Patrones, Tu Bebé, Cocina Fácil, Mujer 21*, etc.).

Para terminar, citaré los diez grupos más importantes del mundo directamente relacionados con las noticias. Adjunto una dirección de Internet donde el lector puede encontrar información empresarial:

– Bertelstmann, en www.bertelsmann.com/index.clm?oldBrowser=0
– Gannett, en www.gannett.com
– Lagardère (Hachette), en www.lagardere.fr
– News Corporation, en www.newscorp.com/index.html
– Pearson, en www.pearson.com
– Reed Elsevier, en www.r-e.com
– Reuters, en www.about.reuters.com/
– Thomson Corporation, en www.thomson.com
– Time Warner, en www.aoltimewarner.com/flash.adp
– Vivendi Universal (Havas), en www.vivendi.com

1.4. FACTORES DE CAMBIO

a) Es preciso encontrar un nuevo modelo de empresa o, al menos, de obtener ingresos para iniciativas de contenido on-line porque, según Infoadex, en el año 2001, sólo se destinó a internet el 1 % de la inversión publicitaria (no se dice si en esta cifra entran o no los engorrosos *banners* publicitarios o su participación en el comercio electrónico, que es también publicidad). Parece claro para los expertos que no hay más remedio que cobrar por contenidos, aunque con precios que incrementen la demanda, no que la reduzcan o la fijen. Y, probablemente, esto exija medidas políticas de apoyo a mercados como los europeos, tan fragmentados en algunos sectores. De hecho, el programa *eContent*, de la Comisión Europea, tiene por objetivo apoyar la producción, la difusión y el uso de contenidos digitales europeos y promover la diversidad lingüística de las redes mundiales. Finalmente, los estados están aprovechando la Red para suministrar contenidos de calidad —competitivos— a los ciudadanos. Ello, desde luego, no exime a grandes empresarios o conglomerados de pequeños y medianos de afrontar riesgos.

b) Creación de marcas capaces de orientar a los clientes en la sobrecarga de información y en la oferta excesiva.

c) Innovación tecnológica. En general, las tecnologías de banda ancha y la telefonía móvil son las que irán trayendo cambios en la difusión de la información. Las innovaciones tienen que servir también para obtener un abaratamiento de los costes de producción y difusión, para agilizar la microfacturación —pago de contenidos—, la tramitación de los derechos de propiedad intelectual o la generalización de Internet a todo tipo de soportes. No está tan claro que las tecnologías vayan a ponerse a disposición del consumidor para que pueda proteger injerencias incompatibles con sus principios morales y con su intimidad.

d) Predominio del modelo de emisión de contenidos (*push model*) frente al de búsqueda de contenidos por parte del usuario (*pull model*), aunque muchas veces marcharán juntos. No obstante, los expertos siguen considerando que el hecho de compartir experiencias es muy importante para los destinatarios de los medios. Si los medios suministran contenidos adaptados al cliente, entonces la gente no tendrá puntos de referencia comunes.

e) Fusión y coexistencia de modelos de desarrollo. En el futuro coexistirán nuevas empresas que acceden a las de medios de comunicación desde las telecomunicaciones con otras mediáticas ya consolidadas que intervendrán en todos los aspectos de la producción y distribución de contenidos.

f) Adaptación al cliente. Según un informe patrocinado por la Comisión Europea y realizado por *Multimedia in the digital Age* (Mudia, 1991), «esto podría desplazar los contenidos de los medios, desde un contenido preelaborado a un contenido modularizado e incluso interactivamente definido, generado mediante algoritmos que permiten establecer un perfil y un guión de los clientes».

g) Nuevos tipos de demandas de contenidos y nuevas estrategias de ofertas flexibles sólo si los potenciales clientes están dispuestos a pagar por ello. Si no ocurre así, la oferta flexible quedará en especializada, como complementos de las ofertas generalistas de contenido.

h) La nueva tecnología permite que todo el mundo pueda ser productor de contenidos; por tanto, ya no es una actividad exclusiva de la industria de medios de comunicación. La consecuencia puede ser un florecimiento de empresas y de grupos de presión que suministren información y opinión de actualidad a públicos muy definidos sin contar con periodistas profesionales. Todo ello será así solamente si hay rentabilidad, lo cual reducirá drásticamente el número de esos productores espontáneos.

2. Organización del trabajo

Entendemos por organización del trabajo en los medios informativos la configuración del *staff,* la distribución de áreas de trabajo y la secuencia de operaciones.

2.1. El *staff*

Además de los sectores de alta dirección propios de toda empresa (presidente del Consejo de Administración, consejero delegado, directores generales), la organización informativa cuenta siempre con un *gerente,* que coordina los departamentos básicos de ingeniería, administración y finanzas, asesoría jurídica, recursos humanos, publicidad, distribución, expansión y ventas. Algunos medios van incorporando un servicio de formación continua de su personal.

Los nombres y cargos pueden encontrarse en las manchetas de los periódicos. Para conocer el nombre y cargo de quienes gobiernan los audiovisuales se podía, hasta 1998, recurrir a las agendas de la comunicación que publicaba el Ministerio de Presidencia y las portavocías de algunos gobiernos autonómicos. Ahora, hay que intentarlo en direcciones de la web como http://www.agendadelacomunicacion.com o en http://www.pressnetweb.com. Desde luego, están también los registros públicos y las asociaciones de la prensa.

El responsable del sector redaccional es el *director,* pieza clave en la organización de cualquier empresa informativa. Es responsable de todo cuanto se publica y debe velar por la aplicación de la línea editorial del medio, que es también su identidad. Esa responsabilidad es posible porque tiene el derecho y el deber de autorizar cuanto se publique o difunda, aunque, en la práctica cotidiana, los redactores jefes y los jefes de sección cumplen esa tarea.

2.2. Distribución de las áreas de trabajo

Un medio informativo es una unidad productiva muy compleja pero en la que todo acaba encajando.

En el *medio prensa,* podríamos agrupar las áreas de trabajo de la siguiente manera:

a) *Área de Información,* que se subdivide por razón de la cobertura (secciones de Local, Regional, Nacional, Internacional) o por los temas (secciones de Política, Sociedad y Economía). Actualmente, suelen cuidarse mucho las relaciones con los corresponsales y enviados especiales y la supervisión de los reportajes que se encargan.

b) Área de Opinión. En ella, la tarea de los editorialistas es fundamental porque tienen que conseguir que la opinión de su periódico sea la que marque la jornada de políticos y dirigentes sociales de todo tipo. Otros redactores han de buscar los mejores artículos que se puedan conseguir en el mercado para explicar un determinado asunto a los lectores. De este grupo de trabajo depende la selección de artículos que van llegando con destino a páginas dedicadas a Tribuna o a las aparentemente más modestas Cartas al Director.

c) Área de producción gráfica. El fotógrafo de prensa es actualmente un redactor que consigue imágenes que hablan por sí mismas, que dicen la noticia con su lenguaje. La imagen fotográfica es tan importante que se emplea cada vez más como antetitular de las noticias y se considera como un elemento esencial de la calidad del producto que llega al lector. La infografía es otra actividad ligada a esta área porque los diarios sienten una imperiosa necesidad de explicar con dibujos y diagramas las noticias más complejas.

d) Área de documentación. El trabajo de los documentalistas es esencial para narrar y explicar completamente un acontecimiento de actualidad. Además, es cada vez más frecuente que los diarios cuenten con un buen servicio de hemeroteca, gracias a la digitalización de los productos.

e) Área de edición. Grupo de técnicos que van diagramando y compaginando cada número hasta el cierre. El interés de los grandes medios por atender la información más próxima a sus lectores lleva a los diarios a producir ediciones locales y regionales que suelen coordinarse desde esta área. Suele formar parte de este grupo de trabajo la elaboración de suplementos.

Al frente de cada área hay un subdirector, un redactor jefe o un coordinador, según la importancia que cada periódico otorgue a esas tareas.

Los parámetros habituales para medir el *tamaño de una empresa editora* de periódicos son:

a) Su número de trabajadores, su capital y su volumen de negocio.

b) Su capacidad de producción, es decir, si edita una o varias publicaciones propias o ajenas, cuantía de las tiradas, número promedio de páginas, periodicidad; es importante saber si cuenta con talleres propios o los contrata a empresas del mismo grupo o a otras totalmente ajenas. Si el periódico pertenece a una cadena, se reducen los costes y puede incrementarse la producción.

c) Su capacidad de distribución, que en los grandes medios se inicia desde las plantas de producción más próximas a los puntos de venta. Estas plantas están interconectadas vía satélite.

En las grandes cadenas de *radio* encontramos otros sectores de trabajo:

a) Programación.

b) Producción, que incluye redacción, guionización, locución, realización y documentación.

c) Emisiones (continuidad).

d) Operaciones: ingeniería, unidades móviles y conexiones.

e) Coordinación de emisoras.

Los informativos están organizados por áreas geográficas y temáticas, como en prensa, en las agencias de noticias y en televisión. A los noticieros radiofónicos se les asignan sendas plantillas, que suelen gozar·de bastante autonomía.

La fórmula «*todo noticias*» atrae a un nuevo oyente que desea instantaneidad en la información general y en la de servicios (carreteras, meteorología, etc.), así como una variedad enorme de temas que contribuyan a incrementar sus conocimientos mientras se desplaza en coche o corre. Esta idea fue incorporada a Radio Nacional de España en 1994.

Son peculiares de la *televisión* los sectores de compra y venta de programas, de relaciones internacionales y los servicios de antena y satélites. La implantación de la redacción digital ha creado dos nuevos empleos directivos: el jefe de medios *(media manager)* y el administrador de sistemas *(system manager)*. El primero controla la grabación, borrado y catalogación de ficheros en el servidor y organiza el trabajo de la redacción para que los dispositivos digitales sean de la mayor utilidad, al servicio del informativo que va a emitirse y de sus prioridades editoriales. El *system manager* supervisa el mantenimiento de todos los equipos, así como el desarrollo de nuevos proyectos técnicos que faciliten el trabajo de redactores, documentalistas y productores.

Cuando una cadena de televisión o de radio forma parte de un grupo empresarial multimediático, la promoción de cada uno de sus productos será abundante y barata. Puede que sólo en condiciones así sea posible también una verdadera especialización de algunos contenidos, al menos.

Así, al menos, se justifican los directivos de las 897 televisiones locales de España, cantidad resultante del censo realizado por la Asociación de Medios de Comunicación (AIMC), hecho público a comienzos de 2003. Hasta ese momento, los grupos privados que controlan una parte de este potencial emisor son *Localia TV* (PRISA), *UNE* (Grupo Correo-Prensa Española) y *Popular TV* (COPE, Conferencia Episcopal y entidades financieras como Caja Sur). Lo cierto es que se trata de emisoras con gran penetración y que empiezan a producir ingresos. Lo que estos empresarios pretenden es aunar esfuerzos para alcanzar el paradójico objetivo de conseguir cadenas nacionales de locales.

En las *agencias de publicidad* son características las áreas de creación y de arte, de clientes (cuentas de los anunciantes), de relaciones con los medios y de expansión.

2.3. SECUENCIA DE OPERACIONES

Hay un documento que guía el trabajo en las redacciones. Se llama *planillo*, en los medios impresos, y *escaleta*, en los audiovisuales. En todo caso, es un esquema del espacio disponible en la edición de un periódico (por páginas y secciones) o del tiempo en un programa de radio o de televisión (por bloques). El cálculo de los materiales que se publicarán se va haciendo desde la primera recogida de información hasta el cierre y se van incluyendo en el *planillo* o *escaleta*, que es la plasmación de la selección que los redactores-jefe van haciendo, de acuerdo a la línea editorial encomendada.

La *escaleta* de un telediario suele adoptar la forma de una tabla de varias entradas, en las que se citan los nombres de los redactores y de los locutores de las noticias que se leerán ante unas cámaras determinadas, o en *off*, sobre unos vídeos también previstos y numerados. En radio, la *escaleta* prevé las voces que van a intervenir y los mejores cortes de *audio* de que se dispone o que hay que conseguir. En estos medios hay que colocar *ráfagas* que separen índice y desarrollos, por un lado, y secciones, por otro.

Lo primero que habrá que volcar en estas guías es la *orden de publicidad*, una página en la que se informa de los espacios (faldones, columnas, planas, módulos) y tiempos (paquetes de cuñas) ya comprometidos con los anunciantes. Cualquier modificación en la orden de publicidad afectará a la producción periodística en marcha. Afortunadamente, las tecnologías de la información permiten a todos los redactores conocer los espacios y tiempos de que dispone cada una de sus textos hasta el momento del cierre o de la emisión, de tal manera que pueden acortarlos o alargarlos.

3. Comercialización

Los elementos de comercialización de un producto informativo son los siguientes: el producto mismo, su promoción, su distribución, su seguimiento y su precio.

3.1. EL PRODUCTO INFORMATIVO

Un *producto* informativo de calidad debe ser coherente con la demanda que se pretende satisfacer cada día, veraz, inteligible, novedoso, con presencia publicitaria adecuada e independiente.

En el mercado funcionan productos informativos muy variados: impresos, audiovisuales, publicitarios y auxiliares.

La norma técnica 4.1 de control de diarios, de la Oficina de Justificación de la Difusión (OJD), indica que una *publicación periódica* es una «comunicación impresa, puesta a disposición del público a intervalos regulares de tiempo, bajo el mismo título, en serie continua, con fecha y numeración correlativas. También tendrán esa consideración aquellas publicaciones que se difundan en soporte magnético o mediante tratamiento electrónico o informático».

Aunque tendremos ocasión de conocerla más ampliamente, digamos por ahora que la OJD es una organización privada española, constituida el 20 de octubre de 1964, para obtener y facilitar información de la difusión y distribución de las publicaciones periódicas a anunciantes, a agencias de publicidad, a editores y a cuantas personas o instituciones se suscriban. Actualmente (marzo de 2003) controla 850 publicaciones, lo que significa el 97 % de los diarios, el 93 % de las revistas de gran difusión, el 62 % de las publicaciones técnicas y el 72 % de guías telefónicas y directorios. A ello hay que añadir el control de más de 150 publicaciones de reparto gratuito. OJD forma parte de la International Federation of Audit Bureaux of Circulations (IFABC), con socios en 37 países de todo el mundo.

La clasificación que hace OJD de las publicaciones periodísticas es la siguiente:

   a)   De información general: «contenido informativo o de opinión heterogéneo y de actualidad, que va dirigida a un público lector determinado».

   b)   De información especializada: «de características técnicas iguales a la anterior clasificación, pero cuyo contenido editorial otorga habitualmente prioridad a materias o temas especializados, y va dirigida a un público lector determinado». Concretamente, nos referimos a los diarios de información deportiva y económica.

La clasificación de las *revistas de información especializada* es mucho más compleja (27 grupos): animales de compañía; cine, vídeo y fotografía; decoración; deportivas y ocio; divulgación científica y seudocientífica; economía, empresas y negocios; eróticas; espectáculos; estilo de vida; familiares; femeninas; gastronómicas; historia y arte; infantiles; labores y patrones; literatura, cultura y pensamiento; motor; musicales; reclamos publicitarios; religiosas; satíricas; salud; telefonía y comunicaciones; televisión; viajes; videojuegos; y varios.

Aparte figuran las *publicaciones técnicas y profesionales* (36 grupos): agricultura, ganadería y pesca; alimentación y bebidas (comercio); animales de compañía; arquitectura y construcción; artes gráficas; automática, instrumentación y robótica; comercio (otros sectores); comunicación, publicidad y marketing; economía, empresas y negocios; electrodomésticos (comercio); electrónica; estética, cosmética, perfumería y peluquería; farmacia; ferretería y droguería (comercio); ferrocarriles; fotografía, cine, televisión y vídeo (comercio); funciones profesionales; industria (otros sectores); informática, Internet y telecomunicaciones; joyería, bisutería y relojería; madera, muebles y afines; medicina, medio ambiente; motor para profesionales; naval; pedagogía; puericultura; química y bioquímica (industria); seguros, mutualismo y prevención; siderometalurgia y metal (industria); tecnología industrial intersectorial; textil-moda (comercio); transporte, logística y distribución; turismo y hostelería; veterinaria; varios.

c) Suplemento: «De formato y características técnicas particulares, con título propio y periodicidad fija, que normalmente se vende o entrega conjuntamente con publicaciones diarias».

Son *audiovisuales informativos* los noticieros por radio y televisión.

Son productos de las *agencias de publicidad* el anuncio y la campaña. El primero es una noticia comercial que, además de informar, induce al consumo del bien o servicio anunciado. La campaña consiste en un conjunto de anuncios previamente planificados para su difusión en distintos medios y soportes. Hoy día se está incrementando la aparición de los productos que se desean anunciar en las escenas de toda clase de programas televisivos (*product placement* o *emplazamiento del producto*). Si la publicidad, en nuestros telediarios, divide la portada y sumario de sus desarrollos, ¿por qué no ganar más dinero colocando los iconos de los anunciantes en donde el público pueda verlos bien?

Son productos *auxiliares* los emanados de los gabinetes de prensa y de las agencias de noticias. Aquéllos son cada vez más apreciados por los redactores de los medios informativos porque ofrecen garantías de calidad periodística.

Los *gabinetes u oficinas de prensa o de comunicación* producen *comunicados* y datos con la finalidad de mostrar, a los periodistas de los medios, la naturaleza y actividades de la institución a la que sirven. Este trabajo responde —en los mejores gabinetes— a un plan de comunicación externa perfectamente diseñado para mejorar la imagen pública de la institución. Aun así, ciertos intereses coyunturales —simple afán de notoriedad, casi siempre— arruinan los mejores objetivos de los profesionales de la comunicación que ellos mismos han contratado.

Los mejores gabinetes suelen contratar a alguna agencia externa que haga el seguimiento de los servicios o productos de su empresa o institución. Por ejemplo, *RGR* está dedicada al seguimiento de medios. Sesenta periodistas y documentalistas buscan en los medios los textos que el cliente necesita controlar y proceden a un

a) análisis cuantitativo: número de apariciones, espacio, acompañamiento gráfico, difusión y audiencia del medio, cuantificación de la presencia de la marca, etcétera;

b) económico: buscan la relación entre las apariciones en los medios y su equivalencia en coste publicitario; y

c) cualitativo: tratamiento que los distintos medios han dado, su valoración, su posición con relación a la competencia, etcétera.

Las *agencias de noticias* son empresas dedicadas a la producción de la materia prima intelectual de la información, que son *flases* informati-

vos (datos e imágenes *de alcance* —al instante—), noticias más elaboradas, aunque concisas *(despachos de agencia)* y, también, información
complementaria para documentación. Actualmente, muchas agencias de
prensa producen, además, diarios y revistas on-line, informativos completos para radio y televisión, documentales, artículos de opinión, entrevistas, teletextos, etcétera.

Todos estos materiales serán usados por sus abonados a su conveniencia, pero han de citar siempre su origen. Las grandes agencias tienen como abonados, no sólo a los medios, sino también a grandes in-
dustrias y comercios, instituciones públicas o privadas y a particulares
deseosos de estar al tanto de la actualidad.

La mayor es la *Associated Press* (**AP**), con oficinas en más de 130 países, prácticamente un tercio de la humanidad. La mayor en lengua castellana es la agencia EFE, que tomaremos como un ejemplo del trabajo
de estas instituciones al servicio de la producción de noticias. Las hay
también especializadas, como *Servimedia*, a la que también nos referiremos brevemente. Como muestras de la diversidad de estas fuentes, citaremos los casos de *Aceprensa, RGR* y *Korpa*.

Los 3.000 periodistas que trabajan en 170 ciudades de más de 100 países producen, cada año, para EFE, un millón de noticias verbales —en
castellano, inglés, portugués y árabe— y 4.000 en vídeo, 100.000 fotonoticias, 3.000 reportajes y 25.000 crónicas de radio y *cortes* de voz. Además, a través de www.lafototeca.com puede accederse a una selección de
medio millón de instantáneas. En *Efedata*, el cliente puede encontrar las
noticias, documentos y biografías producidos desde 1988.

A esta agencia están suscritos, en España y América, 400 diarios,
100 revistas y más de 90 canales de TV, y unos 1.200 portales y sitios
webs de todo el mundo. Casi el 40 % de la información internacional publicada en Iberoamérica procede de EFE, lo mismo que la mitad de las
noticias publicadas en España. Todo ello significa que unos cien millones de iberoamericanos, cada día, leen, escuchan o ven noticias procedentes, en último término, de esta agencia. En nuestro país, ocurre igual
con 13 millones de lectores, 18 millones de radioyentes, 34 millones de
telespectadores y 8 millones de internautas.

La ONCE fundó en 1988 *Servimedia*, agencia de prensa especializada en temas sociales. Los productos de una agencia moderna no se limitan a los *despachos*. Edita, en la Red, dos diarios —*Solidaridad Digital* y
Campus Diario— y dos revistas especializadas en política social, sobre
todo en favor de los discapacitados —*Línea Social Digital, CERMI.es*—,
además de treinta publicaciones de papel para organismos estatales, fun-
daciones y otras instituciones y para cubrir congresos, como parte del
apoyo integral de comunicación que esta agencia les proporciona. En este
punto, la agencia de prensa se acerca a las relaciones públicas. Finalmente, cuenta con la mejor documentación sobre temas sociales.

Aceprensa es una empresa periodística especializada en la situación
de la cultura, la familia, el trabajo, la religión, las ideologías, la educa-

ción y otros temas que muestran las tendencias básicas de la sociedad y los llamados «estilos de vida». Distribuye por la Red un boletín semanal, de fácil acceso (www.aceprensa.com), con una estructura de revista de información general, aunque con los objetivos señalados.

3.2. LA PROMOCIÓN

Sea cual sea el producto informativo, hay que darlo a conocer. Y el éxito estará casi siempre en relación directa con la calidad. Conviene no confundir la promoción de ventas y la de publicidad.

La promoción de ventas es la actividad destinada a fomentar el prestigio y el consumo del producto informativo. La base es, desde luego, tener un buen producto, que esté bien distribuido y con un precio adecuado. El mayor reto para el caso de la prensa escrita sería conseguir que los ciudadanos tuvieran más interés por la lectura, de modo que le dedicaran cada vez más tiempo y con más frecuencia. Téngase en cuenta que, en España, la difusión de diarios es de 105 por cada mil habitantes (444, en Finlandia; 50, en Portugal; media de la UE, 205), según el informe anual de AEDE, referido a 2001. Hay otros datos generales preocupantes: la venta en quioscos descendió un 2,6 % a pesar de las 923 promociones de ese año (un 7 % menos que el año anterior), casi 12,5 millones de lectores, cien mil menos que el año anterior; disminuyó el número de lectores entre 14 y 34 años y aumentó el de los mayores de 45 (edad media: 42 años); en cambio, la edad media de los lectores de esos mismos diarios en Internet es de 32,6 años.

Entre los intentos más loables y recientes para promocionar la lectura de diarios cabe citar *El País de los Estudiantes*, un semanario de 16 páginas que Prisa coloca en los centros escolares no universitarios desde principios de 1993. Se trata de que los estudiantes lean una selección de las mismas noticias y opiniones publicadas por el diario *El País* durante la semana. La diferencia está en que cada texto se acompaña, en recuadros de color, de unas «claves» y de una serie de «actividades», pensadas para trabajarlas en el aula. Las primeras explican algún dato importante: lugares, personas o instituciones citados, género periodístico usado, algunos términos infrecuentes en el vocabulario juvenil, conocimientos científicos y literarios imprescindibles para comprender el texto, etcétera. Las actividades que se proponen son, sobre todo, de aplicación de las mejores técnicas de lectura crítica (despejar dudas, observar, localizar, esquematizar, comparar, valorar causas y consecuencias, debatir, imitar y crear) y de ampliación de información.

Recursos como éstos son necesarios si se desea que haya una renovación generacional de los lectores. Pero es una meta dificilísima. Por eso, normalmente, las empresas prefieren dirigirse a los ya lectores de prensa para que conozcan mejor el diario o la revista y lleguen a apreciar su lectura hasta el punto de que compren y sigan comprando, se suscriban y sigan suscritos.

Las ventas de las empresas de radio y de televisión son de tiempos publicitarios, aunque —cada vez más— comercializan material audiovisual. Están también las publicaciones periódicas gratuitas, cuyo negocio es el espacio cubierto por los anunciantes, a lo que se suele añadir algún motivo altruista (la *prensa social* o *de la calle*, por ejemplo).

Estos periódicos gratuitos han sido objeto de toda clase de críticas y, por ejemplo, en Francia, de una fuerte oposición sindical. En efecto, son productos a base de despachos de agencia, colores y *dumping* publicitario. Es un periodismo casi sin periodistas.

El invento es escandinavo. De allá son sus dos principales editores: el sueco *Metro International* y el noruego *20 Minutos*, con versiones en España, donde mueven unos 500.000 ejemplares en Madrid y unos 300.000 en Barcelona, Francia, Alemania, Italia, Inglaterra y Suiza. Grupos como Correo-Prensa Española han creado sus propios gratuitos para frenar su expansión, como hicieron los alemanes Bild y Express y el grupo italiano Rizzoli. Tras los primeros éxitos, ya sabemos que los gratuitos fracasan allí donde la prensa diaria no alcanza una cuota del 50 al 60 % de la inversión publicitaria en medios

Finalmente, los diarios y revistas por Internet encuentran su mejor apoyo en las conexiones que ofrecen otros medios del mismo grupo mediático y en las buenas críticas que merecen en secciones y programas radiotelevisivos dedicados a la Red, cada vez más frecuentes.

La promoción de publicidad tiene por finalidad mejorar la imagen del medio como vehículo útil para los mensajes publicitarios. Desde luego, la prensa necesita también incrementar el número de inserciones publicitarias porque es consecuencia y causa del aumento de las ventas. En radio y en TV ocurre lo contrario: a mayor publicidad no se sigue mayor audiencia, salvo que su alto precio permita producir programas de gran calidad con un número limitado de *cuñas* y de *spots*. Aun así, los expertos buscan fórmulas distintas como el *patrocinio* de programas por un número pequeño de anunciantes, los *publirreportajes* y el ya citado recurso del *product placement*.

3.3. La distribución

Se trata de que el producto llegue al consumidor adecuado en las mejores condiciones. Los estudios de mercado indican a los profesionales a qué segmentos de la población hay que dirigir el producto cuando no se desea llegar a todos sin más. Esto es un delicado asunto porque la distribución será un fracaso si pretende llegar más allá de sus posibilidades de producción y de promoción.

Los criterios habituales de selección son geográficos, demográficos, basados en el consumo anterior del producto informativo, en los estilos de vida de la población y en los beneficios que la audiencia pretende obtener con el nuevo producto informativo o con su renovación. Una buena *segmentación* no debe olvidar a los grupos más amplios de la población, interesados también por el producto, aunque muestren un nivel inadecuado de instrucción.

En periodismo, la rapidez —la instantaneidad si se puede— es un reto constante. Un producto informativo está bien distribuido si llega a los destinatarios enseguida. Para conseguirlo, la prensa edita sus productos simultáneamente en plantas impresoras muy distantes gracias a los satélites o a las redes informáticas terrestres. La radio distribuye bien cuando la potencia de su señal es superior al nivel de *ruidos* y cuando la sintonización es fácil.

La mejor distribución de los productos radiofónicos sería la radio digital, conocida con las siglas anglosajonas D.A.B. (Digital Audio Broadcasting). La transmisión digital consigue un uso más eficiente del espectro radiofónico al reducir a una sola frecuencia la cobertura nacional por cadena y al eludir las interferencias que sufren los oyentes de la tecnología analógica. La clave de la radio digital radica en el medio de transmitir la señal. Al ser comprimida en el espacio, donde antes cabía una sola frecuencia ahora puede ofrecerse hasta un total de seis.

Pero la radio digital en España está paralizada porque no tiene mercado y no lo tiene porque aún no se ha actuado comercialmente; todo está quedando en decisiones administrativas y en alguna referencia tecnológica. El único país europeo interesado es Gran Bretaña, donde ya se encuentran receptores por menos de 100 libras. Con todo, a principios del año 2003, sólo había unos doscientos mil receptores. Como en este país, en Estados Unidos se han lanzado al mercado, durante las últimas navidades, una cierta cantidad de receptores con la esperanza de ponerlos de moda. El precio ronda los cien dólares.

Hasta el momento el uso de satélites da buenos resultados y es una posibilidad muy interesante la conexión con cualquier emisora del mundo vía Internet, con la ventaja de no estar sometido al horario de emisión porque, como las enormes hemerotecas de los diarios y revistas on-line, las radios ofrecen sus programas a la elección del oyente. La distribución por cable de las emisiones de radio y de televisión acerca a emisores y receptores, que pasan a ser clientes, sin ocupar frecuencias radioeléctricas, como ocurre también con la solución Internet.

3.4. Difusión y audiencia

Estos dos conceptos se refieren a la propagación o aceptación del producto por el mercado, no a su reparto, que sería la *distribución*. La *difusión*, a la que a veces se llama *circulación*, se aplica especialmente a la prensa; la *audiencia*, a todos los medios.

3.4.1. *Conceptos vinculados a la difusión*

En el Reglamento de Trabajo de esta Oficina se definen algunos conceptos referidos a la producción y difusión que son importantes.

a) Número: «Cada una de las publicaciones del mismo título y de una serie cronológica, que se edita en una fecha determinada y lleva impresa la misma cifra numérica en todos los ejemplares. Corresponden al mismo número de una publicación, por tanto, todas las ediciones puestas a disposición del público en la misma fecha. Número extraordinario es aquel que, por su contenido, formato, impresión, número de páginas, fecha de edición o sistema de distribución, es distinto a los demás de la serie.»

b) Edición: «Conjunto de ejemplares impresos a partir de los mismos originales y que llevan el mismo número, fecha e identificación. Las distintas ediciones de un mismo número pueden hacer referencia a la hora de salida (mañana, tarde, última, etc.), al día (dominical, de los lunes, etc.), al idioma o al ámbito geográfico al que van destinadas. Edición extraordinaria es el conjunto de ejemplares de un número que difiere sustancialmente, en contenido, de la edición normal del mismo número. Igual consideración tendrán aquellas ediciones que, en relación con la hora de salida, no incluyan la totalidad de la publicidad insertada en el número principal.»

c) Ejemplar: «Conjunto completo de una publicación correspondiente a un número y edición concretos; incluye el cuaderno principal con o sin los suplementos y encartes que se editen con dicho número y edición.»

d) Tirada útil: «Cifra total de ejemplares del mismo número de una publicación salidos del proceso de producción en condiciones de ser distribuidos.» Para establecerla, el Equipo de Control de la OJD examina la orden de tirada para cada número, los partes o registros de trabajo de la imprenta, los de consumo de papel, facturas de proveedores y los correspondientes datos contables.

e) Venta al número: «Ejemplares vendidos a través de los canales ordinarios de distribución de prensa, en los términos y condiciones usuales en el mercado y autorizando a los intermediarios la devolución de los vendidos para su abono. Se incluyen también en este apartado los ejemplares sueltos adquiridos directamente por el público en locales del Editor.»

f) Penetración: es la proporción en que un diario o revista llega a los hogares de una zona geográfica determinada. Se calcula multiplicando por cien la cantidad de ejemplares distribuidos en un área y dividiendo entre el número de hogares del mismo lugar.

g) Índice de lectura: es la difusión media diaria del conjunto de periódicos en relación con el número de habitantes de un país. Un número mínimo, según UNESCO, es 100 ejemplares por cada 1.000 habitantes.

h) Coste por millar de impactos (CPM): es una de las medidas del valor publicitario de un diario o revista. Se calcula multiplicando por 1.000 el cociente que resulta de dividir el precio de un anuncio entre las cifras de difusión o entre las de audiencia. Esto último tiene la ventaja de que permite comparar con el CPM de la radio y de televisión.

3.4.2. *Conceptos vinculados a la audiencia*

Audiencia es, a diferencia de difusión, «el conjunto de personas que, en un determinado momento o espacio temporal, o con relación a un programa o espacio audiovisual también determinado, son receptores efectivos de las informaciones audiovisuales que se emiten» (J. Tallón, 1992). La audiencia no es una masa; es un conjunto de seres humanos con intereses individuales, «que pueden estar expuestos a la publicidad situada en un medio determinado» (M. Blanch, 1999, 165).

Vamos a referir ahora algunos conceptos vinculados a la audiencia:

a) Emisión: es la *edición* en estos medios.

b) Audiencia actual o *neta* y *potencial:* la primera es la que consta como oyente o telespectadora; en la segunda se incluyen los ciudadanos que no están realizando actividades incompatibles con el seguimiento de los programas durante el tiempo de su emisión.

c) Audiencia útil: es la parte de la audiencia actual a quien va destinado un mensaje. Un concepto correlativo es *Diseminación de la audiencia* o dispersión de los telespectadores a los que se dirige la emisión. Es lo que ocurre con los programas especializados. El *target* es sólo una tipificación de los espectadores por edad, clase social y nivel cultural.

d) Rating o *audiencia media:* es el promedio de individuos, mayores de tres años, que han visto un programa en todo momento sobre el total de la población estudiada. Este dato sirve para la compra y venta de espacios publicitarios y el establecimiento de tarifas. Condiciona la programación general de la emisora.

e) Share: o participación en el mercado: tiene por base el total de telespectadores y no el total de la población. Se halla dividiendo el número de personas que ven o escuchan una emisora entre el número total de oyentes o de telespectadores. Permite también comparar el seguimiento de varios programas.

f) Cobertura: es el área que alcanza la señal radioeléctrica, lo que depende del emplazamiento de antenas y satélites y de la potencia emisora.

3.4.3. *Medición de audiencias*

EL ESTUDIO GENERAL DE MEDIOS (EGM)

Además de los trabajos de la OJD, a la que ya nos hemos referido, es muy importante el *Estudio General de Medios*, denominado así desde 1968. Entonces, un grupo de 22 empresas, sobre todo de anunciantes y publicitarias, encargó al instituto ECO un estudio de audiencias durante un período de dos años, con 8 oleadas en total de 4.000 entrevistas cada una. El 20 de julio de 1988 se registran los Estatutos de la Asociación para la Investigación de Medios de Comunicación (AIMC), que, desde entonces, produce el EGM y otros estudios.

La inversión publicitaria en medios se deja guiar por este Estudio, que manifiesta el comportamiento del público español respecto a los distintos medios a lo largo de tres oleadas por año. Entre sus características destacamos las siguientes:

a) La muestra anual es de unos 43.000 individuos, dividida en tres muestras de igual tamaño y diseño. Cada una de ellas se subdivide en siete submuestras iguales, una para cada día de la semana.

b) La información se consigue por entrevista personal cara a cara, en el hogar del entrevistado, utilizando para ella un cuestionario estructurado y cerrado.

c) Dicho cuestionario tiene los siguientes apartados: datos sociodemográficos; medios de comunicación a los que se expone; equipamiento del hogar; consumo de productos; estilos de vida (economía, actividades, destinos vacacionales).

Algunas de las preguntas sobre la economía del entrevistado se refieren a sus seguros privados de enfermedad y de vida, cuentas corrientes y cartillas de ahorro, tarjetas de crédito, productos financieros, préstamos hiopotecarios, uso del telebanco, etc. En «actividades» se le pide información sobre los deportes que practica; si asiste a un gimnasio o se limita al *footing*; si va a espectáculos deportivos, a discotecas, al teatro, a museos y exposiciones, a conciertos y recitales; si cena fuera de casa; si va a un instituto de belleza; si hace bricolaje; si controla sus calorías y si hace régimen de comidas; y si participa en juegos de azar.

SOFRES

La empresa Sofres, del grupo Taylor Nelson Sofres, mide y controla la audiencia de televisión. Los datos que diariamente ofrece son de gran importancia para la industria televisiva y el mercado publicitario. Para conseguirlos utiliza *audímetros* —aparatos electrónicos de medición automática de la audiencia— que instala en hogares representativos de la población. Controlan la actividad del televisor, vídeo y otras fuentes de señales en el televisor (sintonizador de satélite, decodificador analógico o digital, sintonizador de cable, etc.).

La relación entre el hogar y el *audímetro* se realiza mediante un mando a distancia. A cada persona se le asigna una letra en un botón que debe pulsar cada vez que enciende o apague el televisor *(set-on measure)*. Asimismo, la audiencia de los invitados al hogar se registra gracias a otros botones previstos para ello. Un diálogo a través del *display* del *audímetro* se encarga de preguntar al invitado su edad y su sexo.

El *audímetro* ofrece otras posibilidades, tales como: solicitar opiniones sobre los programas, avisar sobre períodos de vacaciones o ausencias largas de los miembros del hogar, identificar otros usos del televisor y detectar la reproducción de cintas de vídeo que han sido previamente grabadas en el *set* o habitación donde está el televisor *(time shift* o audiencia recuperada).

Durante las 24 horas del día, el *audímetro* registra todos los cambios que se han ido produciendo en los distintos televisores del hogar, hasta que cada madrugada recibe la llamada del ordenador central de Sofres y vuelca toda la información almacenada.

Los *audímetros* nos indican con precisión la audiencia segundo a segundo de cada cadena de televisión, pero no el contenido de las mismas. De esta misión se ocupa el Departamento de Minutado y Control de Programas e Inserciones Publicitarias. Su tarea consiste en registrar todos los programas y anuncios emitidos en las cadenas controladas, recogiendo sus principales características para su posterior clasificación. Diariamente este departamento registra y clasifica una media de 2.500 inserciones publicitarias y 1.200 programas.

El panel de Sofres Audiencia de Medios está formado por una muestra permanente de hogares, representativos del universo de estudio y provistos de *audímetros*. El panel general, que representa a la población de cuatro y más años de la Península, Baleares y Canarias está formado por nueve subpaneles diferentes, que se corresponden a cada uno de los ámbitos de análisis básico de la información: Andalucía, Cataluña, Euskadi, Galicia, Madrid, Comunidad Valenciana, Castilla-La Mancha, Canarias y Resto de la Península y Baleares.

El universo que representa el panel de *audímetros* se define a partir de las distintas fuentes existentes (INE, Encuesta Sociodemográfica, organismos de las distintas Comunidades Autónomas, EGM). Así queda determinado cómo es nuestro referencial o muestra teórica en cuanto a sus variables más importantes: distribución geográfica, equipamiento doméstico, lenguas autonómicas, actividad de los individuos, clase socioeconómica, etc.

La muestra de hogares e individuos que están participando en el panel, durante este año 2003, por regiones, es el siguiente: Andalucía (440 hogares, 1.330 individuos), Canarias (300, 1.006), Castilla-La Mancha (300, 873), Cataluña (440, 1.211), Euskadi (300, 862), Galicia (300, 873), Madrid (355, 1.061), C. Valenciana (310, 875), resto de España (660, 1.574). En total, 3.305 hogares y 9.665 individuos.

3.5. PRECIO

¿Qué precio hay que poner a un producto informativo? Depende de factores como los siguientes:

a) De las perspectivas de beneficio a medio plazo, contando con que habrá pérdidas durante uno o dos años, pero también con la convicción de que se ha adoptado la mejor campaña de promoción.

b) De los precios ocultos de la competencia. Por ejemplo, los ingresos por publicidad dependen cada vez más de negociaciones entre los mejores anunciantes y el medio.

c) Del precio que aceptaría la inmensa mayoría de la audiencia a tenor del nivel concreto de calidad que exige en producción y distribución.

4. Algunos aspectos contables

Para conocer la realidad de una empresa hay que mirar su contabilidad, especialmente su *cuenta de resultados* (ingresos y gastos) y su *balance*. Nuestro propósito es facilitar al lector la explicación de conceptos que va a encontrarse en los datos contables que suelen ofrecer las empresas cuando han conseguido una buena operación o cuando, por datos propios o ajenos, están destacando en ese momento. Están también los informes de revistas especializadas en medios de comunicación, que ofrecen cuentas de resultados y balances, casi siempre con buenas intenciones didácticas. Con todo, hay que dominar algunos conceptos esenciales que se suponen en quien se acerca a estos informes.

4.1. CUENTA DE RESULTADOS

El esquema de la contabilidad de un *medio impreso* sería el siguiente:

1. Ventas:
    1.1. Ingresos brutos: (precio del ejemplar × n.° de ejemplares vendidos) + (tarifas de publicidad × n.° de inserciones publicitarias)
    1.2. Ingresos netos: ingresos brutos —gasto de distribución y venta—, descuentos y comisiones de publicidad
2. Gastos (distribución aproximada):

2.1. Personal (40 %)
    2.1.1. De impresión (35 %)
    2.1.2. De redacción (33 %)
    2.1.3. De administración (16 %)
    2.1.4. De distribución (7 %)
    2.1.5. Otros (8 %)
2.2. Papel y otras materias primas (25 %)
2.3. Información (5 %)
2.4. Amortización (5 %)
2.5. Distribución (4 %). Los minoristas suelen recibir el 20 % del precio de cubierta de los diarios y el 25 % de las revistas; los distribuidores regionales o locales, el 7 % y los nacionales, el 8 %
2.6. Impresión (3 %)
2.7. Otros (18 %)

En el *medio radio*, los ingresos suelen provenir de financiación estatal (sólo las radios de titularidad pública), de la venta o alquiler de programas e instalaciones y de la publicidad o el patrocinio, además de otras fórmulas mixtas. Los gastos, en general, son los siguientes: personal, técnicos, programación, ventas y promoción, comisiones a agencias de publicidad, mantenimiento, administrativos, amortizaciones y generales.

Teniendo en cuenta que en torno al 70 % de los gastos de explotación de una *cadena televisiva* pública procede de los presupuestos estatales, en todos sus niveles, no debe extrañarnos el que se hable mucho de competencia desleal. Las públicas ingresan por publicidad en torno al 30 % de tales gastos; las privadas, el 30 %.

El resto procede de venta de programas a otras cadenas, lo que todavía representa una cantidad pequeña (en torno al 10 %), aunque en franca expansión porque cada vez se produce más televisión pensando en públicos de los cinco continentes.

Los gastos más destacados son los de personal, derechos de emisión, producción, distribución de la señal (si no es propia) y amortización de inversiones.

4.2. BALANCE

El patrimonio de una empresa es el valor de conjunto de los bienes en los que ha invertido su capital. Ello queda expresado en el balance anual, que consta de tres elementos: activo, pasivo circulante y fijo (deudas) y pasivo neto (capital).

Se llama *activo* a los fondos destinados al funcionamiento de la empresa. El *circulante* es el conjunto de los valores que cambian de forma por el proceso de producción. Es decir, son los que permiten la actividad de la empresa —por ejemplo, el dinero, las materias primas, las deudas de los clientes, los productos acabados, etc.— y son los que generan el beneficio.

El *activo fijo* o *inmovilizado* es el constituido por valores de utilización permanente en la empresa y que garantiza su continuidad. Su finalidad no es, por tanto, la venta, aunque genera gastos de mantenimiento y de amortización. Por ejemplo, edificios, maquinaria, mobiliario, marcas, patentes, concesiones, participación en otras sociedades, préstamos concedidos a terceros, hipotecas sobre bienes de terceros, etc.

El *pasivo* es el origen de los fondos o fuentes de financiación. El *neto* (o *no exigible*) es el capital social, además de las reservas, provisiones, previsiones, amortizaciones y beneficios no repartidos. El *exigible* puede serlo a corto plazo (proveedores, acreedores, Hacienda, Seguridad Social, etc.) y se le puede llamar *pasivo circulante* o *a largo plazo* (por ejemplo, créditos recibidos de terceros); se le llama también *fijo*.

4.3. *RATIOS*

Los datos contables se suelen resumir en una serie de *ratios* que nos permiten, al final de cada ejercicio, comparar la situación de las diversas empresas. Suelen ser los siguientes:

- *Liquidez inmediata* es el activo circulante menos el pasivo circulante (las existencias).
- *Rentabilidad bruta de las ventas* es el cociente resultante de los beneficios antes de impuestos y de las ventas, multiplicado por cien. Se expresa porcentualmente.
- *Endeudamiento* es el cociente de dividir recursos ajenos (pasivo exigible) entre recursos propios (activo y pasivo neto). Es lo que debe.
- *Solvencia* es el cociente que resulta de dividir el activo total real entre los recursos ajenos. Es lo que vale la empresa al final del ejercicio.
- *Inmovilización* es el activo inmovilizado entre el activo total.
- *Ventas por empleado*: ventas netas entre número de empleados.
- *Coste por empleado*: gastos de personal entre número de empleados.
- El *Cash flow* es el beneficio (o pérdida) antes de impuestos dividido entre la dotación a amortización. Expresa el crecimiento del patrimonio.

5. La imagen de los periódicos

5.1. PLAN GENERAL DE DIAGRAMACIÓN DE UN PERIÓDICO

Una de las decisiones empresariales más importantes cuando se proyecta la edición de un diario es la aprobación de un plan general de diagramación o diseño, que responda bien a la línea editorial prevista y a los gustos e intereses de los lectores potenciales. En general, el diseño es la organización de todo el material llegado a redacción (textos, fotografías, infogramas y publicidad) y que se piensa publicar.

Conceptos de un plan general de diagramación

En cuanto al SOPORTE, *gramaje*, *textura* y *blancura*. El *gramaje* es el peso en gramos de un metro cuadrado de papel.

El FORMATO es la altura por la anchura de la página. Sus dos partes son la *caja o mancha* y los *márgenes*. La primera es la parte impresa de la página. Los márgenes son el espacio en blanco. La frontera del margen superior con la mancha se llama *folio* o línea en la que se incluyen el nombre de la publicación, la fecha, el número de página y el título de la sección. Deben figurar en todas las páginas, incluidas las ocupadas totalmente por publicidad, salvo la portada. Se dice que un texto o una imagen están *a margen perdido* o *a sangre* cuando rebasan los límites de la mancha.

Los tamaños más frecuentes son los siguientes: *Sábana, broadsheet* o *standar* (380 × 560 mm; caja de 350 × 500 mm; 7 u 8 columnas); *Berliner* (315 × 470 mm; caja de 280 × 430 mm); *Tabloide grande* (305/330 × 425/445 mm; caja de 275/295 × 380/400 mm; 6 columnas); *Tabloide pequeño* (280/295 × 395/410 mm; caja de 250/260 × 335/370 mm; 5 columnas).

La PAGINACIÓN es el número aproximado de páginas del diario y las que se dedicarán a cada sección.

En cuanto a RECURSOS TIPOGRÁFICOS, los *filetes* son rayas para separar diversos elementos informativos; los *recuadros* sirven para resaltar una unidad informativa dentro de la página. Los recuadros que se utilizan para diferenciar algún aspecto de la unidad informativa se llaman *despieces*.

La TRAMA es un conjunto ordenado de puntos que geométricamente se hallan ubicados en el centro de los cuadrados de una cuadrícula imaginaria. Por síntesis óptica, estos puntitos negros imperceptibles producen una tonalidad más o menos gris de fotografías o recuadros.

Además del significado que tiene en el cómic, que cada vez se emplea más a modo de antetítulo, la VIÑETA en un diario es una imagen que caracteriza una sección, el logotipo de un partido político, un tema importante, etc.

Se llama TITULACIÓN o *cabeza* al conjunto formado por *antetítulo* (debe de responder a las preguntas ¿dónde?, ¿cuándo?), *titular mayor* (¿qué?, ¿quién?), *subtítulo* (¿cómo?, ¿por qué?) y *ladillos*, por cuanto éstos se comportan como parte del subtítulo y como título del texto que sigue. El *sumario* puede aparecer en la posición de *subtítulo* o en batería, a una columna, o en las zonas superior o inferior de la portada.

En el titular mayor debe predominar la *caja baja* y reservar las mayúsculas *(caja alta)* para titulares especiales y muy cortos. En cuanto a los *ladillos*, es aconsejable que sólo se usen cada tres o cuatro párrafos, en textos con más de 50 o 60 líneas, salvo que una misma cabeza esté englobando informaciones diferentes. En este caso el texto del ladillo tendrá que abrir con *data*.

Las FIRMAS aparecen en los textos de opinión; las DATAS, en crónicas y noticias, que incluyen: nombre del autor, lugar donde se ha redactado o se ha transmitido, su adscripción laboral (corresponsal, enviado especial, colaborador...) y, a veces, la foto del autor y un mapita del país desde donde se escribe.

La COLUMNA es un bloque de texto seguido, de una anchura fija y única, cuyo objetivo es la organización del material tipográfico sobre la página. La separación entre estos bloques —las *calles*— puede efectuarse o por un amplio blanco o por uno más reducido con una fina línea divisoria vertical llamada *corondel*. La tendencia de los actuales diseñadores ya no es la de jerarquizar la información por su número de columnas, sino más bien por la posición del bloque.

En la portada aparece la CABECERA, conjunto formado por el nombre del periódico *(rótulo)* y los datos registrales (fecha, número y dirección). La cabecera se sitúa, a veces, bajo *ventanas* (también *llamadas* y *promos*). Las cabeceras que habitualmente ocupan una posición lateral en la portada se llaman *de pastilla*.

La *mancheta* añade otros datos a los de la cabecera: *staff* redaccional y empresarial, corresponsalías, tarifas, direcciones y teléfonos. Puede colocarse junto a la cabecera, en la última página o en alguna interior que suele ser la de editoriales. Aparece tipográficamente destacada por versalitas o, excepcionalmente, por cursivas. El *Índice de sumarios* es una columna con varios titulares y breves textos consecutivos, que puede estar situada de entrada, de salida o al pie, en este caso con una estructura modular. Cuando la columna es muy alta se le llama *chimenea*.

Por su estructura, las portadas son escasamente variadas y se diferencian por su función: unas ofrecen un *escaparate* de los contenidos; otras son *de llamada* o de *tabloide-cartelera*. La mayor parte son *mixtas*.

El CUADERNILLO es monográfico, del mismo tamaño y papel que los del periódico y va encartado entre sus páginas. El suplemento es de temática variada, formato y papel diferentes a los del periódico y no suele ir encartado en él. Ambos productos hacen la competencia a las revistas especializadas y a las de información general.

Una relación común imagen-texto es la representada por los *pies* o *leyendas*. Toda fotografía debe llevar un pie porque, al menos, habrá que ubicarla en el espacio y en el tiempo, identificar a los personajes y justificar su propia presencia. Si la foto es de archivo debe añadirse la fecha y las circunstancias en que se tomó.

A veces, en la imagen se introduce un recuadro con una imagen menor o con un texto (*ventana* y, si sobresale, *pisado*) o se recorta la parte que interesa de la ilustración *(silueteado)* o se oscurece el fondo y permanecen los perfiles *(quemado)*.

En cuanto al tamaño de las imágenes, pensamos que deben ir al que se merezcan y que hay que eliminar de ellas todo aquello que no informa; por ejemplo, en retratos de cara, las orejas y la frente no informan.

En cuanto a la contigüidad publicidad-periodismo, suelen usarse estos criterios: *a)* sus respectivos espacios tienen que ser fácilmente diferenciables para el lector; *b)* la parte superior de la página debe estar reservada a lo redaccional, los bloques publicitarios deben ir a la inferior *(faldones)*, sin superar la mitad de la página, y a los márgenes laterales exteriores de la doble página; *c)* la altura de un texto publicitario nunca deberá ser igual a la de una noticia vecina.

La MAQUETACIÓN O DIAGRAMACIÓN para cada número consiste en tres operaciones sucesivas:

a) La *confección* es el cálculo concreto y la distribución exacta, dentro del periódico, de todas y cada una de las informaciones, con arreglo al Plan General de Diagramación, de forma que el lector encuentre lo que busca sin necesidad de un gran esfuerzo por su parte.

b) La *compaginación* es la organización de cada doble página en la que no se puede olvidar algún elemento gráfico fuerte, que sería su *Centro de Impacto Visual* (un titular, una foto, un gráfico), lo que proporcionaría al conjunto un equilibrio dinámico. Para ver si una página está bien diseñada, tomemos una ficha de 13,8 × 7,5 cm y movámosla sobre cualquier página de un periódico. Si no toca o tapa algún elemento tipográfico diferente del bloque de texto es que la página está mal diseñada.

c) zLa *distribución* de las páginas.

5.2. EL REDISEÑO DE PERIÓDICOS

Continuamente hay que tratar de que el periódico sea más útil y grato a los lectores. Para ello hay que ir recogiendo ideas de qué mejorar para, llegado el momento, contratar una empresa de rediseño para que ponga el periódico al día. Es decir, minimalismo tipográfico, buena organización de los contenidos y una apropiada paleta de colores. Y así se convertirá en un producto menos congestionado —con más espacios en blanco, márgenes e interlineados más amplios y menos fotografías pero mayores—, por el que el lector podrá *navegar* más fácil y rápidamente.

Bibliografía

ÁLVAREZ MARCOS, J. (1999): *Tecnologías para la información periodística*, MAD, Sevilla.

BLANCH NIETO, M. (2000): *Cómo se miden las audiencias en radio*, CIMS, Barcelona.

CANGA LAREQUI, J. (1994): *El diseño periodístico en prensa diaria, Normas básicas*, Bosch, Barcelona.

CEBRIÁN HERREROS, M. (2001): *La radio en la convergencia multimedia*, Gedisa, Barcelona.

LAVINE, J. M. y WACKMAN, D. B. (1992): *Gestión de empresas informativas*, Rialp, Madrid.

MANFREDI MAYORAL, J. L. (2000): *Manual de producción periodística*, MAD, Sevilla.

NIETO TAMARGO, A. y IGLESIAS, F. (2000): *La empresa informativa*, Ariel, Barcelona.

NIGHTINGALE, V. y QUINTANA, R. (1999): *El estudio de las audiencias, El impacto de lo real*, Paidós, Barcelona.

OROZCO, G. (1997): *Televisión y audiencias. Un enfoque cualitativo*, Ediciones de la Torre, Madrid.

SOLARINO, C. (1993): *Cómo hacer televisión*, Cátedra, Madrid.

TALLÓN GARCÍA, J. (1992): *Lecciones de empresa informativa*, Ediciones de las Ciencias Sociales, Madrid.

ZORRILLA RUIZ, J. (2002): *Introducción al diseño periodístico*, EUNSA, Barañáin (Navarra).

Parte III

INTERPRETACIÓN

CapÍtulo 14

MÁS ALLÁ DE LA NOTICIA:
EL PERIODISMO INTERPRETATIVO

José María Sanmartí
Universidad Europea. Madrid

1. ¿Por qué vamos a la guerra?

Cuando el 4 de abril de 1917 el Congreso de los Estados Unidos declaró la guerra a Alemania, muchos norteamericanos se quedaron estupefactos. Cierto que la prensa les tenía bien informados sobre las cruentas batallas que se desarrollaban en Europa y de episodios más cercanos como el hundimiento del paquebote *Lusitania*, pero nadie les había explicado las implicaciones que tenían para su país y que ahora les obligaba a mandar soldados propios a morir en los lejanos campos de Flandes. Faltaban los «porqués» de las noticias. Este hecho (y otros) simbolizaba el agotamiento y el progresivo desfase del periodismo informativo y planteaba la necesidad de ampliarlo hacia la explicación o interpretación de las noticias. Como suele ocurrir en estas circunstancias, no fue un cambio repentino, ni siquiera rápido, puesto que el periodismo interpretativo no se consolidó hasta después de la Segunda Guerra Mundial.

1.1. El *Time* abre camino

El primer fruto de este nuevo enfoque del periodismo fueron los semanarios, como *Life*, *Look*, *Paris Match* y especialmente *Time*, fundado en 1923 (Díaz Noci, 2000). Por un lado, su periodicidad semanal le alejaba del relato objetivo de hechos típico de este período, ya que informativamente no podía competir con los potentes diarios de la época, y por otro le empujaba a ofrecer más bien resúmenes, análisis, comentarios, avances, etc., en la certeza de que los simples datos no eran suficientes. La periodicidad como expresión de la actualidad fue, pues, un elemento esencial en la aparición del periodismo interpretativo, junto con la concisión, la objetividad y la organización. *Cada texto estará si-*

tuado en un determinado lugar de la revista, dispuesto y ordenado, según un método predefinido, decían los fundadores de *Time* Henri Luce y Briton Hadden.

Sin embargo, conviene no exagerar el peso renovador de este semanario. Todavía un año antes de salir a la calle su título tenía que ser *Facts*, mostrando así el papel decisivo, más aún exclusivo, de los hechos en el periodismo de entonces. No trataba de buscar exclusivas o novedades reservadas a los diarios, sino que recopilaba artículos publicados en otros medios debidamente escogidos para aclarar e ilustrar las noticias en circulación. Según su manual de estilo, la extensión de cada artículo no podía superar las cuatrocientas palabras, lo cual limitaba mucho su capacidad interpretativa. Este estilo ha sido seguido desde entonces a grandes rasgos por el periodismo interpretativo practicado en todo el mundo.

Por otro lado, la extensión de la radio acortó aún más este factor temporal. Las noticias se podían ofrecer en cuestión de horas y la prensa diaria acabó por sufrir esta competencia. Con el exitoso precedente del *Time* a la vista, los periódicos fueron adoptando el nuevo estilo interpretativo en el que cada vez se sentían más fuertes. Ya no disputaban tanto la rapidez de las noticias, sino su explicación y contextualización. De este modo, en 1938 Curtis Mac Dougall publicó un libro titulado *Interpretative Reporting*; en 1947 la Comisión Hutchins utilizó la expresión «periodismo interpretativo»; en 1958 la Universidad de Syracusa (Estados Unidos) acuñó la de «Depth Report»; al mismo tiempo en Francia se impuso el «periodismo de explicación», etcétera.

Con distintas denominaciones y distintos enfoques la dimensión interpretativa proporcionaba a la prensa un nuevo terreno, que ésta aprovechó a fondo. En principio, todos los temas eran susceptibles de ser interpretados, pero las relaciones sociales parecían las más aptas para ello. La expansión de la televisión a partir de los años sesenta del siglo pasado no hizo más que intensificar este proceso. Gracias a ello la temida desaparición, total o parcial, de la prensa no se produjo, sino que los medios audiovisuales prosperaron aprovechando sus características, principalmente la inmediatez, mientras que los periódicos se hacían fuertes en la explicación, el contexto, el complemento de la noticia. El desarrollo de Internet en la década de los noventa planteó un dilema similar, aunque naturalmente con sus formas propias.

Es más, los medios audiovisuales y digitales también fueron adoptando métodos interpretativos aplicados a géneros propios, sin perder su vocación por la inmediatez. Resúmenes, reportajes, informes especiales, crónicas, etc., fueron trufando y doblando sus espacios informativos, conscientes de que la simple sucesión de noticias no era suficiente para unas audiencias por muy apresuradas que vivieran. También las agencias de prensa combinaban el periodismo informativo con el interpretativo, abandonando el monocultivo del primero que tantos días de gloria les había proporcionado.

1.2. DATOS, VALORACIONES Y OPINIONES

En efecto, para unas audiencias cada vez más entrenadas en los ve-
ricuetos de la democracia, la compleja realidad del mundo moderno no
cabía en la mera descripción de los hechos. A través de la contextualización y del análisis el periodismo interpretativo era capaz de ofrecer la
profundización y la explicación de todos y cada uno de los hechos publicados. Había que relacionar las noticias entre ellas, rastrear sus antecedentes, anticipar las posibles consecuencias, complementar su contenido, etcétera. Además, se impuso la creencia de que el periodismo puramente informativo también requería unos trámites interpretativos,
dado que había (y hay) que proceder a selecciones, a veces muy drásti-
cas, con carácter total o parcial. Esto eliminaba la visión de una objetividad integral en la que se basaba, coartada que hoy día no se sostiene,
por lo menos en estos términos.

Esquematizando mucho, se dibujaba así un triple nivel en el proceso informativo. En primer lugar, los datos sobre los que se asienta el hecho noticioso, de acuerdo con los conocidos preceptos de J. Kayser. Ésta
sería la parte objetiva del relato, es decir que los datos deben estar suficientemente contrastados y por lo tanto deben garantizar la «veracidad»
de la información, tal como exige de forma contundente el artículo 20 de
la Constitución española y la jurisprudencia. La noticia puede detenerse
en esta fase y para ello existen los géneros informativos, pero también
puede deslizarse hacia un segundo nivel, el interpretativo o explicativo.
Se trata de añadir las aclaraciones pertinentes para que la información
resulte lo más completa posible, así como las deducciones lógicas de los
datos aportados y explicitados. En tercer lugar, queda la opinión propia
y personal sobre la noticia, opinión sujeta por supuesto a factores subjetivos como la ideología, los prejuicios o los intereses.

La norma básica es que los dos primeros niveles se interrelacionan
con gran naturalidad para formar el periodismo interpretativo, mientras
que el periodismo de opinión debe estar claramente separado e identificado, no considerándose ético introducirlo en las informaciones como
una simple interpretación. El problema reside en que en numerosas ocasiones es difícil e incluso imposible distinguir la frontera entre interpretación y opinión. Con unos mismos datos en la mano se pueden sacar
conclusiones distintas y, por qué no, opuestas, sin salirse del periodismo
interpretativo. En cualquier caso, no se trata de arrinconar el periodismo informativo, que en alguna medida también puede ofrecer su parte
de interpretación, aunque sólo sea por la elección de los datos y su ordenación. Los géneros informativos siguen vigentes y su uso es corriente en todos los medios. Baste ver, por ejemplo, un informativo en cualquier cadena de televisión. Lo que ocurre es que el periodismo interpretativo ofrece un mensaje periodístico más elaborado, más amplio en extensión y contenido, no sólo por la preferencia y el orden de los datos,
sino por la exposición de sus antecedentes y consecuencias, la relación

con otros datos, y todas aquellas deducciones valorativas necesarias como atribución del redactor. Y en último término, «quizá ahora sea más necesaria que nunca la interpretación, ya que la audiencia recibe un exceso de información, difícilmente asimilable, que reclama un análisis más reposado y completo del que ofrece la instantaneidad de la noticia en los medios audiovisuales y en Internet» (Concha Edo, 2003).

No obstante, esta adaptación, tan normal en nuestros días, se hizo a costa de serios debates entre periodistas en ejercicio, columnistas, editores, analistas y teóricos, debates que tuvieron lugar principalmente en Estados Unidos y Gran Bretaña gracias a su larga e intensa tradición periodística, a la potencia de sus medios y al hecho de no haber sufrido interrupciones en su aplicación de la libertad de prensa, ni siquiera durante la dos guerras mundiales. Esto hizo que en numerosos países europeos, y concretamente en España, se adoptara el periodismo interpretativo sin controversias de interés (Fagoaga, 1982).

1.3. PERIODISTAS MÁS LIBRES, PERIODISTAS MÁS RESPONSABLES

Paralelamente se observó una creciente relevancia en el papel del periodista, en su formación y en la formulación de las ciencias de la información. El reportero se convertía en el protagonista de la información, ya que daba su nombre y su apellido para garantizar la calidad de la noticia. El dominio que tenía sobre la interpretación le otorgaba, pues, una influencia cada vez más destacable en el proceso informativo, hecho que al propio tiempo conllevó una menor atribución de fuentes. Ya no era preciso asignar cada dato, cada afirmación, cada juicio a una fuente, puesto que al periodista se le suponía una responsabilidad suficiente, experiencia y credibilidad para avalar con su firma el reportaje en su conjunto. Una vez más, a la mayor libertad para informar se correspondía una mayor responsabilidad. Esto dio pie al sociólogo W. Lippmann a hablar de esta época como «la de los profesionales» en contraposición a las anteriores a las que llamó sucesivamente «la de la prensa dependiente de los gobiernos», «la de la prensa dependiente de los partidos políticos» y «la del número de lectores que se pueden presentar a la publicidad».

En la medida en que el periodista es el elemento esencial en la elaboración de la información, debe preservar el anonimato de sus fuentes. De otro modo, como dice Myron Farber, redactor del *The New York Times*, «si entregara mis datos profesionales, minaría mi integridad personal, y, lo que es más importante, daría la impresión de que mi periódico ya no está abierto a todos aquellos hombres y mujeres que quieran hablar libremente y sin miedo». Ya no es la fuente la que garantiza directamente la calidad de la información ofrecida, sino el periodista firmante como responsable de la elección de las fuentes utilizadas.

En el contexto cultural anglosajón durante el período de entreguerras la responsabilidad del periodista condujo al debate sobre la objetividad de la información. Tradicionalmente se sitúa su epicentro en la célebre frase atribuida al director del *Manchester Guardian*, C. P. Scott, quien en 1921 afirmó que *The comment is free, the facts are sacred* («El comentario es libre, los hechos son sagrados»). La objetividad del periodismo meramente informativo se trasladó a las nuevas obligaciones del periodista, como por ejemplo la selección y valoración de las fuentes y la contextualización de los hechos. Por esto, Concha Fagoaga recuerda que el debate sobre la objetividad se extendió «cuando la figura del reportero se ha consolidado y demuestra estar capacitado para saber qué fuentes son seguras, por el conocimiento de éstas del contexto de los hechos, qué fuentes en las que poder contrastar los asertos de aquéllas y en caso de no encontrarlas, asertar los hechos que el periodista ha razonado y juzgue convenientes para contextualizar los hechos que presenta al usuario de la información periodística».

2. Clases de periodismo interpretativo

En su evolución el periodismo interpretativo no se detuvo en una sola formulación, sino que dio paso a distintos tipos sobre todo en la segunda mitad del siglo xx. Todos ellos comparten este deseo de profundización, de ampliación, de contextualización, de explicación y de valoración, sólo que aplicado a circunstancias y campos distintos. Tal como recoge Pedro Paniagua, se suelen establecer cinco grandes categorías: el periodismo especializado, el de investigación, el de precisión, el de servicio y el local.

2.1. EL PERIODISMO ESPECIALIZADO

Aunque el periodismo especializado es considerado como la fase superior del interpretativo, de hecho ambos surgieron simultáneamente. Responde al reto presentado por la progresiva fragmentación del conocimiento desde finales del siglo XVIII y por la industrialización. La prensa norteamericana reflejó pronto esta presión creciente y a finales del siglo XIX el magnate de prensa R. Hearst empezó a especializar los distintos medios de su grupo empresarial y contrató a deportistas famosos para que comentaran las noticias de este ramo en el *New York Journal*. Se trataba más bien de una política empresarial, que fue dando paso a otras especializaciones, como cultura, economía o sociedad. Parte del material informativo que no tenía cabida en los diarios generalistas aparecía en estas publicaciones especializadas. Es decir, que se multiplicaban las ventas sin necesidad de hacer inversiones en nuevas fuentes.

A lo largo del siglo XX este fenómeno se extendió con rapidez a remolque de la vertiginosa progresión de la especialización científica. Por un lado, el periodismo interpretativo tenía que recoger el hecho especializado en sí, y por el otro debía adoptar los mecanismos precisos para que no se perdiera el verdadero sentido de la noticia. Los profesionales y las audiencias fueron adquiriendo unos conocimientos propios de cada materia y al mismo tiempo unas formas de expresarlos y de entenderlos, así como unas fuentes específicas. No sólo fueron apareciendo incontables medios especializados, sino que los generalistas (tanto escritos como audiovisuales y digitales) especializaron también sus secciones y naturalmente sus redactores. En la actualidad el proceso de especialización se está acelerando, lo cual exige perfeccionar aún más los métodos periodísticos para poder dar la visión global de la noticia y no quedarse en el detalle, la anécdota, el fragmento o la superficie. En nuestros días hay especialistas en casi todo, adaptados a los campos del conocimiento ya establecidos o a los nuevos que van apareciendo sin cesar. Su misión es la de servir de puente entre cada especialidad y las audiencias, así como entre las distintas especializaciones entre sí, siendo habitual que en una misma información se toquen distintos campos al mismo tiempo (política, economía, tribunales, etcétera).

A su vez, las audiencias ven satisfecha una demanda también especializada sea por motivos profesionales, por afición, por entretenimiento, etcétera. Es lógico observar entonces una mayor implicación entre el medio y la audiencia, a la que se supone un mayor grado de interés que en los medios generalistas. El debate se plantea muchas veces en el grado de especialización exigible. Un exceso de ella puede alejar lectores insuficientemente interesados o preparados, mientras que si es por defecto puede producir un resultado idéntico. La búsqueda de un buen equilibrio es uno de los retos principales de esta clase de periodismo interpretativo. Una superespecialización, por ejemplo, conduciría fácilmente a un desenfoque del asunto tratado en términos periodísticos, ya que se perdería la contextualización y las referencias imprescindibles por lo menos para las audiencias no profesionales.

En este caso, el periodista debe conocer tanto la materia sobre la que trabaja, como las técnicas periodísticas para exponerla. Ambas son igualmente necesarias para lograr un resultado satisfactorio. Es decir, que el redactor debe controlar todo el proceso informativo, desde la selección de la noticia, hasta sus contenidos y sus formas expresivas. Se limita así drásticamente el papel de los colaboradores externos y se potencia el de los periodistas, convertidos no sólo en técnicos de la información, sino en expertos (en el grado que sea) del tema abordado. Todo ello sin menoscabo de que el dominio de los recursos informativos, básicamente gracias a un uso adecuado de las fuentes, y tecnológicos tiene que permitir al profesional abordar una información en la que no es especialista. Precisamente para no perder esta capacidad de dominar distintas especialidades, que por otra parte se cruzan con frecuencia, es una práctica común en las redacciones hacer rotar a los redactores por secciones distintas, con alguna excepción como puede ser Deportes. Al fin y al cabo, el periodismo interpretativo exige continuas incursiones en campos conexos a la noticia tratada. De otra manera, sostiene G. Tuchman, se producirían *brechas en la red informativa*. Este mismo equilibrio debe pedirse a las redacciones enteras, aceptando la interactuación entre periodistas especializados y generalistas.

2.2. El periodismo de investigación

Tradicionalmente se ha considerado el escándalo «Watergate» como el paradigma del periodismo de investigación. En los años 1970 dos periodistas del diario *Washington Post*, B. Woodward y L. Bernstein, descubrieron un caso de corrupción política vinculada al presidente de los Estados Unidos, Richard Nixon, quien finalmente tuvo que dimitir. La serie de reportajes sobre este asunto fue el resultado de un laborioso proceso de investigación periodística, que duró varios años. Al demostrarse la veracidad de las informaciones el asunto no sólo tuvo amplias repercusiones políticas, sino también en el campo del periodismo. Fue un ejemplo a seguir al situar el periodismo de interpretación en sus cotas más elevadas. Los dos redactores y el director del periódico, Ben Bradlee, rebajaron los ecos de la brillante labor realizada, argumentando que simplemente habían desarrollado su trabajo con la máxima profesionalidad y que lo hubieran hecho con cualquier otro tema, aunque no hubiera tenido las consecuencias del «Watergate».

Modestia aparte, los protagonistas de aquella exclusiva estaban señalando de hecho que no habían aplicado un método propio, ni singular. En realidad, el que siguieron ambos periodistas estaba inventado desde hacía algunos años y se limitaron a llevarlo a la práctica con rigor. Este rigor, que en muchas ocasiones les llevó a bordear las técnicas detectivescas, fue el que abrió una nueva vía al periodismo no etiquetada hasta entonces.

Lo que caracteriza al periodismo de investigación es, en efecto, su extrema dureza, su laboriosidad y su escrúpulo en la selección de las fuentes y de los datos y en su análisis. Se trata de una cuestión de medida, de investigar el tiempo que haga falta y a conciencia. Sus detractores arguyen que esto mismo es exigible a cualquier forma de hacer periodismo, pero es indiscutible que algunos casos requieren una dedicación especial y unos medios más amplios para poder llegar a buen puerto.

Para que el periodismo de investigación se active debe referirse a temas complicados y escabrosos, en los que suele haber una parte interesada en su publicación y otra que hace todo lo posible por ocultar la información. En este juego de fuentes contrapuestas el periodista debe utilizarlas con sumo cuidado, atendiendo tanto su credibilidad como sus intereses en el caso. No bastan las reglamentarias, sino que hay que buscar otras propias por conductos habitualmente más difíciles y tortuosos. En el «Watergate» una de estas fuentes, la famosa «Deep Throat» o «Garganta Profunda», no ha sido desvelada todavía, aunque se supone que era un alto cargo del Partido Republicano, enemigo del presidente Nixon.

Las intoxicaciones, las filtraciones, las réplicas y los globos-sonda menudean en este periodismo, incluso desde fuentes oficiales, convirtiéndolo en un terreno minado para sus practicantes. No hay nada completamente seguro y todo debe ser verificado bajo la sospecha de ocultación de datos esenciales o de distorsión.

La experiencia y el conocimiento del campo investigado son otros dos elementos básicos. Esta especialidad del periodismo interpretativo también depende mucho del prestigio del redactor y del medio, que hace creíbles las informaciones dadas. La responsabilidad de lo publicado recae, por lo tanto, enteramente en el periodista firmante o en el equipo, quien como es obvio asume grandes riesgos que le pueden llevar a la gloria profesional, como a Woodward y Bernstein, o al fracaso más absoluto. Este hecho conduce muchas veces al reportero a convertirse en el centro de la narración. Como dice González Requena, «el informador se hace presente ya no sólo como el narrador que reordena, analiza e interpreta los hechos para volverlos inteligibles: se presenta también como un sujeto narrativo que indaga, que protagoniza la aventura de la búsqueda de la información».

2.3. INVESTIGACIÓN CONTRA CORRUPCIÓN

Aunque no siempre, uno de los terrenos en los que más ha actuado el periodismo de investigación es en el de la corrupción. Esto ha reforzado su papel como vigilante del funcionamiento democrático de la sociedad, es decir, como *watchdog*, frente a los abusos de cualquier tipo. Se trata, pues, de un periodismo propio de sociedades con libertad de información, que admiten e incluso fomentan las investigaciones sobre toda clase de corrupción social, económica o política inherente a los centros de poder. Esto mismo le ayudó a nacer. En ocasiones el periodismo de investigación no se limita a reportajes en los medios de comunicación, sino que se puede extender en cuanto a la forma (libros enteros) y en cuanto al tiempo (años enteros). Un buen prototipo de ello es el libro *Cabeza de turco* del alemán Günter Wallraf. A lo largo de dos años renunció a su identidad y utilizando peluca, bigote, lentillas, un acento apropiado y otros aditamentos, se transformó en el turco Alí, un inmigrante destinado a realizar los trabajos más peligrosos, insalubres y duros con el fin de sobrevivir en Alemania. Así consiguió poner al descubierto las prácticas xenófobas de grandes empresas como McDonald o Thyssen.

El periodismo de investigación se ha centrado sobre todo en la prensa escrita, debido principalmente a que en televisión es mucho más caro y difícil porque se necesitan imágenes, mientras que la radio rehúye en principio los asuntos que no supongan inmediatez. Por esta razón, los periódicos han cosechado los mayores éxitos en este campo, en España por ejemplo, denunciando grandes casos de corrupción durante la década de los años noventa del siglo pasado y primeros del XXI: Juan Guerra, Filesa, Gal, Gescartera, etc. No es raro que los medios recurran a veces a prácticas criticables, como cámaras ocultas, micrófonos, sobornos..., que los tribunales no suelen aceptar como pruebas y hasta las han condenado por considerarlas intromisión ilegítima o inducción al delito. Algunos medios han rehusado publicar reportajes obtenidos con estos sistemas irregulares.

Sea como sea, en los últimos quince años también en los medios audiovisuales se han podido seguir excelentes reportajes sobre casos de corrupción, abusos de poder, tráfico de influencia, de drogas, de niños, de órganos, así como malversación de fondos, financiación ilícita, terrorismo, etcétera. Son célebres los informes emitidos por TVE-1 sobre la etarra arrepentida «Yoyes» o sobre el suceso policial «El caso 112». A tenor de la progresiva banalización de sus programaciones, la televisión ha utilizado estas técnicas para cuestiones con mucha menor trascendencia informativa y mucha carga amarillista, relacionadas con los temas del corazón: concurso miss España, ocultismo, etcétera.

2.4. Otras modalidades del periodismo interpretativo

En su lógica evolución el periodismo interpretativo ha ido originando otras modalidades, de acuerdo con la de los medios y las circunstancias. Así, ha surgido el periodismo de precisión, que se caracteriza por el uso de métodos científicos en sus pruebas, experimentos, deducciones, etcétera. O los de servicio y local, que se adaptan a las demandas informativas de unas audiencias concretas frente a una información más global. El problema es que la lista se puede alargar y complicar hasta extremos rocambolescos. Por esta razón, José Luis Martínez Albertos reduce a tres los derivados del *depth reporting*: el periodismo interpretativo, el de investigación y el de precisión. En cambio, Bertrand admite siete tipos de periodismo surgidos del periodismo en profundidad:

- periodismo contracultural;
- periodismo activista, dentro del cual se engloban el de participación y el de apología;
- periodismo de oposición;
- periodismo de interpretación, que se suele identificar con el de profundidad, es decir, con las siete categorías descritas, puesto que todas ellas tienen interpretación en mayor o menor grado;
- periodismo de investigación;
- periodismo de precisión;
- narrativa de no ficción, que Tom Wolfe denominó «nuevo periodismo», expresión que ha sido rechazada como insuficiente, ya que puede englobar todas las modalidades citadas.

El ejercicio de cualquiera de estos tipos de periodismo en profundidad debe estar sujeto a limitaciones profesionales y éticas, muchas de ellas fijadas por los distintos y sucesivos códigos deontológicos. Si bien las preocupaciones por la responsabilidad social de los periodistas son algo anteriores, en 1947 la Comisión Hutchins definió cinco principios básicos para la función de los medios de comunicación ante la sociedad:

1) los relatos deben ser exactos y verdaderos;
2) los medios de comunicación deben ser un auténtico foro de intercambio de comentarios y críticas;
3) los medios deben proyectar un cuadro representativo de los grupos integrantes de la sociedad;
4) los medios deben responsabilizarse de presentar y clarificar los objetivos y valores de la sociedad en la que actúan; y
5) los medios deben brindar un acceso completo a las noticias de actualidad.

3. El delicado debate de la objetividad

Tal como hemos indicado antes, desde el momento en que el periodismo informativo y el interpretativo se separaron apareció el debate sobre su objetividad. Se trata de una discusión recurrente y nunca resuelta del todo, debido entre otras cosas a las propias complicaciones del periodismo. Quizá para no perderse en ciertos recovecos dialécticos, José M.ª Desantes Guarner propone una lista de prácticas contrarias a la objetividad, prácticas condenables porque introducen elementos subjetivos en la obtención de datos o en la comunicación de los hechos. Son el engaño, la simulación, la deformación, la manipulación, la retorsión, el sensacionalismo, la fabulación, el disimulo, el secretismo, el silencio y la reserva. Claro que es muy frecuente que se considere «objetiva» aquella información que concuerda con los puntos de vista del lector, oyente o televidente, y por el contrario que sea tachada de «subjetiva» aquella con la que se está en desacuerdo.

El análisis de la objetividad en el periodismo interpretativo ha girado desde su nacimiento entre una visión que la identifica como la fidelidad absoluta al hecho y otra más relativa que tiende a incluir elementos más o menos subjetivos en todo proceso comunicativo. En el primer caso se puede cuestionar qué es la fidelidad absoluta. ¿Una descripción exacta y literal de lo que se muestra? ¿No hay nada más debajo de las apariencias externas? Por supuesto, que mientras no se demuestre lo contrario todas las formas de periodismo buscan la fidelidad al hecho, pero la mayor parte de autores, como Lorenzo Gomis, defienden que en toda noticia hay una parte de interpretación, es decir, de visión personal. Siempre hay algo de subjetividad en la observación de la realidad y después en su transmisión. También existe en el receptor de la noticia. Es decir, a lo largo de todo el recorrido comunicativo ciertas dosis de subjetividad parecen inevitables, incluso en las fases y en los géneros más puramente informativos. Parece más honrado e incluso más práctico asumirlo y regularlo, tanto desde los códigos deontológicos como desde las ciencias y las técnicas de la comunicación.

Tampoco es admisible una relatividad absoluta, que se imponga en cualquier relato aduciendo precisamente que la objetividad no es posible. Esto legitimaría cualquier artículo, incluyendo los falsos, con el argumento de que se trata de la particular visión de su autor. Es preciso encontrar soportes de entendimiento comunes, unos puntos de contacto mínimos, entre las diversas subjetividades que se reúnen alrededor del mensaje periodístico. De otro modo, la comunicación se hace imposible.

3.1. LA FRONTERA ÉTICA

En consecuencia, podemos concluir que la objetividad en términos absolutos no es viable y que debe ser atemperada por una interpretación medida y ajustada. Sin embargo, el resultado tiene que ofrecer una clara impresión de veracidad, de equilibrio, de imparcialidad y de razonamiento que satisfaga lo más plenamente posible las necesidades informativas de la audiencia. La objetividad se traslada entonces a un esfuerzo, a una actitud, a una voluntad para alcanzar esta meta ideal, mucho más relacionados con la ética que con la percepción. Así lo contempla Martínez Albertos, «[...] La objetividad es un problema de honestidad intelectual, de sinceridad del informador consigo mismo que se refleja en una preocupación constante por alcanzar esta meta —la objetividad periodística— entendida como un "valor límite", es decir, un punto al que nos acercamos cada vez más, pero sabiendo que es imposible llegar a él...» (J. L. Martínez Albertos, 1991). También Mariano Cebrián ve la objetividad como una cuestión de conciencia: «Ante la objetividad psicológica, filosófica y técnica imposible, surge la veracidad y fidelidad ética y deontológica. Se trata de la adecuación e intervención de la subjetividad honesta o de la honestidad profesional...»

Para algunos la ética no puede ser la única referencia de la objetividad. Ésta no puede quedar reducida a una cuestión de voluntad o a una actitud del periodista y del medio. Para evitar caer en moralismos estériles es preciso que haya una regulación desde el derecho y la jurisprudencia, la sociología o la filosofía, y, por supuesto, desde la teoría general de la información.

A partir de esta teoría, Westestahl entiende la objetividad como factualidad e imparcialidad. La primera aporta la veracidad del hecho informativo y su relevancia. Aunque este segundo factor no exige por sí mismo la fidelidad al hecho, es recomendable dejar constancia de la existencia de unos criterios objetivables desde la misma selección de la noticia. La audiencia tiene que poder entender y compartir las razones por las cuales se ha elegido una noticia y se la ha trasladado a un medio de comunicación. La imparcialidad comporta no tomar partido dentro del hecho informativo, no interponer la intención del redactor, sino mantener un distanciamiento personal. Asimismo, la presentación debe ser neutral, acorde con el sentido del relato periodístico.

Otro teórico, Denis McQuail, desglosa la verdad en factualidad, exactitud y exhaustividad. Esta última significa que el texto debe ofrecer «todo» lo que resulta importante para la información, todo lo relevante. En cuanto a la presentación, MacQuail la describe como el resultado de evitar los criterios no informativos y las tentaciones sensacionalistas.

También la filosofía se ha ocupado abundantemente de este asunto, es decir, la aplicación de la objetividad a la interpretación. Ya los clásicos griegos teorizaron sobre ello. Aristóteles, por ejemplo, sostuvo que la verdad sólo puede ser descubierta en un segundo estado del proceso mental. Desde el momento en que se haga un paralelismo entre el proceso periodístico que va de la información a la interpretación y el cognitivo que va del conocimiento al juicio, se comprueba que en los dos casos la objetividad aparece, en efecto, en un segundo estado. Es cierto que Aristóteles se refería a la verdad y no a la objetividad en el sentido moderno que le damos ahora. Ahora bien, si se entiende la verdad como la adecuación de los relatos a la realidad de los hechos, es evidente que las formulaciones aristotélicas también sirven para el análisis de la objetividad.

Siguiendo una concepción más pragmática, típica de los estudiosos estadounidenses, Martínez Albertos prefiere centrarse más en la idea de rigor que en la de verdad. El debate sobre la objetividad y la verdad sobrepasa, según él, los humildes saberes del periodismo frente a los grandes discursos de la filosofía y la ciencia. Por ello, prefiere recurrir al rigor y a la corrección (*accuracy*, según la terminología inglesa), que se corresponden con la honradez intelectual, mientras que la objetividad lo hace con la no intencionalidad.

Para que exista el debido rigor, deben darse seis condiciones:

1) la verificación de los hechos frente al informe de la «realidad»;
2) el análisis de la fuente, o sea, el estudio de la percepción subjetiva de la corrección;
3) la contrastación y el careo entre los testigos de primera mano;
4) la evaluación de la audiencia respecto a las cuestiones relacionadas con el rigor;
5) las investigaciones sobre el crédito en general de los medios; y
6) el rigor interno, o dicho de otro modo la coherencia entre los diferentes elementos de un relato periodístico. Por poner un caso, entre los titulares y el cuerpo de una noticia.

4. La convivencia entre la información y la interpretación

Lo habitual es que la noticia aparezca en sus formas más estrictamente informativas y que a medida que gana peso vaya evolucionando hacia la interpretación. Puede nacer incluso como un simple *flash*, un titular sin apenas matices, una manifestación básica y primaria del acontecimiento. El primer texto suele conservar todavía el carácter informativo, de resumen de datos esenciales, pero a partir de este momento es lógico que vaya añadiendo otros aspectos de signo más interpretativo, es decir, antecedentes, conclusiones, análisis, comentarios, etc. También la estructura del texto se va complicando y cambia el estilo al usar expresiones más matizadas y valorativas (por ejemplo, adjetivos, adverbios, frases hechas, etc.). Luego, se relaciona con otros artículos, como un editorial, un despiece, un reportaje explicativo o una noticia anterior. Se trata de una evolución propia del periodismo moderno, desde la aparición de las agencias informativas.

Cada información sigue un curso propio y no una línea recta y continua de acuerdo con unas normas preestablecidas. Se puede producir un texto de opinión antes que uno interpretativo porque la explicación se haya dado antes de una forma no expresa. O puede suceder que una misma interpretación abarque varios hechos procedentes de fuentes distintas. A veces se presentan ramificaciones que convergen, se funden y, si conviene, se vuelven a separar, sin olvidar aquellos casos en que hay tramos noticiosos en los que la interpretación permanece implícita o referida a otros textos. Y puestos a observar situaciones, no hay que excluir que un hecho informativo no derive hacia uno interpretativo, lo cual no invalida el proceso descrito sino que únicamente da a entender que la vida, la actualidad del hecho ha terminado ahí. Haciendo un símil, es como un tren que finalice su trayecto en la segunda parada, pero la vía continúa hacia otros destinos posibles, se haga uso o no de ella. En cualquier caso, es evidente que a mayor importancia del suceso desencadenante de la noticia, tendrá mayor vigencia en el tiempo y se acogerá a un mayor número de formas entre ellas las interpretativas. Por así decirlo, el tiempo actúa a favor de la interpretación.

4.1. LA BÚSQUEDA DE UN SISTEMA ARMÓNICO

Combinando imagen y sonido, los medios audiovisuales han seguido un camino parecido, a pesar de que han fortalecido el peso informativo atraídos por sus posibilidades de inmediatez. La armonía entre todos los elementos debe ser total, ya que una falta de sincronía, por ejemplo entre la voz y la imagen, arruina el sentido de la noticia. Éste es el mejor soporte para dar velocidad de transmisión a la noticia y propiciar su inmediatez, sin renunciar a las posteriores explicaciones interpretativas que se consideren pertinentes. Para ello, estos medios han creado sus propios géneros y programas interpretativos que sirven para ampliar y comentar las noticias a las que en un primer momento sólo suelen dedicar breves minutos e incluso segundos. «Informe semanal» en TVE, creado en 1973 a semejanza del célebre «60 minutes» de la CBS norteamericana estrenada en 1968, ha sido un prototipo de esta línea en la televisión, y las famosas «tertulias» lo son en la radio. De este modo, el periodismo interpretativo dio paso a una cadena informativa, que permitía que un mismo hecho ofrecido al principio en muy poco espacio apareciera mejor explicado en los diarios del día siguiente o en las tertulias posteriores, y mejor aún en los semanarios o en los programas semanales. Es decir, que se alargaba su actualidad.

Por supuesto que no siempre se cumplen estas leyes generales. Por ejemplo, en las transmisiones en directo. En ellas es raro que se produzca la separación entre información, interpretación y opinión, o que se utilicen géneros distintos. El mismo relato va adoptando modalidades diferentes de acuerdo con la evolución del acontecimiento y el criterio de los periodistas. Se trata de una «condensación» del proceso, en principio más reposado y por lo tanto más reflexivo y explicativo en los medios escritos. Sin embargo, con el fin de no confundir a la audiencia, también en estas ocasiones se procura guardar un orden, incluso en los programas más desestructurados, como los informales, los humorísticos o los dialogados.

Los medios digitales se han sumado a esta evolución ni que decir tiene que con sus propias características. Al combinar los recursos escritos con los gráficos y con las posibilidades de inmediatez de los medios audiovisuales se alcanza a tener presentes todas las etapas del proceso a la vez, o como mucho en una secuencia muy rápida. La prensa, siempre retrasada en la batalla de la inmediatez a pesar de las sucesivas ediciones, compite más cómodamente desde los formatos digitales sin abandonar su función interpretativa. Las nuevas tecnologías han revitalizado, pues, la dimensión interpretativa de los medios y la plantean como un reto diario, constante, en todos los medios y bajo modalidades distintas y también nuevas.

5. La plasmación del relato interpretativo

La plasmación de estos principios periodísticos requiere unos mecanismos concretos, unas modalidades. En efecto, a medida que el texto va añadiendo partes interpretativas, va dando forma a un género nuevo, el interpretativo, con unos rasgos distintos a los destinados a comunicar noticias simples. La relación con el hecho básico se hace más distante, su estructura se vuelve más compleja, el estilo más libre e incluso personal. La misión del redactor ya no es sólo la de exponer el hecho, los datos básicos (eso sí, puestos en un orden coherente), sino la de analizar. La presentación también es más rica, más elaborada con el apoyo decisivo de la tipografía, de la infografía y de la fotografía. Todo ello compone un grupo específico de géneros, el del reportaje interpretativo.

Prácticamente en ningún caso hay límites claros para codificar los géneros interpretativos. Esto se debe a que la transformación de noticia a reportaje es progresiva e irregular. Se pueden dar numerosas combinaciones, y, llevando las cosas al extremo hay quien afirma que cada reportaje interpretativo tiene sus propias características por la carga más o menos subjetiva que conlleva. Sin embargo, es peligroso sostener este último punto de vista, porque introduce el caos en las relaciones entre el redactor y la audiencia, acostumbrada a un modo de acercarse a la noticia. Hay una especie de pacto explícito, por lo que conviene someterse a determinadas regulaciones que estructuren este entendimiento previo.

Con todo, hay que insistir en que se pueden encontrar muchos reportajes con elementos tanto informativos como interpretativos, que si bien no son relatos completos, tampoco se ciñen a la referencia escueta y estrictamente informativa del hecho. Pueden ser clasificados tanto como noticias «largas» o detalladas, como reportajes «breves» o escasamente interpretativos; como noticias con una dimensión interpretativa o como reportaje con perspectiva informativa. A estos últimos algunos analistas los califican como «reportaje objetivo» (es el caso de J. L. Martínez Albertos) o «relato informativo» y otros que hablan de «reportaje informativo» (Álex Grijelmo). Si nos referimos a autores anglosajones, como Carl N. Warren, hay que tener en cuenta que su expresión fundamental *story* puede ser entendida como información y como reportaje.

Las distintas denominaciones reflejan la variedad de enfoques y de análisis, pero en realidad coinciden en destacar los elementos identificativos señalados. Siguiendo la famosa (y aún vigente) definición de G. Martín Vivaldi, Martínez Albertos afirma que el reportaje objetivo es «el relato periodístico informativo, libre en cuanto al tema, objetivo en cuanto al modo y redactado preferentemente en estilo directo». Es decir, que mantiene el carácter informativo y objetivo y el estilo directo de la noticia, y sólo se separa de ésta por la libertad del tema, por su relación con la noticia. Aquí el peso de la actualidad no es tan grande como sucede con la información pura.

5.1. El resultado de una evolución

En el otro extremo puede suceder que se extinga la relación entre el texto y la actualidad. Álex Grijelmo recomienda con razón que se busque alguna base, algún pretexto conectado con la actualidad. Sería como la plataforma de lanzamiento del reportaje. Según él, «el reportaje es un texto informativo que incluye elementos noticiosos, declaraciones de diversos personajes, ambiente, color, y que fundamentalmente tiene carácter descriptivo. Se presta mucho más al estilo literario que la noticia... Normalmente el reportaje parte de una recreación de algo que fue noticia y que en su momento no pudimos o no quisimos abarcar por completo. Pero también pueden darse reportajes intemporales sobre hechos o costumbres que, sin ser noticia, forman parte de la vida cotidiana, la política, la economía, los espectáculos... Sin embargo, siempre será mejor que contemos con una "percha", es decir, un acontecimiento que dé pie al reportaje...» (Grijelmo, 1997).

En esta descripción se observa que el texto ya se halla en una fase más avanzada, que su separación de la noticia es superior. Los aspectos informativos, los elementos noticiosos y las declaraciones son rasgos todavía implicados en la noticia, pero no el ambiente, el color, el carácter descriptivo o el estilo más literario, todos ellos signos típicos de este género. La afirmación de que el reportaje «parte de una recreación de algo que fue noticia» subraya la idea de que toda transformación entre géneros es el resultado de una evolución, que cualquier hecho narrativo se presenta primero como noticia y luego se convierte en otros géneros, por lo menos en teoría. Que cristalice en otros géneros depende mucho de la actualidad, de su permanencia en los medios de comunicación.

A guisa de ejemplo, el diario *El Mundo* ofrecía el 16 de enero de 2002 la frase siguiente referida a la situación económica argentina: «Enardecidos manifestantes destruyeron varias sedes bancarias, a las que acusan de secuestrar sus ahorros, y de compañías de agua y electricidad.» Se trata de un texto informativo, incluyendo el adjetivo *enardecidos* que se puede considerar como una descripción objetiva, plausible dentro de la situación, sin necesidad de una interpretación por parte del redactor. Ahora bien, antes de esta frase se afirmaba que «Los bancos y las empresas de servicios públicos empiezan a enterarse en carne propia de la ira de los argentinos.» El contenido sigue siendo objetivo, informativo, pero se aprecia una personalización («empiezan a enterarse») y un estilo metafórico («en carne propia»), que suponen una primera incursión en el estilo indirecto, o sea literario. En este ejemplo el uso de una expresión coloquial no estandarizada significa una profundización, un segundo mensaje informativo subyacente, más que un recurso literario.

También los titulares experimentan una evolución parecida. A raíz del mundial de fútbol de 2002 en Corea del Sur y Japón, se pudieron leer algunos puramente informativos del tipo «Senegal derrota a Francia por uno a cero» al lado de otros más valorativos como el del *El País* de 1 de junio, que decía «Senegal da la primera sorpresa». En esta afirmación ya se atisba una primera interpretación, que lógicamente será desarrollada en el cuerpo del texto. No se relata sólo lo ocurrido, sino que se da un significado al hecho, la sorpresa. No es desde luego un reportaje, pero tampoco una mera información. Es un relato que empieza a incorporar aspectos interpretativos.

No siempre hay que empezar el reportaje con un aspecto esencial, sino que puede recurrirse a detalles más secundarios o incluso anecdóticos para usar la «percha» de la que hablaba Álex Grijelmo. Véase, por ejemplo, este arranque «"Alemania ya no es lo que era", sentencia con ironía un viajero extranjero en el andén número 2 de la estación de Gütersloh, en Renania-Westfalia, el Estado federado más rico de la nación alemana, más de una década después de la reunificación. Son las 15:18 y el tren a Berlín llega con ocho minutos de retraso» (*El País*, 24 de marzo 2002).

En su afán por agotar el tema el periodismo interpretativo trata de ofrecer las conexiones con el pasado o antecedentes y con el futuro o consecuencias. A esto se le añaden elementos de análisis fruto de la reflexión directa sobre el hecho, pero en este caso puede aparecer fuera del cuerpo principal, lo cual cambia su estructura. Esta práctica cada vez más frecuente origina no pocas veces una confusión con la columna de opinión.

5.2. LOS CUATRO ELEMENTOS DEL PERIODISMO INTERPRETATIVO

De acuerdo con la visión de Martínez Albertos, «el relato interpretativo completo resulta ser la suma final de cuatro ingredientes diferentes: "acontecimiento principal", "antecedentes", "circunstancias actuales, reacciones e interpretaciones" que los expertos hacen del asunto noticioso, y "análisis valorativo" o previsión de las expectativas, al modo de una conclusión o valoración objetiva del acontecimiento. Ocurre, sin embargo, que en la práctica habitual del periodismo interpretativo se está generalizando la moda de presentar textos de análisis desgajados de los tres ingredientes previos que debieran figurar en un reportaje interpretativo completo. Estos textos analíticos —ofrecidos al modo de un precipitado químico final, cuyas reacciones preparatorias no se exponen a la consideración de los receptores de los mensajes— brindan muchos puntos de contacto con los textos de opinión llamados comentarios y suelen aparecer firmados por un columnista de prestigio profesional» (J. L. Martínez Albertos, 1991).

Estos cuatro elementos del relato interpretativo completo pueden ser contemplados uno a uno del siguiente modo:

1) Acontecimiento principal. Hecho o hechos que dan origen al reportaje. Son los elementos noticiosos o simplemente la noticia. Lo normal es que hayan aparecido antes juntos o separados a través de los géneros informativos, y su justificación y su contenido dependen no sólo de la valoración selectiva que se haga del hecho, sino también de su actualidad, de la proximidad cronológica al suceso. Muchas veces estas primeras fases llevan indicaciones de su próxima transformación en un reportaje interpretativo.

2) Antecedentes y contexto. Los antecedentes (o *background*) son los hechos anteriores y el contexto son los hechos actuales, que están relacionados con el objeto del reportaje. De una manera o de otra lo justifican, lo condicionan, lo explican o contienen alguna referencia temática. Los antecedentes pueden tener también motivaciones temporales, es decir, poner en relación hechos transcurridos en momentos distintos, o

espaciales, o sea, en lugares diferentes, aunque ambos elementos pueden darse simultáneamente sin problemas.

La presentación suele ser objetiva, no lleva valoraciones, ni interpretaciones. Los datos aportados pueden ser fruto de la investigación del redactor o de declaraciones de personas relacionadas con la noticia. Lo que se pretende es proveer a la audiencia de los componentes esenciales para la comprensión de la noticia. Frecuentemente se presentan los antecedentes en forma de despiece, constituyéndose en un apoyo externo. Son muy conocidos y apreciados los datos biográficos, las cronologías, los resúmenes, etcétera, que pasan a ser documentación pura sin apenas elaboración. Por esta razón, estos recursos periodísticos son utilizados también por los géneros informativos. Su flexibilidad, su adaptación, su capacidad para establecer vínculos directos entre hechos distintos o en fases distintas, les hacen ser muy apreciados en la actualidad y muy especialmente por los medios digitales. No es raro ver reportajes enteros basados en la documentación y con una simple referencia a la actualidad como excusa.

Conviene resaltar el papel fundamental de la documentación en el periodismo interpretativo, por más que con frecuencia no sea evidente para la audiencia. La interpretación y el análisis no pueden ser realizados correctamente sin estos elementos, incluso cuando no se encuentran explicitados en el cuerpo del reportaje. En él aparecen sólo los contenidos imprescindibles para comprender la noticia con fluidez, sin perjuicio de que el redactor disponga de otros que le facilitan la selección de la noticia y su exposición. En este caso, la especialización juega un papel muy importante, porque proporciona este suplemento en el conocimiento del tema, la calidad y la cantidad de *background*. Francisco Esteve afirma que la riqueza informativa basada en la especialización es lo que hace que el informador pueda «contextualizar adecuadamente el hecho y analizar sus causas y posibles efectos».

3) Reacciones e interpretaciones. Cualquier noticia puede desencadenar reacciones por parte de los protagonistas de la noticia, de personas relacionadas con ella o afectadas por ella, o de expertos. De ahí a la interpretación va un paso, que pueden dar los propios citados, aunque de hecho ésta debe hacerla sólo el redactor. Las reacciones son en puridad información acerca de una interpretación e incluso de una opinión de terceros. Por lo tanto, son datos que maneja el periodista para profundizar más. Las citas en este caso no requieren tanta inmediatez, ni una relación tan directa con el hecho como en los géneros informativos, que habitualmente recogen declaraciones de testigos o de autoridades implicadas.

4) Análisis valorativo. Es la parte que agrupa las consecuencias previsibles de la noticia, así como una visión de conjunto y los juicios de hecho del autor del reportaje. Es recomendable dejar los juicios de valor para las partes destinadas a la opinión, distinguiéndola bien. Para algunos puede haber también «razones probatorias objetivas» para el análisis, así como «razones probatorias de carácter persuasivo» para la opi-

nión. Concretamente para Concha Fagoaga «si la finalidad del tratamiento de la información es no sólo analizar los hechos, sino añadir una valoración, una estimación de ellos, se está produciendo formalmente un mensaje interpretativo. Si la finalidad del tratamiento de la información es apelar directamente al receptor para que se sienta solidario con los hechos observados o para que los rechace, el mensaje se convierte en una interpretación evaluada sobre juicios morales fundamentalmente. Es la forma de expresión propia del periodismo de opinión que se manifiesta en los comentarios editoriales o firmados». En los análisis la interpretación puede encontrarse más cerca de la opinión que de la información, sin caer en la primera aunque sólo sea por el estilo no editorializante.

5.3. LA VARIEDAD DE TÍTULOS, SUBTÍTULOS Y ENTRADILLAS

No hay normas fijas para redactar un reportaje interpretativo, y por esta razón podemos encontrar la interpretación desde el mismo titular y la entradilla. En el cuerpo del texto los distintos elementos se van alternando de acuerdo con una sucesión lógica y sobre todo coherente, que exponga la noticia con rigor y con claridad. En el caso del titular se puede introducir la interpretación (en definitiva, una actitud, un propósito o una función, pero no un estilo propiamente dicho) directamente o simplemente por medio de la redacción.

Los que titularon la citada victoria de la selección de fútbol de Senegal ante Francia como «Senegal da el petardazo ante Francia» no añadieron ningún dato a los que dijeron que «Senegal da la sorpresa ante Francia», pero acentuaron el elemento sorpresivo de la victoria a través de una expresión coloquial, graduaron la interpretación simplemente con la libertad de estilo. Esta licencia que da la interpretación resulta muy útil y por ello es muy recurrida. Es habitual combinar un titular libre, llamativo, con un subtítulo informativo. Por ejemplo, si se titula «El nuevo síndrome de Estocolmo» (*El País*, 1 de junio 2002), no se da apenas información a causa de una excesiva imprecisión, pero tampoco se trata una frase literaria. La interpretación se basa en exclusiva en un antecedente, el secuestro que dio lugar a la expresión *síndrome de Estocolmo*, que define la situación creada por el entendimiento y la convivencia entre secuestradores y secuestrados. Faltan los datos que sostengan esta remisión interpretativa, y la hallamos en el subtítulo «Los suecos, ante el dilema de profundizar en su modelo de bienestar o aceptar el reto de entrar en el euro.»

En el titular «Van Morrison y Philip Glass brillarán en Salamanca» (*El Mundo*, 7 de mayo 2002) la interpretación se encuentra en el uso del futuro, en el pronóstico basado en la fama y en el buen momento artístico de los dos. Al mismo tiempo se proporciona información: ambos van a actuar en la entonces capital cultural europea. El subtítulo «Garbage, St. Germain, Radiohead y Rodrigo Leao figuran también en el fastuoso cartel musical de la capital cultural» tiene un carácter más informativo, si bien el adjetivo «fastuoso» es claramente valorativo y puede entenderse como la excusa para publicar el reportaje.

Precisamente estos juegos variables hacen que el titular, el subtítulo y la entradilla sean utilizados indistintamente para informar, dar valoraciones o sencillamente llamar la atención y requerir el interés de la audiencia. Esto se puede lograr mediante la sorpresa, la emoción, un juego de palabras, etc. C. Warren habla de ocho tipos de entradilla: sumario, impacto, retrato, contraste, interrogante, ambiente, cita y extravagancia. Á. Grijelmo los agrupa en tres bloques, que también son aplicables a los géneros informativos: arranque humano, entradilla-sorpresa y entradilla-calendario. En cualquier caso, la libertad que rodea el periodismo interpretativo hace más difícil clasificar sus partes.

5.4. LAS VARIABLES EN EL CUERPO DEL TEXTO

Igual que sucede con los titulares, el cuerpo del texto admite numerosas combinaciones. Depende de la intención del periodista, del sentido que quiera dar al reportaje, del tipo de publicación o programa, de la audiencia a la que va dirigido, etc.

En una clasificación que se ha hecho clásica, C. Warren señala cuatro tipos cada uno con su propia estructura: el reportaje de acontecimiento (*fact story*), reportaje de acción (*action story*), reportaje de citas (*quote story*) y reportaje corto o de seguimiento (*follow story*). El primero ofrece una visión estática de los hechos, como si fuera un todo terminado. Es un género muy descriptivo, en el que los acontecimientos se presentan de una manera simultánea y no en su evolución a través del tiempo. En el segundo la visión de los hechos ya es dinámica, como si el periodista los explicara desde dentro, viviendo su desarrollo temporal. Si el anterior era propio de la descripción, este reportaje se adapta mejor al relato de sucesos y por esta razón predomina en la prensa escrita. El reportaje de citas alterna las palabras textuales de un personaje con descripciones y narraciones aportadas por el periodista. Es muy útil para informar sobre conferencias o ruedas de prensa. El reportaje corto o de seguimiento está concebido para dar continuidad a los hechos en etapas distintas, pero con un interés permanente. Tiene que enlazar coherentemente con los aspectos anteriores de la noticia (*tie-back*), así como con los actuales y los que se presumen (*tie-in*).

En cambio, Álex Grijelmo se inclina más por otros rasgos que no sean los simplemente estructurales para definir sus tres grupos. Así, para él el reportaje-informe se aproxima mucho al informativo; el de preguntas se asimila al que Warren llama de citas y se centra más bien en las respuestas del entrevistado o de las fuentes consultadas, sin olvidar la interpretación intercalada entre las referencias; en cuanto al de perfil, el interés se refiere a la visión personal o profesional del personaje y a la interpretación que hace el periodista.

Fagoaga también pone el acento en los ingredientes del reportaje, por encima de su composición que, según ella, queda condicionada por los primeros. De este modo, distingue tres tipos de relatos: el relato *back-ground*, el de profundidad y el valorativo, cada uno con sus elementos y sus valoraciones diferentes. El primero se dedica a los antecedentes con el fin de contextualizar los hechos y relacionarlos con la actualidad; el segundo también busca contextualizar, eso sí incorporando análisis por medio de antecedentes, valoraciones y datos explicativos. El valorativo recoge todo lo anterior y le suma una carga más grande de interpretación.

5.5. LA CRÓNICA, UN SUBGÉNERO MUY PERSONAL

Dentro de los reportajes interpretativos destaca la crónica como un subgénero híbrido, que sin seguir normas fijas combina la información, la interpretación e incluso la opinión. Las crónicas deportivas o las taurinas reflejan con frecuencia este uso libre de los tres niveles con juicios de valor muy subjetivos, con figuras literarias (la ironía o la retórica, por ejemplo) y un lenguaje muy especializado. No es raro ver una columna (género de opinión) presentada como crónica (género interpretativo) en la versión digital de un periódico.

Para algunos, como Martínez Albertos, se trata de la versión latina del periodismo interpretativo frente al anglosajón, mucho más preocupado por la separación de la opinión. Los periódicos latinos son más deudores de una larga tradición literaria, que, si se quiere, se remonta al primer cronista conocido, Julio César, con su *De bello gallico*. «La fuerte tradición retoricista deriva en los países latinos más hacia el convencer que hacia el narrar. Lo contrario sucede en los países anglosajones, donde se prefiere que los hechos hablen por sí solos, y por tanto han de emplearse técnicas que objetiven el relato», explica Javier Díaz Noci. Esta firmeza es lo que muchas veces da una impresión de seriedad y de distanciamiento a los reportajes de los medios norteamericanos y británicos. La crónica es fruto, en efecto, de un estilo narrativo muy personal del redactor, que transmite no sólo sus conocimientos técnicos y periodísticos, sino también sus habilidades literarias o expresivas. Por ello, los libros de estilo suelen recomendar que las crónicas sean firmadas con la idea de asociarla claramente a su autor.

Ahora bien, la crónica debe tener una base informativa muy clara; se necesita una noticia porque de otra manera no habría relato y en el mejor de los casos se caería en la pura opinión. Se puede argumentar incluso que los elementos narrativos deben pesar más que los valorativos, aunque éstos sean más flexibles. Es cierto que esto favorece una «manía» editorializante muy en boga desde los años 90, pero no hay que olvidar que la misión del cronista es dar hechos, describir y dar su impresión, más que hacer juicios o comentar a su libre arbitrio. Por esto, Lorenzo

Gomis dice que la crónica es equidistante de la noticia y del editorial, de la información y del comentario puros.

Las crónicas se identifican por su tema o contenido (sucesos, política, taurina, judicial, deportes, etc.) o por el sitio (corresponsales, viajes, enviados especiales, etc.). Lo normal es que los cronistas sean unos especialistas en el tema abordado, pero cuando se refiere a corresponsales entonces la especialidad es la zona que cubren. Deben informar sobre asuntos muy diversos con la base común de la perspectiva del lugar. A más especialización, más interpretación y, si cabe, más opinión. Esta necesidad de especializarse es lo que provoca la continuidad de los cronistas. A cambio de esta libertad y de esta viveza, el cronista se mete de lleno en el escenario de los hechos, y no pocas veces transmite desde allí mismo. El conocimiento del sitio es considerado fundamental y la descripción del ambiente forma parte de la narración, sin que ahogue el núcleo de la noticia. De otro modo, se puede recurrir a la crónica de ambiente, donde éste se convierte en el asunto informativo principal. Esta inmediatez desde el sitio donde ocurren los acontecimientos es lo que la hace especialmente útil para los medios audiovisuales, que la han potenciado mucho.

En ocasiones, como en la crónica taurina, el estilo tiene mucho peso, y en otras domina el lenguaje, como sucede en la deportiva. Por extensión, se confunde la crónica con la crítica, pero en sentido estricto hay que reservar esta segunda calificación para los juicios a obras expuestas al juicio del público, y por ello muy cercana a la opinión. Normalmente la libertad de estilo va asociada a una mayor carga de opinión, hasta llegar a ser muy personal. Lo mismo puede afirmarse de la estructura formal.

5.6. LA ENTREVISTA, LA REINA DEL PERIODISMO INTERPRETATIVO

Una entrevista (o interviú, en Hispanoamérica) puede ser en primer lugar un mecanismo de información, una actividad periodística, anterior a la redacción de una noticia. Sirve para aportar datos, interpretaciones u opiniones, que podrán ser unidos a otros y recogidos o no en el texto. En segundo lugar, la entrevista puede ser asimilada al reportaje de citas (o viceversa), en tanto que la conversación aparece fragmentada y repartida entre textos y citas entrecomilladas. En ambos casos, si bien la estructura y la presentación final no son las usuales dialogadas, tienen también una sola fuente y la misma finalidad.

Sin embargo, la entrevista propiamente dicha se ofrece en forma de preguntas y respuestas más o menos literales. Esto no impide que se presenten distintos formatos, como por ejemplo intercalar textos explicativos de tipo biográfico o referencias a otros personajes. De acuerdo con la abundancia o el sentido de estos añadidos, la entrevista se inclinará más por la información o por la interpretación, tal como ocurre con los reportajes. En realidad, lo normal es contextualizar una entrevista, aunque esto se puede hacer asimismo en el transcurso de la conversación o mediante otros recursos periodísticos. Sin menospreciar las entrevistas informativas, este subgénero ha encontrado sus mejores cotas en el examen de la personalidad del entrevistado y en la recreación de los ambientes, sin olvidar el tema de fondo tratado. «Yo no me siento, ni lograré sentirme jamás, un frío registrador de lo que escucho y veo. Sobre toda experiencia profesional dejo jirones del alma, participo con aquel a quien escucho y veo como si la cosa me afectase personalmente o hubiese de tomar posición y, en efecto, la tomo, siempre a base de una precisa selección moral», dice la periodista italiana Oriana Fallaci. Es curioso que estas frases recuerden las razones que se esgrimían en el período de entreguerras para promover el periodismo interpretativo frente al informativo.

Con todo, la gran ventaja de la entrevista no son sus elementos informativos e interpretativos, sino su inmediatez, la posibilidad que tiene la audiencia de leer, oír o ver la información directamente de la fuente. El periodista pone en contacto al entrevistado y a la audiencia de una forma prolongada y lo suficientemente completa. Es el propio entrevistado quien se constituye en protagonista, mientras que el redactor se sitúa en un segundo plano diluyendo el papel de intermediación. La inmediatez y la presencia directa hacen de la entrevista un subgénero muy atractivo para los medios audiovisuales y especialmente para la radio.

Cuenta, además, con una larga tradición en el periodismo, ya que se sitúa la primera en 1836 cuando James G. Bennett publicó en el *New York Herald* una entrevista a una joven neoyorquina, siguiendo la técnica de los tribunales de preguntas y respuestas. Su éxito catapultó el uso de la entrevista a todas las especialidades y secciones. Esto le ha permitido ir evolucionando, hasta llegar a las actuales entrevistas largas, de varias páginas, y profundas. Todo ello exige por parte del periodista un buen conocimiento del tema y del personaje, lo cual a su vez requiere una buena preparación y al mismo tiempo una flexibilidad para ir adaptando las preguntas al transcurrir de la conversación. El cuestionario adquiere entonces una importancia crucial. En el otro extremo aparecen las entrevistas informales, más bien charlas con el entrevistado al que aparentemente se le cede todo el protagonismo, mientras que el periodista saca las preguntas de las respuestas o se limita a hacer ligeros comentarios. Este tipo de entrevista ha rellenado durante muchos años y con un gran éxito por ejemplo la contraportada de *La Vanguardia*.

No es raro que la entrevista vaya precedida de una negociación entre el entrevistador y el entrevistado para preparar las respuestas, rehuir las preguntas incómodas o verificar el resultado final. Aunque la última palabra tiene que quedar en manos del periodista, estas prácticas restan espontaneidad y frescura a la entrevista, una de sus características básicas. La originalidad es otra faceta muy importante, ya que se pretende reflejar una persona y sus opiniones o conocimientos. En la prensa escrita muchas veces se plantea el problema del registro de la conversación. El uso de una grabadora tiene el posible inconveniente de cohibir al entrevistado, pero por otra parte permite guardar las palabras textuales para el caso de una reclamación posterior. Si hay que reproducir literalmente las respuestas dadas o no, ha sido objeto de fuertes debates. Para algunos basta respetar el espíritu de las declaraciones, aunque esto conlleva el riesgo de cambiar el estilo y la personalidad del entrevistado reflejados en su lenguaje.

Asimismo, hay que evitar polemizar con el entrevistado o dejarle en indefensión, es decir, criticarlo o contradecirlo sin su presencia. Los preparativos de la entrevista no deben ser explicados, a menos que comporten una información útil para la audiencia. En los medios audiovisuales es importante saber escuchar al invitado y al propio tiempo mantener un cierto distanciamiento para evitar la sensación de familiaridad o de complicidad y no aparecer implicado en el tema. Una excesiva confianza resta valor a las partes interpretativas de la entrevista.

6. El periodismo interpretativo en la Red

Se puede definir el periodismo electrónico como la combinación de tres formas de expresión: la escritura, la imagen y el sonido, con lo cual puede recoger de una manera ordenada las dimensiones interpretativas descritas anteriormente. No obstante, existe una corriente de pensamiento que sostiene que la escritura es el punto fuerte de la información digital, entre otras razones porque subsisten importantes dificultades técnicas en la parte relativa a la imagen. «En el periodismo digital, elementos visuales y sonoros se convierten en ruido que perturba la recepción o descarga de los mensajes periodísticos a través de la Red. Este fenómeno avala que el periodismo escrito esté vigente [...] no sólo como periodismo impreso de marca, sino también como periodismo digital que comparte un mismo sistema de signos y recupera el valor del texto. Para el editor electrónico José Antonio Millán el texto debe ser lo más importante. Considera que las animaciones molestan a la lectura y que los usuarios de los periódicos on-line consultan antes el texto que las fotografías, al contrario de lo que sucede en la prensa escrita convencional. Por lo tanto, las palabras se erigen en protagonistas del ámbito periodístico digital tras unas décadas a la sombra de las omnipresentes imágenes de los medios audiovisuales. La Red nos ha devuelto el valor de las palabras y su lenguaje como instrumento no sólo de comunicación, sino también de pensamiento», escribe a este respecto Rosa Pinto.

La prensa digital asume, pues, todas las posibilidades interpretativas de la escrita, a las que se suman las propias de los medios audiovisuales, desde gráficos hasta vídeos o sonidos (voces, música...). Una de sus mayores ventajas consiste en que es capaz de ser inmediata, de dar la noticia con mucha rapidez rozando el directo, y al mismo tiempo ser profunda y rigurosa en sus valoraciones interpretativas. No se necesita una información muy relevante para establecer en pocos minutos un intenso y complejo proceso comunicativo que va desde el simple *flash*, la última hora, muchas veces procedente de agencias o incluso de avances de los medios audiovisuales, hasta amplios reportajes con todo el apoyo documental necesario. Con todo, también aquí la noticia, traducida en actualidad, debe ser la base, la plataforma de lanzamiento de toda la información, aunque se la aligere de datos para ahorrar espacio y concentrar más la atención del lector. Muchos de estos datos son los que aparecen en textos o gráficos complementarios a los que se accede mediante los vínculos.

La interpretación digital está sujeta a seis principios que la condicionan:

a)   el concepto periódico pierde importancia, ya que la renovación de las noticias no se produce con una temporalidad fija;

b)   las noticias publicadas no tienen por qué desaparecer en las sucesivas actualizaciones informativas;

c)   el periódico electrónico se convierte en una hemeroteca sobre un tema aparecido en distintos períodos de tiempo;

d)   el periodista se convierte en un distribuidor de informaciones;

e)   la relación con los lectores cambia, ya que la distribución de la información pasa a ser horizontal, multidireccional, descentralizadora e interactiva.

6.1.   Los géneros digitales

La difuminación de géneros en los medios escritos y audiovisuales se intensifica en el caso de los digitales, ya que en Internet se da una mayor hibridación entre textos, motivada probablemente por la hipervinculación. La concurrencia de géneros en el periodismo tradicional (en un mismo artículo podemos encontrar partes informativas, interpretativas y de análisis) se intensifica en el digital y le proporciona unas dimensiones nuevas todavía difíciles de clasificar. Esta característica de comunicar textos por medio de vínculos informáticos facilita la superposición de géneros distintos alrededor de una misma información, ocasionando así otros nuevos. Para Concha Edo, éstos se agrupan alrededor del «reportaje hipertextual» y, si la tecnología lo permite, del «reportaje hipermedia». La propia infografía representaría un verdadero subgénero digital.

Sin embargo, numerosas voces autorizadas exigen una redefinición de géneros en la Red para distinguir los trabajos periodísticos de los simples proveedores de información, tanto profesionales como espontáneos. El retorno de los géneros es considerado «como apoyo imprescindible para distinguir la actividad periodística entendida como profesión frente a la simple elaboración acumulativa de datos para las redes de difusión» (Martínez Albertos, 1989). Es más, a partir de la experiencia acumulada, el establecimiento de géneros resulta indispensable para el progreso de este periodismo. «El estudio de los modelos de géneros del pasado es el mejor instrumento para progresar en la experimentación renovadora de los textos» (Casasús y Ladevéze, 1991).

En principio, el periodismo digital rehúye los textos largos, porque no caben en una pantalla de ordenador y moverla significa más tiempo. Además, los lectores están habituados a apreciar de un solo golpe de vista la extensión y la disposición del reportaje. Por ello, se suele condensar la información principal en un texto principal y se deja al lector la opción de ir abriendo otros textos relacionados. Éste es también el orden del periódico tradicional, pero en este caso hay más posibilidades a cambio de un cierto desorden promovido por el lector. Por contra, en los medios audiovisuales la secuencia es la impuesta por el emisor.

La gran cantidad de documentación actualizada que puede ofrecer la prensa digital obliga a ordenarla ni que sea sumariamente y adaptarla a la noticia-madre. Y es que este elemento destinado a reforzar la interpretación puede conducir a la confusión si ño se atiene a una elaboración periodística. Conviene no olvidar que la interpretación tiene que estar bien documentada, mientras que la opinión no exige el mismo nivel documental explícito. Para algunos, el manejo de una documentación mucho más abundante es el rasgo que diferencia más el periodismo tradicional del electrónico. Por esta razón, los medios escritos han intentado imitar en parte estas técnicas dentro de sus posibilidades. Por ejemplo, la habitual entradilla única de los textos informativos e interpretativos es sustituida sobre todo en los largos por varios sumarios cortos situados como aquélla debajo del titular principal.

6.2. UNA AUDIENCIA DIFERENTE

Es preciso subrayar que en el periodismo digital el público se comporta de una manera distinta en comparación con los medios escritos. Cada lector está facultado para elegir las informaciones y combinarlas según sus deseos. No es un actor pasivo, sino que va a buscar la información y a construir su trama sin intermediarios, o por lo menos no muchos. Negroponte afirma que «en lugar de leer lo que otras personas piensan que es noticia y creen que bien vale el espacio que ocupa, ser digital cambiará el modelo económico de selección de noticias. Hará que nuestros intereses particulares desempeñen un papel más importante e incluso que podamos tener acceso al tipo de noticias que no se llegan a imprimir porque no se consideran de interés general...». De este modo, la audiencia adquiere un relieve mucho mayor al establecerse un sistema biunívoco de la información.

Así se crean nuevas posibilidades de comunicación no previstas antes, ni siquiera en los esquemas más complicados. Por ejemplo, que la audiencia pueda comunicarse con ella misma o directamente con el autor de un artículo. También puede acceder a las fuentes de información, que en los medios tradicionales le llegan ya seleccionadas y quizá resumidas y elaboradas. No es que antes de la prensa electrónica la audiencia no influyera, sino como por ejemplo a la hora de establecer la periodicidad o el tipo de noticias preferidas, sino que ahora la periodicidad es mucho menos fija.

La personalización y la interactividad de la información digital dan pie a nuevas formas, por ejemplo al extenderse a la televisión, como ocurre en programas del tipo de «Gran Hermano»; en definitiva nuevos géneros que ensanchan el terreno interpretativo y mucho más el opinativo. Esto resta protagonismo al periodista, que debe cambiar su papel. Se ve, por poner un caso, en los foros, en los que el periodista se limita a escoger el personaje «entrevistado» directamente por la audiencia a través del chat. Por último, hay que citar otros canales informativos electrónicos, como son los teléfonos móviles o los correos electrónicos, por los que transcurre un gran volumen informativo paralelo al de los medios estructurados. Se trata de una masa informativa muy confusa, pero real, que en ocasiones como el 11-S o en la Guerra de Irak (2003) alcanzó una enorme importancia.

Bibliografía

ARMENTIA, J. I., CAMINOS, J. M., ELEXGARAY, J. y MERCHÁN, I. (2001): «Los géneros y la prensa digital», en *Estudios de Periodística IX*, SEP, Madrid.

BASTENIER, M. (2001): *El blanco móvil. Curso de periodismo*, Santillana, Madrid.

CABRERA, M. A. (2001): «Convivencia de la prensa escrita y la prensa *on-line* en su transición hacia el modelo de comunicación multimedia», en *Estudios sobre el Mensaje Periodístico*, n.º 7, Universidad Complutense de Madrid, pp. 71-78.

CANTAVELLA, J. (1999): «Textos dinámicos y atractivos para un periodismo cambiante. Aproximación a las tendencias del futuro en los géneros periodísticos», en *Estudios sobre el Mensaje Periodístico*, n.º 5, Universidad Complutense de Madrid, pp. 63-75.

CALVO, S. y REINARES, P. (2001): *Comunicación en Internet*, Paraninfo, Madrid.

CASASÚS, J. M. y NÚÑEZ LADEVÉZE, J. L. (1992): *Estilo y géneros periodísticos*, Ariel, Barcelona.

DÍAZ NOCI, J. (2000): «Las raíces de los géneros periodísticos interpretativos: precedentes históricos formales», en *Estudios sobre el Mensaje Periodístico*, n.º 6, Universidad Complutense de Madrid, pp. 135-152.

EDO, C. (2003): *Periodismo informativo e interpretativo*, Comunicación Social Ediciones y Publicaciones, Sevilla.

ESTEVE, F. (coord.) (1997): *Información Periodística Especializada*, Fundación Universitaria San Pablo-CEU, Valencia.

FAGOAGA, C. (1982): *Periodismo interpretativo. El análisis de la noticia*, Mitre, Barcelona.

GRIJELMO, Á. (1997): *El estilo del periodista*, Taurus, Madrid.

LÓPEZ HIDALGO, A. (2002): *Géneros periodísticos complementarios. Una aproximación crítica a los formatos del periodismo visual*, Comunicación Social Ediciones y Publicaciones, Sevilla.

MARTÍNEZ ALBERTOS, J. L. (1991): *Curso general de Redacción Periodística* (edición revisada), Paraninfo, Madrid.

QUESADA, M. (2002): *Periodismo de investigación o el derecho a denunciar*, CIMS, Barcelona.

CAPÍTULO 15

EL REPORTAJE

SUSANA DOMÍNGUEZ
Universidad de Vigo

1. ¿Qué es el reportaje?

En el diccionario de la Real Academia Española se define el reportaje como aquel «Trabajo periodístico, cinematográfico, etc., de carácter informativo, referente a un personaje, suceso o cualquier otro tema».

Pero el reportaje es mucho más que eso. Es un género periodístico de indudable valor informativo al que diferentes autores dotan de múltiples cualidades.

1.1. EL REPORTAJE EN DIFERENTES AUTORES

El término *reportaje* es algo comúnmente aceptado. El público en general entiende este género tal y como lo hace la RAE, y no siente la necesidad de matizaciones que requiere quien desea situar el concepto en el campo de la Redacción Periodística.

Son muchas las definiciones que del reportaje han hecho diferentes autores. Definiciones que poco a poco, con el simple paso del tiempo y con la renovación constante a la que se han sometido los medios de comunicación, han sentido la necesidad de revisar las verdaderas características de este género.

Tradicionalmente el reportaje ha sido considerado como un género estrictamente objetivo, muy cercano a la *información* o *noticia*. Así, para Martínez Albertos (1993: 302) el reportaje es «el relato periodístico —descriptivo o narrativo— de una cierta extensión y estilo literario muy personal en el que se intenta explicar cómo han sucedido unos hechos actuales o recientes, aunque estos hechos no sean noticia en un sentido riguroso del concepto»; además, reconoce en este género periodístico una «rigurosa apariencia de objetividad en la presentación de los hechos».

Martín Vivaldi (1973: 46), va un poco más allá y concede al periodista un indudable valor en la elaboración de este género, y así, dice que el reportaje es un «relato periodístico esencialmente informativo, libre en cuanto al tema, objetivo en cuanto al modo y redactado preferentemente en estilo directo, en el que se da cuenta de un hecho o suceso de interés actual o humano; o también: una narración informativa, de vuelo más o menos literario, concebida y realizada según la personalidad del escritor-periodista».

El reportaje, a diferencia de la *noticia pura* o *información*, no sólo relata, además describe y explica. Detrás de cada una de las explicaciones es indudable el valor del autor, del periodista reportero, que indaga e interpreta esa realidad actual o actualizada sobre la que construye un texto más literario, pero aún al servicio de la información.

A la importancia del trabajo realizado por el periodista en el reportaje se refiere Pilar Diezhandino (1994: 86) al reconocer que «el reportaje satisface las necesidades informativas que la noticia no cubre. El lector quiere ver, sentir, entender las cosas como si hubiera estado en el lugar del suceso, comprender la articulación de una serie de hechos y las circunstancias en que se han producido. El reportero se acerca al lugar de los hechos, a sus actores, a sus testigos, pregunta, acopia datos, los relaciona, y después acerca el resultado al lector u oyente, con los recursos de la literatura y la libertad de un texto firmado», un género que se acerca a un público que necesita algo más que información.

Muy cercana a esta visión de Pilar Diezhandino está la de Fernando Martínez Vallvey (1996: 108) para quien el género reportaje «es un tipo de texto de gran vigencia dentro del periodismo que presenta una información de manera más completa que la simple noticia sobre ese hecho o situación. [...] Cualquier tema es susceptible de ser relatado en un reportaje. Como todos los textos periodísticos, debe estar vinculado a la actualidad. Ahora bien, esta relación con el presente es mucho más relajada que en las noticias, ya que el reportaje se puede publicar al cabo de varios días a partir de una noticia. [...] En éste, el redactor procura profundizar en los hechos o exponerlos con más detenimiento en función de los antecedentes, las reacciones y consecuencias que el hecho puede tener en los lectores».

1.2. EL REPORTAJE SEGÚN LOS MEDIOS

Si nos acercamos al reportaje a través de lo que los diferentes libros de estilo de los medios de comunicación dicen, no vamos a tener una visión más concreta del género, más específica, pero sí más práctica y si cabe confusa.

En el libro de estilo de *El Mundo* se considera a la crónica y al reportaje como géneros equivalentes:

> III. La crónica y el reportaje. Son dos nombres para un mismo género; fundamentalmente se diferencian por la superior extensión del reportaje. También se puede agregar la distinción que hace el periodismo anglosajón al hablar de *news feature* (equivalente a la crónica) y de *feature*

(reportaje): la crónica contiene más elementos estrictamente noticiosos que el reportaje y menos que la información.

En ambos casos, se trata de narraciones más ricas en elementos ambientales que las informaciones. Son géneros típicos de los corresponsales y enviados especiales, así como de ciertos cronistas especializados: deportes, toros, cultura, vida social. Requieren alguna brillantez literaria para acercar ambientes y personajes al lector, no están limitados por las normas de redacción y pretenden entretener tanto como informar. Sin embargo, los juicios de valor y las opiniones del redactor no están entre las licencias permitidas. La entrada directa es la excepción, ya que estas narraciones son terreno abonado de la entrada aplazada.

Los reportajes y, a veces las crónicas, gozan de una vida útil más larga que las informaciones. Por ello deben redactarse previendo que posiblemente, o incluso probablemente, seguirán varios días o hasta semanas congelados en el ordenador antes de su publicación (*Libro de estilo. El Mundo*, p. 24).

Similar consideración plantea el libro de estilo de *ABC*:

La crónica, como el reportaje, son géneros más personales que la pura, escueta información. Y ambos toleran un mayor protagonismo de su autor, en la medida en que investiga, selecciona, presenta y enriquece unos hechos de los que es testigo; los relaciona e interpreta, con sus antecedentes y previsibles consecuentes.

El mayor protagonismo del cronista y del reportero no está reñido con la despersonalización expositiva. Ello recomienda evitar el uso de la primera persona del singular, salvo casos excepcionales (*Libro de estilo. ABC* [2001]. Madrid: Ariel, pág. 166).

Para el libro de estilo de *La voz de Galicia*, los reportajes son géneros periodísticos en los que tanto la información como la valoración tienen cabida:

Conforman un género periodístico que combina la información con la valoración y las descripciones personales, urdidas mediante un estilo literario. Su atractivo reside tanto en lo que se cuenta como en la forma de contarlo, y son a menudo una pieza fundamental para que el lector valore en toda su dimensión hechos que ya conoce como noticias.

Los reportajes, que deberán aparecer siempre firmados, participan de la información y la opinión. Por lo primero, obligan al redactor a la objetividad en el estricto relato de hechos. Por lo segundo, le permiten ofrecer una visión personal de lo que estos hechos significan (*La Voz de Galicia. Manual de Estilo* [1992]. La Coruña: Biblioteca Gallega, 13).

2. Estilo del reportaje

Después de revisar lo que distintos autores y diferentes medios entienden por reportaje, la conclusión es compleja. No podemos ceñir nuestra visión sobre el reportaje a un concepto único. El reportaje es un género excesivamente amplio, con numerosas tipologías, y por tanto difícil de delimitar.

Esto, sin embargo, no quiere decir que no podamos hablar del estilo del reportaje, y ahí coincidimos con Martínez Albertos (1993: 302): «La ausencia de un canon abstracto para el reportaje no supone que no puedan exponerse unas normas orientadoras —de inspiración un tanto academicista, si se quiere— que permitan servir de apoyo para la realización técnica de este género periodístico.» A priori no hay un reportaje perfecto, «el mejor reportaje es el que mejor se adapta a los concretos receptores de cada periódico determinado».

El *reportaje* ofrece al periodismo un mayor campo para la creación artística que el género *información* o *noticia*, pero siempre dentro de los límites de una técnica objetiva de narración. En la *información* el lenguaje es seco, riguroso y ceñido al hilo del acontecimiento, se muestran los hechos tal y como sucedieron. En el *reportaje*, sin embargo, se admite una mayor libertad expresiva que no cabe en la *información*. El lenguaje es menos rígido.

Martínez Albertos (1993: 303) señala las diferencias del estilo del reportaje frente al estilo de la información. Diferencias por razón del lenguaje literario, más vivo y variado en el reportaje; y diferencias por razón de la disposición estructural del cuerpo del trabajo, más complejo y dilatado en el reportaje.

Pese a esta mayor libertad estilística, el reportaje no es el lugar en el que emitir juicios y valoraciones, en principio debe contar los hechos objetivamente, aportando todos los datos posibles. Se debe hablar sin personalizar, sin editorializar, se cuentan los hechos impersonal y objetivamente, y se deja que sea el lector quien valore e interprete considerando lo expuesto por el reportero.

Sin lugar a dudas tiene razón Martín Vivaldi (1973: 210) al reconocer que el reportaje se caracteriza diferencialmente por poseer un estilo directo, por tener «una mayor libertad expositiva que la noticia pura; pero libertad condicionada por la necesidad y obligación de informar».

Y en cuanto al léxico, para Martínez Albertos la palabra periodística propia del reportaje es una palabra: viva, sabida y digna. Palabra viva, sin arcaísmos, sin neologismos, sin barbarismos todavía no suficientemente asimilados. Palabra sabida, una palabra no pedante, en la que caben los extranjerismos usuales y las palabras habituales entre las personas cultas de un país. Y una palabra digna, convencionalmente culta y correcta, ni soez, ni desgarrada.

El uso de este léxico le permitirá al lector estar informado, estar al día de todo lo sucedido, de hechos e ideas que le interesan en cuanto miembro de una comunidad, y que espera adquirir sin excesivo esfuerzo mental y con rapidez como receptor que es de la comunicación.

3. **Estructura**

Si entendemos por estructura el criterio seguido para organizar el material recogido y seleccionado tras la labor de documentación e investigación que encierra todo reportaje, debemos distinguir tres partes fundamentales: el *lead*, el cuerpo y el cierre.

El *lead* o entrada es la puerta de acceso al texto, donde se engancha al lector y se le da un indicio del contenido del reportaje. El cuerpo es la médula del reportaje, en él se fundamentan argumentos, se exponen los hechos, se explican las situaciones. Sin cuerpo no hay reportaje. Y el cierre es el remate final, la puerta de salida del texto, con el que el periodista deja clara su visión y exposición de los hechos, concluye. Al contrario que la noticia, en la que se aplica la pirámide invertida y se reserva para el final lo menos importante, en la mayoría de los reportajes el cierre tiene mucho valor.

3.1. EL *LEAD* O ENTRADILLA

El *lead* o entradilla del reportaje busca, sobre todo, ganar la atención del lector desde el primer momento del relato. Para la profesora Echevarría Llombart, (1998: 66) la entrada de cualquier texto periodístico debe plantearse cinco objetivos fundamentales: «Atraer la *atención* del lector hacia el texto. Suscitar *interés* por su contenido. Avivar el *deseo* de información. Suscitar a la *acción*, a continuar leyendo. Aportar alguna *sugerencia* sobre el contenido del trabajo.»

Pero el reportaje es un género complejo y plural. En ocasiones es difícil identificar el elemento principal para destacarlo en la entradilla, porque hay variedad de hechos, protagonistas o situaciones con importancia similar. Por todo ello hay muchas posibilidades para la redacción de la entradilla o *lead* de este género.

Lo más habitual es que en la entradilla del reportaje se plantee un aspecto novedoso no divulgado antes, muy similar a una entradilla de noticia, de sumario, en la que lo estético no tiene valor. Cabe también la posibilidad de que se plantee un enfoque original sobre algo conocido; muchas veces el valor de un reportaje recae sobre la interpretación que se hace sobre hechos ya conocidos, y la entrada supone la exposición básica de esa interpretación. O bien puede que se busque la novedad y el interés mediante el detalle o el estilo, una llamada de atención mediante el hábil uso del lenguaje.

Al margen de estas consideraciones generales, existen diferentes clasificaciones de tipos de entrada para el reportaje. Para Carl Warren (1959: 101) los *leads* más importantes del reportaje son: el *lead* del sumario, el *lead* del golpe, el *lead* de la pintura, el *lead* del contraste, el *lead* de la pregunta, el *lead* del telón de fondo y el *lead* de la cita.

Donde el *lead* del sumario es igual al *lead* de la información, y se centra en dar respuesta a las 5 *w's (who, what, when, where, why)*. El *lead* del golpe es una ironía, un epigrama. El *lead* de la pintura aporta colorido y plasticidad al texto a través de la descripción. El *lead* del contraste presenta lo narrado recurriendo a la oposición. El *lead* de la pregunta plantea un interrogante que puede o no tener respuesta. El *lead* del telón de fondo enmarca geográficamente un hecho o sitúa psicológicamente a un personaje, antes de entrar en la narración de los acontecimientos. Y, por último el *lead* de la cita se ciñe a las declaraciones de algún personaje relacionado con los acontecimientos.

Reynaga dice que existen entradas descriptivas, enumerativas, narrativas, apelativas, de cita (1994: 140). Y Ulibarri recoge doce tipos de entradilla (1994: 140): de resumen, de sumario, narrativas, descriptivas, de contraste, de pregunta, de apelación directa, de cita, deductivas, de parodia, de suspense o incógnita y simbólicas.

- La primera es la entrada de resumen, similar a la entrada de la noticia, resume el reportaje, aporta su esencia.
- La segunda es la entrada de sumario, que se ajusta a una lista o secuencia de puntos que dan idea de las facetas del reportaje, una enumeración.
- La tercera es la entrada narrativa, que utiliza el relato como gancho, hay que seleccionar muy bien lo que se va a narrar y cuidar la forma en la que se hará.
- La cuarta es la entrada descriptiva, que muestra personas, paisajes, ambientes. Al narrar mostramos acciones, y al describir lo hacemos de situaciones.
- La quinta es la entrada de contraste, destaca situaciones contradictorias que pueden existir en esa realidad sobre la que se escribe.
- La sexta es la entrada de pregunta, plantea un interrogante al inicio de un reportaje, es también frecuente una pregunta clara y precisa, algo que atraiga y sorprenda al lector.
- La séptima es la entrada de apelación directa, aquella que se imagina al lector como un interlocutor, dirigiéndose a él en segunda persona.
- La octava es la entrada de cita, en la que se aportan palabras textuales de alguna fuente personal o documental.
- La novena es la entrada deductiva, que va de lo general a lo particular, de la situación al caso, de la abstracción a un detalle que lo confirma.
- La décima es la entrada de parodia en la que, como recurso de humor, se parodia e imita obras o estilos con cierto tono de burla o ironía. Canciones, poemas, refranes, son recursos para llamar la atención.
- La undécima entrada de suspense o incógnita, planteada la mayoría de las veces a través de la adivinanza, atrapa y retiene al lector.

• La duodécima es la entrada simbólica, que usa determinadas figuras, imágenes, objetos o relaciones para representar conceptos. Utiliza símbolos.

A estos tipos de entrada Echevarría añade otro más: la entradilla de caso. En ella se pasa del caso particular a la situación general, es lo contrario a la entrada deductiva, más habitual. Engancha al lector porque humaniza los hechos expuestos.

3.2. EL CUERPO

Frente a la sencilla estructura del cuerpo de la *información*, el cuerpo del *reportaje* ofrece una amplia gama de posibilidades para su organización y desarrollo. Su estructura es libre y compleja.

El cuerpo es la médula del reportaje. Todo aquello que está entre la entrada y el cierre. En él el periodista tendrá que aportar los resultados acerca de: el enfoque, la investigación, la selección de información, la habilidad estilística y el dominio de la estructura.

La estructura que el periodista utilice para organizar y redactar los contenidos es un aspecto esencial para la correcta elaboración del reportaje. No todos los autores coinciden en señalar los mismos tipos de estructura, pero sí coinciden en resaltar la importancia de que la estructura sea coherente y aporte unidad al texto del reportaje.

Martínez Albertos, al hablar del reportaje informativo, defiende la básica e inicial clasificación aportada por Carl Warren: reportaje de acontecimientos *(Fact Story)*, de acción *(Actino Story)* y de citas *(Quote Story)*, y también el reportaje corto. Y, atendiendo a esta clasificación, defiende la existencia de unas estructuras claras:

a) En el reportaje de acontecimiento o *Fact story* el periodista ofrece una visión estática de los hechos, los presenta como algo ya acabado. Muy útil para la descripción, para aquellos casos en los que los hechos se presentan de modo simultáneo y perfecto, y no como algo que evoluciona con el tiempo. En este tipo de reportaje los hechos se presentan por orden de importancia y de forma completa. Primero el hecho inicial más importante, después el segundo en importancia, el tercero, y así sucesivamente.

b) En el reportaje de acción o *Action story* el periodista ofrece una visión dinámica de los hechos que narra, sigue el ritmo de su evolución. Recomendado para la narración, para el relato de sucesos que se producen normalmente una sola vez en el transcurso del tiempo. Su estructura se acomoda a la evolución de los hechos relatados: se cuenta el incidente inicial, se reanuda el relato con más detalles ambientales, vuelve a la redacción con nuevos datos, nueva relación, y así hasta llegar al cierre.

c) En el reportaje de citas (entrevista) o *Quote story* se alternan las palabras textuales de un personaje interrogado con descripciones o narraciones que hace el periodista sobre ese personaje. Su estructura únicamente obedece a la sucesión de citas textuales y narraciones que el propio periodista elabora sobre el personaje, sobre su actuación y sobre el ambiente, entre otras muchas posibilidades.

d) El reportaje corto, muy similar al género información, se caracteriza por el mayor hincapié que hace sobre los detalles ambientales y de interés humano, así como la riqueza y variedad de los recursos lingüísticos no habituales en la información. Warren lo considera además como un reportaje para dar continuidad a los hechos que duran en el interés noticioso a través de él conocemos cómo los hechos se desarrollan en el tiempo. Su estructura es muy similar a la de la información, tras el *lead* de sumario se redactará el denominado *tie-in* o *tieback*; párrafo en el que se hace referencia a detalles ambientales y de interés humano relacionados con los hechos, para después ocuparse de los detalles secundarios en orden decreciente de importancia (Martínez Albertos, 1993: 305-309).

Al margen de estas estructuras ya clásicas, hay autores, como Ulibarri, que defienden otro tipo de estructuras en el reportaje:

a) Estructura por bloques temáticos: es el tipo de estructura más común. Identifica las partes que componen una situación, y desarrolla cada una de ellas, relacionándolas y encadenándolas según la relación que guarden, facilitando su unión mediante el uso de transiciones.

b) Estructura de contrapunto o dialéctica: cuando se exponen temas sobre los que existe diversidad de versiones, opiniones, etc. El periodista actúa como una especie de árbitro. Selecciona lo más representativo de lo que expresan aquellos grupos de personas con opiniones diferentes, destaca las similitudes o diferencias entre sus discursos y consigue, en la medida de lo posible, que el lector se forme una idea clara y ordenada del debate.

Existen dos posibilidades para organizar el texto: según las fuentes o según los aspectos de debate. Hacerlo atendiendo a las fuentes es más sencillo, sintetizar lo expuesto por cada grupo o personaje, y darlo a conocer en secuencia. Entonces el esfuerzo que tendrá que hacer el lector para comprender las discrepancias o similitudes que se tienen sobre el tema es mayor. Si el contenido se organiza de acuerdo con los diferentes aspectos del debate, se identifican los puntos de controversia, se presenta y resume lo que las fuentes opinan, la organización facilita mucho la comprensión del lector (estructura dialéctica).

Esta segunda estructura tiene semejanzas con la de los bloques temáticos, así que la entrada y el cierre son la introducción y la conclusión de lo debatido.

c)   Estructura cronológica: contar las cosas tal y como se han ido sucediendo en un ámbito temporal, muy frecuente en la literatura, se puede utilizar también a la hora de redactar un reportaje. El criterio cronológico es básico cuando el propósito es decir cómo se produjo algo, cuándo se manejan hechos, personajes, ambientes, etc.

Pero que los hechos se narren ordenándolos cronológicamente no significa contar todo. Hay que seleccionar, destacar unos elementos sobre otros, y completar los hechos con los antecedentes y datos necesarios para su acertada comprensión.

Dos posibilidades de organizar cronológicamente: cronología lineal y cronología múltiple. La cronología lineal es aquella en la que todos los hechos presentados son sucesivos. La cronología múltiple es aquella que juega con el tiempo, y en busca del suspense los hechos se adelantan o se retrasan, al tiempo que se intercalan conceptos y reflexiones.

d)   Estructura por escenas o casos: cabe la posibilidad de que se juegue con la superposición de escenas o con la presentación de casos independientes, aunque vinculados, como criterio organizativo. Entonces el autor presenta casos independientes relacionados temáticamente jugando con los cambios, marcando la frontera entre cada caso de forma consciente y deliberada.

Las escenas o casos diferentes se identifican y unen gracias a la redacción de una entrada en común que prepara al lector para identificar el nexo temático, y un cierre que, la mayoría de las veces, refuerza esa relación y unión planteada ya desde el primer párrafo.

e)   Estructura coloquial: Ulibarri utiliza esta terminología para aquellos reportajes de estructura libre y personal, en los que la mayoría de las veces es el periodista-narrador que ha experimentado la realidad el que dota de estructura al relato. Muy similares a la crónica, se suelen redactar en primera persona del plural, y están repletos de anécdotas y recursos literarios.

A estas cinco estructuras modernas del reportaje reseñadas por Ulibarri, la profesora Echevarría añade una más: la estructura de pregunta/respuesta. Con esta estructura, cada vez más frecuente en diarios y revistas, el periodista formula preguntas expresas que presenta como tales al lector y va ofreciendo respuesta a cada una de ellas, aportando datos y documentación. Su éxito reside en la elección de las preguntas, que el periodista ofrezca las que realmente demanda y necesita el lector.

En la entradilla suelen anunciar al lector el cuestionario, y no necesitan un cierre especial, sino la perfecta elección de la pregunta y respuesta apropiadas. En caso de necesitar datos, explicaciones, aclaraciones, etcétera, éstas se redactan en textos de apoyo independientes.

3.3. EL CIERRE

El cierre o último párrafo de un reportaje es también un elemento esencial de su redacción. En él el periodista debe dejar al lector completamente satisfecho de lo que ha leído, debe rematar, concluir, cerrar con acierto todo lo expuesto.

Uno de los autores que más han trabajado sobre los finales del reportaje es Ulibarri, quien ofrece una clasificación de seis tipos: cierre de caso, cierre de conclusión o resumen, cierre de moraleja, cierre de incógnita, cierre de proyección o futuro y cierre anticlimático.

En el cierre de caso es frecuente que la anécdota citada a la entrada se retome en el cierre para completar el círculo, se vuelve al principio del reportaje.

En el cierre de conclusión o resumen se sintetizan los elementos esenciales del reportaje, o se extrae alguna conclusión o mensaje de ellos. Para concluir, el periodista puede recurrir a citas representativas que han dicho otros, o asumir la responsabilidad de ser él quien resuma y concluya; e incluso puede mezclar ambas posibilidades.

El cierre de moraleja o instancia a la acción es un tipo de cierre que se debe evitar, porque muchas veces no dejamos que el lector deduzca la moraleja, sino que se le impone, convirtiéndose en un recurso pernicioso. Lo mismo sucede cuando instamos a la acción, esto tiene sentido en un texto de opinión pero en el reportaje es una interferencia.

Es difícil justificar que tras la lectura de un reportaje se termine con dudas o incógnitas, pero en algunos casos puede ser correcto y es lo que sucede con el cierre de incógnita, muy lógico y frecuente cuando el propósito del reportaje ha sido manifestar las preguntas sin respuesta de un tema.

El cierre de proyección o futuro es aquel que presenta posibilidades futuras de un hecho o situación, preparando al lector para lo que pueda venir.

Y el cierre anticlimático es una forma de reducir la tensión volcada en el reportaje ofreciendo detalles curiosos de un hecho o personaje, usando citas, anécdotas, reflexiones, que simplemente aligeran el final.

3.4. OTROS ELEMENTOS EN LA ELABORACIÓN DEL REPORTAJE

Como todo género periodístico, el reportaje necesita un titular. La titulación del reportaje debe invitar al lector a leer el texto, captar su atención. Se caracteriza por su enorme libertad formal y estilística, y por la utilización de elementos como el título, el subtítulo, sumarios o destacados, y ladillos. El título debe ser breve, sencillo, y se completará con los demás elementos de titulación. En el reportaje el título y el subtítulo dependen sintáctica y semánticamente, justo al contrario de lo que establecen las normas de titulación para las noticias en el título el reportero crea, utiliza el ingenio, y en el subtítulo informa.

El titular, el *lead*, el cuerpo y el cierre del reportaje no son los únicos elementos que componen el reportaje. A ellos podemos añadir otros que no siempre existen por la libertad y poca rigidez normativa que encierra este género, y que sin embargo debemos considerar: el párrafo clave, las transiciones y los textos de apoyo o despieces.

El párrafo clave es un elemento opcional que plantea una idea del texto y concreta. Es un puente que el autor tiende entre la entrada y el cuerpo del reportaje para reforzar esa llamada de atención sobre el lector.

Las transiciones se utilizan para que el lector pase fluidamente de la entrada o el párrafo clave al cuerpo, o para que pase de un aspecto a otro de su contenido sin sobresaltos ni brusquedades. Son nexos que dan una mayor unidad conceptual al contenido. Bien utilizadas, pasan desapercibidas al lector.

Los textos de apoyo o despieces acompañan frecuentemente a los reportajes, aligerando la lectura de textos a veces excesivamente extensos. Tienen título propio, y se suelen centrar en aquellos aspectos que no se han tratado en el cuerpo del reportaje, o sobre los que se ha pasado superficialmente. Por todo ello su temática es muy amplia, puede aportar datos, crear un contexto, aportar diferentes opiniones y reacciones ante un hecho, aportar declaraciones de alguno de los protagonistas, y a veces llega a ofrecer al lector la explicación de algún aspecto técnico.

Muchas veces el texto de apoyo es una infografía que conecta con el lector de forma más atractiva; entonces no hay texto, sino un gráfico explicativo que apela a la cultura audiovisual de los lectores, algo que en el reportaje también tiene valor.

4. El papel del periodista. Cómo se elabora un reportaje

Ya ha quedado claro, desde el inicio del capítulo, que el peso del reportero periodista en la elaboración del reportaje es algo que queda fuera de duda. Dentro de la laboriosa tarea de este profesional de la información en la elaboración de este género podemos discernir al menos dos etapas indispensables: la búsqueda de ideas o temas para el reportaje, y establecer el paso de la idea al enfoque.

4.1. LA BÚSQUEDA DE LA IDEA Y EL ENFOQUE

La posibilidad de encontrar ideas o temas para el reportaje es amplia y plural, y sobrepasa a la noticia. Los hechos o acontecimientos que las noticias nos acercan a diario generalmente generan ideas para reportajes. Al conocer la actualidad, al examinarla, encontraremos temas para desarrollar en géneros más amplios que la simple información. Una vez seleccionado el tema se buscarán vínculos: con el pasado (antecedentes, causas, relación con acontecimientos anteriores...), con el presente (qué significa, a quién afecta...) y con el futuro (la posibilidad de desarrollo). Cuanto más interesantes sean las respuestas, más posibilidades hay de elegir un buen tema para el reportaje.

Pero no es esta la única forma de elegir el tema de un reportaje, también determinadas situaciones y personas pueden convertirse en la base sobre la que construirlo. El periodista debe ser lo suficientemente hábil para identificar aquellas situaciones y aquellos personajes que inquietan al público y que, sin embargo, no son tenidos en cuenta por los medios, para convertirlos en la idea o tema central de un reportaje. Y es que un lugar, un objeto y una obra artística también pueden ser idea para un reportaje.

Una vez elegida la idea, hay que buscar el enfoque. Para hacerlo es necesario considerar la idea en relación con elementos como: lo publicado sobre ella, el contexto en que se enmarca, el público al que se dirige, el medio que lo difundirá, los recursos disponibles. Además la idea se debe considerar en relación con sus características propias: si es actual, interesante, útil, original, relevante. Como dice Reynaga (1994: 63 y ss.), decidir desde qué perspectiva se realizará la investigación.

Este autor asegura que para elaborar un reportaje se deben seguir los cinco momentos indiscutibles. Primero elegir un tema, que sea interesante, actual; y tener claro qué es lo que se va a investigar. Después decidir desde qué perspectiva se realizará la investigación, el enfoque. Posteriormente plantear por escrito lo que se va a hacer, dónde, cuándo, cómo y cuánto costará; pensar un esquema de actuación. Con ello hacer un plan de previsiones, estudio previo de aspectos como el lugar donde se encuentran las informaciones, la existencia de fuentes documentales y fuentes personales, y la accesibilidad de las mismas y el tiempo real de la realización. Y, como punto final, hacer una selección de las técnicas, análisis de aquello que hará falta para realizar el reportaje: entrevistas personales, fuentes documentales, encuestas, estadísticas, gráficos, ilustraciones, etcétera.

4.2. La investigación

A esta búsqueda de la idea o tema, y a la elección del enfoque deberíamos añadir la necesidad de la investigación, algo indispensable para la elaboración del reportaje. Una vez decidido el tema, o la idea, el periodista debe ser consciente de la necesidad de buscar y alcanzar la información suficiente para poder realizar su trabajo. Así, debe buscar fuentes, personas o instituciones, que suministren datos sobre los que elaborar el relato.

Las fuentes son personas, instituciones y organismos que facilitan la información necesaria para que los medios elaboren sus textos; y sobre ellas se pueden hacer las diferentes clasificaciones atendiendo a la procedencia, a la profesionalidad o a la actitud de la fuente.

Atendiendo a la procedencia de la fuente deducimos que la información puede llegar al medio por dos vías esenciales, a través de fuentes ajenas o generales, o bien a través de fuentes propias o exclusivas.

Son fuentes ajenas o generales aquellas que sirven a todos los medios sin distinción, ofreciendo una información común (agencias de prensa, gabinetes, etc.). Y son fuentes propias o exclusivas aquellas que ofrecen información diferenciada, no compartida, y permiten al medio la obtención de información exclusiva o diferenciada.

Si atendemos a la profesionalidad de la fuente nos podemos encontrar con fuentes organizadas, cuyo trabajo es actuar como fuente (agencias y gabinetes de prensa); o bien con fuentes no organizadas, aquellas que no se dedican profesionalmente a dar información, pero que pueden ofrecer información exclusiva, información filtrada o datos que permiten completar la información aportada por fuentes profesionales.

Pero no siempre las fuentes están interesadas en hablar con el periodista, así podemos discernir entre la información buscada, que supone un esfuerzo para el periodista, y la información recibida, que llega al periodista sin que éste la haya buscado. Atendiendo a esa actitud de la fuente podemos distinguir una fuente resistente, con una reacia actitud a comunicar información, que pone obstáculos; de una fuente abierta, que no pone resistencia, pero tampoco toma la iniciativa, la buscan para que comunique información.

Cuando la información llega al periodista sin que la haya buscado, es la fuente la que tiene interés, con tres grados de actitud diferentes: la fuente espontánea (asume ella misma la iniciativa de informar, de manera natural, corriente y por motivación propia); la fuente ávida (toma también la iniciativa de informar con carga de intensidad y urgencia); la fuente compulsiva (toma la iniciativa utilizando recursos que obligan al periódico a comunicar su información, presionando).

El periodista que ha utilizado las fuentes como medio para obtener información debe presentarla a los lectores. Debe exponer tanto qué se ha dicho, como quién lo ha dicho, y esta referencia es lo que se denomina atribución.

La atribución es importante, sobre todo porque incrementa la veracidad sobre lo expuesto, y ayuda a conseguir la neutralidad informativa. Son posibles cuatro grados de atribución: directa, con reservas, con reserva obligada y con reserva total.

La atribución directa (on the record) es aquella en la que el periódico identifica claramente la fuente y cita la información que le ha proporcionado.

En la atribución con reservas el periódico no identifica explícitamente la fuente pero la sitúa, cita una fuente genérica, y cita la información proporcionada.

Un paso más es la atribución con reserva obligada o completa, en la que el periódico convierte en anónima la fuente que ha utilizado, no la identifica, y filtra la información sin que figure ningún tipo de fuente.

Y por último la atribución con reserva total *(off the record)*, en la que el periódico no publica la información recibida, y por tanto no la atribuye a fuente alguna. Es material que no se puede difundir, es confidencial, y el periodista lo utiliza como vía para alcanzar la correcta interpretación de los hechos.

Bibliografía

CASASÚS, J. M. y NÚÑEZ LADEVÉZE, L. (1991): *Estilo y géneros periodísticos*, Ariel, Barcelona.

DIEZHANDINO, P. (1994): *El quehacer informativo*. Bilbao, Universidad del País Vasco.

DOVIFAT, E. (1959): *Periodismo*, UTEHA, México.

ECHEVARRÍA, B. (1998): *Las w's del reportaje*, Fundación Universitaria San Pablo C.E.U., Valencia.

MARTÍN VIVALDI, G. (1973): *Géneros periodísticos*, Paraninfo, Madrid.

MARTÍNEZ ALBERTOS, J. L. (1993): *Curso general de redacción periodística*, Paraninfo, Madrid, segunda edición revisada.

MARTÍNEZ VALVEY, F. (1996): *Herramientas periodísticas*, Librería Cervantes, Salamanca.

MUÑOZ, J. J. (1994): *Redacción periodística. Teoría y práctica*, Librería Cervantes, Salamanca.

RÍO REYNAGA, J. (1994): *Periodismo interpretativo. El reportaje*, Trillas, México.

ULIBARRI, E. (1994): *Idea y vida del reportaje*, Trillas, México.

WARREN, C. (1959): *Modern News Reporting*, 3.ª ed., Nueva York.

CAPÍTULO 16

LA ENTREVISTA

MONTSERRAT QUESADA
Universitat Pompeu Fabra. Barcelona

1. El género periodístico

En los últimos veinte años los estudiosos del periodismo español se han ocupado ampliamente del género periodístico de la entrevista y han producido una cantidad significativa de textos y manuales que la abordan desde muy diferentes puntos de vista. Como consecuencia de ello, este capítulo, además de hacer permanente alusión a esos autores y a sus valiosas aportaciones, va a tratar de ser un espacio de reflexión y de análisis renovado en torno a lo que todos —emisores y receptores— convenimos en llamar entrevista periodística.

Etimológicamente, *entrevista* se deriva de la palabra francesa *entrevoir*, que significa «verse el uno al otro». Ahora bien, en términos periodísticos hay que entender la entrevista en un doble sentido: *a*) como el método mediante el cual un profesional de la información, el periodista, entra en contacto con un personaje público, el entrevistado, del que ha presupuesto un interés periodístico, bien por sus declaraciones, por su cargo o por su propia personalidad (Quesada, 1984: 119). Y *b*) como el texto final que el periodista redacta, después de conversar con el entrevistado y aplicar unas técnicas específicas de interrogación.

Aquí nos ocuparemos únicamente de la entrevista según la definición aportada por la acepción *b*), es decir, de la entrevista como texto periodístico constitutivo de un género autónomo, así como de las diversas modalidades que habitualmente se publican en los medios de comunicación.

De todos los géneros periodísticos a los que puede acogerse el periodista para explicar, interpretar y analizar la realidad social —ésa es su función principal—, la entrevista es el que, con toda probabilidad, entraña mayores dificultades porque en su ejecución intervienen elementos complejos que deben ser innatos al entrevistador y que no dependen de su mejor o peor formación académica; ni siquiera de su mayor o menor experiencia profesional.

El mayor obstáculo que debe superar todo entrevistador es el hecho de que, simultáneamente, tiene que oír, observar, preguntar, comentar, responder, percibir, recordar... y todo ello al tiempo que está pendiente de que la conversación quede bien grabada o bien de tomar nota de todo cuanto acontezca en dicho encuentro. Sin duda, no es una tarea fácil, mucho menos cuando se tiene poca experiencia en este género y cuando, a pesar de la abundante bibliografía disponible, los problemas que se plantean en cada entrevista no suelen encontrar una solución rápida en los manuales que descifran las claves de esta particular técnica periodística.

Ni todos los buenos periodistas suelen ser buenos entrevistadores, ni todos los buenos entrevistadores acostumbran a ser buenos periodistas. La realización de una entrevista exige, además del dominio de la técnica que más adelante se explica, una especial capacidad para el diálogo —lo que en otra época se llamaba don de gentes— y una sensibilidad particular para conversar, dialogar y comprender con exactitud no sólo las ideas y sentimientos que en cada momento exprese la persona entrevistada, sino también todo aquel flujo de información que no se materializa a través de las palabras. Además, esa sensibilidad particular debe poder activarla frente a todo tipo de personas, pues el abanico de entrevistados a los que se tendrá que enfrentar a lo largo de su vida profesional probablemente sea inacabable.

Un buen entrevistador no se limita a reproducir después en el papel aquello que ha quedado grabado en su cinta. Como buen profesional de la información, debe ir mucho más allá del significado literal de las palabras. Debe comprender a las personas que entrevista, además de entenderlas. Y comprenderlas significa saber captar los mensajes de la comunicación no verbal que se van deslizando sutilmente a través de una multitud de elementos: las subidas y bajadas de tono con que se pronuncian las palabras, los cambios de actitud del entrevistado, las inflexiones de su voz, su gestualidad, sus movimientos, sus silencios... todo ello información muy valiosa para aprehender y comprender lo que de manera implícita, muchas veces involuntaria, está comunicando el interlocutor.

La observación y, por supuesto, la comprensión de este complejo sistema de comunicación y, por consiguiente, la aprehensión de esa valiosísima información *subliminal* facilitan enormemente la tarea de conducir la entrevista hacia el terreno que más pueda interesar a la opinión pública, aunque no siempre sea el terreno más deseado por el entrevistado o en el que mejor se desenvuelva (Quesada, 1992: 65). Comprender al entrevistado también quiere decir «ponerse en su lugar», «hacerse cargo de...», «acercarse a...»; en definitiva, hacer suyo el significado profundo de la información que se recibe, sin limitarse a la literalidad y, por lo tanto, a la superficialidad de las palabras que pronuncie.

A diferencia de lo que comúnmente se entiende por *conversación*, en la que el control de la discusión pasa alternativamente de uno a otro hablante, en la entrevista periodística lo que se produce en realidad es un intercambio de información, opiniones o experiencias que circula desde el entrevistado hasta el entrevistador; y, en tal situación, es este último el que debe conducir la discusión y decidir la dirección correcta de las preguntas (Quesada, 1994: 235).

La entrevista, tal como se presenta en la actualidad en prensa, radio y televisión, es un género periodístico que se basa en el diálogo con personas notorias, cuyos nombres, actividad u opiniones merecen el interés y la atención pública. Aunque en su origen la entrevista nació como una modalidad del género del reportaje, desde que el periodismo informativo fue cediendo espacio al periodismo interpretativo, la entrevista ha pasado a convertirse en un género independiente, capaz de formularse según una tipología claramente diferenciada, con características y estructuras propias que la distinguen de cualquier otro género periodístico y con una historia y una evolución que la han llevado a ocupar un espacio central en todos los medios de comunicación actuales (López Hidalgo, 1997: 75).

Los autores que, como José Luis Martínez Albertos, Carl Warren, Emil Dovifat, Martín Vivaldi o Llorenç Gomis, entre los más destacados, no reconocen en la entrevista un género distinto al del reportaje hicieron su aportación teórica sobre esta materia en momentos anteriores a la década de los años ochenta. Hay que subrayar, sin embargo, que desde entonces la práctica profesional de los medios, especialmente de los medios escritos, ha quedado notablemente influida por la progresiva evolución hacia el periodismo interpretativo. De ahí que todos los estudios publicados por los que se han especializado en este tema remarquen la individualidad de este nuevo género periodístico, que se aleja cada vez más —y parece ser que para siempre— de las características que durante mucho tiempo la consideraron como una modalidad del reportaje.

Probablemente la característica que mejor define el género de la entrevista sea la capacidad de testimonio que toda entrevista entraña (Rodríguez, 1984: 2). Más que cualquier otro género periodístico, la entrevista consigue transmitir al lector la sensación de estar asistiendo en primera persona, como testigo mudo y privilegiado, a la conversación mantenida entre el entrevistador y el entrevistado, y esa sensación, a veces muy vívida, se produce independientemente del tipo de entrevista por el que el periodista haya optado e incluso al margen del tipo de lenguaje que utilice para su redacción.

La entrevista es, no cabe ninguna duda, un género emotivo que pretende atrapar al receptor con su cercanía y con sus guiños descriptivos, al tiempo que concede un gran protagonismo al personaje entrevistado (Vidal, 1998: 289). «El lector "siente" que se le habla», dice Miriam Rodríguez, y no en vano esa capacidad que tiene la entrevista para incidir en las emociones de los lectores y afectarles en su estado de ánimo la convierte en un género perdurable en el tiempo.

A diferencia de otros productos periodísticos, como las noticias o las crónicas, que mueren casi a la misma velocidad con la que nacen, las entrevistas permanecen en el tiempo, suelen instalarse en el recuerdo de los lectores y casi siempre son únicas e irrepetibles para mayor gloria de sus autores. No obstante, para que se pueda proceder a elaborar una entrevista periodística es imprescindible que, con anterioridad, se encuentren y conversen las dos personas implicadas en este género: el entrevistador y el entrevistado. Y ese encuentro debe ser convenientemente planeado, acordado y aceptado por ambas partes. Nada tiene que ver ese encuentro con un acontecimiento casual, aunque haya existido algún maestro de la entrevista capaz de transformar en género periodístico cualquier conversación casual que hubiere mantenido con un personaje público.

El encuentro que después dará razón de ser a la entrevista periodística, además de haber sido establecido previamente, deberá establecer con claridad las reglas del encuentro: en el mismo, cada uno de los participantes jugará el rol que las normas profesionales establecen para este género; esto es, el entrevistador mostrará su interés por preguntar y será el encargado de conducir la conversación y tomar nota con diligencia de cuanto se diga y acontezca, mientras que el entrevistado se avendrá libremente a responder a cuantas preguntas le plantee el periodista, sin sentirse por ello coartado u obligado a responder. Llamo la atención sobre el hecho de que estamos hablando de una conversación, es decir, de un *diálogo* entre al menos dos personas que, inicialmente, están de acuerdo en reunirse para conversar bajo unas ciertas reglas porque, de no darse esta primera circunstancia, no podríamos seguir hablando del género de la entrevista.

Imaginemos, por ejemplo, un interrogatorio —ya sea policial, médico o de cualquier otro tipo— en el que el entrevistador fuera el único que fijara las reglas del diálogo. Lo primero que hay que constatar en este tipo de situación es que no se da el acuerdo previo entre los participantes en ese acto comunicativo para reunirse y dialogar. Pero lo más importante es que en tal situación de interrogatorio, el que pregunta atenderá solamente a aquellas respuestas que le sirvan a su propósito de información y descartará los comentarios o declaraciones que se desvíen de su objetivo. Por su parte, el que responde, obligado a responder, a no permanecer en silencio en una situación que no ha elegido libremente, no mostrará demasiado interés en participar en la conversación y limitará sus intervenciones a la mínima expresividad posible. Por supuesto, tampoco se mostrará interesado en presentarse ante su interlocutor como realmente es, piensa y siente.

Las circunstancias comunicativas que se dan cita en una situación de interrogatorio, como todos podemos imaginar, no son las más adecuadas para que fluya libre y cómodamente el diálogo entre los actores participantes y, en consecuencia, nada tienen que ver con las que resultan imprescindibles en el contexto de una entrevista periodística. Quedan, por lo tanto, expresamente fuera de este género todas esas otras conversaciones que los periodistas mantienen a diario con una gran cantidad de personas —fuentes— para obtener información y datos sobre los hechos de actualidad.

Por otro lado, la entrevista como técnica para obtener información útil no es privativa de la profesión periodística (Rodríguez, 1984: 6). En muchas otras disciplinas —y, por supuesto, en muchas otras profesiones— la entrevista suele utilizarse con fines muy similares. La Psicología, la Sociología, la Antropología y tantas otras ciencias sociales la han empleado desde su origen y han llegado incluso a convertirla en la herramienta principal de su método científico. También en la vida cotidiana decimos habitualmente que nos hemos *entrevistado* con alguien para dar cuenta de muchas de las conversaciones que a lo largo del día mantenemos unos con otros. Muy especialmente cuando, sin ni siquiera habérnoslo propuesto, acabamos preguntando, inquiriendo, interrogando e indagando en las vidas y circunstancias de nuestros prójimos. Sin embargo, esos *diálogos*, esas *entrevistas*, nada tienen que ver con el género periodístico del que hablamos, cuya especificidad y complejidad está ya convenientemente estudiada y establecida por la Teoría General del Periodismo.

1.1. Tipos de entrevistas

La práctica generalizada del periodismo informativo, que inundó los medios escritos y radiofónicos tras la primera guerra mundial, y la posterior evolución en los años 60 hacia las formas narrativas inspiradas en el Nuevo Periodismo anglosajón —también llamado Periodismo de creación—, constituyen el contexto profesional que derivó en la distinción fundamental entre los dos tipos principales de entrevistas: las entrevistas informativas y las entrevistas literarias o de creación.

Las primeras continuaron con la vieja tradición de recoger en un texto las declaraciones y opiniones que sobre unos hechos de actualidad hacían públicas los personajes implicados en la actualidad periodística. Las segundas, en cambio, se marcaban el objetivo de dar a conocer, a través de un lenguaje literario más elaborado y menos estructurado, la personalidad del entrevistado y su particular modo de ser y de sentir.

La diferencia principal —no la única, aunque sí la más importante— entre estos dos tipos de entrevistas reside en la distinta incidencia que sobre ellas tiene el elemento de actualidad. Mientras las entrevistas informativas no encuentran justificada su publicación si no es porque el contenido de la información que ofrece el entrevistado está directamente relacionado con la más rabiosa actualidad periodística, las entrevistas literarias o de creación se definen como textos periodísticos atemporales, cuya publicación no viene determinada por la actualidad periodística de cada momento (Quesada, 1994: 303). A lo sumo se puede hablar de *oportunidad periodística*, al hacer coincidir la publicación de una entrevista literaria con algún acontecimiento que, aunque sea remotamente, tenga alguna relación con el personaje entrevistado.

La otra gran diferencia entre ambos tipos de entrevistas es el estilo de redacción con el que se elaboran una y otra. Aunque es obvio que cada entrevistador acaba desarrollando su propio estilo e imponiendo su sello de marca a cada una de sus producciones, en general se puede afirmar que las entrevistas periodísticas serán informativas o de creación en función tanto de la estructura que se utilice para presentar el texto como del lenguaje que se emplee para su redacción. No resulta el mismo texto, en términos periodísticos, una entrevista realizada a un portavoz oficial que centra su interés principal en recoger unas determinadas declaraciones sobre un tema de actualidad, formuladas desde la institución que representa, que una entrevista a ese mismo portavoz en la que se le da la oportunidad de hablar en nombre propio y de presentarse ante la audiencia de los medios como una persona próxima, de carne y huesos. Según los objetivos informativos que los interlocutores persigan con su encuentro, y según las circunstancias que se den cita en la conversación, cada entrevista se ajustará mejor o peor a uno u otro tipo e, incluso, cada producto periodístico resultante se acercará más o menos a las características intrínsecas del género.

Por otro lado, no olvidemos que en este género, como en todos los géneros interpretativos, la hibridación es ya una práctica habitual que ha venido a enriquecer en gran medida los productos periodísticos que finalmente se ofrecen al público. De hecho, en la actualidad ya se ha empezado a hablar de, por ejemplo, la nueva modalidad de las *entrevistas reportajeadas*, que no son más que el resultado de la hibridación entre ambos géneros periodísticos. Sea como fuere, lo cierto es que, en última instancia, el periodista siempre será el responsable final del trabajo que se publique y quien decida la modalidad de entrevista que vaya a realizar, según se ajuste mejor a sus objetivos profesionales de información.

Pero los modelos de entrevistas periodísticas no se agotan con estos dos grandes tipos de los que estamos hablando. Somos muchos los autores que hemos analizado en profundidad este género y que hemos propuesto nuestra particular tipología, siempre argumentada a partir de la práctica profesional de los medios de comunicación que en cada lugar y momento histórico han servido de base para realizar los diferentes estudios. Uno de los más recientes, publicado por la profesora Begoña Echevarría, identifica cuatro tipos de entrevistas distintas, que se corresponden con las que habitualmente se han estado publicando en el último cuarto de siglo.

La tipología de esta autora establece una nueva clasificación a partir de tener en cuenta la finalidad que persigue el autor de la entrevista y también el efecto que dicho texto pueda producir en los lectores. Así, Echevarría (2002: 31 y ss.) habla de la entrevista de actualidad, la entrevista de personaje, la entrevista de domingo y la entrevista lúdica.

Aun sin haber entrado a fondo en las características y rasgos propios de cada uno de esos nuevos tipos, es necesario remarcar que, en realidad, la denominada entrevista de actualidad no es más que una variante de la entrevista informativa, mucho más ajustada, eso sí, a la actualidad periodística del momento, pero por sí misma no puede ser considerada como un nuevo tipo de entrevista.

En cuanto a la llamada entrevista de personaje, la misma autora explica que se trata propiamente de la entrevista de creación. De hecho, las entrevistas literarias o de creación fueron en su origen las entrevistas de personaje, tal como en su día las describiera el profesor José Luis Martínez Albertos. Finalmente, las dos últimas mencionadas por Echevarría —la entrevista de domingo y la entrevista lúdica— son, nuevamente, modalidades o variantes de la entrevista de creación, por lo que tampoco pueden ser consideradas como nuevos tipos de entrevistas. En consecuencia, hay que concluir que, a pesar del tiempo transcurrido y de la constante tendencia a la hibridación de los géneros, siguen prevaleciendo en nuestros medios los dos tipos principales de entrevistas, las informativas y las literarias o de creación.

La aplicación en la práctica diaria de los distintos medios de sus respectivos libros de estilo tampoco ha supuesto cambios significativos en la tipología inicial de las entrevistas. A lo sumo se puede decir que, en los últimos tiempos, han ido apareciendo nuevas formulaciones del género de la entrevista, que incluso han acabado por tener un nombre propio que las identifica y las distingue de las demás, pero que, en todos los casos, se siguen correspondiendo con los dos tipos principales que se establecen en la Teoría de los Géneros.

Repasemos, pues, con mayor detalle las características principales de estos productos periodísticos.

1.2. LA ENTREVISTA INFORMATIVA

Según constataba la periodista Soledad Gallego-Díaz en un artículo publicado en el diario *El País* el 22 de julio de 1994, ya entonces el porcentaje de espacio que ocupaba el periodismo de declaraciones en los diarios era, como poco, alarmante: más del 70 % en las secciones de política y de economía y más del 50 % en las de cultura y sociedad. La tendencia en estas últimas dos décadas a priorizar las declaraciones de los personajes públicos en detrimento de la investigación periodística o de otras técnicas para obtener información sobre los hechos que provocan dichas declaraciones no sólo no ha cambiado de signo, sino que ha continuado en aumento. De ahí se deriva la evidencia de que la mayoría de entrevistas que durante este largísimo período de tiempo han ido apareciendo en los medios de comunicación responden principalmente al tipo de entrevista llamada informativa y, dentro de ella, al subtipo que específicamente denominamos entrevista de declaraciones.

Tan abundante es su presencia en los medios escritos y audiovisuales, que la entrevista informativa, como también ocurre con todas sus variantes, ha acabado por convertirse en la modalidad estrella del llamado periodismo de declaraciones. Criticado por la mayoría y apenas apreciado —cuando no directamente menospreciado— por los propios profesionales de la información, el periodismo de declaraciones es el que cede el tiempo y el espacio informativos —por supuesto, también el protagonismo más absoluto— a las fuentes de información y llega al extremo de dejar que sean éstas las que, aplicando sus propios criterios sobre lo que debe ser la actualidad y el interés periodísticos, establezcan constantemente la agenda temática de los medios.

En un tono más que justificado de protesta airada, la propia Soledad Gallego-Díaz, en otro tiempo Defensora del Lector en el diario *El País*, llegó a escribir que antes era el periodista quien tenía la iniciativa de la información, «mientras que ahora son los propios interesados quienes deciden cuándo, dónde y de qué quieren hablar y quienes dan por supuesto que los medios de comunicación están obligados a recoger ampliamente esas declaraciones».

De la usurpación que hacen las fuentes de información de las funciones que deberían corresponder en exclusiva al periodista nace la modalidad de la entrevista de declaraciones. Su origen hay que buscarlo, pues, en las ruedas de prensa, en las declaraciones oficiales y en los comunicados de los gabinetes de prensa. Ahora bien, la asistencia a cualquiera de esos actos periodísticos no es suficiente para que el periodista se encuentre en condiciones de elaborar una entrevista informativa. Para ello es necesario que el periodista acuerde un encuentro personal con esa fuente para recabar en exclusiva el material informativo indispensable que le permita estructurar su texto de acuerdo con las reglas de la entrevista periodística.

En el caso de que se llegue a realizar dicho encuentro, la estructura de redacción apropiada para este tipo de textos se ajusta bien al modelo clásico de pregunta/respuesta, que no deja espacio ni oportunidad para incluir ningún comentario marginal del periodista o artificio literario que pudiera distraer la atención del receptor sobre las palabras pronunciadas por el entrevistado. La entrevista de declaraciones y, en general, la entrevista informativa agotan su objetivo periodístico al ofrecer al personaje entrevistado la posibilidad de pronunciarse sobre determinados hechos de actualidad, respetando al máximo la literalidad de sus palabras y la intencionalidad de su discurso.

1.2.1. *La entrevista de indagación*

Dentro de la entrevista informativa, hay que hacer una mención especial al subtipo conocido con el nombre de entrevista de indagación. Los manuales de periodismo se ocupan poco de ella por considerarla una entrevista que sólo se utiliza en el contexto específico del Periodismo de Investigación. Sin embargo, la entrevista de indagación es también una entrevista informativa que se ajusta bien al modelo establecido para este género y cuya técnica permite al periodista acercarse al entrevistado con una cierta ventaja.

En el proceso metodológico que culmina con la publicación de un reportaje de investigación, la entrevista de indagación se corresponde con la entrevista final que obligatoriamente debe hacer el periodista al implicado principal en un asunto que ha sido previamente investigado. El objetivo que se persigue con ella es dar la oportunidad al responsable de unos hechos que van en contra del interés público de defenderse de las acusaciones que el periodista va a publicar en su reportaje de investigación. De ahí precisamente se deriva la ventaja a la que hacíamos antes referencia: del hecho de que es el periodista quien, con su trabajo de investigación, destapa una información que hasta el momento permanecía oculta y obliga a las fuentes implicadas en la misma a responder ante la opinión pública. En este contexto, la entrevista de indagación fuerza al entrevistado a presentar en su defensa pruebas verificables —y no solamente declaraciones volátiles— que le eximan de su participación y responsabilidad en los hechos investigados que atentan contra el interés general.

Algo muy característico de este tipo de entrevistas es el nivel de tensión que suele darse entre los interlocutores. Debido a ello, es imprescindible que el periodista acuda a la entrevista sin prejuicios y dispuesto a prestar el máximo de atención a la reacción y a las respuestas del entrevistado. Sería inaceptable que, amparándose en la ventaja que le da el haber realizado previamente una investigación, no se esforzara al máximo por comprender exactamente todo lo que le diga el entrevistado. Esta actitud implicaría acudir a esa entrevista con prejuicios que, en una buena praxis profesional, serían inadmisibles. Muy al contrario, es aconsejable redoblar el esfuerzo de atención al entrevistado porque a nadie se le escapará que, en una situación de gran tensión, no resulta fácil expresarse con claridad ni con coherencia. Muchas veces la tensión que genera la situación conversacional —el periodista imputando al entrevistado unas determinadas acciones que atentan contra el interés público y éste tratando de defenderse de tal acusación— puede llevar al periodista poco familiarizado con este tipo de entrevistas a sentirse inseguro frente a una fuente poderosa.

No hay duda de que la entrevista de indagación resulta siempre muy complicada de llevar a cabo y exige una buena preparación psicológica por parte del periodista. Nunca debe descartar que en ella vaya a recibir presiones —incluso amenazas— para que no publique lo investigado. Naturalmente, el grado de presión y de coacción que reciba dependerá del poder de los investigados y de la peligrosidad del tema investigado sobre el que deban tratar; pero esta situación complicada no puede servir nunca de excusa para dejar de realizar estas entrevistas. En el ya histórico caso Watergate, los dos periodistas del *The Washington Post* llegaron a intentar establecer una misma entrevista hasta veintiocho veces con una fuente implicada en la investigación, hasta que, finalmente, consiguieron que aceptara pactar las reglas del juego y conversar con ellos en una entrevista de indagación.

También es importante que el periodista sea capaz de situar cada nueva información que le vaya proporcionando el entrevistado dentro del conjunto de la historia que ha investigado, por lo que no es aconsejable acudir a este encuentro con un guión prefijado y escrito, aunque sí con un guión memorizado que podrá ir modificando según los derroteros por los que vaya discurriendo la entrevista.

Otra cuestión destacable de la entrevista de indagación es la necesidad de que el periodista evalúe constantemente el valor periodístico de cada uno de los nuevos datos que vayan surgiendo en la conversación. Sería un grave error confundir el valor periodístico de unas declaraciones con el interés personal que las mismas puedan suscitar, tanto en el periodista al escucharlas como en el entrevistado al pronunciarlas.

Habitualmente la entrevista de indagación se emplea para confirmar, con el máximo de detalle posible, todos los datos que forman parte de una investigación periodística. De ahí la práctica insustituible de formular con palabras diferentes unas mismas preguntas para comprobar que realmente el entrevistado entiende exactamente la pregunta que se le hace y que se ratifica en una misma respuesta. Esta técnica permite desterrar las interpretaciones erróneas y los malentendidos que, sin duda, vendrían a incrementar la tensión y a incomodar, aún más si cabe, el acto de entrevistar.

En otro sentido, hay que partir de la base de que muy probablemente el periodista investigador no vaya a disponer de una segunda oportunidad para volver a hablar con esa fuente implicada en su investigación. Como consecuencia de ello, no puede permitirse el lujo de desaprovechar la ocasión de sacar el máximo rendimiento posible de ese encuentro. Tal actitud profesional sería totalmente injustificable.

Por otro lado, está de más decir que en este tipo de entrevista es el periodista quien debe tomar las riendas de la conversación y conducirla hacia las preguntas a las que busca respuesta, de manera que sea él y no la fuente quien lleve la iniciativa del diálogo y quien asuma la dirección del encuentro. Esta característica es la que establece la diferencia principal entre la entrevista de indagación y la entrevista informativa, ya que en ésta habitualmente es el propio entrevistado quien se apodera del control de la situación, mientras que en aquélla ocurre exactamente al revés.

Recordemos, por último, que en estas entrevistas no se trata en ningún caso de solicitar la aprobación del texto final del reportaje, ni de justificar ante la fuente implicada la investigación que se ha concluido. Tampoco sería pertinente por parte del periodista aprovechar ese encuentro para *atemorizar* a su entrevistado con la próxima publicación del reportaje que le implica. Muy lejos de todo ello, el objetivo principal de la entrevista de indagación es conocer la versión que de los hechos quiera dar el entrevistado y escuchar con la máxima atención los argumentos que tenga a bien brindarle para justificar su actuación. Argumentos que, insisto, deberán ser verificados posteriormente antes de aceptarlos como datos fiables.

1.3. LA ENTREVISTA LITERARIA O CREATIVA

Si hasta aquí hemos hablado de la entrevista informativa y de los principales subtipos que el tiempo y la práctica profesional han acabado por consolidar, ahora presentaremos la entrevista literaria o de creación que, según José Acosta Montoro, es aquella otra en la que «intervienen muy esencialmente las dotes personales de quien la realice: observación, ambiente, creación y recreación, mundo de resonancias y de sugestiones, más prosa propia que ajena, dirección, en fin, de orquesta» (Acosta, 1973: 126).

Se ha escrito muy poco sobre este tipo de entrevista, a pesar de que son muchas las publicadas por la prensa española en las últimas dos décadas. Ubicada habitualmente en los suplementos dominicales de los diarios o en sus páginas de cultura —también en las revistas de distinta periodicidad—, las entrevistas literarias o de creación tienen la particularidad de que presentan una mirada distinta sobre los personajes públicos que se asoman habitualmente a los medios, tamizada siempre por la particular sensibilidad del periodista que las firma.

El objetivo periodístico que se persigue con esta entrevista no es sólo presentar las declaraciones que sobre un tema de actualidad realiza un personaje público, sin más pretensión que interferir el mínimo posible en ellas, sino ofrecer, además, una nueva dimensión estética del texto que lo dote de un sentido global como obra.

El interés periodístico de una entrevista de creación viene dado, en consecuencia, además de por las declaraciones del entrevistado que eventualmente pueda contener, por la propia narración que el periodista elabore sobre el personaje y sobre su particular personalidad, tomándole a él como mensaje informativo además de como eventual fuente de información. En este tipo de entrevistas el periodista aporta mucho más de su propia personalidad que si actuase como un simple informador, y en su modo de narrar la entrevista va implícita una mayor libertad creativa o literaria.

Caracteriza a esta entrevista, además del interés por las respuestas concretas que dé el entrevistado, una especial atención a cómo lo dijo, por qué lo dijo, qué podía estar pensando cuando lo decía y qué quería decir en realidad con lo que estaba diciendo. Todo ello visto a través de los sentidos de un profesional de la información que ejerce en este caso, a la vez que de periodista, de narrador literario, de autor creativo, y que después deberá mezclar con maestría la información obtenida del entrevistado con la percepción que la conversación y el ambiente hayan provocado en él (Frattini y Quesada, 1994: 304). No hay duda de que el hecho de conjugar en este género híbrido la literatura con el periodismo propicia la prolongación de la vida periodística de los personajes entrevistados, ya que, al intentar ofrecer al público un *producto estético acabado*, se consigue que la recreación literaria del personaje se convierta en única e irrepetible.

La intencionalidad o actitud esencial con que el periodista debe afrontar la entrevista de creación parte de la asunción del factor *subjetivo* como mediador de la conversación para, a través de la utilización de un lenguaje narrativo y de creación, ofrecer al lector una multiplicidad de interpretaciones, una pluralidad de lecturas, lo que Umberto Eco denominaría una «obra abierta» (Quesada, 1984: 13). De esta manera se consigue que la entrevista de creación presente cada vez una *forma* diferente, nueva y distinta a todas las anteriores, pues cada texto redactado no es más que «el fruto de la relación irrepetible que se ha dado entre dos interlocutores» (Bingham, 73: 22). También se logra con estos textos que la atención del lector no se disperse, motivándole a asumir sin reticencias lo novedoso y sorpresivo de las nuevas estructuras y facilitando así el establecimiento de una función comunicativa que va más allá del simple contenido informativo de las declaraciones de las que da cuenta.

1.4. OTROS TIPOS DE ENTREVISTAS

Además de los mencionados hasta aquí, existen otros muchos subtipos de entrevistas periodísticas que encontramos habitualmente en los medios de comunicación que son, en realidad, variantes, mejor o peor conseguidas, de los dos tipos principales antes explicados. Antonio López Hidalgo (1997: 126 y ss.) ha tratado de poner algo de orden en este ámbito proponiendo una clasificación que las ordena y las diferencia entre sí, aunque insiste en señalar que, en algunos casos, ni siquiera pueden ser consideradas, en sentido estricto, como entrevistas periodísticas.

De entre las muchas que cita el autor, sólo me detendré un instante en las que considero que tienen mayor interés periodístico: las conferencias y ruedas de prensa, las encuestas o entrevista de grupos, las entrevistas-debate y el cuestionario «Marcel Proust». Paso por alto los otros textos periodísticos identificados por López Hidalgo porque su aparición en los medios es verdaderamente excepcional, lo cual los condena a no estar presentes en una tipología como la que aquí se pretende.

Aunque mi intención no es analizar en detalle estos otros tipos de entrevistas, sí deseo destacar el hecho de que todos ellos persiguen un mismo objetivo: presentar el intercambio de preguntas y respuestas bajo una estructura formal en la que lo imprescindible es dejar constancia de las declaraciones del personaje o personajes participantes. Poco interesan, en estas variantes de entrevista periodística, los otros elementos, integrantes naturales del género y presentes en todo acto comunicativo, como la manera de hablar del entrevistado, la descripción del escenario en el que se produce el encuentro o el estado de ánimo con el que responde a las preguntas del periodista. La información que se obtendría de estas otras interrogantes exigiría la participación activa del periodista para captar, interpretar, deducir y a veces hasta intuir lo que el personaje está tratando de transmitir y, en este sentido, ninguna de las modalidades de entrevistas mencionadas arriba deja ninguna opción a este quehacer profesional.

Parafraseando al profesor Antonio López, hay que empezar por señalar que las conferencias y las ruedas de prensa «sólo son técnicas de trabajo periodístico que los propios protagonistas de la actualidad ponen a disposición del periodista, y en ningún supuesto se pueden considerar como otra variedad de la entrevista». Efectivamente, en las rutinas habituales de trabajo de los periodistas se incluye la tarea cotidiana de hacer preguntas y tomar nota exacta de las respuestas que les proporcionan sus fuentes. Sin embargo, esa técnica habitual que rige todo el proceso de producción de la información no se acaba plasmando siempre, ni de manera ineludible, en un texto periodístico que cumpla con las características y los requisitos que el género establece para la entrevista periodística. Cuando así ocurre, es debido a la decisión del periodista de presentar las abundantes declaraciones de las que dispone bajo la estructura formal de una entrevista periodística, pero en ningún caso se ha dado ese *encuentro a solas* con el entrevistado que exigiría cualquier tipo de entrevista.

En cuanto a la encuesta y la entrevista de grupos, de nuevo se trata de métodos de trabajo para obtener información más que de variantes del género de la entrevista. Aunque a diferencia de la encuesta estadística, que siempre es anónima, en éstas se pregunta a personajes muy conocidos por la audiencia, no se pueden comparar en puridad con una entrevista periodística porque tampoco su presentación formal en los medios de comunicación reúne los requisitos indispensables para que los mismos receptores de estos mensajes las identifiquen como tales.

Lo mismo ocurre con las entrevistas-debate, que funcionan bien en los medios televisivos y radiofónicos cuando se organizan al estilo de una mesa redonda. Sin embargo, en los medios escritos resultan de difícil plasmación y prácticamente imposible su estructuración como entrevista periodística.

Por último, merece también un breve comentario el conocido con el nombre de cuestionario «Marcel Proust», cuyo nombre le viene dado por haber sido éste el primer personaje al que se le propuso este tipo de entrevista. Aunque con el tiempo han ido apareciendo otros cuestionarios similares, inspirados todos ellos en el mismo interés por profundizar en la personalidad del entrevistado, todos, en general, responden a un tipo específico de test psicológico que, fuera del contexto propio de las terapias psicológicas, se revelan como poco adecuados para conseguir tal objetivo.

No interviene en este cuestionario la interpretación personal que pueda hacer el periodista de las palabras de su entrevistado, razón por la que no sería en modo alguno correcto considerar que el cuestionario Marcel Proust es una variante de la entrevista de creación, porque la intervención activa del periodista en la narración y estructuración del texto final es una característica intrínseca y definitoria de esta modalidad.

A lo sumo, se podría aceptar que comparte con la entrevista de creación una misma intencionalidad: la de tratar de conocer algo más y algo distinto sobre la personalidad del entrevistado. No obstante, como afirma no sin cierto enfado el profesor José Julio Perlado, «los cuestionarios fríos, esquemáticos, como corsés que impiden moverse, con un casillero para rellenar respuestas, son los enemigos de toda entrevista cálida, con olor y sabor» (1995: 27).

2. La técnica

No hay duda de que el éxito de una entrevista depende tanto de lo que el periodista haga antes de formular la primera pregunta como de la habilidad que muestre para dirigir la conversación. Estos son, a la hora de la verdad, los dos elementos claves que entran en juego en la técnica de la entrevista: la documentación previa al encuentro y la preparación de las preguntas que deban formularse. El periodista que no pueda dedicar tiempo y esfuerzo a esas dos cuestiones perderá la oportunidad de conseguir un buen aprovechamiento del encuentro con su interlocutor e, incluso, puede llegar a poner en peligro la propia entrevista si éste no acepta considerarle como un buen interlocutor (Quesada, 1994: 255).

Prepararse para hacer una entrevista quiere decir, en primer lugar, documentarse a fondo sobre la persona a quien se va a entrevistar. Como afirma David Vidal desde la pragmática lingüística, «vamos a establecer conversación con un personaje sobre los temas que él domina; el contexto que se establecerá será, pues, *su terreno*» (1998: 330). El proceso de documentación comienza con la información que se pueda encontrar sobre el entrevistado en las hemerotecas, ya sea debido a entrevistas concedidas con anterioridad a otros periodistas o como consecuencia de anteriores intervenciones que haya realizado ante los medios de comunicación. También es aconsejable hablar con otros periodistas u otras personas que le conozcan personalmente porque esto da la oportunidad de acceder a un tipo de información que habitualmente no aparece reflejada en los medios, pero que puede ser de gran utilidad para preparar el encuentro.

Si el periodista dispone del tiempo suficiente para preparar lo mejor posible la entrevista que va a realizar, es también recomendable que consulte algo de la bibliografía sobre los temas en los que el entrevistado sea experto. Con ello conseguirá desarrollar un conocimiento básico sobre la especialidad que maneja el entrevistado en su ámbito laboral y evitará que la conversación se convierta en un monólogo técnico e inaccesible, en el que sin duda se pondrá en evidencia la falta de profesionalidad del periodista.

No olvidemos nunca que el público que finalmente será el destinatario de estas entrevistas suele reconocer con bastante facilidad aquellas en las que el entrevistador no se ha documentado a fondo, como sería preceptivo. Casi siempre son entrevistas en las que las preguntas son dema-

siado generales, o tópicas, y en las que son frecuentes los cambios brus-
cos de tema, consecuencia natural de una conversación deshilvanada por
la incompetencia del periodista para seguir con naturalidad el hilo de las
respuestas que haya ido ofreciéndole el entrevistado.

Si ha hecho mal su trabajo o, lo que es peor, si no lo ha hecho, el
periodista corre el riesgo de que su interlocutor llegue incluso a sentirse molesto por la evidente ignorancia que le demostrará el periodista
sobre su persona, por lo que pocas ocasiones futuras le brindará para
volver a conversar con él y, lo que aún es más grave, el público no tar-
dará en etiquetarle como un mal profesional al que no hay que prestar
demasiada atención.

El proceso de documentación que toda entrevista exige permite al periodista no formular la impresentable pregunta de «¿en qué fecha fue usted nombrado ministro?». El periodista tiene que haber manejado suficiente documentación sobre el entrevistado para no caer en banalidades
de este calibre ni ponerse de esta manera en evidencia ante su interlocutor (Quesada, 1994: 262).

La otra cuestión técnica que es imprescindible abordar es la elaboración de las preguntas que deberán guiar la conversación con el entrevistado. En este punto es importante que el periodista no pretenda abar-
carlo todo de una sola vez, como si no fueran a existir otras oportunidades para volver a entrevistar al personaje. Es mucho más aconsejable que
centre su atención en sólo algunos aspectos de los muchos que, con toda
seguridad, pueda tratar con el entrevistado.

No se trata de reducir a cinco páginas su biografía completa o de pre-
guntarle por las miles de ideas que seguramente le rondarán por la mente. En el corto espacio de tiempo que habitualmente dura una entrevista
periodística, es más que suficiente con cubrir aquellos objetivos informativos mínimos que justifiquen el interés por el personaje y su aparición en un medio de comunicación.

Por otro lado, los expertos en sondeos de opinión saben por experiencia que obtendrán respuestas diferentes en función de cómo estén
formuladas las preguntas del cuestionario. También los periodistas tienen que ser muy conscientes de este hecho y esforzarse por formular las
preguntas de una manera clara, transparente y concisa, con el fin de que
no denoten ningún tipo de parcialidad o de intencionalidad oculta e in-
deseada. No es lo mismo dejar que el entrevistado se exprese libremente sobre lo que se le plantee —recordemos que éste es el objetivo de toda
entrevista periodística— que hacerle caer en alguna respuesta que tal
vez nunca antes habría dado de no haber sido inducido a ello por la hábil oratoria del periodista.

Y si es importante la manera como van a formularse las preguntas,
no lo es menos el orden lógico con el que vayan a sucederse. Lo más correcto es preparar un guión escrito y utilizarlo en la conversación cuando se considere necesario. Sin embargo, en ningún caso este guión deberá ser un instrumento que entorpezca el libre fluir del diálogo. Los

buenos entrevistadores acostumbran a llevar ese guión memorizado y sólo recurren a él para salvar aquellos momentos de silencio embarazoso en los que es necesario cambiar de tercio.

2.1. La actitud profesional

Otro aspecto de la técnica de la entrevista al que deberemos prestar una especial atención es la preparación psicológica que implica el acudir a la cita con un entrevistado. Puesto que, como ya ha quedado dicho, no se trata de un encuentro casual sino de algo convenido y acordado por ambas partes, es imprescindible que el periodista acuda con la actitud profesional adecuada para sacar el máximo provecho de la ocasión. Para ello es imprescindible comenzar por adoptar una actitud de interés por el entrevistado. La profesora Begoña Echevarría aconseja ofrecer un trato respetuoso a las personas, lo cual implica: «No abusar del tiempo concedido para la entrevista, respetar sus ideas y opiniones y escucharle con verdadera atención» (2002: 91). Consejos todos ellos valiosísimos, independientemente del tipo de entrevista que se quiera realizar.

No hay nada más detestable que la actitud prepotente del que todo lo sabe y del que nada necesita aprender. Aunque este tipo de periodistas no suelen dedicarse al género de la entrevista, es oportuno recordar aquí que esa actitud es totalmente incompatible con este género pues, en definitiva, de lo que se trata es de dialogar con el entrevistado y de obtener el máximo de información posible. Los protagonismos hay que dejarlos para mejores momentos.

Tampoco está de más que el periodista aprenda a controlar sus propios entusiasmos y sus quinas y se presente ante el personaje simple y llanamente con la actitud abierta del que quiere saber. En este sentido, Hugh C. Sherwood afirma que ninguna técnica, truco o sistema podrán nunca sustituir la impresión que el periodista causará como persona (1976: 14).

Por último, no quiero dejar de señalar que la actitud profesional del entrevistador debe estar siempre dispuesta a adaptarse y/o contrarrestar la propia actitud que muestre el entrevistado a lo largo de la conversación. Esto quiere decir que, ante los que se avienen gustosamente a dialogar y a responder a cuantas preguntas se les formulan, hay que prestarles toda la atención y hacerles sentir que se les escucha y, lo más importante, que se les entiende. En cambio, ante los entrevistados que no muestran interés en hablar o que responden esquivos a la interlocución, hay que saberles llevar con maestría hacia nuestro terreno, aunque sea a base de mantener durante el encuentro una actitud agresiva e inquisitoria, con todos los riesgos que ello pueda conllevar.

Sean cuales fueren las circunstancias que puedan darse cita en ese encuentro, es imprescindible que el periodista muestre siempre un buen conocimiento de los hechos que justifican el interés por el entrevistado o por su particular personalidad. Sólo así logrará evitar que le engañe o que le mienta. Aunque no sepa exactamente todos los detalles de los hechos por los que le pregunta, podrá detectar con relativa facilidad que el entrevistado no está siendo honesto en sus respuestas y, en consecuencia, deberá esforzarse por ponerle en evidencia en defensa del derecho general que todos tenemos a la información veraz.

3. La redacción

Leonor Arfuch afirma que la entrevista es *una narrativa*, es decir, «un relato de historias diversas que refuerzan un orden de la vida, del pensamiento, de las posiciones sociales, las pertenencias y pertinencias» (1995: 89). Ese relato, que puede ser escrito o audiovisual, exige la intervención del periodista para traducir y adaptar a cada medio el contenido de la conversación mantenida con el personaje. Si hablamos de medios escritos, el texto que finalmente se publique deberá haber eliminado las redundancias y las respuestas reiterativas que en el lenguaje oral son frecuentes y que, sobre el papel, entorpecerían enormemente la comprensión de lo conversado.

El paso de la conversación a la página impresa implica necesariamente una manipulación lingüística que, en modo alguno, puede desvirtuar ni el contenido de las declaraciones, ni el sentido profundo de las mismas, ni la intencionalidad con la que se hicieron, ni el ambiente dialéctico en el que se produjeron. La reproducción de las palabras del entrevistado debe hacerse de manera que, respetando la exactitud semántica de cuanto haya querido decir, no quede constancia por escrito de la cantidad de expresiones y vocablos incorrectos que frecuentemente todos deslizamos en nuestra conversación. Hasta las personas más letradas incurren, cuando hablan, en incorrecciones lingüísticas y en errores gramaticales —que contrarrestan con su expresividad facial y con sus gestos— y no sería honesto ni educado por parte del periodista aprovecharse de esa circunstancia habitual y cotidiana para poner en evidencia al entrevistado.

Ahora bien, mejorar sus expresiones en el texto escrito o simplemente eliminar las que resulten malsonantes tampoco quiere decir retocar y maquillar sus palabras hasta el extremo de que resulten irreconocibles incluso para él mismo. El buen entrevistador debe saber encontrar ese término medio que hace que el texto final sea gramaticalmente correcto, al tiempo que resulta escrupulosamente fiel al contenido real de la entrevista mantenida.

Para ser fiel a la realidad semántica de la entrevista que se ha realizado es aconsejable que el contenido de la conversación se reordene a partir de algún eje que ayude al periodista a exponer con claridad lo tratado en su encuentro con el entrevistado. Una buena manera de reordenar el discurso oral es, por ejemplo, estableciendo un orden temático de las respuestas, en lugar del habitual orden cronológico.

Es razonable pensar que a lo largo de la conversación los temas habrán ido surgiendo de manera fluida, a veces sobreponiéndose los unos a los otros, casi siempre de manera desordenada y que el encuentro nunca fue tan secuencial como al final se presenta en el texto escrito. Sin embargo, un cierto orden en la redacción es imprescindible para hacer comprensible a quienes no estuvieron presentes en esa conversación el contenido de la entrevista.

En el caso de que la entrevista haya sido planificada para ser emitida por radio o por televisión, aunque el proceso de *redacción* final es diferente, también implica el montaje de las imágenes obtenidas y la posproducción de la cinta que contenga la conversación. Sin embargo, el hecho de que habitualmente sea otro periodista distinto al que habló con el entrevistado el que finalmente se ocupe de montar esa entrevista y dejarla lista para su emisión me lleva a no incidir especialmente en la redacción de este tipo de entrevistas.

Armand Balbsebre y Manuel Mateu, profesores de la Universidad Autónoma de Barcelona, han analizado ampliamente la entrevista audiovisual y a ellos remito al lector para ampliar su formación sobre este particular. El hecho de que el periodista que finalmente vaya a editar la cinta no haya estado presente en la conversación hace que en la edición se prioricen los aspectos técnicos, de calidad de imagen y de sonido, por encima de otros elementos conversacionales que sólo el entrevistador está en condiciones de detectar y de valorar en su justa medida.

Las entrevistas que se publican en prensa responden a una redacción y a una estructura que sólo están perfectamente definidas en el caso de las entrevistas informativas o de cualquiera de sus variantes. La redacción de éstas se configura a partir de la utilización del estilo periodístico directo, en el que destaca la sencillez y la concisión del lenguaje. Lo más habitual es aplicar con flexibilidad la estructura de redacción que proporciona el sistema de pregunta/respuesta, de manera que el texto resultante dé buena cuenta de las afirmaciones principales que se hayan producido en el encuentro.

Las entrevistas informativas suelen ir encabezadas con una entradilla extensa que cumple la función de presentar al personaje entrevistado y contextualizar su aparición en los medios en función de su intervención en la actualidad periodística. Suele destacarse en ella el aspecto más sobresaliente de cuantos hayan surgido en la conversación, llamando la atención del lector sobre el valor informativo que esa entrevista aporta al conjunto de la información del día. Si, por el contrario, el periodista está encargado de redactar una entrevista literaria o de creación, entonces el texto final deberá incluir al menos los dos niveles de comunicación que se han dado cita en el encuentro: el nivel denotativo que presenta los significados que expresamente ha querido verbalizar el entrevistado y el nivel connotativo que es susceptible de ser interpretado libremente por el entrevistador.

No existe una estructura cerrada para redactar este tipo de textos. Exceptuando la obligatoriedad de presentar al personaje entrevistado para que sea rápidamente identificado por el lector —lo cual suele resolverse en el inicio de la entrevista—, el resto de la estructura es completamente libre e incluso tiende a ser diferente para cada una de las entrevistas como consecuencia de que también son diferentes las coordenadas objetivas y subjetivas en las que se produce cada encuentro entre un entrevistador y su entrevistado.

La fórmula estructural de la pregunta/respuesta que resulta muy útil en las entrevistas informativas no encaja bien en la entrevista de creación porque limita la libertad narrativa del autor y entorpece su particular modo de hacer. Puesto que, en definitiva, se trata de elaborar un relato literario, abierto a múltiples interpretaciones, y con marcados signos de originalidad y de creatividad, el autor deberá abordar cada texto desde su propia subjetividad literaria y con la libertad que le otorga el hecho de haber asistido en primera persona al encuentro con el entrevistado.

Por último, al tratarse de un género interpretativo en el que son bien recibidas las interpretaciones y las opiniones que quiera formular el propio entrevistador, es frecuente que en el relato final se mezclen las descripciones más rabiosamente objetivas con las metáforas más elaboradas y literarias, fruto de las impresiones subjetivas que haya tenido el periodista durante su conversación con el entrevistado o como consecuencia del entorno elegido para materializar ese encuentro.

Recordemos una vez más que en la entrevista literaria no hay más fronteras, como también ocurre en la literatura en general, que las que imponga la propia capacidad creativa del autor. Tal vez por ello —y ahí reside lo más interesante de este género—, entrevistador y entrevistado comparten escenario y protagonismo a los ojos del lector, pues tanto interés tiene la posibilidad de aprehender la esencia de la personalidad del personaje entrevistado como los comentarios, reacciones e impresiones que sea capaz de plasmar en el texto el periodista que haya asistido a este encuentro. Porque, en última instancia, una entrevista siempre es el resultado de *la relación* que se da entre al menos dos personas, y en la entrevista literaria esa *relación* es lo que resulta verdaderamente apasionante y la convierte en única e irrepetible.

Bibliografía

ACOSTA MONTORO, J. (1973): *Periodismo y literatura*, Guadarrama, Madrid, 2 vols.

ARFUCH, L. (1995): *La entrevista, una invención dialógica*, Paidós, Barcelona.

BALSEBRE, A., MATEU, M. y VIDAL, D. (1998): *La entrevista en radio, televisión y prensa*, Cátedra, Madrid.

CANTAVELLA, J. (1996): *Manual de la entrevista periodística*, Ariel, Barcelona.

— (2002): *Historia de la entrevista en la prensa*, Universitas, Madrid.
ECHEVARRÍA LLOMBART, B. (2002): *Las W's de la entrevista*, Universidad Cardenal Herrera-CEU, Valencia.
FRATTINI, E. y QUESADA, M. (1994): *La entrevista. El arte y la ciencia*, Eudema, Madrid.
LÓPEZ HIDALGO, A. (1997): *La entrevista periodística, entre la información y la creatividad*, Ediciones Libertarias, Madrid.
QUESADA, M. (1984): *La entrevista: obra creativa*, Mitre, Barcelona.
— (1992): «Com escoltar les fonts abans d'escriure», en *Periodística*, Barcelona, Sociedad Catalana de Comunicación, n.º 6, pp. 61-67.
RODRÍGUEZ BETANCOURT, M. (1984): *Acerca de la entrevista periodística*, Universidad, La Habana.
— (2001): *La entrevista periodística y su dimensión literaria*, Tauro, Madrid.
SHERWOOD, H. C. (1976): *La entrevista*, ATE, Barcelona.

CAPÍTULO 17

LA CRÓNICA EN EL PERIODISMO: EXPLICACIÓN DE HECHOS ACTUALES

JUAN CANTAVELLA
Universidad San Pablo-CEU. Madrid

«La publicación que Herodoto de Halicarnaso va a presentar de su historia se dirige principalmente a que no llegue a desvanecerse con el tiempo la memoria de los hechos públicos de los hombres, ni menos a oscurecer las grandes y maravillosas hazañas, así de los griegos como de los bárbaros. Con este objeto refiere una infinidad de sucesos varios e interesantes, y expone con esmero las causas y motivos de las guerras que se hicieron mutuamente los unos a los otros. La gente más culta de Persia y mejor instruida en la Historia pretende que los fenicios fueron los autores primitivos de todas las discordias que se suscitaron entre los griegos y las demás naciones...»

(Herodoto en el comienzo de *Los nueve libros de la Historia*.)

«En todas estas islas me parece que todos los hombres sean contentos con una mujer, y a su mayoral o Rey dan hasta veinte. Las mujeres me parece que trabajan más que los hombres. Ni he podido entender si tienen bienes propios, que me pareció ver que aquello que uno tenía todos hacían parte, en especial de las cosas comederas.»

(Cristóbal Colón en la carta dirigida a Luis de Santángel al término de su primer viaje.)

No son textos de ahora mismo, como habrá percibido el lector, sino que fueron escritos hace siglos y sus autores tienen la consideración de cronistas. Y es que la crónica no nace con el periodismo, sino que éste aprovecha una tradición literaria e histórica de largo y espléndido desarrollo para adaptarla a las páginas de la prensa y satisfacer de esa forma las necesidades que manifestaban los lectores. El proceso se produce paulatinamente y al cabo logra afianzarse en los periódicos, hasta el punto de que con el tiempo llega a resultar imprescindible en ellos y entra en decadencia la que existía con anterioridad. En nuestros días la crónica se encuentra fuertemente arraigada en diarios y noticieros audiovisuales y asume la tarea más requerida en los medios: la explicación e interpretación de cuanto acontece en el mundo, ya sea en el ámbito político y bélico, como social, judicial, parlamentario, deportivo, viajero o taurino.

Es precisamente esa capacidad de no limitarse a relatar de forma escueta y distante los sucesos del presente lo que le otorga una solidez y un empuje que la hace imprescindible. Nunca como ahora se ha sentido el individuo abrumado por tantas noticias, pero al mismo tiempo nunca hemos necesitado más que tales hechos dispersos nos fueran engarzados en un conjunto coherente para encontrarles su auténtico valor. De no ser así se nos escapa el sentido último de los acontecimientos y nos perdemos en el torbellino de los aconteceres nimios.

Así como la entrevista o el reportaje son modalidades de escritura que han nacido por y para el periodismo, la crónica la heredamos de la literatura y tiene una vida propia al margen de aquél. No es extraño, por tanto, que a la hora de estudiar la crónica como texto propio de los periódicos y, por extensión, de los medios audiovisuales, nos encontremos con que puede confundirse con el relato histórico o la narración literaria; que está siendo utilizada popularmente con sentidos muy diversos y que ni siquiera el diccionario de la Real Academia (2001) la define con el necesario rigor, puesto que no lo es describirla como «artículo periodístico o información radiofónica o televisiva sobre temas de actualidad» (para nosotros el artículo es un texto con una significación propia que no es aplicable aquí y, por otra parte, ocuparse de los temas de actualidad es algo ineludible para todo lo que vaya a publicarse en un diario). Es notable la amplitud del campo semántico del término *crónica* y la diversidad de conceptos que de él se desprenden, con la consiguiente equivocidad (lo malo es que dentro del periodismo no se han llegado a establecer exactamente sus características y aplicaciones, con lo que crece la confusión).

Etimológicamente la crónica procede de la palabra griega *cronos*, que significa «tiempo», por lo que siempre se la asociará con el desarrollo temporal de los acontecimientos. La crónica es, para los periodistas, un texto de actualidad, pero enmarcado en un espacio y un tiempo concretos, que no sólo atiende al mero relato de los hechos, sino también a la valoración de los mismos. No se limita, pues, a informar, sino que interpreta o explica los sucesos de que se está dando noticia. Representa un paso más en el compromiso del periodista con los lectores, oyentes o espectadores, dado que siempre significa un esfuerzo superior el añadir la valoración de lo que ha ocurrido sobre la simple relación de los datos que se ha llegado a conocer. Es evidente que, planteada de esta manera, no está al alcance de cualquiera, porque exige una gran madurez, algo que da el estudio y el poso que los años dejan en los seres humanos. No es un género periodístico para empezar con él en cuanto se llega a una redacción, pero tampoco hay que temerlo ni dejarlo a un lado porque se piense que sólo se halla al alcance de los compañeros muy veteranos.

La valoración personal que el cronista aporta es precisamente lo que confiere su marchamo al texto para tomar distancias de la pura narración noticiosa. Y esa valoración, que no opinión, sino explicación, está basada en el conocimiento profundo de las personas, países y situaciones. Claro está que ese conocimiento lo da el estudio, pero sobre todo la observación, la reflexión y la experiencia, ya que el seguimiento de la actualidad desde una redacción enseña muchísimo. De ahí que todos los autores hayan puesto de relieve que no es concebible la crónica sin firma, porque no se trata de un texto aséptico, sino marcado por las aportaciones personales, que el autor superpone a ese primer nivel donde se halla situada la noticia.

Hay que distinguir la crónica de los géneros que se encuentran más cercanos, para buscar lo específico de su presentación y porque con frecuencia los que no dominan esta técnica son incapaces de hallar el punto exacto donde se sitúa: tienen tendencia los menos avispados a inclinarla hacia la información, convirtiendo sus textos en mera noticia o reportaje desde una ciudad o un país lejano; otros, en cambio, derivan hacia la opinión y ofrecen un muestrario de juicios, más propio de un artículo o un editorial. En realidad es que participa de la información y de la opinión, aunque hay que dar con el punto exacto de encuentro y la especificidad de su contenido. Su inclusión entre los géneros interpretativos hace que lo peculiar de su enfoque se centre en la explicación, en desentrañar los hechos desde el conocimiento profundo de sus causas y derivaciones.

Debe quedar bien claro que la crónica no es una noticia, porque ésta se limita a informar objetivamente sobre algo que ha ocurrido; ni tampoco un reportaje, porque éste profundiza en hechos, pero sin entrar en la valoración de los mismos. Por otra parte, su contenido debe diferenciarse claramente del artículo, que transmite opiniones personales, con un carácter marcadamente subjetivo. No es buena crónica, pues, aquella en la que sólo campa la información, como tampoco aquella en la que predominan los juicios propios en el análisis de una cuestión cualquiera, sea de actualidad o no.

Históricamente también se han producido bandazos en esta configuración. A principios de siglo se tendía a escribir unas crónicas que tenían mucho de artículo, incluso se producían confusiones conceptuales al llamar crónicas a lo que eran claramente artículos y al revés. En nuestros días, en cambio, la tendencia más acusada en la prensa española es presentar como crónicas lo que no son sino informaciones de corresponsales destacados en países extranjeros, pero donde se puede encontrar ausencia de valoración o una dosis de ella realmente mínima. En ese complicado equilibrio es donde se balancean este tipo de textos.

La crónica tendría que estar dotada de síntesis, al resumir en un par de folios todo lo que la actualidad ha producido al cabo del día o de la semana (entre dos fechas); imparcialidad, porque la valoración se basa en los conocimientos, no en la subjetividad del firmante; brillantez, porque se trata de transmitir unas realidades que el lector no conoce, pero que le gusta ver expuestas de una forma segura y atractiva; interés humano, ya que los hechos fríos desconciertan más que aproximan: siempre que se pueda hay que procurar contar lo sucedido a través de detalles que lo hagan más próximo y comprensible, porque es la manera de que el lector se identifique con quienes están viviendo un acontecimiento grato o ingrato.

1. La crónica como género histórico-literario

La crónica, como relato de unos hechos verdaderamente sucedidos o que se suponen ciertos, ha sido cultivada por importantes escritores y ha encontrado su lugar en la historia y la literatura desde los tiempos de la antigüedad clásica. Aunque no se puedan identificar las formas que proceden de esos campos con las periodísticas, bueno será conocer lo que se ha escrito bajo esta denominación, para ver de qué forma ha ido evolucionando hacia la clase de textos que aquí estudiamos.

La crónica deriva de los «anales» que, al decir de Pérez Rioja en su *Diccionario literario universal*, es la «primera forma de narración histórica, desarrollada mediante la recopilación de noticias ligadas al curso del tiempo. Vienen a ser sinónimos de crónica, aunque su sentido etimológico exprese la idea literal de "narraciones por años"» (p. 56). De esta primera modalidad de narración histórica se desprendieron las crónicas, que alcanzaron un peso considerable con los autores que se aficionaron a ellas durante la Edad Media. A juicio del mismo autor, «narran los hechos históricos de una manera esquemática» (p. 261). En todas las épocas podemos encontrar testimonios de este tipo de escritura, en ocasiones dotados de una calidad notable.

Veamos algunas muestras de su cultivo a lo largo de los siglos. Comencemos con Herodoto de Halicarnaso (484-425 a.C.), famoso historiador griego, padre de la historiografía, que concibe su obra como una exposición de investigaciones, con las que fundamenta sus escritos. Encuentra su inspiración en la epopeya y en las leyendas, pero da un paso más en su afán de racionalizar todo este material: «Su encanto consiste en que su patetismo nunca borra la espontaneidad y sencillez de su estilo, que conserva muchos rasgos coloquiales, a los que pertenecen el mismo gusto por la digresión y la anécdota […]. Se informó a conciencia, pero las fuentes que utilizó no fueron siempre las mejores» (ídem, pp. 454-5). No se contenta con investigar las causas inmediatas del conflicto, sino que indaga sobre los motivos profundos que los provocaron.

En Roma destacan los escritos de Cayo Julio César (100-44 a.C.), un relator de sus propias empresas guerreras que nos ha dejado los *Comentarios a la guerra de las Galias* y los *Comentarios a la guerra civil*. Según uno de sus exégetas, estas obras «no son sino el diario de sus actos; los escribe para suministrar a los futuros historiadores los materiales de los hechos acaecidos en sus campañas y para que sus contemporáneos le juzguen como él deseaba ser juzgado». Cuenta hechos realmente sucedidos, pero que le afectan directamente, con lo cual está justificada la duda de si nos hallamos ante la verdad de lo ocurrido o ante una manipulación. Lo que los historiadores concluyen es que César se ocupa de los hechos principales, pero minimiza u omite todo aquello que no le conviene (y en eso no es muy diferente al comportamiento de todos los que escriben sobre hechos que personalmente les conciernen, sean historiadores o memorialistas). A pesar de todo, siempre es útil conocer la historia con testimonios de primera mano.

Alfonso X el Sabio se sitúa en los comienzos del castellano como lengua literaria y sus recopilaciones de lo que ha sido la historia universal y de España, que él prepara junto a un grupo de colaboradores o escribanos, se sitúan también en el terreno de la crónica. Alguno de sus libros se presenta expresamente de esa manera. No es una obra original la suya, puesto que los expertos la consideran algo así como una síntesis de las culturas cristiana, judía y árabe, que eran las que en su tiempo (siglo XIII) viven con una cierta armonía en el territorio que hoy conocemos como España. Por el respeto que le merecían estos saberes diversos se rodeó de sabios que proceden de cada una de ellas y así pudo empaparse de sus conocimientos, además de impulsar las traducciones de unas lenguas a otras (la famosa Escuela de Traductores de Toledo). En la redacción de sus crónicas mezcla lo que sabía del pasado por fuentes diversas con leyendas y exageraciones, lo que da idea del afán alfonsí de no limitarse tan sólo a los hechos, sino recrearlos y darles una calidad estética. En realidad, tales textos son una crónica de crónicas que han escrito otros y que él reelabora para sacar de ahí, más que una relación de sucesos, unas páginas dotadas de valores artísticos.

Otro hito fundamental en la crónica histórico-literaria es la aportación de los llamados historiadores de Indias. Son los escritores que se dieron a conocer con memorables obras, al contar lo que estaban viendo cuando llegaron a las tierras americanas: lo hicieron como conquistadores o como acompañantes de las grandes figuras, de las cuales se encargaban de transmitir sus gestas o, simplemente, de poner por escrito todo lo que les llenaba de admiración. En esta tarea destacaron figuras como Cristóbal Colón y Hernán Cortés, pero también fray Bartolomé de las Casas, el Inca Garcilaso de la Vega, Gonzalo Fernández de Oviedo, fray Pedro Aguado, Antonio de Herrera, Pedro Hernández, fray Pedro Simón, Antonio de Solís y Bernal Díaz del Castillo, entre otros.

Quizás la característica más general de sus escritos sea el asombro: todo lo que encuentran les parece tan maravilloso y extraño que sienten la necesidad de consignarlo por escrito, para que quede constancia de lo que han presenciado, de lo que surge ante sus ojos, de lo que se va haciendo en el Nuevo Mundo. No podía ser otra su actitud si tenemos en cuenta que ante ellos aparecen ríos como el Amazonas, el Mississippi, el Orinoco o el Paraná; ciudades fantásticas; planicies inmensas; vegetacio-

nes exuberantes y llamativas, muy distintas a cuanto han podido conocer hasta aquel momento... Por todos esos parajes desfilan los ejércitos,
se tienen que enfrentar a pueblos hostiles o deben sobrevivir a tormentas, a naufragios, a la irrupción de una naturaleza en estado salvaje. Ante
tales maravillas sobrecoge la necesidad de tomar la pluma para que sepan los que viven en España lo que ha sucedido o se presenta ante sus
ojos. Naturalmente hay más causas para la avalancha de escritos sobre
el encuentro y ocupación de aquellas tierras. Los resume Mercedes Serna, para quien «las crónicas indianas son una mezcla de autobiografía,
testimonio ajeno, observación de la realidad y amor por las cosas, evan-
gelización, sorpresa ante los ritos y creencias, admiración por el heroísmo propio y por la conducta ajena. Nacen de la necesidad de contar lo
insólito y lo nunca visto, de la disputa con otros conquistadores, de la
nostalgia del pasado, de la búsqueda de la fama, del honor, o la retribu-
ción esperada» (p. 56).

No existían periódicos ni periodistas en estos tiempos (siglo XVI),
pero podemos comprobar que el afán de contar lo que uno está viendo
(sobre todo si es tan fascinante como en este caso) es algo consustan-
cial al ser humano. Todos nos sentimos aguijoneados por la curiosidad
en relación con el entorno y con las demás personas y una vez satisfecho el deseo de saber, el siguiente paso es comunicarlo a los demás: se
trata de reacciones naturales que se han dado siempre y que, sin duda,
se hallan en la base del periodismo. En nuestros días, cuando parece
que hay tan pocas cosas por descubrir, persiste igualmente, incluso se
acrecienta, la actividad de los medios de comunicación social para poner a nuestro alcance toda la información —en muy variados órdenes—
que es posible obtener.

No es extraño, por tanto, que aquel acontecimiento maravilloso,
que fue viajar y toparse con un mundo nuevo, despertara las ansias de
atraparlo en un papel por parte de muchos individuos: incluso de quienes se encontraban muy lejos y sólo recibieron   noticias, comentarios,
chascarrillos, descripciones deslumbradas, testimonios de testigos, cartas familiares o relatos que se iban embelleciendo y llenando de detalles a medida que pasaba el tiempo y se cogía el gusto por asombrar a
los oyentes, que escuchan boquiabiertos.

Cada cual aporta su estilo, aunque en todos ellos aparecen las características genéricas que hemos señalado. Todo comenzó con el primer
cronista que fue Cristóbal Colón (1451-1506), quien desde el momento en
que llega a las nuevas tierras no deja de anotar en sus cartas tantas be-
llezas como saltan ante sus ojos, aun creyendo que se hallaba a las puertas de Asia. Pero le siguen muchos más. Por ejemplo, González Fernández de Oviedo (1478-1557), que llevó una existencia agitada en la que al-
ternaban las épocas aventureras con las sedentarias, siempre con una
honda preocupación religiosa. Estuvo varias veces en América, donde os-
tentó cargos de importancia, además de relacionarse en la Corte con los
personajes más sobresalientes de su tiempo. Es autor de una *Historia ge-*

neral y natural de las Indias (1526-1549) en la que demuestra sus conocimientos y cuán en serio se tomó su papel de historiador.

Por ejemplo, fray Bartolomé de las Casas, un dominico sevillano que llegó a obispo de Chiapas (1474-1566), polemista notable, conocido por una tenaz defensa de los derechos de los indios, que llevó a cabo durante largos años y en buena parte de su obra. Su libro principal es la *Brevísima relación de la destrucción de la Indias* (Sevilla, 1552), donde presenta a los indios como víctimas de la barbarie y de la codicia de los conquistadores. Su intención fue excelente, pero sus escritos sirvieron fuera de España para alimentar la llamada «leyenda negra», presentándonos como seres violentos, avariciosos e insensibles al sufrimiento ajeno (como si todos los países que han realizado conquistas no hubieran mostrado comportamientos muy semejantes).

Con tales testimonios es evidente que la crónica se halla bien consolidada en el terreno de la historia, pero ya en la Edad Media había dado un salto hacia la narrativa. Para Bernal, «tampoco podemos olvidar el dato que, desde las Cruzadas, las crónicas comienzan a impregnarse del espíritu caballeresco de la época. Se va así propiciando una confusión entre lo estrictamente documental histórico y lo fantástico e imaginario. Todo ello permitirá que, desde la aparición de la imprenta, que facilitó extraordinariamente la difusión de las crónicas, se impriman indistintamente, bajo la denominación de crónica, relatos en los que el predominio del componente histórico-documental no excluye la incorporación de datos imaginarios y fabulosos» (p. 12). De esa manera se llega a un tipo de novela (pura ficción) que reconoce su deuda con la crónica, en el título o en el contenido. Con los años también se darán nuevos pasos sobre esos relatos históricos y literarios: son «los que podríamos clasificar como preperiodísticos, o paleoperiodísticos, y que pueden encuadrarse entre los orígenes inmediatos del periódico» (p. 14).

2. Normas sobre la crónica en manuales y libros de estilo

Si atendiéramos a todas las indicaciones que se han dado en el transcurso del tiempo nos podríamos formar una idea sobre la crónica ideal, aquella que reuniera todas las cualidades con que nos gustaría verla adornada. Cada uno de los autores que se han ocupado de ella han dibujado los contornos que juzgaban propicios y han ofrecido los rasgos que en su época se veían como necesarios o los que ellos juzgaban deseables. Mainar ya le dedica un capítulo en su temprano manual (1906), pues la considera «como la suprema fórmula de los trabajos del periodismo moderno» (p. 187). A su juicio, «la crónica es comentario y es información; la crónica es la referencia de un hecho en relación con muchas ideas; es la información comentada». Deriva del afán que tienen muchos periodistas de «cuidar la noticia», o lo que es lo mismo, «el darle forma literaria, hacerla interesante y sugestiva» (p. 188), algo que está reñido con la monotonía, porque siempre hay que procurar infundirle sentimientos que hagan revivir a los lectores la alegría o la tristeza de los acontecimientos que se explican allí. Aunque Mainar pretende imponerle el equilibrio entre la información y el artículo —algo que la aproxima a la concepción actual—, las explicaciones que ofrece nos hacen ver que le resulta difícil desprenderse de la realidad que estaba viendo en los periódicos de su entorno, más inclinados hacia la opinión que se construye sobre los hechos de actualidad que el cronista conoce.

El manual del P. Graña (1930) ya dedica amplio espacio a la crónica. Comienza quejándose de que a cualquier texto se le designa con este nombre, cuando algunos se quedan en simple información. Claro está que si se narran hechos de forma objetiva, sin comentario alguno, estamos en el terreno de la noticia: campo noble y distinguido, pero que se sitúa a distinto nivel. «Lo que distingue la verdadera crónica de la información —asegura este periodista— es precisamente el *elemento personal* que se advierte [...], porque el escritor comenta, amplía y ordena los hechos a su manera» (p. 203). Por otro lado, algunas crónicas, tal como se presentan, parecen intercambiables con el artículo y eso tampoco es lícito, porque es evidente que se trata de dos géneros diferentes.

De las páginas que dedica a la crónica se desprenden algunas lecciones que deben tener en cuenta quienes se preparan para ponerla en práctica. En primer lugar, la necesidad de buscar la información que constituye la base para el texto sobre el que se trabaja; después, trazar un plan o esquema que nos permita ordenar nuestro pensamiento respecto al tema («Aun teniendo buenos materiales, no haremos una buena crónica sin la selección, orden, proporción y enlace debidos», p. 207); la importancia del primer párrafo en la tarea para nosotros importantísima de atraer la atención del lector hacia nuestro escrito (con libertad completa para orientarlo en una dirección u otra); es aconsejable utilizar un lenguaje más rico que el empleado en la información («ningún periodista ha de obligar al lector corriente a coger el diccionario para leer su crónica; pero ha de suponer que el lector entiende todos los vocablos y modismos usuales del idioma», p. 214); se puede emplear más arte que en la información, pero siempre sobriedad en el adorno y frases cortas, nunca recargadas.

Vienen a continuación las aportaciones del profesor Martínez Albertos, temprana y metódica contribución al desarrollo de los géneros periodísticos, aunque ha ido perfilándose a medida que se publicaban los sucesivos manuales, desde los *Guiones de clase* al *Curso general de Redacción periodística* en su última edición. Define la crónica como «narración directa e inmediata de una noticia con ciertos elementos valorativos, que siempre deben ser secundarios respecto a la narración del hecho en sí» (p. 346). Constata el autor que éste es el planteamiento ideal, pero que en la realidad no siempre se cumple, porque el concepto conlleva una cierta confusión a la hora de ser puesto en práctica: en general «se perfila en España como un género híbrido, a mitad de camino entre el estilo informativo y el estilo de solicitación».

En su explicación sobre el estilo y la técnica de realización llama la atención sobre el peligro de caer en la opinión: «Los juicios de valores, las interpretaciones y análisis típicos del estilo de solicitación, es mejor que pasen poco menos que inadvertidos en una buena crónica periodística, subordinados siempre al principal cometido de este género reservado para reporteros: la narración de sucesos y la exposición de datos» (es lógica esta advertencia si atendemos al tiempo en que fue escrito: tal vez si lo escribiera hoy el peligro que debería conjurar sería la prevalencia de la pura información). Pone en guardia también sobre el exceso de improvisación que se advierte en la redacción de algunas crónicas, y enfrenta la carencia de rigor expositivo que aprecia en el periodismo español a la mayor seriedad que se detecta en los países anglosajones. «La improvisación y la creación literaria son cosas que deben quedar reservadas para los genios», apunta, «pero en periodismo, como en todas las actividades humanas, los genios se cuentan con los dedos de una mano, en España y en Laponia.»

Para Martín Vivaldi, «la crónica periodística es, en esencia, una información interpretativa y valorativa de hechos noticiosos, actuales o actualizados, donde se narra algo al propio tiempo que se juzga lo narrado» (p. 128). La explicación que ofrece insiste en que la valoración del hecho no debe efectuarse después de la narración, sino al mismo tiempo que se va narrando. El cronista no se comporta como una cámara fotográfica que reproduce un paisaje, sino como el pincel del pintor que interpreta la naturaleza, dándole un matiz personal, del que no puede prescindir, aunque lo pretenda. Por ejemplo, cuando el informador dice «ayer cayeron setenta litros por metro cuadrado» se limita a ofrecer un dato objetivo, asépticamente expresado, mientras que el cronista podría contarlo con estas palabras: «Una lluvia torrencial, que le hacía a uno pensar en una vuelta del bíblico diluvio, cayó ayer sobre la ciudad. Era una lluvia densa, espesa. Era lo que vulgarmente se dice un verdadero "manto de agua"».

Este autor pone énfasis en la libertad que acompaña al cronista en cuanto a la articulación de su escrito: no tiene que someterse a la preocupación formal de la «pirámide invertida», ni es indispensable que siga el orden descendente, lo que no quiere decir que si se está dando información de un hecho trascendental no se le coloque en primer lugar y luego se vayan dando los detalles accesorios que se consideren convenientes. Pero ni siquiera en este caso es obligatorio actuar de esa manera.

El profesor Núñez Ladevéze explica cómo «el medio informativo confía en los juicios de este observador [el cronista] que se dedica a veces más a interpretar las posibles consecuencias que pueden derivarse de los hechos ocurridos que a informar sobre esos hechos, asunto que concierne a los informadores y redactores». En esa línea es fácil que incluya conjeturas, rumores e hipótesis, que es algo que se halla en el contenido de la interpretación (p. 85). Gomis, por su parte, pone de relieve cómo el reportero aborda temas muy distintos unos de otros, de los que sale bien parado por la curiosidad con que aborda la investigación; mientras que el cronista se mueve siempre en el terreno que conoce, porque de otra manera es imposible tener la capacidad intelectual necesaria para desentrañar los hechos (p. 150).

Desde una perspectiva más profesional y menos académica hay que atender a las explicaciones de Álex Grijelmo, quien destaca que la crónica incluye en todos los casos una visión personal del autor, pero sin que se carguen las tintas en los juicios personales: «En la crónica hay que interpretar siempre con fundamento, sin juicios aventurados y además de una manera muy vinculada a la información». A su juicio, «el periodista precisará de gran habilidad para introducir los elementos interpretativos: habrá de evitar que las opiniones ligadas a ellos queden desnudas y se conviertan en frases editorializantes que se han colado de rondón en un género que no les corresponde» (p. 89). El peligro se halla en la «frase aparte» con que apostillamos el dato, que en cuanto nos descuidamos cae como una losa de contundente opinión en lo que no tenía que alejarse de la interpretación, algo muy distinto.

Uno de los últimos autores que se ha ocupado de la crónica en profundidad es Manuel Bernal y la definición que propone es la siguiente: «Es una información de hechos noticiosos, ocurridos en un período de tiempo, por un cronista que los ha vivido como testigo, investigador e, incluso, como protagonista y que, al mismo tiempo que los narra, los analiza, e interpreta, mediante una explicación personal. El cronista suele ser un experto que realiza su labor con continuidad, desde el propio escenario de los hechos o sus inmediaciones» (p. 27).

La segunda parte de este epígrafe lo dedicaremos a estudiar cómo es contemplada la crónica en los libros de estilo de algunos medios impresos, aunque en general no es mucho lo que enseñan sobre ella, debido a la dificultad que entraña tanto su ejercicio como el dar normas para su realización. Empezaremos por las indicaciones que se apuntan en el libro de estilo del diario *El País*.

«La crónica es un estilo situado a medio camino entre la noticia, la opinión y el reportaje. Puede emplearse el estilo de crónica cuando se trate de informaciones amplias transmitidas por corresponsales en el extranjero, el enviado especial a un acontecimiento o comentaristas deportivos, taurinos o artísticos. La crónica debe contener elementos noticiosos —será titulada por regla general como una información— y puede incluir análisis (y, por tanto, cierta opinión o interpretación). El autor debe, no obstante, explicar y razonar las interpretaciones que exprese. No es tolerable, en cambio, la coletilla que refleja opiniones personales o hipótesis aventuradas. Las exigencias informativas de rigor y edición en una crónica son asimilables a las indicadas en el apartado de *Noticias*.

»La crónica debe mostrar un estilo ameno, a ser posible con anécdotas y curiosidades. En un estilo estrictamente noticioso (válido para informaciones no extensas), una sesión parlamentaria en la Unión Soviética sería reflejada con párrafos textuales de quienes hayan intervenido. Una crónica, en cambio, explica las expresiones, las enmarca en un contexto, las evalúa, refleja las sorpresas y describe el ambiente.»

No es mucho lo que se desprende del libro de estilo del diario *ABC* y además lo asocia con el reportaje, sin que se nos alcance semejante parquedad y mezcolanza: «Aunque la crónica cuenta en *ABC* con una notable tradición literaria, las limitaciones de espacio han impuesto un nuevo estilo más directo, informativo y analítico frente a lo subjetivo de antaño. Hoy prevalece más lo investigativo e interpretativo que lo puramente narrativo o descriptivo. La crónica, como el reportaje, son géneros más personales que la pura, escueta información. Y ambos toleran un mayor protagonismo de su autor, en la medida que investiga, selecciona, presenta y enriquece unos hechos de los que es testigo; los relaciona e interpreta, con sus antecedentes y previsibles consecuentes. El mayor protagonismo del cronista y del reportero no está reñido con la despersonalización expositiva. Ello recomienda evitar el uso de la primera persona de singular, salvo casos excepcionales».

También amalgama la crónica y el reportaje el libro de estilo del diario *El Mundo*. Pero aquí se llega más lejos, porque se afirma abiertamente la identificación entre los dos géneros, lo que sin lugar a dudas es excesivo. Veamos cuál es su postura: «Son dos nombres para un mismo género; fundamentalmente se diferencian por la superior extensión del reportaje. También se puede agregar la distinción que hace el periodismo anglosajón al hablar de *news feature* (equivalente a la crónica) y de *feature* (reportaje): la crónica contiene más elementos estrictamente noticiosos que el reportaje y menos que la información. En ambos casos se trata de narraciones más ricas en elementos ambientales que las informaciones. Son géneros típicos de los corresponsales y enviados especiales, así como de ciertos cronistas especializados: deportes, toros, cultura, vida social. Requieren alguna brillantez literaria para acercar ambientes y personajes al lector, no están tan limitados por las normas de redacción y pretenden entretener tanto como informar. Sin embargo, los juicios de valor y las opiniones del redactor no están entre las licencias permitidas. La entrada directa es la excepción, ya que estas narraciones son terreno abonado de la entrada *aplazada*.

»Los reportajes y, a veces, las crónicas gozan de una vida útil más larga que las informaciones. Por ello deben redactarse previendo que posiblemente, o incluso probablemente, seguirán varios días o hasta semanas congelados en el ordenador antes de su publicación. Como las informaciones largas, las crónicas y los reportajes de *El Mundo* deben ser *troceados* para facilitar su presentación y su lectura.

»Las cuatro reglas de oro de la buena crónica o el buen reportaje son:

- Mostrar a personas haciendo cosas.
- Dejar que esas personas hablen. Utilizar constantemente citas, pero sólo las pertinentes y atractivas.

- Escribir económicamente: que la acción y el diálogo sean los que lleven adelante el artículo.
- No dejar que la historia pierda el ritmo. Para ello es imprescindible organizar el artículo de forma que tenga claramente un principio, una parte central y un desenlace.»

3. Clases de crónica

Con frecuencia se piensa que las crónicas solamente las escriben los corresponsales o enviados especiales y, por tanto, tan sólo es posible encontrarlas en la sección internacional. Pero el caso es que, si bien estos periodistas se apoyan en ella con mucha mayor frecuencia que en otras secciones y que lógicamente se las puede ver agrupadas en sus páginas, cualquier redactor puede recurrir a la crónica para contar los hechos que conoce y en todas las secciones hallarían acogida textos de esta naturaleza. De hecho, hay una larga tradición de crónicas políticas, judiciales, locales, viajeras, de sucesos, parlamentarias, religiosas, taurinas, deportivas, de espectáculos o de sociedad, dicho sea sin ánimo de exhaustividad, porque cualquier área temática es susceptible de servirse de esta modalidad para ofrecer la información más personalizada y documentada en ese segundo nivel (ciencia, moda, televisión, educación, economía, cultura, ecología...).

En cuanto a la clasificación de las crónicas, Lorenzo Gomis apuntaba hace años —y nadie ha ofrecido una tipología mejor— que las hay en razón del lugar (corresponsales, enviados especiales, cronistas viajeros) y en cuanto al tema que tratan (donde habría que situar casi todas las que acabamos de citar). Lamentablemente en este capítulo no podemos detenernos en todas y cada una de ellas, como tampoco cabe la posibilidad de explayarnos en su descripción y caracterización o en la trayectoria de sus principales cultivadores.

3.1. CORRESPONSALES Y ENVIADOS ESPECIALES

Son los periodistas de un medio que se hallan desplazados de la redacción central de forma permanente (en pueblos, ciudades del propio país o en las principales capitales del mundo) o de forma temporal, para atender a la información de un acontecimiento, casi siempre durante unos pocos días o tal vez semanas. La forma más generalizada de escribir sus relatos es en forma de crónica, porque de esa manera no se limitan a contar lo que sucede, sino que sitúan a los lectores en la perspectiva que permite entender lo que ha pasado. Por otra parte, recogen mucho más que un hecho de actualidad: el conjunto de hechos ocurridos en un día o una semana, para ofrecer de esa manera una visión global, convenientemente valorada por quien está en posesión de las claves que se hallan en el trasfondo de lo sucedido.

A este tipo de textos dedican mucho espacio casi todos los manuales, especialmente los más veteranos, porque era —y continúa siendo— el que se hallaba más presente en los periódicos. En tiempos del franquismo se recurría a ellos porque era la única manera de disponer de una información distinta y mejor, saltándose el control ideológico y la nivelación por abajo que proporcionaba la agencia oficial de noticias. En nuestros días sigue esa querencia, porque permite ofrecer al lector una síntesis de cada cuestión de actualidad desde la autoridad y el conocimiento que puede proporcionar un especialista avezado. Ningún diario renuncia a montar una red de corresponsales distribuidos por los países más importantes, que se refuerza con el desplazamiento de los enviados especiales a los puntos más calientes del planeta, sobre todo con ocasión de crisis políticas o conflictos bélicos.

Estos corresponsales se aposentaban antes en un país, estudiaban sus costumbres, acudían a los salones y a las embajadas, se relacionaban con las gentes distinguidas y observaban cuanto de singular tenía la vida de allí. Después, una vez a la semana o cada tres o cuatro días componían una serie de postales que, por el correo primero y por el telex después, remitían a su periódico. El resultado eran unos textos, como los de Julio Camba, que si se parecían a algo era a los artículos, porque más que información lo que transmitían eran impresiones intemporales sobre lo peculiar de aquellas tierras y gentes.

Con el incremento de la competencia y la puesta en servicio de tecnologías para la instantaneidad de la transmisión se ha llegado a la situación actual en la que al corresponsal se le exige un rendimiento, no ya como un miembro cualquiera de la redacción, sino superior. Ya no es una crónica diaria lo que facilita a su periódico, sino posiblemente varias, porque cubre los aspectos políticos del país en que se halla, pero también los sociales, artísticos, financieros o cualquier otro que interesa al medio. ¿Qué puede salir de esa presión laboral a que está sometido? Pues, seudocrónicas donde lo que predomina es lo informativo, porque no da tiempo a introducir valoración (tarea indudablemente más laboriosa): porque es mucho más rápido contar lo que ocurre que explicar las causas de lo que ha sucedido y las previsibles consecuencias que pueden desprenderse. Con ese panorama lo que encontramos son multitud de crónicas donde apenas asoma algún que otro atisbo de interpretación, pero no ese enfoque desde el principio al fin. Quizás la solución estribe en dejar que el corresponsal resuma la actualidad en una sola crónica o, a lo sumo, en dos, sin desperdigar su atención a toda clase de asuntos y de curiosidades (por más que en países como Estados Unidos, Rusia, China, Inglaterra o Italia resulten difícilmente rechazables las incitaciones que ofrecen a un periodista inquieto).

3.2. LA CRÓNICA DE GUERRA

Vamos a echar una mirada hacia una modalidad antigua dentro de los periódicos, pero que los inciertos y agresivos caminos por los que transcurre la vida sobre este planeta están manteniendo de una actualidad fulgurante. La crónica de guerra no ha desaparecido de las páginas de los diarios, sino que se mantiene más presente que nunca y los practicantes de este modo de ejercer el periodismo (los corresponsales de guerra) son objeto de constante requerimiento con motivo de esos enfrentamientos graves y decisivos que se han desarrollado durante los últimos años en Afganistán, Irak y en diversos lugares del continente africano.

El hecho de que un elevado número de tales reporteros haya muerto violentamente está gravitando en el respeto que merece al público esta dedicación, porque al afán de informar en circunstancias realmente difíciles se añade un riesgo cierto de muerte. Sólo hay que tener en cuenta que en los primeros treinta meses de guerra en la ex Yugoslavia murieron más periodistas que en toda la guerra de Vietnam. En total son más de quinientos los periodistas, fotógrafos y cámaras que han muerto violentamente durante el ejercicio de su profesión desde los días en que fue demolido el muro de Berlín (1989): los últimos españoles son Miguel Gil, en Sierra Leona; Julio Fuentes, en Afganistán, y Julio Anguita Parrado y José Couso, en Irak. Lo peor no son los ataques que pueden segar la vida de quien se halla en lugares muy vulnerables, sino la persecución cierta a que son sometidos los testigos incómodos. La asociación Reporteros sin Fronteras ha calculado que el 72 % de los que han muerto a causa del fuego amigo o enemigo caían víctimas de las balas que los buscaban, en otras palabras, que su muerte no ha sido un mero accidente.

El trabajo del corresponsal de guerra es verdaderamente arduo y se realiza en unas condiciones que lo hacen muy difícil en todos los sentidos. Son muchas las dificultades a las que se tiene que enfrentar en el desarrollo de su tarea. En primer lugar, no es fácil realizar un trabajo que quiere ser completo, global, verdadero y que ofrezca un relato de lo que realmente está sucediendo. Eso no es posible con frecuencia, porque no se tienen al alcance datos suficientes, porque la información está circunscrita a su entorno, porque la movilidad no está asegurada, porque suceden diferentes hechos a los que no se tiene acceso con la premura que desearía el reportero. En cierto modo, es una lucha contra el tiempo y contra los elementos.

En segundo lugar, es un deseo generalizado entre los corresponsales el llevar a cabo su trabajo de una manera competente y digna, pero se encuentran con que la información de las autoridades civiles y militares es convertirles en unos peones más de su propaganda. Se manejan fuentes que escasamente son merecedoras de credibilidad y, en ocasiones, manipulan descaradamente a los periodistas en su afán de presentar a la opinión pública internacional un panorama que no tiene nada de ajustado a la realidad, pero es lo que conviene a sus intereses. En nuestros días la presión es muy fuerte en este sentido. No interesan los testigos imparciales, sino los instrumentos que les sirvan para dar a conocer la versión oficial. De ahí que, como se ha dicho en incontables ocasiones, la verdad es la primera víctima de cualquier guerra. Antes se les imponía una férrea censura, que en la medida de lo posible ellos se encargaban de burlar, pero en vista de que en la actualidad es prácticamente imposible impedirles la utilización de sofisticados sistemas de comunicación, se acude a otros medios más sutiles. Se procura alejarles de los frentes de batalla, agruparles bajo el cuidado de un oficial especializado en comunicación y hacerles sentir que deben transmitir exactamente aquello que exige el Alto Mando. Esto resulta relativamente fácil desde el momento en que las guerras no se desarrollan con una proximidad física de los contendientes, sino que a veces se les ataca desde una distancia de miles de kilómetros y con medios electrónicos que van directos hacia su objetivo.

El comportamiento del mando militar norteamericano, que es el que dirige en realidad las últimas guerras, bascula de unas posturas a otras, porque su afán es controlar la información que se capta y se transmite, pero en ocasiones intervienen tantos elementos que no es fácil aplicar la doctrina informativa que es diseñada en los despachos de los estrategas del ejército. En la guerra del Golfo hubo una cerrazón casi total; en la de Afganistán se abrió la mano, sobre todo una vez que se consolidó la ocupación, mientras que en la de Irak hubo periodistas y cámaras en todos los frentes (algunos de ellos «empotrados» en unidades que combatían en primera línea, donde eran aceptados con tal de que llevaran su propio casco y chaleco antibalas, pero que por su especial situación tenían que aceptar una especie de censura para sus informaciones). Bien sabido es, sin embargo, que cara pagaron su vigilancia decenas de informadores que fueron abatidos, a veces inicuamente, en estas dos guerras más recientes.

Hay que añadir a ello la feroz competencia que se establece por llegar los primeros a los lugares más conflictivos y la necesidad de dar noticias en exclusiva, lo que les impone unos riesgos de una cierta envergadura, hasta el punto de poner en peligro sus vidas. Morir en el transcurso de uno de estos conflictos no es una mera posibilidad, sino una realidad lacerante. Trabajar en medio de pueblos en plena revolución o entre soldados ebrios de sangre significa que los periodistas se encuentran a merced de individuos armados, prestos a disparar y para quienes la vida humana apenas tiene ningún sentido, que mueren o matan sin que lleguen a conocer cabalmente las razones. El que molesta, el que es extranjero o el que se ha convertido en testigo incómodo de atrocidades puede ser silenciado con un simple apretón del gatillo. Sólo hay que tener en cuenta la nutrida lista de quienes van muriendo en cada conflicto. A ellos hay que sumar los que han sido encarcelados, maltratados o apartados de sus ocupaciones profesionales.

El día a día tampoco resulta muy agradable, porque transcurre en unas condiciones más que precarias. Un país en guerra no se caracteriza por ofrecer servicios hoteleros de calidad, ni por disponer de alimentos variados y baratos ni por asegurar las comunicaciones, las transmisiones o el descanso, sino más bien por todo lo contrario. A veces es necesario esconderse, ponerse a resguardo de bandas violentas o francotiradores. Cuando la estancia en la zona de guerra se prolonga, llega a resultar un suplicio. Al regreso comprueban que todos parecen envidiarles por el tipo de vida que realizan, cuando la realidad es mucho más prosaica de lo que la gente imagina.

Hay que armarse de valor para realizar su trabajo en la situación que se percibe a su alrededor. Hay que ser muy insensible para ver todo el sufrimiento que campa cerca de ellos y continuar inmutables en su tarea. Suponemos que en ocasiones lo que les pide el cuerpo es tomar las armas y actuar contra quienes se comportan de una manera salvaje o dejar sus útiles de trabajo para ayudar a la atención de los heridos en un hospital. Pero esto iría en contra de lo que se espera de ellos, que es contar lo que está ocurriendo para que el mundo sea consciente de lo que pasa. Y cuando uno lo sacrifica todo a esa tarea, ocurre que sus informaciones en ocasiones no se publican, porque nuestro mundo es insensible a estas tragedias o resulta que sucesos más cercanos absorben el interés de los lectores y hace que se posponga lo que está pasando tan lejos o en países que son absolutamente desconocidos para el público.

Estamos acostumbrados a las guerras convencionales en las que un país se enfrenta a otro, con unas trincheras claras donde se parapeta cada uno de los ejércitos. El periodista está en una u otra, pero sin confusiones. Mas esta idea no se corresponde con la realidad de nuestro mundo. En ocasiones los grupos enfrentados se hallan tan mezclados que no se sabe con quién estás o puede haber varias facciones en un mismo ejército. En la guerra que ensangrentó las tierras de la antigua Yugoslavia, enseñar un pase croata en un puesto de vigilancia serbio podía llevar a ser tomado como espía y, por tanto, recibir el tratamiento que se les da a éstos en tiempos de guerra. Y en caso de revolución o desórdenes generalizados, nunca se sabe de quién puedes fiarte o cómo se tomarán tu presencia o curiosidad.

La crónica que se escribe suele ser un resumen y una explicación de lo que ha sucedido el día anterior, sobre todo en los aspectos militares y políticos de la situación. Pero hay también crónicas de ambiente, que acompañan a la principal o es la que realiza el enviado especial que sigue al que se ocupa de los aspectos más sobresalientes. Es la crónica humana que se detiene en los pequeños hechos que generalmente no tienen cabida en los periódicos, pero que los lectores agradecemos, porque nos enseñan una parcela en la que el sufrimiento, la esperanza, la solidaridad, el ansia de vivir en paz y los conflictos cotidianos tienen cabida. A veces el periodista puede personalizar su trabajo y hablar de sus propios sentimientos. En esos casos el empleo del «yo» está más que justificado y el resultado suele ser un texto muy humano, íntimo, cercano a la sensibilidad de la gente.

En la historia del periodismo la crónica de guerra ocupa un lugar excepcional. El público ha tenido más curiosidad por estos temas que por ningún otro, lo cual es lógico cuando se trata de sucesos cercanos o que pueden repercutir de alguna manera en sus existencias. Cada una de las guerras sería posible estudiarla a través del reflejo periodístico que ha tenido. Manuel Leguineche y Gervasio Sánchez se han ocupado de reflexionar sobre esta parcela, después de haber vivido innumerables conflictos en sus propias carnes. Ellos saben todo lo que sobresale en este mundillo, «la mentira, la ocultación de la verdad, la censura o autocensura, los intereses económicos o políticos, los peligros, la masificación de la cobertura (2.700 periodistas hacinados en Kosovo), el sometimiento a las reglas de juego de los militares, el *diktat* de las grandes cadenas de televisión y las primeras agencias de noticias, las guerras virtuales, que como señala Michael Ignatieff son "victorias virtuales", las avalanchas de imágenes entre anuncios de lavadoras o desodorantes, que explican poco o nada, los estragos de la competencia en una situación límite, las transformaciones no sólo tecnológicas en el campo de la comunicación, desde los teléfonos móviles o los ordenadores portátiles hasta las conexiones en directo vía satélite, las sesgadas conferencias de prensa, un exceso de información que conduce al atolondramiento y al caos, la espectacularización de la noticia, el sensacionalismo, la frialdad y el distanciamiento de algunos jefes, los errores y distorsiones de la verdad por parte de la maquinaria de propaganda, la manipulación de la historia, el compromiso o la objetividad lapidaria...» (p. 13).

3.3. LA CRÓNICA VIAJERA

Cuenta la crónica viajera con un sólido arraigo en el periodismo español, de la misma manera que los libros de viajes es posible encontrarlos en todos los siglos de la historia de nuestra literatura. A la gente siempre le ha gustado conocer otras tierras y contarlo a continuación: algunos de ellos incluso escriben sus impresiones y sus textos se han convertido en obras maestras de la literatura. Esta afición a escribir sobre los países y regiones que se visitan ha pasado a las páginas de los periódicos ya desde los tiempos iniciales de la prensa. Periodistas de todos los tiempos han dejado consignados sus recuerdos en este terreno y en nuestros días es muy frecuente que se publiquen crónicas viajeras, sobre todo durante el verano.

La crónica viajera es la que trata de narrar y explicar lo que el periodista encuentra en un determinado desplazamiento: antes se limitaban a observar y a anotar sus impresiones; quizás en nuestros días se adopta una actitud más activa y se va en busca de novedades, de opiniones de los naturales del país, de todo aquello que pueda saciar la curiosidad de los lectores (que, de alguna manera, están realizando el viaje por persona interpuesta o están almacenando conocimientos porque les gustaría realizar un viaje parecido).

Son muchos los testimonios que podríamos aportar de periodistas ilustres, cuyos viajes contaron en las páginas de periódicos y luego quedaron inmortalizados en sus libros. Ahí está en el pasado Pedro Antonio de Alarcón (1833-1891), académico y narrador, pero también periodista y gran viajero en buena parte de su vida, que nos dejó varios libros con lo que veía en sus desplazamientos: así, *La Alpujarra, De Madrid a Nápoles* o *Viajes por España.* José Ortega Munilla (1850-1922) fue un periodista que, en *Viajes de un cronista,* agrupa los recorridos que realizó por Marruecos, Alemania, Italia y Francia, pero también por las provincias andaluzas. Es de una cierta superficialidad, pero permite conocer algo de los pueblos y culturas con los que se pone en contacto. Por último, Carmen de Burgos, conocida por el seudónimo que utilizaba con más frecuencia, Colombine (1878-1932), fue prácticamente la primera mujer que desempeñó un puesto de redactora de un diario, codo con codo con los varones. Escribió novelas y muchos ensayos, tuvo una vida muy agitada, defensora del divorcio y del voto de la mujer y, sobre todo, periodista de calle, capaz no sólo de escribir artículos, sino entrevistas, reportajes y crónicas (capítulo donde hay que incluir su libro *Viajes por Europa* [*Impresiones*]. *Francia. Italia*).

3.4. LA CRÓNICA PARLAMENTARIA

Existe la crónica política, naturalmente, pero aquí nos ocuparemos sólo de la parlamentaria: podemos asegurar que es una de las que tienen más prestigio y larga tradición, así como una potente nómina de cultivadores en el transcurso de los años. Cronistas parlamentarios han sido Benito Pérez Galdós, Azorín, Wenceslao Fernández Flórez y Josep Pla, José Medina Togores, Jaime Campmany, Torcuato Luca de Tena, Luis Carandell, Antonio José González Muñiz, Francisco Cerecedo, Manuel Vicent, Francisco Umbral, Víctor Márquez Reviriego, Gregorio Bartolomé y tantos otros. Informadores en el Parlamento hay muchos, pero no todos ellos escriben crónicas, porque una cosa es informar de lo que sucede y otra es recrear el ambiente, explicar y valorar lo que allí se está cociendo. Es cuestión de talante, de capacidad y de espacio, ya que no todos los periódicos acogen este tipo de escritos.

Así pues, una crónica parlamentaria es la interpretación que se ofrece sobre las actividades de los diputados, fundamentalmente del trabajo y de las discusiones que se llevan a cabo en los plenos y en las comisiones más conflictivas. No se limitan a informar de votaciones ni discursos, porque eso lo hacen otros redactores del medio o se recoge como noticia de agencia, sino que se centran en poner de relieve intenciones, coincidencias, mensajes ocultos, acuerdos que no trascienden, momentos de tensión, dificultades y equivocaciones, antecedentes y consecuencias, chascarrillos. De alguna manera estos textos permiten que nos enteremos de lo que no se aprecia a primera vista, ni siquiera al leer la información correspondiente. Pero, sobre todo, lo que se hace es atrapar, a base de personajes, anécdotas o palabras clave, el espíritu de lo acontecido en la Cámara. Por eso los cronistas deben permanecer muy atentos, porque en el transcurso de una sesión soporífera, que no parece dotada de ningún interés, surge la chispa que les hace ver el hilo de interés informativo que se encuentra agazapado entre la palabrería.

Con Azorín la crónica parlamentaria alcanza una gran altura. Algunos piensan incluso que fue el creador de este subgénero, con sus escritos para el periódico *España* (desaparecido el 27 de marzo de 1905). Sin duda, otros periodistas habían iniciado esta línea a lo largo del siglo XIX, lo que ocurre es que están poco estudiadas estas aportaciones. Luis Carandell hace nacer esta información del seguimiento que realizaban los periodistas sobre los debates de las Cortes de Cádiz: «El visitante de la iglesia de San Felipe Neri de Cádiz, donde, en 1812, nació la primera Constitución de España, que fue una de las primeras del mundo, podrá ver una capilla lateral, llamada del Sagrario, que estaba reservada a los periodistas y a los taquígrafos. Es pues la tribuna de prensa un lugar noble, acrisolado por casi dos siglos de tradición. Allí, la opinión pública, que en los escaños del hemiciclo habla por boca de sus representantes, se convierte además, a través de los informadores, en testigo de los debates».

José Martínez Ruiz, Azorín (1873-1967) es un periodista y escritor que forma parte de la generación del 98. Su seguimiento de la actividad en el Congreso se puede conocer por su libro *Parlamentarismo español*. Lo publicó en 1916 y está formado por una selección de crónicas, que se inician en 1904, «siluetas de hombres que pasaron y esbozos de escenas solemnes o triviales». El sucesor fue Wenceslao Fernández Flórez (1885-1964): significativamente sus *Acotaciones de un oyente* están dedicadas «al maestro Azorín, genial creador de las crónicas parlamentarias en el periodismo español», con lo que está poniendo de manifiesto su deuda con quien le introdujo en este terreno delicado que llegó a dominar. Reprodujo en dos series sus crónicas parlamentarias publicadas en el diario *ABC*: las escritas entre 1916 y 1918 y las que corresponden a 1931, cuando las Cortes constituyentes de la II República. Las primeras dan idea de la política de mil facciones y descomposición notable; las segundas, del comienzo de una etapa nueva con su barullo y enfrentamientos.

Una aportación más reciente es la de Víctor Márquez Reviriego, quien ha hecho mucha información parlamentaria y también crónicas, pues contó de esta manera en la revista *Triunfo* los debates que dieron vida a la Constitución española de 1978. Las dejó agrupadas en tres volúmenes: *La tentación canovista*, *El pecado consensual* y *Escaños de penitencia*. Fue meritoria la labor desarrollada por Luis Carandell, capaz de popularizar con acierto la crónica parlamentaria en un medio tan reacio a ella como es un noticiario de televisión. Sus palabras eran una explicación y una recreación de lo más sobresaliente que el Parlamento había dado aquel día en el aspecto informativo.

3.5. LA CRÓNICA SE SUCESOS Y JUDICIAL

Dos tipos de crónicas, ligados por la índole de los asuntos tratados, ya que la de sucesos hace referencia a hechos delictivos que tienen su reflejo en la prensa en el momento en que son descubiertos, mientras que la judicial refleja la parte de ellos que llega a manos de los jueces. Por el carácter sensacionalista de muchos de los hechos aquí tratados se hallan presentes en todo tipo de periódicos, aunque con mayor intensidad en los más populares. Lo cual no quiere decir que este tipo de informaciones se sirvan sólo de la crónica en su presentación a los lectores, pues la noticia y el reportaje son casi las formas más utilizadas. Martínez Albertos se ocupa de las características que aquí concurren: «El cronista de sucesos, en cuanto especialista del tema, es un periodista en buenas relaciones con la policía, bomberos y centros asistenciales. A veces este cronista juega a detective privado, lo que tiene grandes riesgos en todos los países cuando no se tienen ni título ni conocimientos adecuados. Estos riesgos nacen de los propios delincuentes y también de las leyes del país. El estilo de estas crónicas ha de ser sumamente sencillo y directo, puesto que normalmente va dirigido a un público sin demasiadas exigencias intelectuales. Como toda crónica, es habitual que estas secciones estén escritas en estilo confianzudo y un tanto paternalista...» (p. 352).

En el caso de las cuestiones judiciales no sucede lo mismo. Aquí se recurre a la crónica con mucha mayor frecuencia. El problema que se suele presentar es el del lenguaje, ya que el autor tiene que poner al alcance del lector medio un contenido que en su origen viene trufado de abundantes tecnicismos, no siempre de fácil comprensión para aquél. La práctica le hará conocer asimismo la mecánica procesal, que le sirve para el manejo de las situaciones y para orientar a los lectores sobre ciertos recovecos de la justicia.

3.6. LA CRÓNICA DEPORTIVA

El deporte ocupa un lugar destacadísimo entre los intereses y aficiones de la colectividad y, consecuentemente, también un espacio notable en las páginas de los periódicos. El fútbol y el ciclismo tenían sus seguidores desde el primer momento y las noticias que se referían a ellos buscaban atraer la atención, pero ahora ya son muchos los deportes que despiertan pasiones entre la gente. Por esa razón cuentan con páginas abundantes, redacciones nutridas, comentaristas cualificados, especialistas en cualquier tipo de manifestación deportiva (aun las más minoritarias), desplazamientos constantes, programas de larga duración en los medios audiovisuales para comentar y transmitir en directo y hasta diarios dedicados en exclusiva a este tipo de informaciones. Frente a la escasa consideración en que eran tenidos en otro tiempo los periodistas deportivos, en nuestros días pueden alcanzar tanto prestigio como los informadores políticos, que eran los que ostentaban la primacía en las redacciones importantes.

El desarrollo de los partidos o confrontaciones son expuestos frecuentemente en forma de crónica. En línea con la autonomía que la sección ha ido adquiriendo en las redacciones, hay que señalar que también el género con que se expresa ha ido tomando proporciones propias y singulares. El cronista goza de una mayor libertad en su exposición, tanto a la hora de contar los hechos como en relación con el lenguaje empleado. Respecto a lo primero, es habitual que las explicaciones se transformen en juicios de valor, con lo cual casi deberíamos hablar de crítica (como ocurre igualmente en el campo de la crónica taurina). El periodista suele superar el listón de la valoración para saltar en multitud de ocasiones al terreno de la opinión: tomar partido y enjuiciar lo que ha tenido ocasión de presenciar suele ser de lo más normal. Por lo general, el periodista acepta la obligación de ser imparcial, pero no logra desprenderse de su carga de subjetivismo. El hecho de que las crónicas de los partidos, como las de corridas de toros, vayan introducidas por una ficha con la relación escueta de los hechos de mayor interés noticioso las hace parecerse a las críticas, que la llevan de forma obligatoria. Pero a nuestro juicio es preferible que expliquen a que sentencien.

Otra cuestión reseñable es el lenguaje que emplean. En el caso del fútbol, que es el deporte al que mayor atención se le presta, se ha destacado el empleo que se hace del léxico bélico, en consonancia con la idea de enfrentamiento que prevalece en el planteamiento de los partidos, y la recurrencia al argot, por su carácter popular. Otra cuestión es la de los préstamos, dado que muchos deportes han nacido en otros países y muestran una notable dependencia de su idioma (sobre todo del inglés). A veces se ha intentado buscar equivalentes españoles, pero no siempre se encuentran o son aceptados. Los tecnicismos también son muy frecuentes. El afán de innovación (con su creatividad, recursos retóricos y exageraciones) ha logrado hallazgos memorables y una permanente renovación de los términos y expresiones que se usan, pero también la implantación y consolidación de los errores, a causa de la actitud mimética y admirativa con que son atendidos periodistas y presentadores. Por otra parte, hay que considerar que la extensión y el prestigio de este tipo de información llevan a que el lenguaje se proyecte con fuerza hacia los lectores y sobre todo ante los oyentes (un alto porcentaje de los cuales cuenta con escasa preparación), con lo cual los errores tienen una enorme repercusión.

La presencia ostensible de la información deportiva en las páginas de los periódicos no tiene mucho más de un siglo, ya que fue a finales del XIX, con la restauración de los Juegos Olímpicos, cuando comenzó el interés masivo que ha desembocado en la situación actual. Para entonces ya existían, sin embargo, diarios exclusivamente deportivos, como eran *Sportman* en Inglaterra, *Le Veló* en Francia y, poco después, *El Mundo Deportivo* en España. Poco a poco fue aumentando la presencia de las noticias deportivas en las páginas de los periódicos y con el desarrollo paulatino, pero imparable, de la información deportiva, se sale de la escueta noticia para dar paso al resto de los géneros periodísticos, señaladamente la crónica.

3.7. LA CRÓNICA TAURINA

Pocas crónicas hay en la prensa española con mayor antigüedad, arraigo y persistencia que la taurina, en consonancia con lo que ha representado la fiesta de los toros en nuestra sociedad. Todos los géneros de la información y hasta la crítica pueden utilizarse en su acercamiento a los lectores (con una modalidad adaptada a este campo, que es la revista de toros), pero es la crónica, con su dosis de valoración de lo que ocurre en el ruedo, lo que se practica con mayor asiduidad y entusiasmo. Nunca han faltado cronistas taurinos en nuestros medios, pero además en cada época han resplandecido nombres señeros que son recordados por los aficionados casi con tanta devoción como algunos diestros (lo vimos tras la muerte de Vicente Zabala y Joaquín Vidal). Cada uno de ellos ha orientado su trabajo en una dirección y los expertos han estudiado lo peculiar de las aportaciones principales, pues hay quien demuestra dotes literarias, aplicación de las cuestiones políticas, recurrencia al humor, gracia en la exposición y en los juicios o dependencia respecto al saber popular.

La crónica taurina tiene como misión el explicar el desarrollo de la corrida para que el lector no solamente se quede con la noticia de los principales percances, sino que conozca el espíritu que sobrevoló durante las actuaciones de los matadores, en un acontecimiento en que público, toros y toreros forman un conjunto singular. Como en todas las demás, no debe caerse en un exceso de información, de la misma manera que tampoco es lícito que la valoración personal se convierta en pura opinión. Lo que ahora conocemos es como la decantación de los centenares de cronistas y miles de textos que la prensa ha publicado desde el siglo XVIII hasta nuestros días y, si bien ya no existe la misma pasión en la calle, todavía es una parcela del diario que tiene multitud de seguidores.

«Para escribir de toros es indispensable estudiar minuciosamente los preceptos del arte, conocer bien las condiciones de las reses y ser de todo punto imparcial», escribió el cronista José Sánchez de Neira en su *Gran Diccionario Taurómaco*, para añadir a continuación: «El aficionado que guste del arte en toda su pureza y quiera saber cómo se verificaron las suertes, preferirá siempre el relato de quien con formalidad y sin rodeos le explique minuciosamente la manera con que aquéllas se realizaron, de qué modo y si se cumplieron o no los preceptos del arte.» Esa imparcialidad, que ya era presentada como una necesidad hace más de cien años, es invocada con fervor en nuestros días, porque este mundillo tiene sus figuras y es difícil no inclinarse ante unos u otros, lo que va en detrimento del papel distanciado que debe ocupar el cronista.

Como en la crónica deportiva, también aquí se utiliza un léxico muy peculiar, sobre el que se han realizado numerosos estudios. Los tecnicismos y las voces castizas hay que dejarlas en su justo punto, pues de lo contrario se convierte en un texto para iniciados, lejos de la sencillez y la disponibilidad con que debe ser usado el lenguaje en los periódicos.

3.8.   LA CRÓNICA DE SOCIEDAD

Los acontecimientos sentimentales y familiares que afectan a las grandes figuras siempre han interesado de forma sobresaliente a los lectores y para ellos se ha creado la prensa del corazón, que en nuestros días tiene una difusión excepcional. Con dos características que la diferencian notablemente de lo que ocurría en el pasado: por una parte, la presencia destacada en toda clase de medios, porque ya no se halla tan sólo en publicaciones específicas dedicadas a ello, sino que han ampliado su influencia en multitud de programas creados con esta finalidad en los medios audiovisuales (y se hacen notar asimismo en la prensa llamada *seria*), y por otra, esta información encuentra protagonistas donde no hay sino individuos zafios e inanes, con lo cual se ha acentuado el grado de chabacanería existente. De aquella información de salones aristocráticos, donde las jovencitas «se ponían de largo» o se realizaba la petición de mano, se ha pasado a perseguir supuestas exclusivas de gentuza sin oficio ni beneficio, cuyo único mérito consiste en vivir de sus novios/as o amantes, sin que se les conozca ninguna otra actividad o mérito. Gomis señala que de aquellos famosos, que eran nombres ilustres en el ámbito de la «buena sociedad», se ha pasado a los artistas, ricos ociosos o gentes que simplemente «están ahí» y que ascienden al mercadillo de la fama de la mano de los periodistas («també els mitjans necessiten noms per tenir notícies», p. 149).

Antes de los actuales excesos, la crónica de sociedad tenía una prestancia ciertamente singular y la elegancia, buen gusto y confesada admiración por los títulos de la nobleza era lo que dominaba. En el siglo XIX destacaron tres periodistas en su cultivo, Ramón de Navarrete (Asmodeo), el marqués de Valdeiglesias (Mascarilla) y Eugenio Rodríguez Ruiz de la Escalera (Montecristo). Durante buena parte del siglo XX continuó la misma tónica (alcanzan buena difusión publicaciones que se ocupaban de la alta sociedad, como *Gente conocida*, *Gran Vida*, *Gran Mundo* o *Vida aristocrática*) y ya Alfonso Sánchez, en *Informaciones*, le dio un carácter más informal. Hay que esperar a estos últimos años para encontrar a cronistas que han ganado popularidad a base de caer en lo desenfadado y hasta zafio.

Bibliografía

ALTABELLA, J. (ed.) (1965): *Crónicas taurinas*, Taurus, Madrid.

BELENGUER JANÉ, M. (2002): *Periodismo de viajes*, Comunicación Social, Sevilla.

BERNAL RODRIGUEZ, M. (s.f.): *La crónica periodística. Tres aportaciones a su estudio*, Padilla Libros, Sevilla.

CECCHI, H. (1998): *El ojo crónico. Manual para aspirantes a cronistas*, Colihue, Buenos Aires.

FORNEAS FERNÁNDEZ, M.ª C. (1998): *La crónica taurina actual*, Biblioteca Nueva, Madrid.

GOMIS, Ll. (1989): *Teoria dels gèneres periodístics*, Generalitat de Catalunya, Barcelona.

GRAÑA, M. (1930): *La Escuela de Periodismo. Programas y métodos*, prólogo de José Francos Rodríguez, CIAP, Madrid.

GRIJELMO, A. (2001): *El estilo del periodista*, Taurus, Madrid (7.ª edición).

HERNÁNDEZ ALONSO, N. (2003): *El lenguaje de las crónicas deportivas*, Cátedra, Madrid.

KNIGHTLEY, Ph. (1976): *Corresponsales de guerra*, Euros, Barcelona.

LEGUINECHE, M. y SÁNCHEZ, G. (eds.) (2001): *Los ojos de la guerra*, Plaza Janés, Barcelona.

MAINAR, R. (1906): *El arte del periodista*, Sucesores de Manuel Soler Editores, Barcelona.

MARTÍN VIVALDI, G. (1987): *Géneros periodísticos*, Paraninfo, Madrid (4.ª edición).

MARTÍNEZ ALBERTOS, J. L. (1992): *Curso general de redacción periodística*, Paraninfo, Madrid.

NÚÑEZ LADEVÉZE, L. (1995): *Introducción al periodismo escrito*, Ariel, Barcelona.

ROJO, A. (1995): *Reportero de guerra*, Planeta, Barcelona.

VARIOS AUTORES (2000): *Crónicas de Indias*, edición de Mercedes Serna, Cátedra, Madrid.

VILAMOR, J. R. (2000): *Redacción periodística para la generación digital*, Universitas, Madrid.